KB069323

# 日本列島의 百濟語

일본의 방언으로 남은 백제인의 언어

**日本 列島의 百濟語**

일본의 방언으로 남은 백제인의 언어

지은이 | 이원희

펴낸이 | 최병식

펴낸날 | 2018년 7월 11일

펴낸곳 | 주류성출판사

서울특별시 서초구 강남대로 435 15층

TEL | 02-3481-1024 (대표전화) • FAX | 02-3482-0656

www.juluesung.co.kr | juluesung@daum.net

값 28,000원

잘못된 책은 교환해 드립니다.

ISBN 978-89-6246-354-5 03700

# 日本列島의 百濟語

일본의 방언으로 남은 백제인의 언어

이원희 著

# 목차

# 글을 시작하면서

우리는 고대 한국어에 대하여 알지 못하고 있다. 백제어나 고구려어는 물론 통일신라 시대의 언어에 대하여도 캄캄한 실정이다. 고려시대의 말조차도 거의 모르고 있다. 우리들은 한국어를 자유자재로 사용하여 의사소통을 하고 있지만, 이 한국어를 삼국시대 이전으로 계속하여 거슬러 올라가면 어떻게 될까? 즉 한국어의 기원은 무엇인가에 대하여는 더더욱 캄캄하기만 하다.

한국의 국어학자들이 열정이 부족하거나 능력이 미치지 못해서 그런 것일까? 국어학자들이 열심히 노력을 하고 있긴 하지만, 고대 한국어에 관하여는 워낙 자료가 부족한 실정이다. 삼국사기나 삼국유사에 나오는 지명이나, 인명, 관직명, 그리고 서른 수에도 못 미치는 향가, 금석문, 목간 등이 가장 기본적인 자료라 할 수 있으나, 이 정도의 자료를 가지고는 삼국시대 한국어 전체 모습의 0.1%를 알아내기에도 미흡하다.

이러한 부족한 자료를 가지고 국어학자들이 연구와 고심을 거듭하여 찾아낸 삼국시대의 말이 겨우 백 단어 남짓한 형편이다. 그나마도 그것이 실제 삼국시대에 우리 조상들이 사용하던 말과 부합하는지도 의문인 경우가 많다. 일본에는 8세기에 편찬된 만엽집에 4천 5백여 수의 만엽가가 실려 있고, 고사기와 일본서기 등에도 수많은 고대어가 나오고 있어, 당시 사용되던 단어와 문법을 거의 정확하게 파악하고 있는 점과 대비된다. 한국에는 워낙 남아있는 문헌자료가 태부족하고, 앞으로도 형편이 나아질 가능성은 보이지 않는다. 그러면 우리는 영영 삼국시대나 그 이전의 한국어를 알 수 있는 방법이 없단 말인가?

그렇지는 않다. 해답은 일본에 있다. 일본의 고대어나 방언에는 무수한 고대 한국어가 숨어있기 때문이다. 그러나 한국의 국어학자들이 그러한 사실을 전혀 알지 못하고 있는 점이 안타깝다. 필자가 2015년 상재한 『일본 천황과 귀족의 백제어』에서는 만엽집과 일본서기, 고사기, 그리고 풍토기(風土記) 등의 문헌에 나오는 고대 일본어 속의 백제어를 다루었고, 이 책에는 주로 일본의 방언 속에 숨어있는 고대 한국어를 소개하고자 한다.

일본의 방언에는 고대의 문헌보다 훨씬 더 많은 고대 한국어가 숨겨져 있다.

왜 일본의 방언에는 수많은 고대 한국어가 숨어 있을까? 백제 멸망 이후 백제와 고구려의 유민들이 대거 도왜하였기 때문일까? 그것도 하나의 이유이지만, 4세기 후반부터 5세기에 걸쳐 많은 가야인들이 집단으로 도왜하여 왜지를 정복하였던 점에도 큰 원인이 있다고 생각한다. 가야 사람들이 먼저 집단으로 도왜하였고, 다음으로 백제인들이 도왜하여 수십개의 소국으로 나누어져 있던 일본열도를 통일하였던 것이다.

이러한 사실을 뒷받침하는 증거로는 여러 가지가 있다. 최고위 지배자의 무덤에서 출토되는 부장품이 강력한 증거가 된다. 가야풍의 철제 갑옷과 투구, 기병용의 화살과 화살통, 각종 마구(馬具), 환두대도, 일본 사람들이 스에키(須惠器)라 부르는 도질토기 등이 바로 그것이다. 기마풍습이 전혀 없이, 평화롭고 농경사회이던 일본열도에, 기마전투를 전문으로 하는 가야인들이 집단으로 도왜하여 순식간에 일본열도를 정복하였던 사실을 이러한 부장품들이 웅변하여 주고 있다.

이러한 부장품들은 일본이 가야와 '교섭'한 결과 수입한 것이 아니다. '교섭'이라는 말은 자기 자신이 정체성을 유지한 채 다른 문화를 받아들이는 것을 일컫는다. 그러나 이때의 일본에서는 그 이전까지의 농경적이고 주술적이고 평화롭던 정체성이 완벽하게 사라지고, 전투적이고 귀족적인 기마전사 위주의 가야풍으로 변모하였는데, 이것을 교섭이라 할 수 있을까? 자기자신은 없어지고 남으로 변신한 것을 교섭의 결과물로 보기는 어려울 것이다. 이는 정복의 결과인 것이 분명하다.

필자는 이러한 정복의 가장 강력한 증거가 바로 말(言語)에 남아 있다고 생각하고 있다. 정작 모국인 한국에서는 사어가 되어 전혀 사용되지 않는 말들이, 지금도 일본의 곳곳에서 방언으로 활발하게 사용되고 있는 말들도 부지기수이다.

가야인에 이어 백제 사람들이 집단으로 도왜하였으며, 백제와 고구려의 멸망 이후에는 수많은 유민들이 일본열도로 건너갔으나, 그 인구는 토착하여 살고 있던 왜인의 인구와 비교하면 불과 얼마 되지 않았을 것이다.

그러나 8세기에 일본에서 나온 고사기와 일본서기, 만엽집 등의 여러 서적에는 수많은 고대 한국어가 적혀 있고, 더욱 많은 고대 한국어가 방언에 남아있는 것은 바로 당시의 한국인들이 일본열도 방방곡곡의 지배층이었기 때문일 것이다.

한국의 국어학자들은 일본의 언어에 한국어의 보물창고가 숨겨져 있다는 사실을 전혀 알지 못하고 있다. 그리하여 한국어의 기원을 연구하는 것은 포기하고 있는 것으로 보인다. 삼국사기의 지명이나 인명, 관직명 따위를 열심히 연구하여도 그 성과는 극히 미미하고, 다른 연구자료는 없으니 어쩔 수 없다고 생각하는 것 같다.

그러나 해답은 일본에 있다. 일본어는 2천3백여년 이전인 야요이(彌生) 시대에 한국의 남부지방에서 건너간 사람들의 언어가 주류를 이루고 있다. 거기에다 4세기 이후의 가야와 백제, 고구려에서 건너간 사람들의 언어가 섞여 있는 실정이다. 2천3백여년 전의 한국어는 현대의 한국어와는 상당히 다른 언어로서, 한국에서는 거의 사라지고 방언이나 속어, 복합어 등에서만 간신히 명맥이 남아 있는 정도이다. 그러나 일본어가 있으므로, 이와 대조하여 살펴보면 당시의 한국어를 알아낼 수 있다. 일본어는 시대를 달리하여, 즉 통시적으로 한국에서 건너간 사람들의 언어로서, 한국어의 흔적이 켜켜이 쌓인 고대 한국어의 보물창고에 다름아니다.

반면 수만년 이전 일본으로 건너가 선주하여, 일본의 원래 주인이라 할 수 있는 승문인(繩文人)들의 언어는 일본어에 전혀 영향을 끼치지 못하였다. 승문인의 직계 후예라 할 수 있는 현대 아이누인들의 언어는 일본의 북해도와 동북지방 등의 지명에만 남아있을 뿐이고, 일본어에는 방언에조차도 아무런 영향을 남긴 바가 없다. 마치 미국에서 토박이의 말이 영어에는 손톱만큼의 영향도 미친 바 없고, 오직 미국의 지명에만 흔적을 남기고 있는 것과 전혀 다를 바 없다.

따라서 일본어의 뿌리를 연구하는 것은 바로 한국어의 기원을 연구하는 것이 된다. 한국의 국어학자들이 어찌하여 이러한 사정을 외면하고 있는지 필자로서는 전혀 이해가 가지 않는 대목이다.

그리고 한국의 국어학자들은 중세 한국어의 모습이 고대 한국어와 일치할 것이라는 막연한 환상을 가지고 있는 듯하다. 중세 한국어의 여러 가지 음운이나 문법현상을 금과옥조로 알고 있는 것으로 보인다. 그러한 색안경을 쓰고 고대 한국어를 보고 있으니, 고대 한국어가 중세 한국어와는 상당히 다를 수 있다는 사실은 생각하지 못하고 있다.

한국어의 역사는 참으로 장구하다. 1만 년 이전인 구석기 시대에 한국에 살던 사람들의 언어는 어떠하였을까? 빙하기가 끝나고, 한국으로 남하하여 온 신석기인들의 언어는 어떠하였을까? 청동기 시대의 언어는? 철기시대에는?

청동기 시대 한국의 남부지방에서 살던 사람들의 언어가 바로 일본어의 주류가 되었다. 한국에서는 이 말이 거의 사라지고, 방언이나 속어, 복합어 따위에만 남아있다. 철기시대의 언어가 현대 한국어의 직계 조상이다.

이렇듯 장구한 한국어의 역사를 조감하여 볼 때, 중세 한국어는 좀 이질적이고 색다른 느낌이다. 삼국시대의 한국어는 중세 한국어와는 좀 다르고, 오히려 현대 한국어와 더 닮은 모습을 하고 있는 것이다.

한국의 국어학자들이 알고 있는 것은 중세의 문헌어이다. 이것을 절대적인 것으로 생각하는 것은 문제가 있다. 3~4백 년 전 전라도, 경상도, 함경도, 평안도에서 농사지으며 살던 사람들은 어떤 말을 사용하였을까? 필자는 중세의 문헌어와는 상당히 다른 말을 사용하였을 것이라고 생각하고 있다. 중세의 문헌어가 표준이고, 고대어의 모습도 의당 그 기준에 부합하여야 한다는 편견에 사로잡혀서는 곤란하다. 고대의 한국어는 중세의 문헌어와는 상당히 다르다는 점을 잊어서는 안 될 것이다. '중세 문헌어 절대주의'라는 색안경을 끼고서는 고대 한국어의 참모습을 알아볼 수는 없다 하겠다.

百濟語

# 1. 사람에 관한 말

고대의 한국어에는 사람을 뜻하는 다양한 말들이 있었다. 졸저 『일본 천황과 귀족의 백제어』에서는 사람을 의미하는 '키'와 '다리' 등이 일본으로 건너간 것을 보았다.

## 벌거숭이

'벌거숭이'는 벌거벗은 사람, '애송이'는 아이를 뜻한다. 여기서의 '숭이'나 '송이'는 바로 사람을 의미하는 말이다. 어근은 '숭'이나 '송'인데, 고대에는 '수'나 '소'였을 것이다. '마당쇠' '떡쇠' '뜬쇠' 등의 말에 보이는 '쇠'라는 말 또한 같은 뿌리인 것으로 보인다.

이기갑 선생의 『전라도 말 산책(2015). 새문사』을 보면, 전남 서남해 지방에서는 사람을 뜻하는 '~보' 대신에, '~수'라는 말을 많이 쓴다고 한다(258쪽). '꾀수'는 '꾀보'를 뜻하고, '묵수'는 '먹보'를 뜻한다는 것이다. '~숭이'나 '~송이' 혹은 '~쇠'보다 전남방언의 '~수'가 고형인 것이 분명하다.

ku-ro-**su** [구마모토, 나가사키, 시마네 방언] 검은 사람
ku-ro 黑 흑 [일본어] 검다
꾀**수** [전남방언] 꾀가 많은 사람

구마모토(熊本) 등지의 ku-ro-su는 피부가 검은 사람을 뜻한다. ku-ro(黑 흑)는 검다는 뜻이고, su는 사람을 의미한다. '검은 수' 즉 '검은 사람'이 원래의 뜻이다.

wa-ru-**su** 惡戱者 악희자 [가가와 방언] 장난꾸러기
wa-ru-**so** 〃 [가가와, 도쿠시마 방언] 〃
wa-ru 惡 악 [일본어] 나쁘다
꾀**수** [전남방언]

가가와(香川) 방언 wa-ru-su는 장난꾸러기라는 의미이다.
wa-ru(惡 악)는 나쁘다는 뜻, su는 사람이다. '나쁜 수'이다.
wa-ru-so라고도 하므로, su와 so가 서로 넘나들고 있다.

ma-me-**zo** [오이타, 에히메, 나가노, 군마, 도치키, 니이가타, 야마가타 방언] 수다쟁이
ma-me 豆 두 [일본어] 콩
꾀**수** [전남방언]

오이타(大分) 등지의 방언 ma-me-zo는 수다쟁이라는 뜻이다.
ma-me(豆 두)는 콩을 뜻하고, zo는 so가 흐린소리로 된 것으로서 역시 사람이다. '콩 수'가 원래의 의미가 된다. 입을 콩 튀듯이 빠르게 놀리는 사람이라는 의미일 것이다.

이 '~수'라는 이름은 실로 유구한 역사가 있다. 삼국사기 고구려 본기를 보면 고구려에는 '~수' 혹은 '~소'라는 이름이 많이 보이고 있다. 특히 초기

의 기록에 현저하다. 지면관계상 자세한 설명은 생략하고, 삼국사기의 기재 순서대로 보면 다음과 같다.

해모수(解慕漱), 대소(帶素), 제수(祭須), 상수(尙須), 위수(尉須), 추발소(鄒敎素), 어수(於漱), 계수(罽須), 을파소(乙巴素), 우수(于漱) 등

별로 많이 남아있지 아니한 고구려인의 인명 중에서 '~수' 혹은 '~소'라는 이름이 이렇게 많은 것은 특기할 만하다. 신라인의 인명에는 별로 보이지 않지만, 삼국사기의 백제본기에는 여럿 나오고 있다.

우수(優壽), 구수왕(仇首王, 귀수 貴須 라고도 함), 고수(高壽), 근구수왕(近仇首王, 수 須 라고도 함), 팔수부인(八須夫人), 해수(解須), 흥수(興首), 무수(武守), 인수(仁守) 등

이 이름은 현대의 한국인에게도 많이 볼 수 있다. 철수(哲洙), 정수(正壽), 병수(炳洙), 인수(仁守) 등의 이름에 나오는 '수(洙, 守, 壽 등)'가 바로 이 '~수'의 전통을 그대로 계승하고 있다. '수(洙)'라는 한자는 '물가 수'이다. 인명에서 이 한자는 물의 가라는 한자의 의미를 나타내는 말이 아니고, '수'라는 한국어의 음을 나타내는 이두식 표기이다. 초기 고구려의 전통이 현대의 한국인에게까지 연면하게 이어져 내려오고 있는 것이다.

## 악바리

속어 '군바리'는 군인을 낮잡아 이르는 비속어이며, '악바리'는 모진 사람, '벗바리'는 친구를 뜻한다. 제주방언에서는 처녀를 '비바리'라 한다. 여기에 공통적으로 사용된 '바리'는 사람을 의미하는 말이다.

yo-**ba-ri** [니이가타 방언] 밤에 늦게 자는 사람
yo 夜 야 [일본어] 밤
**바리** [한국어] 사람

니이가타(新瀉) 방언 yo-ba-ri는 밤에 늦게 자는 사람을 의미한다. yo는 밤을 뜻하는 일본어이지만, ba-ri는 무슨 말인가?

바로 사람을 뜻하는 '바리'인 것이 분명하다. 발음과 의미가 완벽하게 일치하고 있다. 이 방언은 '밤 바리'가 원래의 의미이다.

ku-tsi-**ba-ri** 多辯 다변 [에히메 방언] 말 많은 사람
ku-tsi 口 구 [일본어] 입
**바리** [한국어]

에히메(愛媛) 방언 ku-tsi-ba-ri는 말 많은 사람을 뜻한다. ku-tsi(口 구)는 입이고, ba-ri는 '바리'이니, '입 바리'라는 의미가 된다.

o-to-ko-**ba-ri** [효고 방언] 말괄량이
o-to-ko 男 남 [일본어] 남자
**바리** [한국어]

효고(兵庫) 방언 o-to-ko-ba-ri는 말괄량이를 의미한다.

o-to-ko는 남자이므로, 이 방언은 '남자(와 같은) 바리'이다.

i-zi$_t$-**pa-ri** 意地張 의지장 [일본어] 고집불통
i-zi 意地 의지 [ 〃 ] 고집
**바리** [한국어]

중앙어 i-zi$_t$-pa-ri는 고집불통인 사람을 뜻한다.

일본어 i-zi가 고집을 의미하니, '고집 바리'이다. 일본의 방언에는 무수한 '~바리'가 있으나, 지면관계상 이 정도로 줄인다.

## 멍텅**구리**

'멍텅**구리**'는 멍청한 사람을 뜻한다. '멍텅'과 '구리'의 복합어로서, '**구리**'는 사람을 의미하는 말이다. '멍청한 구리'가 원래의 의미이다.

경남방언 '똑또**구리**'는 똑똑한 사람이고, 전라방언 '넉시**구리**'는 키가 몹시 큰 사람이다. 사람을 뜻하는 '**구리**'라는 말이 고대에는 훨씬 활발하게 사용되었을 것으로 짐작된다.

e-ki-**ku-ri** 易者 역자 [히로시마 방언] 점장이
e-ki 易 역 [일본어] 주역(周易)
**구리** [한국어] 사람

히로시마(廣島)의 e-ki-ku-ri는 점장이라는 뜻으로서, e-ki와 ku-ri의 복합어이다. e-ki는 역경(易經, 일본에서는 주역을 역경이라 한다)의 '역(易)'에 대한 일본식 한자음이다. 한국에서와 마찬가지로 일본에서도, 점치는 사람들의 가장 기본적인 텍스트는 주역(周易)이었던 모양이다.

ku-ri는 바로 '**구리**'이다. 발음과 의미가 완벽하게 일치하고 있다. 이 방언은 '주역 구리'가 원래의 의미이다.

yo-da-re-**ku-ri** [오사카 방언] 우둔한 사람
yo-da-re 涎 연 [일본어] 침
**구리** [한국어]

오사카(大阪) 방언 yo-da-re-ku-ri는 우둔한 사람을 뜻한다.

일본어 yo-da-re는 입속의 침을 뜻하는 말이므로, 이 방언은 '침 (흘리는) **구리**'라는 의미가 된다.

ta-**gu-ri** [아키타 방언] 키가 작은 사람

ta 田 전 [일본어] 논, 땅
**구리** [한국어]

아키타(秋田) 방언 ta-gu-ri는 키가 작은 사람을 뜻한다. ta는 원래 일본어에서 논(田 전)을 의미하지만, 백제 사람들이 땅을 의미하는 말로 사용하였다는 것은 졸저 『일본 천황과 귀족의 백제어』에서 본 바 있다(132쪽). 이 방언에서도 역시 땅을 뜻한다.

gu-ri는 사람을 뜻하는 '**구리**'이다. 이 방언은 '땅 **구리**'라는 의미가 된다. 키가 작은 사람을 의미하는 한국어 '땅꼬마'와 일맥상통하고 있다.

siya-be-**ku-ri** [구마모토, 오이타, 에히메, 히로시마, 시마네, 나라, 미에, 야마나시 방언] 수다쟁이
siya-be-ru [일본어] 지껄이다
**구리** [한국어]

넓은 지역에 분포하는 siya-be-ku-ri는 수다쟁이를 뜻한다.

siya-be-ru가 지껄이다는 뜻의 동사이므로, 이 방언은 '지껄이는 **구리**'이다. 일본의 방언에는 엄청나게 많은 '~구리'가 있으나 지면관계상 이 정도로 그친다.

## 꾀돌이

'**꾀돌이**'는 꾀가 많은 사람, 전라도와 경상도의 방언 '**묵돌이**'는 많이 먹는 사람을 뜻한다. '**갑돌이**'와 '**삼돌이**'는 대중가요의 가사에 나오는 사람의 이름이다.

소벌**도리** 蘇伐都利 [삼국유사]

주**도리** 主刀里 [경주 남산 신성비]
심**도리** 心刀哩 [포항 중성리비]

이 '~**돌이**'라는 이름은 그 기원이 실로 유구하다. 삼국사기의 신라본기를 보면 신라의 시조 혁거세 마립간은 알에서 태어났고, 알을 가져와 혁거세를 키운 사람은 고허촌(高墟村)의 촌장 '소벌공(蘇伐公)'이었다 한다.

삼국유사에도 같은 설화가 나오는데, 여기에는 '소벌공'을 '소벌도리(蘇伐都利)'라 하였다. 사람에 대한 존칭인 '공(公)'을 삼국유사에서는 고유어로 '도리(都利)'라고 표기하였던 것이다. 그러므로 '소벌도리'의 '**도리**'는 사람을 뜻하는 말이며, 또한 존칭이었던 것이 분명하다. 신라 건국 무렵에는 '도리'가 존칭이었던 것이다.

경주 남산의 신성비에 나오는 '주도리'는 성을 쌓는 작업의 책임자 이름이다. 이 이름에도 '도리'가 나오고 있다. 이 '주도리'라는 사람은 아마 귀족은 아니었던 것으로 짐작된다.

경북 포항의 중성리에서 발견된 신라의 비석에서 '심도리'라는 이름을 볼 수 있다. 이 사람은 별다른 관직이 없었던 것으로 보이고, 여기에는 벌써 존칭의 의미는 사라진 것으로 짐작된다. 『신라 최고의 금석문 포항 중성리비와 냉수리비(2012). 이기동 외. 주류성』

hu-**to-ri** [히로시마 방언] 뚱보
hu-to-i 太 태 [일본어] 살찌다
**돌이** [한국어] 사람

히로시마(廣島) 방언 hu-to-ri는 뚱뚱한 사람 즉 뚱보를 의미한다. 뚱뚱하다는 의미의 hu-to와 to-ri의 복합어로서, 중복되는 to 하나가 생략된 형태이다.

to-ri는 물론 '돌이'이다. '뚱뚱한 돌이'가 원래의 의미이다.

yon-**do-ri** 愚者 우자 [오사카 방언] 어리석은 사람
**돌이** [한국어]

오사카 방언 yon-do-ri는 어리석은 사람을 뜻한다.

yon은 어리석다는 의미의 한자 '용(庸)'으로 짐작된다. 이 방언은 '용렬한 돌이'라는 의미가 된다.

a-bu-ra-**to-ri** 怠者 태자 [교토, 미에 방언] 게으름뱅이
a-bu-ra 油 유 [일본어] 기름
**돌이** [한국어]

교토(京都) 방언 a-bu-ra-to-ri는 게으름뱅이를 뜻한다.

a-bu-ra(油 유)는 기름, to-ri는 '돌이' 즉 사람이다. '기름 돌이'이다. 사토(佐藤亮一) 선생의 『일본방언사전』에 의하면, 에도(江戶) 시대 하인이 주인의 눈을 피하여 머릿기름 행상인과 수작하면서, 게으름을 부리던 데에서 비롯된 말이라 한다.

siya-ku-**to-ri** [오이타 방언] 소작인
**돌이** [한국어]

오이타(大分) 방언 siya-ku-to-ri는 타인의 농지를 빌려 농사를 짓는 소작인(小作人)을 뜻한다.

앞의 siya-ku는 농사를 짓다는 의미의 한자어 '작(作)'일 가능성도 있으나 확실치 않다. 그러나 to-ri가 사람인 것은 의문의 여지가 없다. 일본 방언에는 역시 무수한 '~돌이'가 있으나, 지면관계상 이만 줄인다.

## 겁보

'겁보'는 겁이 많은 사람, '잠보'는 잠이 많은 사람, '먹보'는 많이 먹는 사람이다. 이와 같이 '~보'는 사람을 뜻하는 말로서 현대어에서도 아주 많이 사용되고 있다.

ta-ka-**bo** [야마가타 방언] 키가 큰 사람
ta-ka 高 고 [일본어] 높다
**보** [한국어] 사람

야마가타(山形) 방언 ta-ka-bo는 키가 큰 사람을 뜻한다.

ta-ka(高 고)는 높다는 뜻이고, bo가 바로 사람을 뜻하는 '보'이다. '높은 보'라는 의미가 된다.

u-tot-**bo** 馬鹿 마록 [와카야마, 나라, 미에 방언] 바보
u-to-i 疎 소 [일본어] 세상 물정에 어둡다
**보** [한국어]

나라(奈良) 등지의 방언 u-tot-bo는 바보를 뜻한다. 일본어 u-to-i는 세상 물정에 어둡다는 뜻이니, 이 방언은 '세상 물정에 어두운 보'라는 의미이다.

o-so-re-**bo** 臆病者 억병자 [야마구치 방언] 겁쟁이
o-so-re 恐 공 [일본어] 겁내다
**보** [한국어]

야마구치(山口) 방언 o-so-re-bo는 겁쟁이라는 의미이다.

o-so-re는 겁내다, bo는 사람이므로, '겁내는 보'라는 뜻이다.

wa-ru-**bo** 惡戱子 악희자 [후쿠오카 방언] 장난꾸러기
wa-ru 惡 악 [일본어] 나쁘다
**보** [한국어]

후쿠오카(福岡) 방언 wa-ru-bo는 장난꾸러기라는 뜻이다.

wa-ru(惡 악)는 나쁘다는 의미, bo는 사람이다.

거칠**부** 居柒**夫** [삼국사기] 신라인의 이름
이사**부** 異斯**夫** [ 〃 ] 〃
일**부** 日**夫** [울진 봉평 신라비] 〃

삼국사기에 나오는 신라의 '거칠부'나 '이사부', 그리고 울진 봉평 신라비의 '일부' 등 신라에는 '~부(夫)'라는 이름을 가진 사람이 많이 있었다. 주법고(周法高)의 『한자고금음휘(漢字古今音彙). 1982. 香港中文大學出版社』에 의하면, 이 '부(夫)'라는 한자는 중고음이 piwo/piu였다. 삼국시대에는 '보' 혹은 '부'였을 것으로 추정된다.

상**부** 상**夫** [백제 목간] 백제인
비치**부** 非致**夫** [ 〃 ] 〃
사비복**부** 四比福**夫** [일본서기] 〃

백제의 마지막 수도 부여의 쌍북리에서 출토된 목간에 '상부'라는 인명이 나오고 있다. 이 목간은 국어학자들이 '좌관대식기(佐官貸食記)' 목간으로 이름붙인 것이다.

미륵사지 출토 목간에는 백제인 '비치부'가 있다.

일본서기 천지기(天智紀) 8월조를 보면 백제 멸망 이후 도왜하였던 달솔(達率) 벼슬의 '사비복부'라는 사람의 이름이 보인다. '사비'는 성이고, '복부'가 이름이다. '~부(夫)'라는 이름이 백제에도 존재하였던 것은 분명하나, 신라

에서만큼 유행하지는 않았던 모양이다.

삼국사기를 보면, 고구려에도 '합부(陜父)' '명림답부(明臨答夫)' '구부(丘夫)' 등의 이름이 보이고 있다.

'흥부'와 '놀부'의 '부' 역시 원래는 '보'였다. 소설의 제목이 '흥부전(興夫傳)'이지만, '흥보전(興甫傳)'으로 된 판본이 있는 것만 보아도 알 수 있다.

to-ku-**po** 덕**보** 德**保** [일본 법륭사] 약사(藥師)의 이름
**보** [한국어]

일본 나라(奈良)의 고찰 법륭사(法隆寺)에 있는 사천왕상에 새겨진 명문에 나오는 사람의 이름으로서, '약사 덕보(藥師 德保)'라고 되어 있다. '약사'는 약을 다루는 관직이고, '덕보'는 인명이다. 『日本語の誕生(일본어의 탄생). 沖森卓也(2005). 吉川弘文館. 40쪽』

'덕보'의 '보'는 바로 사람을 뜻하는 '보'이다. 고대의 일본에 실재하였던 이 '덕보'라는 사람은 백제에서 건너간 것이 분명하다. 이름의 '보' 뿐만 아니라 '덕(德)'이라는 음절을 보더라도 명백하다. 오키모리(沖森) 선생은 이 사람의 이름을 to-ko-po로 읽고 있으나, 당시의 실제 발음은 현대 한국어와 마찬가지인 dək-bo였을 것이다.

그리고 '약사(藥師)'라는 관직명은 신라 진흥왕이 세운 마운령비에 보이고 있다. 이러한 관직명도 모두 고대의 한국에서 건너간 것으로 짐작된다. 일본의 방언에는 엄청나게 많은 '~보'가 있다. 일일이 헤어보지는 못하였지만, 아마 수백개의 어형이 있는 것으로 보인다.

## 디

**'지(智, 知)'**는 삼국시대 신라에서 귀족 남성의 이름 뒤에 붙이던 존칭이었다. 실례로 신라의 비석에 나오는 몇몇 이름을 살펴보자.

거칠부**지** 居七夫**智** [진흥왕 순수비]
이사부**지** 異史夫**智** [단양 적성비]
무력**지** 武力**智** [ 〃 ]

거칠부는 역사서인 국사(國史)를 편찬하였고, 이사부는 가야를 공략한 장군이며, 무력은 김유신의 부친이다. 이 세 사람의 이름 뒤에 공통적으로 붙은 '**지**(智)'는 존칭으로서, 당시에는 '**디**'라는 발음이었다. '**지**(知)'라는 한자로도 표기하였다. 신라의 귀족들은 이름 뒤에 이 '디'를 붙이지 않으면 실례인 것으로 생각하였던 모양이다. '디'가 백제와 일본에서도 사용되었다.

두**지** 豆**知** [삼국사기] 백제인
아비**지** 阿非**知** [삼국유사] 〃
kui-**ti** 貴**智** 귀지 [일본서기] 〃
ma-**ti** 萬**智** 만지 [ 〃 ] 〃
**디** [고대 한국어]

백제 진사왕 때의 은솔(恩率) '두**지**'가 있다. 말음 '**지**(知)'는 고대에는 '**디**'였으며, 존칭이다. 고유명사는 '두'이다.

신라에서 황룡사 9층탑을 세우면서 백제의 장인들을 초빙하였을 때, 장인의 우두머리가 '아비**지**'였다 한다. '지'는 존칭 '**디**'이다.

일본서기 제명(齊明) 6년 10월조에는, 백제의 좌평인 '귀**지**'가 일본으로 갔다는 기사가 있다.

일본서기 천지(天智) 원년 6월조에는, 백제인으로서 달솔 벼슬인 '만**지**'라는 이름이 보이는데, 일본서기에서는 ma-ti로 읽고 있다. 이 두 사람의 성은 알 수 없고, 이름이 '귀지'와 '만지'이다. 손위 사람들은 아마도 '귀야' 혹은 '만아'라 불렀을 것이다. 두 인명의 '지(智)'는 존칭의 '**디**'이다.

si-ko-bu-**ti** 色不**知** 색부**지** [일본서기] 일본의 귀족

**디** [고대 한국어]

일본서기 지통(持統) 4년 정월조를 보면, 지통의 즉위식에서 지통에게 칼과 거울을 바친 신하의 이름이 si-ko-pu-**ti**였다 한다. si-ko-pu(色夫 색부)가 고유명사이고, **ti**는 존칭이다.

si-ko-**pu**의 **pu**(不 부)는 물론 앞서 본 사람을 뜻하는 '**보**'이다. 일본서기에는 이 사람이 순수한 왜인인 양 기재되어 있지만, 이름만으로도 백제인이라는 사실을 알기에 부족함이 없다.

na-ka-**ti** 仲郞 중랑 [고대 일본어] 귀족의 둘째 아들
**디** [고대 한국어] 남성에 대한 존칭

만엽집 3438번 노래는 동가(東歌) 즉 고대 동일본 지방의 노래이다. 여기에서 귀족의 둘째 아들을 '중랑(仲郞)'이라 적어놓고, na-ka-**ti**로 읽고 있다. na-ka(中 중)는 가운데를 뜻하는 일본어이며, **ti**는 존칭 '**디**'이다. '가운데 **디**'라는 의미이다. 삼형제 중의 둘째를 이렇게 표현하였다. 존칭 ti는 일본어가 아니다. 백제 사람들의 말인 것이 분명하다.

to-i-**tsi** [교토 방언] 좋아하는 사람
**디** [고대 한국어]

교토(京都) 방언 to-i-**tsi**는 좋아하는 사람이라는 뜻이다. to-i는 '좋다'의 고형 '됴타'의 어근 '됴'이다. 뒤에서 자세히 살펴보자(373쪽).

**tsi**는 고대에 **ti**였고, 바로 고대 한국어 '**디**'이다. '좋은 디' 즉 '좋은 사람'이 원래의 의미이다.

$na_t$-ki-**tsi** 泣虫 읍충 [이와테 방언] 울보
na-ku 泣 읍 [일본어] 울다

디 [고대 한국어]

이와테(岩手) 방언 $na_t$-ki-tsi는 잘 우는 사람 즉 울보를 뜻한다. $na_t$-ki는 울다는 의미의 일본어 na-ku의 연용형 na-ki가 변한 말이다.

tsi의 고어는 ti였으며, '디' 즉 사람이다. '우는 사람'이라는 의미가 된다. 여기서는 존칭의 의미가 사라졌다. 일반적인 사람을 뜻하고 있다.

bon-**tsi** 馬鹿 마록 [나가노, 야마가타 방언] 바보
**디** [고대 한국어]

나가노(長野) 등지에서는 바보를 bon-tsi라 한다. bon은 바보를 뜻하는데, '내가 봉이냐?'에 나오는 바로 그 '봉'이다. 뒤에서 자세히 살펴보자(60쪽).

tsi는 고대에 ti였으며, 사람을 뜻하는 '디'이다. 일본에서 ti라는 말이 고대에는 존칭이었으나, 세월이 흐르면서 높임의 의미가 사라지고, 현대의 방언에서는 단순하게 사람이라는 의미만 남아 있다.

## 아무개

'말라깽이'는 몸이 몹시 여윈 사람, 경상방언 '미친갱이'는 미친 사람을 뜻한다. '깽이'와 '갱이'는 사람을 뜻하는 말로서, 고대에는 '개'였을 것이다. '아무개'의 '개'에 그 원형이 남아 있다.

no-ro-**ke** 怠者 태자 [오이타 방언] 게으름뱅이
아무**개** [한국어]

오이타(大分) 방언 no-ro-ke는 게으름뱅이를 뜻한다. no-ro는 '놀다'가 건너간 말인데, 뒤에서 자세히 살펴보자(292쪽).

**ke**는 사람을 뜻하는 '깽이'의 고형 '**개**'이니, 이 방언은 '노는 개' 즉 '노는 사람'이 원래의 의미이다.

ho-**ke** 馬鹿 마록 [오카야마, 후쿠이, 야마가타 방언] 바보
bo 〃 [오카야마, 가가와 방언] 〃
아무**개** [한국어]

오카야마(岡山) 등지의 ho-**ke**는 바보를 의미한다.

오카야마 등의 방언 bo는 역시 바보를 뜻하므로, **ke**는 사람을 의미하는 것이 분명하다. 사족처럼 붙어있다. 현대 일본어 ho는 고대에 po였고, 그 흐린소리가 bo이다.

sin-**ke** 狂人 광인 [가고시마, 구마모토, 야마구치, 시마네, 오카야마, 도치키, 후쿠시마, 야마가타 방언] 미친 사람
아무**개** [한국어]

넓은 지역에 분포한 방언 sin-**ke**는 미친 사람이다. sin의 의미를 알 수 없으나 **ke**가 사람인 것은 의문의 여지가 없다. 사람을 뜻하는 '~**개**'라는 말 또한 일본의 방언에 무수하게 남아있다.

## 혹부리

'혹**부리**'는 얼굴에 혹이 있는 사람, '텁석**부리**'는 구렛나루가 텁수룩하게 난 사람이다. 이 '**부리**'는 사람을 뜻하는 말이다.

it-**pu-ri** 怒坊 노방 [가가와, 아이치, 미에, 니이가타 방언] 화를 잘 내는 사람

i-ka-ru 怒 노 [일본어] 화내다
**부리** [한국어] 사람

가가와(香川) 등지의 it-pu-ri는 화 잘 내는 사람을 뜻한다. it은 화내다는 뜻을 가진 동사 i-ka-ru의 어근 i-ka가 축약되어 변한 말로 짐작된다.

pu-ri는 사람을 뜻하는데, 바로 '부리'이다. 이 방언은 '화 내는 부리'이다.

pen-**bu-ri** [아오모리 방언] 수다쟁이
**부리** [한국어] 사람

아오모리(青森)의 pen-bu-ri는 수다쟁이를 뜻한다. pen은 말을 잘 하다는 의미를 가진 한자 '辯(변)'의 와음으로 보인다.

bu-ri는 '부리'이다. '말 잘하는 부리'라는 의미가 된다.

ho-de-e-**hu-ri** [후쿠시마 방언] 행상인
**부리** [한국어]

후쿠시마(福島) 방언 ho-de-e-hu-ri는 짐을 등에 지고 다니며 행상하는 사람을 뜻한다. ho-de-e가 무슨 의미인지는 알 수 없지만, hu-ri가 사람을 뜻하는 '부리'인 것은 의문의 여지가 없다. 고어는 pu-ri였다.

**za-ru-hu-ri** [오카야마, 나라, 미에, 기후 방언] 행상인
**부리** [한국어]
**자루** [ 〃 ] 천으로 크게 만든 주머니

오카야마(岡山) 방언 za-ru-hu-ri는 또한 떠돌아다니면서 행상하는 사람을 의미하는데, 고어는 za-ru-pu-ri였다.

pu-ri는 물론 사람을 뜻하는 '부리'이다. 이 방언은 '자루(를 지고 다니면서 행상하는)부리'이다. 백제 시대에는 이러한 '자루부리'라는 용어가 있었을 것으로 짐작된다. za-ru는 무슨 말인가?

**za-ru** 笊 조 [일본어] 삼태기
**자루** [한국어] 천으로 크게 만든 주머니

za-ru(笊 조)라는 일본어는 삼태기를 뜻한다. 그런데 방언 za-ru-pu-ri는 행상인을 뜻하니, 일본의 행상인들은 삼태기를 가지고 다니면서 물건을 날랐단 말인가? 삼태기는 그런 용도가 아니다. 거름이나 흙, 쓰레기 따위를 나르는 물건으로서, 잠깐 동안 물건을 나르는 데에 적합한 용도인 것이다. 하루 종일 삼태기에 물건을 담아 나르면서 장사를 한다는 것은 상상할 수도 없다. 이 za-ru는 한국어 '자루'인 것이 분명하다.

'자루'는 천으로 크고 길게 만들어 물건을 담을 수 있게 만든 주머니이다. 과거 한국의 행상인들도 '자루'에 물건을 담아 지고 다녔다. 보부상(褓負商) 들의 운반도구는 자루였다.

**za-ru**-ka-ta-ge 〃 [오이타 방언] 행상인
ka-ta-gi [히로시마 방언] 〃
**자루** [한국어]

오이타(大分)에서는 행상인을 za-ru-ka-ta-ge라 한다.

za-ru는 '자루'이고, ka-ta-ge는 행상인이라는 뜻이다. 히로시마(廣島) 방언 ka-ta-gi는 행상인을 뜻한다. 이 방언은 '자루 행상인'이라는 의미가 된다.

za-ru(笊 조)라는 말은 원래 소쿠리를 뜻하는 일본어이지만, 행상인이 물건을 소쿠리에 담아서 다닐 수는 없는 노릇이다. '자루'인 것이 분명하다.

## 동냥바치

'바치'는 수공업에 종사하던 장인을 일컫던 말이다. 중세어에서 '갖바치'는 가죽신을 만드는 장인, '성녕바치'는 쇠를 다루는 대장장이를 각각 의미하였다. 그러나 중세어 '노릇바치'는 기예(技藝)를 공연하던 광대를 뜻하였고, 현대의 방언 '동냥바치'가 거지를 뜻하는 것을 보면, '바치'는 원래 널리 사람을 뜻하는 말이었던 것으로 짐작된다. 고대에는 '바디'였을 것이다.

o-do-ko-**ba-tsi** [효고, 미에 방언] 말괄량이
o-to-ko 男 남 [일본어] 남자
**바치** [한국어] 사람

효고(兵庫) 방언 o-to-ko-ba-tsi는 말괄량이를 뜻한다.

o-to-ko는 남자, ba-tsi는 사람이다. 이 방언은 '남자 바치'가 원래의 의미가 된다. 말괄량이는 얌전하지 못하고 남자와 같이 날뛰는 여성을 뜻한다.

ku-tsi-**ba-tsi** [시마네 방언] 말이 많은 사람
ku-tsi 口 구 [일본어] 입
**바치** [한국어]

시마네(島根) 방언 ku-tsi-ba-tsi는 말이 많은 사람이다.

ku-tsi는 입이므로, 이 방언은 '입 바치'이다.

ta-ka-**ba-zi** [오키나와 방언] 키가 큰 사람
ta-ka 高 고 [일본어] 높다
**바치** [한국어]

오키나와(沖縄) 방언 ta-ka-ba-zi는 키가 큰 사람이다. ta-ka는 높다는 뜻, ba-zi는 ba-tsi가 변한 말이다. '높은 바치'가 원래의 의미이다.

일본의 방언 ba-tsi는 고대에는 ba-ti였다. 한국의 고어 '바디'와 일본의 고어 ba-ti가 동일한 변화의 과정을 겪어 현대에도 같은 발음을 유지하고 있다는 사실 또한 흥미롭다. 일본의 방언에는 수많은 '~바치'가 남아 있다.

## 시골뜨기

'시골뜨기'는 시골 사람, '촌뜨기'는 촌(村)사람이다. 이 '뜨기'는 또한 사람을 뜻하는 것이 분명하다. 『표준국어대사전』에 의하면, 아직 기생 교습을 받지 아니한 기생은 '날뜨기'라 하고 있다. 고대에는 어떻게 발음되었을까? 다음의 일본어로 미루어 볼 때 '두기'였을 것이다.

u-so-**tsu-ki** [일본어] 거짓말쟁이
u-so 嘘 허 [ 〃 ] 거짓말
**뜨기** [한국어] 사람

일본의 중앙어 u-so-tsu-ki는 거짓말쟁이를 뜻한다. u-so(嘘 허)는 거짓말이라는 뜻이지만 tsu-ki는 무슨 말인가? 고대에는 tu-ki였다.

바로 '뜨기'이다. 이 방언은 '거짓말 뜨기'라는 의미가 된다.

no-ra-**tsu-ki** 怠者 태자 [후쿠시마, 아오모리 방언] 게으름뱅이
**뜨기** [한국어]

후쿠시마(福島) 방언 no-ra-tsu-ki는 게으른 사람이다.

no-ra는 일을 하지 않고 놀다는 의미로서, '놀다'가 일본으로 건너간 말

이다(292쪽). tsu-ki는 사람이니 '노는 뜨기'이다.

ga-sa-**tsu-ki** [미에, 니이가타 방언] 덜렁이
ga-sa-ga-sa [일본어] 거칠다
**뜨기** [한국어]

미에(三重) 방언 ga-sa-tsu-ki는 침착하지 못하고 덜렁대는 사람이다.

일본어 ga-sa-ga-sa가 거칠다는 뜻이므로, 이 방언은 '거친 뜨기'이다. 일본의 방언에는 많은 '~뜨기'가 아직도 남아있다.

## 키

경북방언 '한 키'는 한 사람을 뜻한다. 사람을 뜻하는 '키'가 고대에 일본으로 건너간 것은 졸저 『일본 천황과 귀족의 일본어』에서 본 바 있다(41쪽). 일본에 남아 있는 '키'를 좀 더 살펴보자.

hu-ru-**ki** 老人 노인 [나라 방언] 노인
hu-ru 古 고 [일본어] 오래되다
**키** [경북방언] 사람

나라(奈良) 방언 hu-ru-ki는 노인을 뜻한다.

hu-ru(古 고)는 오래되다는 뜻이고, ki는 사람을 뜻하는 '키'이다. '오래된 키' 즉 '오래된 사람'이라는 의미가 된다.

o-zi-**ki** [가가와 방언] 남자 노인
o-zi-i-san [일본어] 〃
**키** [경북방언]

가가와(香川) 방언 o-zi-ki는 남자 노인을 뜻한다. 일본어 o-zi-i-san이 할아버지를 뜻하므로, 이 ki 또한 사람을 뜻하는 '키'이다. 굳이 필요하지 아니한 사족이다.

o-zi-**ki** [일본어] 삼촌을 높여 부르는 말
o-zi [ 〃 ] 삼촌
**키** [경북방언]

삼촌을 일본어에서 o-zi라 한다. ki를 붙인 o-zi-ki는 경칭 혹은 친근하게 부르는 말이 된다. 앞의 o-zi-ki와는 동음이의어이다. 이 ki는 역시 '키'이며, 이 또한 사족이다.

a-ni-**ki** 兄貴 형귀 [일본어] 형을 높여 부르는 말
a-ni 兄 형 [ 〃 ] 형
a-ne-**ki** 姉貴 자귀 [ 〃 ] 누나를 높여 부르는 말
a-ne 姉 자 [ 〃 ] 누나
**키** [경북방언]

일본어 a-ni(兄 형)는 형을 뜻한다. 그런데 여기에 ki를 붙인 a-ni-ki는 형을 높여 부르는 말 혹은 친근하게 부르는 말이다. 한국어의 '형님'과 같은 어감이다. 이 ki가 사람을 뜻하는 '키'인 것은 물론이다.

일본어 a-ne(姉 자)는 누나라는 의미이다. 여기에도 ki를 붙여 a-ne-ki라 하는데, '누님'이다.

한자표기 '貴(귀)'는 그 발음을 이용한 차자표기일 뿐, 한자의 의미와는 상관이 없다. 사람을 뜻하는 '키'라는 말이 고대에 일본으로 건너가, 현대에도 왕성한 생명력을 발휘하고 있는 것을 알 수 있다.

## 키다리

'키다리'의 '다리'는 사람을 뜻한다. 이 말이 고대에 일본으로 건너간 것은 졸저 『일본 천황과 귀족의 백제어』에서 본 바 있다(444쪽). 방언에 나오는 '다리'를 살펴 보자.

u-su-**ta-ri** 馬鹿 마록 [구마모토 방언] 바보
u-su 〃 [ 〃 ] 〃
**다리** [한국어]

구마모토(熊本)의 u-su-ta-ri는 바보를 뜻한다. 같은 방언의 u-su가 바보이므로, 여기서의 ta-ri는 사람이다.

o-**ta-ri** 馬鹿 마록 [후쿠시마 방언] 창녀
**다리** [한국어]

후쿠시마(福島)의 o-ta-ri는 창녀이다. o가 무슨 의미인지는 알 수 없으나, ta-ri는 사람을 뜻한다.

## 간

배대온 선생의 『역대이두사전(2003). 형설출판사』에 의하면, 고려 조선시대에 신분은 양민(良民)이지만 실제 천민들이 하는 일을 하는 사람, 즉 신량역천(身良役賤)인을 이르는 말이 '간(干)'이었다 한다(34쪽). 소금 굽는 사람을 '염간(鹽干)', 소작인을 '처간(處干)'이라 하였다. 이 '간'이라는 말은 고유어로서, 이두식으로 한자 '간(干)'으로 표기하였다.

**kan** 樣 양, 君 군 [이키, 도쿠시마 방언] 사람, 자네
**간**(干) [고대 한국어] 사람에 대한 존칭

이키(壹岐) 섬 등에서는 kan이 사람에게 붙이는 접미사로 사용되고 있다. 이 말은 존칭인 san(樣 양) 혹은 자네를 의미하는 ki-mi(君 군)와 같은 의미이다. 고대 한국어 '간'과 같은 말이다.

'간'은 원래 신라에서는 관등명에 붙던 말이었다. 삼국사기를 보면 유리왕(儒理王)이 제정한 17관등 중에서 최고위 관등은 이벌간(伊罰干), 4위가 해간(海干), 6위가 아척간(阿尺干)이었다. 삼국통일의 영웅 김유신은 대각간(大角干)과 태대각간(太大角干)이라는 존칭을 하사받은 바 있다.

삼국유사(三國遺事)에 나오는 가야의 건국설화에 의하면, 가야에는 수로왕(首露王) 이전에 '아도간(我刀干)' '여도간(汝刀干)' '피도간(彼刀干)' 등 아홉 '간(干)'이 다스리고 있었다 한다. 이렇듯 고위 관직명에 붙던 '간'이 고려 시대에는 그 의미가 격하되었던 사실을 알 수 있다.

nan-**gan** 暴者 목자 [니이가타, 치바, 사이타마 방언] 난폭한 사람
**간**(干) [고대 한국어]

니이가타(新瀉) 등지에서는 난폭한 사람을 nan-gan이라 한다. gan은 사람을 뜻하는 kan이 흐린소리로 된 말이지만, nan의 의미를 알 수 없다.

wa-ru-**ga-ne** 惡戱子 악희자 [오이타, 도쿠시마, 에히메, 고치 방언] 장난꾸러기
wa-ru 惡 악 [일본어] 나쁘다
**간**(干) [고대 한국어]

시고쿠(四國) 일원의 방언 wa-ru-ga-ne는 장난꾸러기를 뜻한다.
wa-ru는 나쁘다는 의미, ga-ne는 kan이 변한 말이다. '나쁜 간'이다.

## 사무라이

무사(武士)를 뜻하는 '사무라이'는 세계에 널리 알려진 유명한 일본어이다. 아마도 수많은 일본의 단어 중에서, 이 '사무라이'와 헤어질 때의 인사말 '사요나라(423쪽)'가 가장 널리 알려진 말이 아닐까 싶다.

그런데 sa-mu-ra-i는 원래 무사를 의미하는 말이 아니었다. 고대에는 이 말이 귀인을 모시면서, 심부름도 하고 경호도 하는 사람을 뜻하였으며, 발음은 sa-mo-ra-pi였다. 한자로 '시(侍)' 혹은 '후(候)'로 표기하였는데, '시(侍)'는 '모실 시'이고, '후(候)'는 살피다 혹은 망보다는 의미이다. 두 한자 표기가 이 고대 일본어의 의미를 잘 나타내 주고 있다. 즉 귀인의 측근에 대기하여 모시면서 지키다, 혹은 그러한 일을 하는 사람이라는 뜻이었다.

sa-mo-ra-pi가 고대에 sa-bu-ra-pi로 변하였는데, 이 때에도 무사라는 의미는 존재하지 않았다. 한자표기가 변한 바 없었던 점으로도 명백하다. 그 후 발음이 samurapi→samurai로 변하였고, 중세에 접어들어 의미도 무사로 바뀌게 되었다.

**sa-bu-ra**-pi 侍 시, 候 후 [고대 일본어]
**사부리** [창원 방언] 부잣집 일을 보는 사람

김정대 선생의 『경남 창원 지역의 언어와 생활(2007). 태학사』에 의하면, 창원 지역의 방언 '**사부리**'는 부잣집 일을 보는 사람을 뜻한다 한다(183쪽). 소작인이 추수하여 타작할 때, 이 '사부리'가 어김없이 나타나 수확량을 속이는지의 여부를 감시하였다는 것이다. 지주의 명을 받들어 소작인을 관리, 감독하는 일을 하였던 모양이다.

어근 sa-bu-ra와 '사부리'는 의미가 동일하고 발음도 흡사하다. 아마도 고대에는 '**사부라다**' 혹은 그 축약형인 '**사불다**'라는 동사가 있었을 것이고, 사람을 뜻하는 '이'와 결합하여 '**사부리**'가 된 것으로 짐작된다. 이 말은 고대의 한국에서 널리 사용되었던 것으로 보이지만, 창원 지역에만 간신히 살아남은 모양이다.

고대의 일본에는 '무사(武士)'라는 직업이 존재하지 않았다. 농사를 짓지 않고 무예 수련만을 전업으로 하는 '무사'와, 그 단체인 '무사단(武士團)'은 10세기 이후 비로소 나타났다. 전에 없던 새로운 직업인 셈이다. 이러한 신종 직업인 무사에게, 언중들은 새로운 이름을 붙인 것이 아니고, 종전에 있던 말 중에서 가장 비슷한 sa-bu-ra-pi라는 이름으로 불렀다. 등장한지 얼마되지도 아니한 신종직업에 종사한 무사들이 점점 세력을 키워, 나중에는 무가시대(武家時代)를 열고는, 정권을 장악하기까지 이르렀다.

이와는 달리 한국에는 무사라는 새로운 직업이 생긴 바도 없었고, 평화가 장기간 계속되었으므로, 창원에서는 부잣집 일 보는 사람이라는 의미로 바뀌게 되었을 것이다.

일본어 '사무라이'가 한국어 '싸울 아비'라고 주장하는 사람도 있으나, 고대 일본어를 모르는 데에서 나온 억측이다. '사무라이'는 원래 '싸우는 사람'이라는 의미가 아니었던 것이다.

그런데 『암파고어사전』에 의하면, sa-bu-ra-pi란 말은 접두사 sa와 동사인 mo-ru(守 수)의 합성어이며, pi는 접미사라 한다. 이것이 사실이라면, sa라는 접두사와 mo-ru라는 동사가 백제에서도 통용되어야 마땅하다. 과연 이 두 말이 백제 시대에도 사용되었을까? 말의 어근인 mo-ru(守 수)라는 동사는 고대의 한국어이다.

**mo-ru** 守 수 [일본어] 감시하여 지키다
**말림**갓 [한국어] 함부로 나무를 베지 못하게 지키는 산이나 땅
갓 [ 〃 ] 나무가 우거진 산

『암파고어사전』에 의하면, 일본어 mo-ru는 고대에 '산이나 들, 섬, 논 등지의 불법침입을 감시하여 그것을 수호하다'가 원래의 의미였다 한다. 기본적인 활용형은 연용형인 mo-ri였다.

'갓'이라는 말이 있다. 『표준국어대사전』에 중앙어로 등재되어 있으나, 아

마도 경남과 전라지역의 방언이 중앙어로 격상된 것이 아닌가 싶다. 나무가 우거진 산을 뜻한다. 위 사전에는 '말림갓'도 같은 의미로 되어 있다. 그러나 '갓'과 그 앞에 '말림'이 붙은 '말림갓'은 다른 말이고, 위 사전의 풀이는 오류이다. '갓'은 나무가 우거진 산, '말림갓'은 갓 중에서도 나무를 베지 못하게 지키는 산을 뜻한다. '말림갓'에 나오는 '말리다'라는 동사는 만류하다는 의미가 아니라, '불법침입을 감시하여 지키다'인 것이 명백하다. 일본어 mo-ru와 의미가 완벽하게 일치하고 있고, 발음은 흡사하다.

'말리다'도 고대에는 '모리다'였을 것으로 짐작된다. 그런데 이 말은 백제 시대보다 훨씬 이전인 2천3백여년 전의 야요이(彌生)시대에 건너갔을 것이다. 한국에서는 완전하게 사어가 되었고, '말림갓'이라는 복합어에만 화석으로 남아있지만, 백제 시대에는 널리 사용되었을 가능성이 충분하다. '말림갓'도 고대에는 '모리갓'이 아니었을까?

한국에서는 동사 '모리다'가 사어가 되어 사용되지 않게 되자, '모리갓'의 '모리'도 원래의 의미가 잊혀지고, 만류하다는 의미의 '말리다'에 이끌려 '말림갓'으로 되었을 것이다.

접두사 sa는 어떤가? 『암파고어사전』을 보면, 이 sa는 '명사, 형용사, 동사의 위에 붙는다. 말 뜻은 미상'이라 하고 있다. 현대 한국어는 물론 중세 한국어에도 이와 같은 의미와 용법을 가진 '사'라는 접두사가 존재하지 않았다. 굳이 비슷한 것을 찾는다면, '새빨갛다'에 나오는 접두사 '새'일 것이다.

'새'는 명사나 동사의 앞에는 붙지 않는다. 일본어 sa가 훨씬 포괄적임에 비하여, '새'는 색깔을 나타내는 형용사의 앞에 붙어 그 의미를 강하게 하여 주고 있다. '새'라는 접두사를 보면, 일본의 sa에서 의미가 대폭 축소된 느낌을 주고 있다. 그러나 이 접두사의 존재를 놓고 볼 때, 고대의 한국어에 일본의 sa와 비슷한 의미를 가진 '사'라는 접두사가 존재하였을 가능성을 부정할 수는 없을 것이다.

그런데 『암파고어사전』의 이러한 풀이가 과연 타당한지는 좀 의문이다. 왜냐하면 앞서 본 바와 같이, 창원의 '사부리'는 '사붇다' 혹은 '사부라다'라는 고대의 동사에서 파생된 것으로 보이는데, 앞의 '**사**'가 과연 접두사인지 단정하기 어렵기 때문이다.

sa-bu-ra-pi의 고형인 sa-mo-ra-pi는 유명한 가인 시본인마려(柿本人麻呂)의 만엽집 199번 노래 등 여러 만엽가에 등장하고 있다. 고대 한국어인 것이 분명하지만, 한국에서는 일찍 사라지고, 변형인 sa-bu-ra-pi에 대응되는 '사부리'가 창원의 방언에 화석으로 남아 있다.

## 어리**가리**

평안방언 '어리**가리**'는 어리보기 즉 어리석은 사람을 뜻한다. 이 말은 '어리'와 '**가리**'의 복합어로서, '어리'는 어리석다는 의미이고, '가리'는 사람을 뜻한다.

평북방언 '떡**가리**'는 눈이 하나인 외눈이를 의미하는데, '떡'이 무슨 말인지는 알 수 없으나, '가리'가 사람인 것은 분명하다.

a-ya-**ka-ri** 馬鹿 마록 [나가사키, 후쿠오카, 와카야마, 교토, 미에, 후쿠이 방언] 바보
a-ya 〃 [후쿠이 방언] 〃
어리**가리** [평안방언] 어리석은 사람

교토(京都) 등지의 방언 a-ya-ka-ri는 바보를 뜻한다. 후쿠이(福井) 방언 a-ya가 바보이므로, a-ya-ka-ri의 ka-ri가 사람을 의미한다는 것을 알 수 있다.

hu-ra-i-**ka-ri** 〃 [나가사키 방언] 바보
hu-ra 〃 [오키나와 방언] 〃
어리**가리** [평안방언]

오키나와(沖繩) 방언 hu-ra 역시 바보를 뜻한다. 따라서 나가사키(長岐) 방언 hu-ra-i-ka-ri의 ka-ri 또한 사람인 것이 분명하다.

이 두 방언의 ka-ri는 '어리가리'의 '가리'가 건너간 것이 분명하다. 고대의 한국어에서는 '가리'라는 말이 사람을 의미하는 말이었던 모양이다.

bi-**ka-ri** 子供 자공 [쓰시마 방언] 어린이
bin-su 〃 [고치 방언] 〃
어리**가리** [평안방언]

쓰시마(對馬島)의 bi-ka-ri는 어린이를 뜻한다. 같은 의미를 가진 고치(高知)의 bin-su와 대조하여 보면, 이 ka-ri 또한 사람을 뜻하고, '가리'인 것이 분명하다.

o-ku-biyo-**ta-ka-ri** 臆病者 억병자 [치바, 도치키, 후쿠시마 방언] 겁쟁이
o-ku-biyo-siya 〃 [일본어] 〃
어리**가리** [평안방언]

일본어 o-ku-biyo-siya는 겁쟁이를 뜻한다. 치바(千葉) 등지의 방언 o-ku-biyo-ta-ka-ri 또한 같은 의미인데, 여기서는 ta-ka-ri라는 말이 사람을 의미한다.

i-zi-**ta-ka-ri** 意地張 의지장 [야마가타 방언] 고집불통
i-zi 意地 의지 [일본어] 고집

자기 주장만을 내세우는 고집을 일본어에서 i-zi라 하며, 고집불통인 사람을 i-zit-pa-ri(意地 의지장)라 한다는 것은 앞서 본 바 있다(14쪽).

야마가타(山形)에서는 고집불통인 사람을 i-zi-ta-ka-ri라 한다. 이 ta-ka-ri 또한 사람을 뜻하고 있다.

多**加利** 다**가리** [이나리야마(稻荷山) 철검] 인명
로巳**加利** 저이**가리** [ 〃 ] 〃

이 '가리'를 보면, 사이타마(琦玉) 현 이나리야마 고분에서 발견된 철검에 새겨진 인명 '다가리(多加利)'와 '저이가리(로巳加利)'가 생각난다.

두 사람은 칼을 만든 호와캐(乎獲居)의 상조(上祖)라는 의부비궤(意富比垝)의 아들과 손자이다. 두 이름의 '가리(加利)'는 바로 '어리가리'의 '가리'이다.

그리고 '다가리(多加利)'라는 이름은 위의 두 방언에 나오는 ta-ka-ri와 동일한 점도 주목을 끈다. 의부비궤, 다가리, 저이가리, 세 사람의 이름 모두 왜풍이 아닌 백제풍인 것이 분명하다.

졸저 『일본 천황과 귀족의 백제어』에서 필자는 두 이름의 말음 '리(利)'에 주목하여, 그것이 백제풍이라는 주장을 한 바 있다(358쪽). 그러나 이는 한국의 '~가리'와 일본의 ~ka-ri 혹은 ta-ka-ri를 알지 못한 데에서 나온 오류이므로, 이 글로써 바로잡는다.

## 그이

'그이'는 그 사람이고, '이이'는 이 사람이다. '이'는 사람을 뜻한다.

a-i [후쿠시마 방언] 저 사람
a 彼 피 [고대 일본어] 저
**이** [한국어] 사람

후쿠시마(福島) 방언 a-i는 '저 **사람**'이라는 뜻이다. a는 '저'라는 의미의 고어로서 현대에는 a-no(彼 피)로 바뀌었다. i는 무엇인가? 사람을 뜻하는

말인 것이 분명하지만, 일본어에는 이러한 말이 존재하지 않는다.

바로 '이'이다. 발음과 의미가 완벽하게 일치하고 있다.

a-**i**-ra [교토, 니이가타 방언] 저 사람들
ra 等 등 [일본어] 들
**이** [한국어] 사람

교토(京都) 등지의 방언 a-i-ra는 '저 **사람**들'이라는 뜻이다. a-i는 '저 사람'이고, ra는 사람의 복수를 의미한다. '저**이**들'이라는 의미가 된다.

## 분

'이 분' 혹은 '한 분'의 '분'은 사람을 높이는 말이다.

zi-**bun** 自分 자분 [일본어] 자기자신
**분** [한국어] 사람의 높임말

일본어 zi-bun은 자기 자신을 의미한다. zi는 항을 바꾸어 살펴보자. bun은 '분'이 건너간 것이다. 발음은 완벽하게 일치하지만, 한국의 '분'이 높임말인데 비해 일본의 bun은 평칭이니 그 의미에서 약간의 차이가 있다. 그러나 사람을 뜻한다는 점에서는 일치하고 있다.

o-ya-**bun** 親分 친분 [일본어] 부모
ko-**bun** 子分 자분 [ 〃 ] 자식
**분** [한국어]

일본어 o-ya-bun(親分 친분)은 부모를 의미한다. 부모를 뜻하는 o-ya(親

친)와 bun의 복합어로서, bun은 역시 사람이다.

ko-bun(子分 자분)은 자식을 의미하는데, 자식을 뜻하는 ko(子 자)와 bun의 합성어이므로, 이 '분'도 또한 사람이다.

bun-bun 銘銘 명명 [니이가타 방언] 제각기
**분** [한국어]

니이가타(新瀉) 방언 bun-bun은 각자 혹은 제각기라는 뜻이다. 사람을 의미하는 '**분**'을 중복함으로써, '제각기'라는 뜻을 나타내고 있다.

일본으로 건너간 bun은 일반적으로 사람을 의미하고, 높임의 의미는 없는 것으로 보인다. '분'이 고대의 한국어에서 어떠한 용법으로 사용되었는지는 전혀 알 수 없지만, 백제에서는 이 말이 평칭이었을 가능성이 있다.

## 지

'저' 즉 자기 자신을 전라도와 경상도에서는 '**지**'라 한다. '**지**가 했으면서……'의 '지'는 자기 자신을 의미한다.

**zi**-ge [고치, 시마네, 효고, 나라, 교토, 기후, 아이치, 이시카와, 후쿠이 방언] 자기가 살고 있는 마을
**지** [전라, 경상방언] 저
우리**게** [충청방언] 우리가 살고 있는 곳

고치(高知)와 나라(奈良) 등지의 방언 zi-ge는 완전한 백제어이다. 이 말은 자기 자신이 살고 있는 마을을 뜻한다.

zi는 전라방언 '지'이다. 발음과 의미가 완벽하게 일치하고 있다.

ge는 장소를 뜻한다. 이 점에 관하여는 뒤에서 살펴보자(471쪽). 이 방언

은 '**지** 장소' 즉 '자기 자신의 장소'가 원래의 의미이다.

**zi**-bun 自分 자분 [일본어] 자기 자신
**지** [전라, 경상방언] 저

자기 자신을 의미하는 중앙어 zi-bun은 '**지**'와 사람을 뜻하는 '분'이 합친 말이다. '지 사람' 즉 '자기 자신 사람'이 원래의 의미가 된다. '지'만 하여도 충분하지만 사람을 의미하는 '분'이라는 말이 사족처럼 붙어 있다.

**zi**-ma-ma 我盡 아진 [오키나와 방언] 제 멋대로 구는 것
**지** [전라, 경상방언]

오키나와(沖繩) 방언 zi-ma-ma는 제 멋대로 방자하게 구는 것을 뜻한다. 여기서 ma-ma(盡 진)는 '생각대로 됨'을 의미하므로, zi-ma-ma는 '지 생각대로' 즉 '자기 마음대로' 하는 것을 뜻하게 된다. 한국어의 '**지** 마음대로'라는 표현에 해당하는 말이다.

백제 사람들은 현대의 전라, 경상방언과 마찬가지로 '저'를 '지'라 하였던 것을 일본의 방언을 통하여 확인할 수 있다.

## 애

'아이'는 중세에는 '아해' 혹은 '아희'라 하였다. 'ㅎ' 자음이 존재하지 않았던 고대에는 어떠하였을까?

**e**-go 子供 자공 [미에 방언] 아이
**애** [한국어] 〃

미에(三重) 방언 e-go는 아이를 뜻한다. e와 go의 합성어이다.

e는 무엇인가? 바로 '애'이다. '아이'를 축약하면 '애'가 된다. go는 아이를 뜻하는 ko(子 자)가 흐린소리로 된 말이니, 이 방언은 동어반복이다.

e-nu-si [교토 방언] 마을 소년조에서 물러난 성인 남자
nu-si 主 주 [일본어] 주인, 사람
**애** [한국어]

교토(京都)의 e-nu-si는 마을의 자치조직인 소년조(少年組)에서 나이가 들어 물러난 성인 남자를 뜻한다.

e는 '애'이고, nu-si는 원래 주인(主人)을 뜻하지만, 여기서는 사람에 대한 높임말이다. '애 님' 정도의 의미이다. '애'일 때 소년조에 가입하였다가 나이가 들어 물러난 성인을 '애 님'이라 불렀던 것은 수긍이 가는 일이다.

a-i-na 息子 식자 [아오모리 방언] 타인의 자식에 대한 존칭
**아이** [한국어]

아오모리(青森)의 a-i-na는 타인의 자식에 대한 높임말이다.

na는 접미사로 보인다. a-i는 '아이'이다. 발음과 의미가 완벽하게 일치하고 있다. 백제 시대에도 '아이'였고, 줄여서는 '애'라 하였을 것이다. 현대 한국인의 발음과 아무런 차이가 없었던 것으로 추정된다.

## 아지

삼국유사를 보면 김알지(金閼智)에 관한 다음과 같은 설화가 나온다. 신라의 수도 경주에 있는 시림(始林)이라는 숲에 한밤중에 밝은 빛이 비추었다.

그러더니 자주빛 구름이 하늘에서 땅으로 뻗치고는, 그 속에 황금으로 된 궤가 나뭇가지에 걸려 있었다. 빛은 궤 속에서 나왔고, 나무 밑에서는 흰 닭이 울고 있었다. 궤를 열어보니 어린 남자 아이가 누워 있다가 곧 일어났다. 마치 박혁거세(朴赫居世)의 고사와 같았으므로, 그 아이를 '**알지(閼智)**'라 이름 지었다 한다.

삼국유사의 저자 일연(一然)스님은, '알지'란 신라어로서 어린 아이(小兒 소아)를 뜻한다고 설명하고 있다. '알지(閼智)'는 순수한 신라어를 한자라는 도구로 표기한 것이다. 고대에는 어떠한 발음이었을까? 주법고(周法高)의 『漢字古今音彙(한자고금음휘). 1982. 香港中文大學出版社』에 의하면, '알(閼)'의 중고음은 ât이었으므로, '알지(閼智)는 당시에 '앋디'였을 것이다.

**a-ti** 子供 자공 [이시카와, 니이가타 방언] 어린이
강**아지** [한국어]

어린이 혹은 유아(幼兒)를 이시카와(石川) 등지에서는 a-ti라 한다. 삼국유사의 '앋디'와 발음과 의미가 일치하고 있다.

'**강아지**' '**송아지**' '**망아지**'에서 보듯이 가축의 새끼를 뜻하는 말에 붙은 '아지'도 고대에는 '**아디**'였던 것이 분명하다. '강아지'는 '가+아디'인 '가아디'가 변한 말이다. 개는 백제 시대에 '가'였다(127쪽).

따라서 어린 아이를 의미하는 '아디'는 고대에는 신라뿐만 아니라 백제나 고구려에서도 널리 사용되었다고 보아도 무리가 없을 것이다. 그것이 일본으로 건너가 a-ti로 남은 것이다.

## 비바리

제주방언에서 처녀를 '**비바리**'라 한다. '바리'는 앞서도 본 바와 같이 사람을 뜻하는 말이다. 그러면 비바리의 '비'는 무슨 뜻인가?

bi 娘 낭 [나가사키, 후쿠오카, 오이타, 교토, 미에, 아이치, 후쿠이, 기후, 나가노, 시즈오카, 도야마, 후쿠시마, 이와테 방언] 소녀, 처녀
**비**바리 [제주방언] 처녀

한국어로는 전혀 그 의미를 알 수 없으나, 일본의 방언 bi를 보면 그 의미가 명백하게 드러난다. 이 bi는 규슈의 북부에서부터 동북지방에 이르기 까지 넓은 범위에 분포하고 있는데, 소녀 혹은 처녀를 뜻하는 말이다.

제주방언 '비바리'의 '비'와 그 의미나 발음이 동일하다. 따라서 '비바리'는 '소녀(처녀) 바리'라는 의미가 된다.

bi-sa-ma [기후 방언] 소녀, 처녀
bi-san [시마네, 효고, 니이가타 방언] 〃 〃
**비**바리 [제주방언] 처녀

기후(岐埠) 방언 bi-sa-ma와 효고(兵庫) 일원의 방언 bi-san은 '비'를 높여 부르는 존칭이다.

백제 사람들도 처녀를 '비'라고 하였던 모양이다. 세월이 흐르면서 다른 지방에는 모두 흔적도 없이 사라지고, 오직 제주방언 '비바리'에만 화석처럼 남은 것으로 생각된다.

## **냉**바리

앞의 '비바리'와 대를 이루는 제주방언에 '냉바리'가 있다. '비바리'가 처녀인 데에 비하여, '냉바리'는 결혼한 여성을 일컫는 말이다. 어원이 전혀 알려지지 않았지만, 비바리와 마찬가지로 일본의 방언에서 실마리를 찾을 수 있다.

**ne** [에히메 방언] 친한 사이의 성년여자 이름 뒤에 붙이는 말
**냉**바리 [제주방언] 결혼한 여자

에히메(愛媛) 방언에서는 친한 사이의 성년여성 이름 뒤에 ne를 붙인다. 가령 ha-na-ko(花子 화자)라는 여성의 이름 뒤에 ne를 붙여 ha-na-ko-ne라 하면, 친밀감을 나타내는 표현이 된다.

제주방언 '냉바리'의 '냉'과 발음은 흡사하고 의미는 동일하다. '냉'도 고대에는 '내'였을 가능성이 크다.

## 가미때기

다른 지역에서 찾아볼 수 없는 함북 특유의 방언 '가밋때기'는 타인의 처나 안주인에 대한 높임말이다. 이 말은 '가미'와 '때기'의 합성어이다. '때기'는 '부엌데기'의 '데기'와 마찬가지로 사람을 뜻하는 말이다.

'가밋'은 어근 '가미'에 '사이 ㅅ'이 첨가된 형태이므로, '가미'가 주부 혹은 안주인을 의미하는 것을 알 수 있다.

o-**ka-mi** 御上様 어상양 [고대 일본어] 타인의 처
o-**ka-mi** 女將 여장 [일본어] 안주인
**가밋**때기 [함북방언] 주부 혹은 안주인에 대한 높임말

여관이나 요정 따위의 안주인을 현대 일본어에서 o-ka-mi라 한다. 원래 이 말은 고대 일본어에서 타인의 처를 높여 부르는 의미였다. 시일이 흐르면서 말의 의미가 조금 변화한 것이다. 앞에 붙은 o는 높임의 의미를 가진 접두사이며, 어근은 ka-mi이다.

함북방언 '가미'와 발음과 의미가 정확하게 일치한다. '가밋떼기'는 다른 방언에서는 전혀 보이지 않고 오직 함북에 만 존재하고 있다. o-ka-mi는

고구려 멸망 이후 유민들이 가져간 말일 것이다.

## 암중

불교의 승려를 한국에서는 '중'이라 한다. 이 말은 사람의 무리를 뜻하는 한자어 '중(衆)'에 그 뿌리가 있고, 중세에는 '즁'이라 하였다.

원래 인도의 팔리어(pali 語)에서 승려를 sanga라 하였는데, 본래의 의미는 사람의 무리였다. 승려가 여럿이 모여 수행공동체를 만들어 함께 수행한 데에 그 연원이 있다. 이 sanga를 중국 사람들이 무리를 뜻하는 중(衆)이라는 한자로 번역한 것이 한국으로 전하여 온 것이다.

**a-ma** 尼 니 [일본어] 여승
**암**중 [한국어] 여승을 속되게 이르는 말
**amma** [팔리어] 여승

여승을 일본에서는 a-ma라 한다. 한국에서는 여승을 '암중'이라 하는데, 여기서의 '암'은 여성을 가리키는 말, 즉 '암컷'이라고 할 때의 '암'과는 조금 다른 말이다. 원래 인도의 팔리어에서 여승을 amma라 하기 때문이다.

이 팔리어가 한국으로 전해져 '암중'이 되었고, 백제 사람들이 일본으로 가져가 a-ma가 되었다.

## 안주인

집안의 여자 주인을 '안주인'이라 하고, 아내를 '안사람'이라 한다. 원래 '안'은 겉의 반대말 즉 속이나 가운데를 의미하는 말이지만, 그것이 사람을 뜻하는 말과 결합하게 되면 여성을 나타내는 말이 된다.

**an**-ziyu 尼 니 [교토, 시고쿠 방언] 여승
**an**-ziyo 〃 [호쿠리쿠, 나가노, 야마가타 방언] 〃
**안**주인 [한국어] 여자 주인

여승을 교토(京都)와 시고쿠(四國) 지방에서는 an-ziyu라 한다. ziyu는 승려를 뜻하는 중세 한국어 '즁'과 그 발음이 흡사하다. '즁'이 건너간 것이다.

an은 바로 '안주인'의 '안'으로서, 이 방언은 '안 중'이 원래의 의미가 된다. '안주인'이나 '안사람'과 동일한 구조이다. 백제어 '안'에 대하여는 졸저 『일본 천황과 귀족의 백제어』에서 본 바 있다(173쪽).

호쿠리쿠(北陸) 지방의 방언으로는 an-ziyo인데, an-ziyu가 변한 형태이다.

**an**-de-ra 庵寺 암사 [교토 방언] 여승들이 사는 절
te-ra 寺 사 [일본어] 절
**안** [한국어]

교토(京都) 방언 an-de-ra는 니사(尼寺) 즉 여승들이 사는 절을 의미한다. de-ra는 절을 뜻하는 te-ra(寺 사)가 흐린소리로 변한 말이며, an은 '안'이다. '안 절' 즉 '안중이 사는 절'이라는 뜻이 된다. 일본어 te-ra도 백제에서 건너간 말이니(졸저 『일본 천황과 귀족의 백제어 466쪽』), 백제 사람들이 여승의 절을 '안 절'이라 하였다는 사실을 짐작할 수 있다. 이 말이 통째로 교토로 건너간 것이다.

te-ra의 원형은 전라방언 '젤'에서 구할 수 있는데, '젤'은 고대에는 '델'이었을 것이다. 이 말은 절을 뜻하는 한자어 '찰(刹)'에 그 기원이 있다. 백제어화한 한자어가 일본으로 건너갔던 것이다.

## 인아

경북방언 '인아'는 계집애 혹은 여자 아이라는 뜻이다. 『표준국어대사전』을 찾아보면 '이나'라는 말이 나오는데, 처녀의 잘못이라고 되어있다. 그러나 이 '이나'는 경북방언 '인아'인 것이 분명하다. 다만 그 발음은 '인아'보다는 '이나'가 정확한 것으로 생각된다. 필자도 어릴 적 이 말을 자주 들은 바 있다. '이나'의 '이'는 장음으로서 길게 발음되었던 기억이 선명하다.

**$i_i$-na-gu** 女 여 [오키나와 방언] 여자
**인아** [경북방언] 계집애

오키나와(沖繩) 방언 $i_i$-na-gu는 여자를 뜻한다.

첫 음절 $i_i$는 i가 장음이라는 표시일 것이다. 말음 gu는 아이 혹은 소녀를 뜻하는 일본어 ko(兒 아)가 흐린소리로 되면서, 모음이 바뀐 형태이다. 따라서 $i_i$-na가 바로 여자를 의미하는 말이 된다.

경북방언 '인아'와 그 발음이 완전히 동일하고, 의미도 흡사하다. 그런데 '인아'라는 말은 경북 이외의 지방에서는 전혀 찾아 볼 수 없다. 가야 사람들이 가져간 말일 것이다.

## 바

사람을 뜻하는 '바'는 전라방언에 남아있으며, 졸저 『일본 천황과 귀족의 백제어』에서 본 바 있다(307쪽). 일본의 중앙어와 방언에 나오는 '바'를 좀더 자세히 살펴보자.

일본의 $ka_t$-pa는 하천에 산다는 상상 속의 동물이다. 이 녀석은 하천과 육지 양쪽에서 살며, 4-5세 어린이의 모습에 힘이 세어 씨름을 좋아하는데,

사람이나 동물을 물속으로 끌고 들어가 피를 빨아 먹는다고 한다.

> kat-**pa** 河童 하동 [일본어] 아이 모습의 상상 속 동물
> **바** [전라방언] 아이

『암파고어사전』에 의하면, 이 동물의 이름 kat-pa는 ka-pa-wa-ra-pa가 축약된 말이라고 한다. ka-pa(河 하)는 강이나 내를 뜻하는 ka-wa의 고어이고, wa-ra는 벌판을 뜻하는 ha-ra(原 원)가 변한 말로서, 이 둘을 합친 ka-pa-wa-ra(河原 하원)는 강이나 내를 넓은 벌판에 비유한 말이다.

pa는 무슨 의미인가? 사전에도 이 말에 대한 풀이는 나오지 않고 있다.

이 동물의 한자표기는 '하동(河童)'이다. '하(河)'는 하천이고, '동(童)'은 아이를 뜻하므로, '하천의 아이'라는 의미이다. 하천에 살면서 아이의 모습을 하고 있기에 이러한 한자표기를 붙였을 것이다. 그렇다면 pa가 아이라는 말이 될 수밖에 없지만 일본어에는 그러한 말이 존재하지 않는다. 일본에서는 이러한 경우 아이를 뜻하는 ko(子 자)라는 말을 붙이는 것이 일반적이지만, 이 동물에는 특이하게도 pa라는 말이 사용되고 있다.

전라방언 '바'는 어린이를 뜻한다. '두바'는 둘째 아이, '충청바'는 충청도 아이라는 의미가 된다. 이 동물은 원래의 의미가 '강 벌판 바' 즉 '강 벌판 아이'이다. 이러한 설화도 원래 백제 사람들이 가져간 것은 아닐까?

> gan-**ba** 惡戱者 악희자 [나가노, 시즈오카 방언] 장난꾸러기
> gan-**ba-tsi** 〃 [나가노 방언] 〃
> **바** [전라방언]

나가노(長野) 등지의 gan-ba는 장난꾸러기를 뜻한다.

나가노 방언 gan-ba-tsi 또한 같은 의미이다. ba-tsi가 사람이므로, gan이 장난을 뜻하는 말이 된다. 따라서 gan-ba의 ba가 사람을 의미한

다는 것을 알 수 있다. 이 말이 장난꾸러기를 뜻하니, ba는 아이일 것이다.

## 또래

나이나 수준이 비슷한 사람들을 '또래'라고 한다. '동갑(同甲)또래'는 같은 나이인 사람을 뜻한다. 그래서 이 말은 거의 친구와 같은 의미로 통용되고 있다. '또래'는 또한 모양이나 크기, 됨됨이 따위가 같거나 비슷한 것을 뜻하는 말이기도 하다. '모두 이 정도의 또래로 만들어라'에서의 '또래'는 이러한 의미이다.

**tsu-re** 友 우 [거의 일본 전역의 방언] 친구
**tsu-re**-do-mo 友達 우달 [이시카와, 니이가타 방언] 〃
**또래** [한국어]

친구를 거의 일본 전역에서 tsu-re, 니이가타(新瀉)에서는 tsu-re-do-mo라 한다.

두 방언의 tsu-re는 고대에 tu-re였다. '또래'와 발음은 흡사하고 의미는 동일하다. do-mo는 친구를 뜻하는 일본어 to-mo(友 우)가 변한 말이다. 동어반복이다.

농민들이 농사일을 공동으로 하기 위하여 만든 조직을 '두레'라 하는데, 역시 같은 어원에서 나온 말이 아닐까 싶다.

**tsu-re** [나가사키, 고치, 오카야마 방언] 같은 종류의 물건
**또래** [한국어]

나가사키 (長岐)에서는 같은 종류의 물건을 tsu-re라 한다. 고대에는 역시 tu-re였다. 비슷한 것을 의미하는 '또래'와 의미와 발음이 흡사하다.

## 덩더꾼

중세어 '던득다'는 주의를 게을리 하다는 뜻이다.

경북방언 '덩더꾼'은 일을 경솔하고 소홀하며 대충대충 해 치우는 사람을 의미한다. 이 방언은 『표준국어대사전』에도 보이지 않지만, 대구시 일원에는 지금도 많이 사용되고 있다. '덩더'와 '꾼'의 합성어로서, '꾼'은 사람을 뜻하고, '덩더'는 중세어 '던득다'의 후예로서, 주의를 게을리 하다는 의미이다. '던득다'도 원래는 '던더다'였을 것이다.

**ton-to**-ki [니이가타, 아오모리 방언] 소홀하고 경솔한 사람
**덩더**꾼 [경북방언] 〃
**던득**다 [중세 한국어] 주의를 게을리 하다

니이가타(新潟)와 아오모리(青森) 방언 ton-to-ki는 일을 할 때에 치밀하지 못하고 소홀, 경솔한 사람을 뜻한다. ki는 사람이다(31쪽).

ton-to는 '던더'이고, 고대에는 tən-tə였을 것이다. '던더'와 그 발음과 의미가 완벽하게 일치하고 있다.

**ton-tsu**-ku 馬鹿 바보 [교토 방언] 바보
**덩더**꾼 [경북방언]

교토(京都)의 ton-tsu-ku는 바보를 의미한다. 고대에는 ton-tu-ku였다. 아마 ton-to-ki가 변한 말일 것이다.

사람을 뜻하는 '꾼'이라는 말은 중세 이래 한국어에서 많이 사용되고 있으나, 이 말은 몽골어에서 유래한 것으로서, 고려가 원나라의 지배를 받을 무렵 도입된 말이고 고대 한국어에는 존재하지 않았다. 따라서 경북방언 '덩더꾼'도 고대에는 니이가타 방언과 마찬가지로 '던더기'였을 가능성이 크다.

## 매대

평안방언 '**매대**'는 맹추라는 뜻이다. 경북방언 '**맨재기**'는 융통성이 없거나 좀 바보스런 처신을 하는 사람을 뜻한다.

me-te [시가 방언] 둔한 사람
**매대** [평안방언] 맹추

시가(慈賀) 방언 me-te는 둔하거나 처신이 서툰 사람을 뜻한다.

발음과 의미가 평안방언 '**매대**'와 흡사하다. 경북방언에서는 '**맨재기**'인데, '맨재'는 '매대'가 변한 말이며, 사람을 뜻하는 '기'가 접미사로 붙었다.

## 버꾸

전남방언 '**버꾸**'는 바보를 뜻한다.

bot-ko 馬鹿 마록 [도쿠시마 방언] 바보
ho-ko-ma-e 〃 [가가와 방언] 〃
**버꾸** [전남방언] 〃

도쿠시마(德島) 방언 bot-ko 역시 바보를 의미한다. '**버꾸**'와 의미가 일치하고 발음은 흡사하다.

가가와(香川)에서는 ho-ko-ma-e라 한다. 고대에는 po-ko-ma-e였다. po-ko는 '버꾸'이고, ma-e(前 전)는 원래 앞을 뜻하지만 이 경우에는 '~다움'이라는 의미일 것이다.

일본의 두 방언은 고대에는 pə-ku였을 가능성이 높다.

## 축구

경상방언 '**축구**'는 바보를 뜻한다. 『표준국어대사전』에는 '**추꾸**'라고 되어 있다.

bon-**tsu-ku** 馬鹿 마록 [고치, 가가와, 나가노, 야마나시, 니이가타, 가나카와, 군마, 도치키 방언] 바보
bon 〃 [도쿠시마, 야마구치, 시마네, 니이가타 방언] 〃
**추꾸** [경상방언] 〃

고치(高知) 등지의 방언 bon-tsu-ku 또한 바보를 뜻한다. 이 말은 bon과 tsu-ku의 합성어로서, bon은 바보를 뜻하는 '봉'이다(60쪽).

tsu-ku는 경상방언 '**축구**'와 그 발음과 의미가 완벽하게 일치한다. 그런데 고형은 tu-ku였으니 좀 다른 말인가? 그렇지 않고, '**축구**' 또한 고대에는 '**두구**'였을 가능성이 크다. 같은 말일 것이다. 고대의 어형이나 현대에 들어 바뀐 어형이 모두 흡사한 발음인 것이 흥미롭다. 이 방언은 동어반복이다.

un-**tsu-ku** [오이타, 에히메, 가가와, 도쿠시마, 시마네, 와카야마, 나라, 오사카, 나가노, 니이가타, 도쿄 방언] 바보
un [와카야마 방언] 〃
**추꾸** [경상방언] 〃

오이타(大分) 등지의 방언 un-tsu-ku도 바보를 뜻한다. un과 tsu-ku의 합성어로서, 와카야마(和歌山) 방언 un이 또한 바보이므로, 이 또한 동어반복이다.

'축구'는 경상방언 이외의 다른 방언에서는 전혀 보이지 않는다. 가야 사람들이 가져간 것으로 짐작된다.

## **춘핑**이

다른 지역에는 찾을 수 없는 경남의 독특한 방언 '**춘핑이**'는 바보를 뜻한다.

**tsiyon-bin** 馬鹿 마록 [시마네 방언] 바보
**춘핑**이 [경남방언] 〃

시마네(島根) 방언 tsiyon-bin 역시 바보를 뜻한다.

'춘핑'과 발음이 흡사하다. tsiyon-bin은 일본의 단어로서는 특이하게도 두 음절에 모두 받침 n이 들어가 있다. 이런 형태의 말은 일본에는 거의 존재하지 않는다. 고대에는 ton-bin이었을 것으로 짐작된다.

'춘핑이' 또한 고대에는 '둔빙'이었을 것이다. 이 방언은 가야 사람들이 가져간 것이 분명하다.

## **어다리**

김영태 선생의 『경상남도방언연구(1). 1975. 진명문화사』를 보면, 경남 남해지방의 방언 '**어다리**'는 바보를 뜻한다 한다. 어간은 '어'이고, '다리'는 사람을 의미하는 접미사이다(33쪽).

**o-ta-ri** 馬鹿 마록 [나가노 방언] 바보
**o-ta-ri**-ya 〃 [ 〃 ] 〃
**o-ta-rin** 〃 [에히메 방언] 〃
**어다리** [경남방언] 〃

나가노(長野) 방언 o-ta-ri 역시 바보를 뜻한다. 경남의 '어다리'와 비교

하여 보면, 고대에는 ə-ta-ri였던 것이 분명하다. 발음과 의미가 완벽하게 일치하고 있다.

에히메(愛媛)에서는 발음이 약간 변형되어 o-ta-rin이라 한다.

'어다리'는 다른 지역에서는 찾아 볼 수 없고, 오직 경남에만 보인다. 나가노 등지의 이 방언은 아마도 가야 사람들이 가져간 말일 것이다.

## **싸구**쟁이

김병제 선생의 『방언사전(1995). 한국문화사』에 의하면, 함북방언 '**싸구**쟁이'는 머저리를 뜻한다. 어근은 '**싸구**'로서, 고대에는 '사구'였을 것이다. 이 말이 일본으로 건너가 단독으로는 사용되지 않고, 바보를 뜻하는 여러 말의 뒤에 붙어 접미사처럼 쓰이고 있다. 이런 경우는 좀 특이하다.

u-to-**sa-ku** 馬鹿 마록 [시마네, 와카야마, 미에 방언] 바보
u-to 〃 [야마구치 방언] 〃
**싸구**쟁이 [함북방언] 머저리

시마네(島根) 등지의 방언 u-to-sa-ku는 바보를 뜻한다. u-to 또한 바보라는 뜻이지만, sa-ku는 무슨 말인가?

바로 함북방언 '싸구쟁이'의 '**싸구**'이다. 이 방언은 동어반복이다.

ko-ke-**sa-ku** 馬鹿 마록 [에히메, 도치키 방언] 바보
ko-ke 〃 [거의 일본 전 지역의 방언] 〃
**싸구**쟁이 [함북방언] 머저리

에히메(愛媛) 방언 ko-ke-sa-ku 또한 바보라는 의미이다.

방언 ko-ke는 바보를 뜻한다. 이 sa-ku 역시 바보로서, '**싸구**'이다. 이

또한 동어반복이다.

ta-bo-**sa-ku** 馬鹿 마록 [도쿠시마 방언] 바보
ta-bo 〃 [ 〃 ] 〃
**싸구**쟁이 [함북방언] 머저리

bon-**sa-ku** 馬鹿 마록 [에히메 방언] 바보
bon 〃 [에히메 등지의 방언] 〃
**싸구**쟁이 [함북방언] 머저리

위 두 방언의 sa-ku라는 말은 모두 '**싸구**쟁이'의 '**싸구**'인 것은 의심의 여지가 없다. 바보라는 말의 뒤에 붙어 접미사처럼 사용되고 있다. 바보를 강조하는 의미일 것이다.

## 싸스개

김병제 선생의 위 사전에 의하면, 함북방언 '**싸스개**' 역시 머저리라는 의미라 한다. 이 말의 정체는 알기 어렵다. 다음과 같은 일본의 방언으로 미루어보면 어근은 '**싸**'로서, 이 말이 바보 혹은 어리석다는 의미일 것이다. 고대에는 '사'였다.

'**스개**'는 사람을 의미하는 접미사로 짐작된다. 고대에는 '수개'였을 것이다. 일본에서 종종 사용되는 사람을 뜻하는 su-ke라는 접미사는 이 '스개'가 건너간 것임을 알 수 있다.

**sa-i-su-ke** 馬鹿 마록 [시즈오카 방언] 바보
**싸스개** [함북방언] 머저리

시즈오카(静岡)의 sa-i-su-ke는 바보를 의미한다.

싸스개와 발음과 의미가 거의 일치하고 있다. sa-i는 sa가 변한 말일 것이다.

**san**-go [가고시마 방언] 바보
**san**-bu [가가와 방언] 〃
**싸**스개 [함북방언] 머저리

가고시마(鹿児島) 방언 san-go 역시 바보이다.

san은 sa가 발음의 편의상 변한 말, 혹은 sa에다 '~의'라는 의미의 조사 no가 첨가된 sa-no의 축약, 둘 중의 하나일 것이다. go는 아이 혹은 사람을 뜻하는 ko(子 자)의 흐린소리인 것이 분명하다.

어근은 sa인데, '싸스개'의 '싸' 즉 바보이다.

가가와(香川)에서는 san-bu라 한다. san은 역시 sa이고, bu는 사람을 뜻하는 bo가 변한 말이 아닌가 싶다(20쪽).

## 붕태

전라방언 '**붕태**' 또한 바보라는 의미이다.

**bon-te**-ko 馬鹿 마록 [미에 방언] 바보
**bon-te**-sa-ku 〃 [이와테 방언] 〃
**붕태** [전라방언] 〃

미에(三重)에서는 바보를 bon-te-ko라 한다. 어근은 bon-te이고, ko(子 자)는 사람을 뜻하는 말일 것이다.

어근 bon-te는 전라방언 '**붕태**'와 발음과 의미가 일치하고 있다.

이와테(岩手)에서는 bon-te-sa-ku라 한다. bon-te는 전라방언 '붕태'이고, sa-ku는 바보를 의미하는 '싸구쟁이'의 '싸구'이다.

**bon-ta** 馬鹿 마록 [미에, 나가노, 치바, 가나카와 방언] 바보
**붕태** [전라방언] 〃

나가노(長野) 등지에서는 bon-ta라 한다. 이 방언이 더욱 고형으로 보인다.

## 봉

'봉'이라는 말을 『표준국어대사전』에서 찾아보면, '어리숙해서 이용해 먹기 좋은 사람'이라는 의미라고 되어 있다. 그리고 이 말은 독자적인 표제어로 나오지 않고, 수컷 봉황인 '봉(鳳)'의 여러 의미 중 하나로 되어 있다.

그런데 바보를 뜻하는 제주방언 '두루봉이'를 살펴보자. '두루'는 미련하고 둔하다는 의미의 형용사 '둘하다'의 어근이며(400쪽), '봉이'가 바보라는 뜻인 것이 분명하다. 바로 '봉'이다. 이 방언은 '둘한 봉' 즉 '어리석은 바보'라는 의미가 된다. 또한 다음의 일본의 방언과 대조하여 보면, '봉'은 한자어가 아니라 고유어로서 원래 바보라는 의미였던 것을 알 수 있다.

**bon** 馬鹿 마록 [오오이타, 나가사키, 야마구치, 와카야마, 도쿠시마, 니이가타 방언] 바보
**봉** [한국어] 〃

오이타(大分) 등지의 방언 bon은 바보를 뜻한다. '봉'과 발음과 의미가 완벽하게 일치하고 있다.

**bon**-su [야마구치, 오카야마, 돗토리 방언] 바보

bon-tsi [야마가타 방언] 〃
봉 [한국어]

야마구치(山口) 등지에서는 바보를 bon-su라 한다.

bon은 '봉'이고, su는 사람을 뜻한다. 전라방언에서 꾀보를 '꾀수', 먹보를 '먹수'라 하는 것을 본 바 있다(12쪽).

야마가타(山形)에서는 bon-tsi라 한다. bon은 물론 '봉'이다. tsi의 고형은 ti였는데, 이 또한 사람을 뜻한다는 것은 앞에서 보았다(22쪽).

bon-su-ke [오이타, 시마네, 와카야마, 니이가타 방언] 바보
봉 [한국어]

오이타(大分) 등지의 방언 bon-su-ke 또한 바보이다. bon은 물론 '봉'이고, su-ke는 사람을 뜻하는 접미사이다.

이와 같은 일본의 방언으로 보면, 고대의 한국에서는 '봉'이라는 말이 바보를 뜻하는 말로서, 전국적으로 널리 사용되었던 사실을 짐작할 수 있다. 이용해 먹기 좋은 어수룩한 사람으로 된 것은 의미에서 조금의 변화가 일어난 모습이다. 앞서 본 '붕태'의 '붕'도 바로 이 '봉'이 변한 말일 가능성도 배제할 수 없다.

## 되

두만강 건너 살던 여진족을 멸시하여 부르던 호칭이 '되'였는데, 흔히 '되놈'이라 하였다. 중세에도 동일한 발음이었다.

to-i 刀伊 도이 [중세 일본어] 여진족
되 [한국어] 〃

1019년 만주의 여진족이 수십척의 선단을 이루어, 난데없이 일본 규슈의 후쿠오카(福岡)에 침입한 사건이 있었다. 수백명을 죽이고, 천명이 넘는 사람을 납치하여 갔으니, 일본열도를 공포와 충격에 빠트린 대사건이었다. 여진족을 당시의 일본에서는 to-i라 하였으며, 이 사건을 '도이의 입구(入寇)'라 일컬었다. to-i는 무슨 말인가?

바로 '되'이다. 발음과 의미가 일치하고 있다. 고려 시대에도 여진족을 '되'라 하였던 것을 알 수 있다. 그것이 일본으로 전해진 것이다. 그렇지만 백제 사람들도 여진족을 '되'라 하였던 것이 그 무렵까지 남아있었을 가능성도 배제할 수는 없다.

고려 시대에도 지금과 같은 '되' 발음이었을 것으로 보이지만, 일본어와 같이 '도이'였을 가능성도 있다.

# 2. 친족에 관한 말

## 어매

일본어의 여러 단어 중에는, 고대에는 아주 흔하게 사용되었으나 지금은 완전한 사어가 되어 쓰이지 않고 있는 말들이 많이 있다. 그 중의 하나가 o-mo라는 고어로서, 어머니를 의미한다.

일본어에서 어머니를 ha-ha(母 모)라 하지만 고대에는 pa-pa였다. o-mo는 어머니를 좀 더 친근하게 부르는 말이고, 유아어로도 사용되었다고 한다. 이 말은 고대 일본의 만엽집(萬葉集)에서도 많이 사용되었다.

**o-mo** 母 모 [고대 일본어] 어머니
**어머**니 [한국어]
**어매, 오매** [전라, 경상방언]

일본의 고어 o-mo는 한국 사람들에게는 아주 친숙한 말이다. 고대에는 ə-mə라는 발음이었다.

바로 현대어 '어머니'의 '어머'나 전라, 경상방언 '어매' 혹은 '오매'와도 흡사하다. 굳이 설명이 필요가 없다. 고대의 일본 귀족들이 일본어인 pa-pa보다도 더욱 사랑하였던 말 '오모'는 백제인들이 가져간 것이 분명하다.

현대 일본어에는 '어'라는 모음이 존재하지 않지만 8세기의 일본어라면 사정이 다르다. 마치 현대 한국어에서 '어' 모음이 사용되는 것과 비슷한 빈도로 널리 사용되었던 것이다.

원래 한국어에서 '어미'와 짝이 되는 말은 '아비'이다. 고대의 일본어에서는 o-mo만 사용되었고 '아비'는 전혀 사용되지 않았을까? 문헌이나 방언에 남아있지 않으므로 '아비'의 흔적은 찾아볼 수 없다. 대응되는 짝이 없다는 것은 바로 이 o-mo가 고유의 일본어가 아니고 수입된 말이라는 유력한 증거가 된다.

일본어에서 아버지를 tsi-tsi(父 부)라 하는데, 고대에는 ti-ti였다. 어머니를 뜻하는 pa-pa(母 모)와 짝을 이루는 고유의 일본어이다. 그러던 것을 백제 사람들이 대거 도왜하여, 고국의 o-mo라는 말을 가져가 일본어화하였던 것이다.

부모를 함께 일컫는 원래의 고대 일본어는 ti-ti-pa-pa(父母 부모)였다. 그러나 o-mo-ti-ti(母父 모부)라는 말도 만엽집의 노래 등에서 널리 사용되었다. 어순을 보더라도 백제어 o-mo는 일본어 ti-ti보다 앞에 나오고 있다. 왜국으로 건너간 백제인들은 고국에 두고 온 어머니에 대한 아련한 그리움을 이렇게나마 표시한 것이 아닐까? o-mo가 널리 통용되었으면 '아비'라는 말도 당연히 사용되었을 것이라고 생각되지만, 뒤에서 보는 바와 같이 희미한 흔적만 남아 있을 뿐이다.

**o-mi** [미에 방언] 어머니
**어미** [중세 한국어] 〃

미에(三重)는 나라(奈良)의 바로 동쪽에 인접한 현이다. 이곳의 방언 o-mi는 고대에는 ə-mi였을 가능성이 크다. 중세 한국어 '어미'이다.

**u-me** [시가, 시즈오카, 니이가타 방언] 어머니
**u-ma** [나라, 교토, 미에, 기후, 야마가타 방언] 〃
**어매, 오매** [전라, 경상방언]

시가(慈賀) 일원의 방언 u-me는 전라도와 경상도의 방언 '오매' 또는 '어매'를 연상케 한다.

나라(奈良) 일원에서는 u-ma라 한다.

**un-ma** [하치죠우지마, 오키나와 방언] 어머니
**an-ma** [오키나와, 가고시마, 고치, 나라, 미에, 후쿠이, 도야마, 니이가타 방언] 〃
**엄마** [현대 한국어]

도쿄(東京) 앞바다의 섬 하치죠지마(八丈島)와 오키나와(沖繩) 방언 un-ma도 흥미롭다. 현대 한국어에서 널리 사용되는 유아어 '엄마'와 아주 닮은 형태이기 때문이다.

오키나와(沖繩)에서 북으로는 니이가타(新瀉)까지 분포한 방언 an-ma도 마찬가지이다. '엄마'는 일반적으로 현대에 들어 생긴 말이라고 보고 있으나, 그 원형은 백제 시대에도 존재하고 있었던 것일까?

## 아바이

모든 것이 궁핍하던 옛날에는 흰 쌀로만 지은 쌀밥은 여간 귀한 것이 아니었다. 1960년대에 들어서서도 대부분의 가정에서는 쌀에다 보리쌀을 섞어 밥을 지었다. 농경기술이 발달하지 않았던 고대에는 쌀이 더욱 귀하였으므로, 흰 쌀밥은 명절이나 제삿날 등 특별한 일이 있을 때 먹는 음식이었다. 부농이나 세력이 있는 집안에서는 그보다는 자주 먹었겠지만, 그럴 때에도

우선적으로 가장이나 노인에게 제공되었던 것이다. 이러한 사정은 한국이나 일본이 전혀 다를 바 없었다.

**a-ba-i**-me-si [시마네 방언] 쌀밥
me-si 飯 반 [일본어] 밥
**아바이** [경북, 평안방언] 아버지

시마네(島根) 방언 a-ba-i-me-si라는 말에 그러한 사정이 잘 나타나 있다. 이 말은 어린이들이 사용하는 유아어로서 쌀밥을 의미한다. me-si(飯반)는 밥을 뜻하는 일본어이지만 a-ba-i는 무슨 의미인가? 일본어에는 이러한 말이 존재하지 않는다. 어감으로 보아도 고유 일본어로는 보이지 않는다. a-ba-i의 ba-i에서는 a와 i라는 두 모음이 연속되고 있는데, 개음절어인 일본어에서는 흔하지 않다.

한국어 '아바이' 이외에는 달리 생각할 길이 없다. '아바이'는 경북, 평안방언으로서 아버지를 의미한다. 따라서 이 방언은 '아버지 밥'이라는 의미가 된다. 쌀밥은 다른 가족에 우선하여 아버지가 먹는 밥이라는 의미일 것이고, 그것이 유아어로 된 것이다.

'아바이'가 일본으로 건너갔다는 사실을 알 수 있다. 그런데 이 '아바이'라는 말은 고대에 일본에서 편찬된 서적, 가령 만엽집(萬葉集)이나 일본서기(日本書紀), 고사기(古事記) 같은 책에 전혀 나오지 않는다. 앞의 '오모'가 이러한 책에서 흔하게 발견되는 것과는 사정이 전혀 다르다. 방언에서도 시마네의 이 방언 이외에는 달리 찾을 수가 없다. 일본의 많은 지역에서 활발하게 사용되던 말이 아니었던 것이다.

백제의 옛터인 경기도나 충청도, 전라도 등지의 방언에는 '아바이'라는 말이 존재하지 않고 있다. 이러한 사정으로 보아, '아바이'는 백제에서 건너간 것이 아니고, 가야 혹은 고구려에서 건너간 것으로 짐작된다.

## 아부지

여러 지방의 방언에서 아버지를 '**아부지**'라 한다.

**a-bu-zi** 祖父 조부 [오키나와 방언] 할아버지
**a-u-tsi** [ 〃 ] 〃
**아부지** [전북, 충북, 경상, 강원, 함경, 황해방언] 아버지
**아바**니 [함북방언] 할아버지

할아버지를 오키나와(沖繩)에서는 a-bu-zi라 한다.

또 다른 오키나와 방언에서는 a-u-tsi라 하는데, 고대에는 a-pu-ti였던 것이 분명하다. aputi→ahuti→autsi로 변화한 것이다. a-bu-zi도 원래는 a-pu-ti였을 것이다.

할아버지를 뜻하는 a-pu-ti, 발음은 '**아부지**'와 흡사하나 의미에서는 약간의 차이가 있다. 백제의 '아부지'가 오키나와로 건너가 뜻이 변한 것으로 보인다. 그런데 함북방언 '**아바니**'는 할아버지를 뜻한다. 이 오키나와 방언은 '아바니'와 관련성이 있는 것 같다.

앞의 '아바이'와 이 '아부지'라는 일본 방언을 볼 때, '아비'라는 말도 고대에는 일본에서도 제법 사용되었을 가능성도 생각해 볼 수 있다. '오모'와는 달리 일찍 소멸하였기에, 그 흔적을 찾기 어려운 것이 아닌가 싶다.

## 작은 **샌**

평북방언에서는 시동생 즉 남편의 동생을 '적은 **샌**'이라 한다.

**se-na** 兄 형 [야마나시, 가나카와, 치바, 사이타마, 도치키, 이바라키, 후쿠시마, 아키타, 이와테 방언] 형

적은 **샌** [평북방언] 시동생

야마나시(山梨) 등의 방언에서는 형을 se-na라 한다. se는 형이다. 졸저 『일본 천황과 귀족의 백제어』에서, 형(兄)을 뜻하는 고대 일본어 se가 전라 등지의 방언 '세이'가 건너간 말이라는 것을 본 바 있다(48쪽).

na는 『암파고어사전』에 의하면, 애칭의 접미사라 한다.

동북방언 se-na와 대조하여 보면 평북에서도 형을 '샌'이라고 하였던 것으로 보인다. 형이 '샌'이니 시동생을 '적은 샌'이라고 하였던 것이다. 이 '샌'은 고대에는 '새나'였을 것이다. '샌'이라는 말은 다른 지방에서는 전혀 찾을 수 없고 오직 평북방언에서 만 존재하고 있고, 또한 일본에서도 이 방언은 관동과 동북지방에서만 사용되고 있는 점으로 보아, 고구려 유민들이 가져간 말이 아닌가 싶다.

이 se-na는 만엽집에도 보이는데, 동가(東歌) 즉 고대 동국지방 사람들의 노래에 나오므로, 방언의 분포범위와도 일치하고 있다.

## 아주미

아저씨 즉 삼촌을 방언에서는 '아제'라 하는데, 졸저 『일본 천황과 귀족의 백제어』에서 이 말에 해당하는 고대 일본어 a-sə를 본 바 있다(156쪽). 아저씨와 대응되는 말 즉 숙모는 아주머니이며, 중세에는 '**아ᄌᆞ미**'라 하였다. 이 말의 맥을 이은 현대어 '**아주미**'는 아주머니의 낮춤말이라 한다.

**a-zu-mi** [교토 방언] 집의 박공벽
tsu-ma 妻 처 [일본어] 〃
**아ᄌᆞ미** [중세 한국어] 아주머니
**아주미** [한국어] 아주머니의 낮춤말

교토(京都) 방언 a-zu-mi는 집의 박공벽을 의미한다. 기와집 측면, 지붕 아래의 삼각형으로 된 벽을 뜻하는 말이다. 일본어에서는 이 벽을 tsu-ma(妻 처)라 한다. 아내를 의미하는 tsu-ma(妻 처)와 동음이의어로서, 일본에서는 박공벽의 한자표기도 마찬가지로 '妻(처)'라 하고 있다.

교토 사람들은 박공벽 tsu-ma(妻 처)를 a-zu-mi라 하고 있는데, 그 발음은 '아주미'와 완벽하게 일치하고 있다. 교토 사람들은 왜 박공벽을 a-zu-mi라 할까?

박공벽은 중앙어로 tsu-ma인데, 이 말은 원래 처를 뜻한다. 처를 고대의 교토 사람들은 a-zu-mi라 불렀던 것이 분명하다. 아마도 타인의 처를 일상적으로 a-zu-mi라 하였던게 아닌가 싶다. 한국어 '아주미'는 남남 사이에서 결혼한 여자를 예사롭게 부르는 말이기도 하다. 고대의 교토 사람들에게는 「tsu-ma(妻 처)=아주미」였던 것이다. 일본어와 한국어를 이용한 언어의 유희이다.

고대의 일본에서는 아저씨에 해당하는 a-sə, 아주머니인 a-zu-mi가 통용되었던 것을 알 수 있다.

## 일가붙이

'일가(一家)'는 원래 한 집안에 사는 가족이라는 뜻이다. 그리고 같은 성과 본을 가진 사람을 의미하기도 한다. '일가친척'은 일가와 친척을 뜻하는데, 여기서는 일가나 친척이 거의 비슷한 의미로 사용되고 있다. 실제 언어생활에서는 '일가'와 '친척'이 별 차이가 없이 사용되고 있는 것으로 보인다.

**it-ke** 一家 일가 [일본어] 일족
**it-ke** 親戚 친척 [거의 일본 전지역의 방언] 친척
일가(一家) [한국어]

일본어 it-ke는 한자어 '一家(일가)'의 일본식 독음이다.

원래는 한국어와 마찬가지로 한 집안의 가족이라는 의미였다. 그런데 방언에서는 친척이라는 의미로 쓰이고 있다. 한국어와 용법이 대동소이한 것을 알 수 있다. 백제 시대에 '一家'라는 한자어가 일본으로 건너갔기 때문이다.

'一(일)'은 백제시대 중기에는 '읻'이었던 것이 분명하다. 말기 쯤에는 유음화되어 '일'로 바뀌었을 것이다.

'家(가)'라는 한자를 '개'로 읽는 것은 한국의 전통 독음이다. 경상방언에서는 '一家'를 '일개'라 한다. 전라방언에서는 '丈家(장가)', '都家(도가)', '瓦家(와가)'를 각각 '장개', '도개', '와개'라 한다. 일본어 it-ke는 백제 중기쯤의 한자음과 의미가 일본으로 건너간 것이다.

it-ke-u-tsi 親戚 친척 [미야자키, 오이타, 구마모토, 후쿠오카, 효고, 도치키 방언] 친척
a-bu-tsi 〃 [시마네, 후쿠이 방언] 〃
일가**붙이** [한국어]

혈육으로 가까운 사람을 '피붙이'라 한다. '살붙이'나 '겨레붙이'도 거의 비슷한 의미이다 '일가붙이'는 한 집안에 속하는 겨레붙이다. '붙이'는 같은 겨레라는 뜻을 더하는 접미사이다.

미야자키(宮岐) 등의 방언 it-ke-u-tsi는 친척을 뜻한다. it-ke는 물론 '一家(일가)'의 일본식 한자음이다.

그런데 u-tsi는 무슨 의미인가? 같은 뜻을 가진 시마네(島根) 등의 방언 a-bu-tsi를 보면 이 말의 의미가 명확하게 된다. 이 방언의 a는 의미가 없는 조음이고, bu-tsi가 바로 '붙이'이기 때문이다. 뒤에서 보는 ya-bu-tsi의 bu-tsi 또한 마찬가지이다.

따라서 it-ke-u-tsi는 고대에 it-ke-pu-ti였던 것을 알 수 있다. pu-ti가 hu-tsi를 거쳐 u-tsi로 변하였다. pu-ti는 바로 '붙이'이다. 발음과 의

미가 완벽하게 일치하고 있다. 이 방언은 '**일가붙이**'이다. '일가붙이'라는 말의 기원이 백제 시대에까지 소급한다는 것을 확인할 수 있다.

'붙이'는 '붙다'라는 동사의 명사형이다. 백제 시대에는 '붇다'였을 것이고, 명사형은 '붇이'였을 것이다. 동사의 어근에 명사를 만드는 접미사 '이'를 붙인 형태이다. 이 '붙이'는 '(혈연으로 가까이) 붙어있는 사람'이라는 의미가 아닐까? 동사 '붙다'가 일본으로 건너간 것은 뒤에서 살펴보자(278쪽).

ya-**bu-tsi** 親戚 친척 [시마네, 후쿠이 방언] 친척
ya-**u-tsi** 〃 [가고시마, 구마모토, 나가사키, 시마네, 미에, 나가노, 후쿠이, 이시카와, 니이가타 방언] 〃
ya-ka-ra 族 족 [고대 일본어] 일족
**붙이** [한국어]

시마네(島根) 등의 방언 ya-bu-tsi는 친척을 뜻한다. 가고시마(鹿兒島) 등지에서는 ya-u-tsi라 한다.

ya(屋 옥)는 일족을 뜻하는 고대 일본어 ya-ka-ra의 ya일 것이다.

百濟語

# 3. 신체에 관한 말

## 대가리

'대가리'는 속어로서 머리를 뜻한다.

te-ka-ri 禿頭 독두 [아오모리 방언] 대머리
tet-ka-ri [시가, 시즈오카, 기후, 도치키 방언] 〃
**대가리** [한국어] 머리를 속되게 이르는 말

대머리를 아오모리(靑森) 방언에서는 te-ka-ri라 하고, 시가(慈賀) 등지에서는 tet-ka-ri라 한다. 대머리를 일본어에서는 ha-ge-a-ta-ma(禿頭 독두)라 하지만, 이 방언은 전혀 다른 말이다.

한국의 속어 '대가리'와 그 발음이 완벽하게 일치하고 있다. 둘 다 머리를 의미한다는 점에서도 일맥상통하고 있지만, 그 의미가 좀 다른 것은 '대가리'가 일본으로 건너간 후 의미상으로 변화가 일어난 것으로 짐작된다.

## 골

'골'은 원래 머리 속의 뇌를 의미하는 말이지만, 머리를 뜻하는 말로도 사용되고 있다. '골을 싸매고 공부한다'는 열심히 공부한다는 의미인데, 이때의 '골'은 뇌가 아닌 머리를 뜻한다.

go-ra 頭 두 [구마모토 방언] 머리
go-ra-a-ta-ma [ 〃 ] 〃
골 [한국어] 〃

구마모토(熊本) 방언 go-ra는 머리를 의미하는 말로서, 낮잡아 이르는 비칭이다.

'골'과 발음과 의미가 일치하고 있다. 첫음절이 맑은소리 ko가 아닌 흐린소리 go로 시작하는 것이 고대 한국어의 냄새를 물씬 풍기고 있다.

머리를 뜻하는 a-ta-ma(頭 두)를 뒤에 붙여 go-ra-a-ta-ma라고도 한다.

a-me-ko-ro 禿頭 독두 [니이가타 방언] 대머리
a-me 〃 [ 〃 ] 〃
골 [한국어]

니이가타(新潟)에서는 대머리를 a-me-ko-ro라 한다. a-me와 ko-ro의 합성어이다. a-me는 이 방언에서 대머리를 의미하므로, ko-ro가 '골' 즉 머리인 것이 분명하다. '대머리 머리'라는 뜻이 된다.

## 눈**꾸락**

전라방언 '눈**꾸락**'은 눈을 뜻한다. '눈'과 '**꾸락**'의 합성어이다.

ka-ta-**ku-ra** 獨眼 독안 [도야마 방언] 외눈이
ka-ta 片 편 [일본어] 외쪽
눈**꾸락** [전라방언] 눈

도야마(富山) 방언 ka-ta-ku-ra는 눈이 하나밖에 없는 사람 즉 외눈이라는 뜻이다. ka-ta(片 편)는 외쪽을 의미한다.

따라서 ku-ra는 눈을 뜻하는 것이 분명하다. '눈꾸락'의 '**꾸락**'과 발음이 흡사하다. '눈꾸락'은 동어반복이다. 백제 사람들은 '구라'라 하였을 것이다.

## 애**꾸**

'애**꾸**'는 외눈이를 뜻한다. '애'는 한쪽을 의미하는 '외'가 변한 것으로 생각된다. '**꾸**'가 바로 눈이다. 전라방언에서는 '에꼬쟁이'라 한다.

**ko**-no-ke 眉毛 미모 [니이가타, 후쿠시마, 야마가타, 미야기, 이와테, 아키타, 아오모리 방언] 눈썹
ke 毛 모 [일본어] 털
애**꾸** [한국어] 외눈이

니이가타(新潟)와 동북(東北) 지방의 방언 ko-no-ke는 눈썹을 뜻한다. no는 '~의'라는 뜻의 조사이고, ke(毛 모)는 털을 뜻하는 일본어이다. 그리하여 ko-no-ke는 'ko의 털'이라는 의미가 되는데, ko는 무슨 말인가?

이 ko는 '애꾸'의 '**꾸**'나 '에꼬쟁이의' '**꼬**'와 발음이 흡사하다. '꾸'나 '꼬'

역시 눈을 뜻하는 말인 것을 알 수 있다. 고대에는 '구' 혹은 '고'였을 것이다. 이 방언은 '눈의 털'이라는 의미가 된다.

ma-na-**ko** 眼 안 [일본어] 눈동자
에**꼬**쟁이 [전라방언] 애꾸

일본어 ma-na-ko는 눈동자를 뜻한다. ma(目 목)는 눈을 의미하는 일본어 me의 고어, na는 '~의'라는 뜻의 조사이다.

ko가 바로 눈이다. 이 일본어는 동어반복이다. 백제에서 건너간 ko가 일본에서 널리 사용된 사실을 알 수 있다.

## 눈부처

중세어 '**눈부텨**'는 눈동자를 뜻하였다. 이 말은 '눈'과 '**부텨**'로 이루어졌는데, '부텨'는 불교에서 깨달은 사람을 의미하는 '부처'의 고형이다. 그래서 '눈부텨'는 '눈 부처'라는 뜻이 되지만, '부처'가 눈이나 눈동자와 어떤 관련이 있는지는 알 수 없다. 이 말이 처음 생겼을 때에는 분명히 어떤 연결고리가 있었겠지만, 지금으로서는 전혀 알 수 없는 노릇이다.

**me-bo-do-ke** 瞳 동 [구마모토, 시즈오카, 나가노, 야마나시, 니이가타 방언] 눈동자
me 目 목 [일본어] 눈
ho-to-ke 佛 불 [ 〃 ] 부처
**눈부텨** [중세 한국어] 눈동자

구마모토(熊本)에서 니이가타(新潟)까지 분포한 방언 me-bo-do-ke는 눈동자를 뜻한다. me는 눈이고, bo-do-ke는 부처를 뜻하는 일본어 ho-to-ke가 흐린소리로 된 말이다.

그래서 이 말은 '눈부처'라는 의미가 되어, 중세어 '눈부텨'와 그 의미에서 완벽하게 일치하고 있다.

**ho-to-ke**-san 瞳 동 [거의 일본 전역의 방언] 눈동자
**ho-to-ke**-sa-ma 〃 [ 〃 ] 〃
**눈부텨** [중세 한국어]

부처를 뜻하는 ho-to-ke에다 존칭을 뜻하는 san과 sama를 붙인 ho-to-ke-san과 ho-to-ke-sa-ma가 거의 일본 전역에 걸쳐 널리 사용되고 있다. '부처님'이라는 뜻이다.

역시 '눈부텨'와 일맥상통하고 있다. '눈부텨'라는 말이 백제 시대에도 존재하였고, 널리 사용되었던 것을 알 수 있다. 일본어에서는 hi-to-mi(瞳 동)라 한다.

## 코

'코'는 중세에 '고ㅎ'이었다. 다음의 일본 방언들을 보면 고대에는 '고'였을 것이다. 그리고 '코를 흘리지 마라'의 '코'는 콧물이라는 뜻이 된다.

일본어에서는 코를 ha-na(鼻 비)라 하는데, 고대에는 pa-na였다.

**ko**-ba-na [니이가타, 후쿠오카 방언] 콧물
ha-na-**go** [와카야마, 미에, 이와테 방언] 〃
**코** [한국어]

니이가타(新潟) 등지의 방언 ko-ba-na는 콧물을 뜻한다. ko와 ba-na의 합성어로서, ba-na는 코를 뜻하는 ha-na가 흐린소리로 된 말이다.

ko는 백제 시대에 '고'가 건너간 것이다. 동어반복이다.

와카야마(和歌山) 방언 ha-na-go 역시 콧물을 의미한다. 니이가타 방언과 순서만 바뀌었을 뿐이다. 여기서도 go는 코를 뜻한다.

ko-ba-na 鼾 한 [오키나와 방언] 코골이
**코** [한국어]

오키나와(沖縄) 방언 ko-ba-na는 코골이 즉 잠을 잘 때 코를 고는 일이라는 뜻이다. 니이가타 방언과 발음은 같지만 의미는 다르다.

그렇지만 코골이도 역시 코의 작용이라는 점에서 보면, 여기서의 ko도 백제어 '고'라는 사실은 의문의 여지가 없다.

## 귀

'귀'는 중세에도 같은 어형이었다. 백제 시대에는 '구'였을 것이다. 앞서 '코'가 '고'였던 것을 보았는데, '귀'는 모음에서 차이가 나는 '구'였던 것으로 짐작된다. '구'에서 '귀'로 변한 것은 고대에서부터 중세에 이르기까지 널리 사용되던 주격조사 '~이'의 영향일 것이다. 이 '~이'라는 조사가 고대에 일본으로 건너가 폭넓게 사용된 것은 졸저 『천황과 귀족의 언어』에서 본 바 있다(192쪽). 일본어에서는 mi-mi(耳 이)라 한다.

mi-mi-go 耳 이 [후쿠오카 방언] 귀
mi-mi 〃 [일본어] 〃
**귀** [한국어]

후쿠오카(福岡)에서는 mi-mi-go라 한다. mi-mi는 물론 귀이다.

go는 바로 귀를 의미하는 백제어 '구'가 변한 말이다.

min-**go** 耳 이 [이바라키 방언] 귀
**귀** [한국어]

이바라키(茨城) 방언 min-go 역시 귀를 의미한다. min은 mi-mi를 줄인 mim이 변한 말이고, go는 역시 '구'이다.

여기서 mi-mi가 min으로 축약된 변화에 대하여 생각해 보자. 일본어는 개음절어(開音節語)라 하는데, 모든 음절이 모음과 자음의 조합으로 이루어져 있고, 받침이 없는 언어라는 의미이다. 따라서 mi-mi도 그대로 발음하는 것이 정상이다. 이것을 mimi→mim→min으로 굳이 축약한다는 것은 개음절어에서는 상상하기 어려운 일이다. 하지만 한국 사람에게는 아주 익숙한 변화이다. 따라서 이와 같은 변화를 초래한 것은 고대에 일본으로 건너간 한국 사람들이었다는 사실을 알 수 있다.

이바라키(茨城) 현은 일본의 수도 도쿄(東京) 인근에 위치하고 있어, 관동(關東)지방에 속한다. 고대에 건너간 고구려 유민들의 언어습관이 아닐까?

ha-ri-**ko** 目高 목고 [에히메, 고치, 와카야마, 나라, 기후 방언] 송사리
ha-ri 針 침 [일본어] 바늘
바늘**귀** [함북방언] 송사리

민물에 사는 작은 물고기인 송사리를 함북방언에서는 '바늘귀'라고 한다. 귀가 바늘처럼 작아서 이러한 이름이 붙은 것인지는 알 수 없으나, 특이한 방언이다.

송사리를 나라(奈良) 일원의 방언에서는 ha-ri-ko라 한다. ha-ri(針 침)는 바늘을 의미하는 일본어이고, ko는 역시 귀를 뜻하는 백제어 '구'이다. '바늘 귀'가 원래의 의미가 된다. 함북방언과 완벽하게 일치하고 있다.

## 아구

'아귀'는 원래 사물의 갈라진 부분을 뜻하는데, 방언에서는 '**아구**'라 한다. 『표준국어대사전』에 의하면, '아구'는 '아귀'의 잘못이라고 되어 있으나, 방언으로 보는 것이 옳을 것이다.

전라, 경상방언에서는 입을 '**아구**'라 한다. 입도 역시 갈라진 부분이다. 입이 기형적으로 큰 생선 '**아귀**'도 입이라는 의미일 것이다. 이 '아귀' 또한 방언에서는 '아구'라 하고 있다.

**a-gu**-ti [오카야마, 나라, 오사카, 교토, 와카야마 방언] 입가나 입술 따위가 허는 병

**아구** [전라, 경상방언] 입

나라(奈良) 일원의 방언 a-gu-ti는 입가나 입술이 허는 병을 말한다.

여기서의 a-gu는 전라, 경상방언의 '**아구**'와 같은 말로서 입을 뜻한다. 그 발음이나 의미가 완벽하게 일치하고 있다. 방언 '아구'가 건너간 것이다. 백제어 '입'이 건너간 것은 졸저 『일본 천황과 귀족의 백제어』에서 본 바 있다(65쪽).

a-gu-ti의 ti는 병을 뜻하는 말로서, '골치'의 '치'와 같은 말이다. 이 점에 관하여는 나중에 자세히 살펴보자(96쪽).

## 턱

'턱'은 중세에는 '톡'이라 하였다. 백제 시대에는 '덕'이었을 것으로 보이지만, '독'이었을 가능성도 있다.

o-**do-ka** [아오모리 방언] 턱

**턱** [한국어]

턱을 일본어에서는 a-go(顎 악)라 하지만, 아오모리(青森)에서는 o-do-ka라 한다. o는 의미가 없는 조음(調音)이며, 어근은 do-ka이다.

'턱'과 발음은 흡사하고 의미는 동일하다.

## 니

나이를 한자어로 '연령(年齡)'이라 하는데, 그 높임말이 '연치(年齒)'이다. 연령의 '령(齡)'이라는 한자나, 연치의 '치(齒)', 모두 사람의 이빨을 뜻한다. 연령이나 연치를 직역하면 '해(年 연) 이빨'이라는 의미가 된다. 아마도 고대인들은, 신체의 다른 기관보다 이빨에 그 사람의 나이가 가장 명확하게 드러나 있다고 생각하였던 모양이다.

to-si-**ne** 年齒 연치 [가고시마 방언] 연령의 높임말
to-si 年 년 [일본어] 해, 나이
**니** [중세 한국어] 이빨

가고시마(鹿兒島)에서는 한자어 '연치(年齒)'를 고유어로 to-si-ne라 한다.

to-si는 해 혹은 나이라는 뜻의 일본어이지만, ne는 무엇인가? 이빨을 의미하는 것이 명백하나, 일본어에는 그런 말이 존재하지 않는다.

중세 한국어에서는 이빨을 '니'라고 하였다. 여기서의 ne는 '니'가 변한 말이다. '해 이빨'이 원래의 의미가 된다. 한자어 연치(年齒)를 번역한 말이다.

**ni**-tsi 齒莖 치경 [야마나시 방언] 잇몸
**ne**-tsi 〃 [아이치, 시즈오카 방언] 〃

**니** [중세 한국어]

야마나시(山梨) 방언 ni-tsi와 아이치(愛智) 등지의 방언 ne-tsi는 모두 잇몸을 의미한다.

앞의 ni와 ne는 모두 이빨을 의미하는 한국어 '니'이다. 뒤의 tsi는 분명하지 않다. 땅을 의미하는 한자어 tsi(地 지)일 가능성을 생각해 볼 수 있다. 아니면 이빨을 뜻하는 한자어 tsi(齒 치)일 수도 있다.

## 머리카락

하나하나의 머리털을 '머리카락'이라 한다. '카락'은 결국 머리털이다.

**ka-ran** [오키나와 방언] 머리털
**ka-ra**-zi 髮 발 [ 〃 ] 〃
**ka-ra**-zuᵢ [가고시마 방언] 〃
머리**카락** [한국어]

오키나와(沖縄) 방언 ka-ran은 머리카락을 뜻한다. '카락'과 흡사하다.

또 다른 오키나와 방언에서는 ka-ra-zi라 한다. 어말의 zi는 gi가 변한 말아 아닐까?

가고시마(鹿兒島) 방언 ka-ra-zuᵢ는 ka-ra-zi의 변형이다. '카락'은 고대에도 별로 다르지 아니한 '가락'이었을 것이고, 위의 세 방언은 모두 '가락'의 변이형으로 보인다.

## 새치

'**새치**'는 젊은 사람의 검은 머리카락 사이에 희끗희끗 돋은 흰 머리를 뜻한다. 근대에 '**샤티**'라고 하였다. 그러나 이 말이 어떠한 연유로 흰 머리카락을 의미하게 되었는지는 전혀 알지 못하고 있다.

**sa-i** 白髮 백발 [오키나와 방언] 흰 머리카락
**샤**티 [한국어] 젊은 사람의 흰 머리카락

오키나와(沖繩) 방언 sa-i는 백발 즉 흰 머리카락을 의미한다.

'샤티'의 '**샤**'를 연상케 한다. 이 오키나와 방언으로 미루어 볼 때, '샤'가 다름아닌 흰 머리카락을 뜻한다는 사실을 짐작할 수 있다.

a-ma-**tsi** 髮毛 발모 [오키나와 방언] 머리카락
a-ma-za 頭 두 [ 〃 ] 머리
샤**티** [한국어] 젊은 사람의 흰 머리카락
또야**치** [ 〃 ] 또야머리

역시 오키나와 방언인 a-ma-tsi는 머리카락을 뜻한다.

말음 tsi는 고대에는 ti였는데, 이것은 '샤티'의 '티'와 정확하게 일치한다. 그러므로 '티'는 바로 머리카락이라는 사실을 알 수 있다. a-ma는 머리를 의미하는 말로 보인다. 머리를 뜻하는 오키나와 방언 a-ma-za(頭 두)가 참고가 된다.

『표준국어대사전』에 의하면, 궁중 머리모양의 하나인 '또야머리'를 '또야**치**'라고도 한다. '또야치'의 '치'가 머리카락인 것은 의문의 여지가 없다. 고형은 '티'였을 것이다.

정리해 보면, '새치'의 고형인 '샤티'의 '**샤**'는 흰 머리카락, '**티**'는 머리카락이라는 의미이다. 따라서 '샤티'의 '티'는 불필요한 사족이다. '새치'의 어

원에 대한 궁금증을 일본의 방언들이 말끔하게 해결해 주고 있다.

## 털

'털'은 중세에 '터리'라 하였다. 고대에는 '더리'였던 것으로 추정된다.

**to-ra**-hi-ge [가가와 방언] 수염
**tsu-ri**-hi-ge [효고, 시가 방언] 〃
hi-ge 髭 자 [일본어] 〃
**터리** [중세 한국어] 털

수염을 일본어에서 hi-ge(髭 자)라 하지만, 가가와(香川)에서는 hi-ge의 앞에 to-ra를 붙여 to-ra-hi-ge라 한다.

to-ra는 '더리'가 일본으로 건너가 발음이 조금 변한 형태이다. 수염도 역시 털의 일종이다. 이 방언은 '털 수염'이 원래의 의미이고, 동어반복이다.

효고(兵庫)에서는 tsu-ri-hi-ge라 한다. tsu-ri는 고대에 tu-ri였는데, 역시 '더리'가 일본으로 건너가 발음이 좀 변한 모습이다. 이 또한 '털 수염'이다.

**to-ri**-ga-mi [이와테 방언] 말이나 사자의 갈기털
ka-mi 髮 발 [일본어] 머리카락
**터리** [중세 한국어]

이와테(岩手) 방언 to-ri-ga-mi는 말이나 사자의 갈기털을 뜻한다. to-ri와 ga-mi의 복합어로서, ga-mi는 머리카락을 의미하는 일본어 ka-mi(髮 발)가 흐린소리로 된 말이다. to-ri는 고대에 tə-ri였을 것이고, 역시 '더리'이다. 이 방언 또한 동어반복이다.

## **밴**대

머리털이 빠져 벗어진 사람을 '대머리'라 하지만, 북한에서는 '**번**대머리'라 한다. 그리고 성인이 된 여성의 성기에 음모가 없는 것을 '**밴대**'라 한다. 이 두 말에서 마땅히 있어야 할 자리에 털이 없는 것을 '번대' 혹은 '밴대'라고 한다는 사실을 알 수 있다. 대머리의 '대'와 대조하여 보면, '번대'는 같은 뜻을 가진 '**번**'과 '대'의 합성어일 가능성이 많다.

**ben** 禿頭 독두 [이시카와 방언] 대머리
**번**대머리 [북한방언] 〃
**밴**대 [한국어] 음모가 나지 아니한 여성의 성기

이시카와(石川) 사람들은 대머리를 ben이라고 한다.
'밴대'의 '밴'이다. 백제에서는 '밴' 혹은 '번'이라는 말이 대머리를 뜻하였을 것이다.

## **어끼**

어깨를 경남방언에서는 '에끼', 함경방언에서는 '어끼'라 한다. 두 방언은 아마도 고대에는 '어기'였을 것이다. 중세에는 '엇게'라 하였으나, 이 보다는 '어기'가 더욱 고형이다.

**o-gi** [이키 방언] 고래의 어깨뼈
**어끼** [함경방언] 어깨
**에끼** [경남방언] 〃

이키(壹岐) 섬은 후쿠오카(福岡)의 앞바다에 위치한 작은 섬이다. 고대에 한

국의 남해안에서 대마도를 거쳐 규슈(九州)로 가고자 할 때에 반드시 경유하여야 하는 교통의 요지였다.

이곳의 방언 o-gi는 고래의 어깨뼈를 뜻한다. 함경방언 '어끼'와 발음이 흡사하다. 고대에 ə-gi였을 것이다. '어기'가 일본으로 건너가 고래의 어깨뼈로 의미가 변화한 것이 아닐까?

## 손바닥

손의 안쪽을 '손바닥'이라 한다. 중세에는 '손바당'이었지만, 문헌에 따라 '손바다'라는 표기도 보인다.

> ti-nu-**ba-ta** 掌 장 [오키나와 방언] 손바닥
> 손**바닥** [한국어]

오키나와(沖縄) 방언 ti-nu-ba-ta 역시 손바닥을 뜻한다. ti는 손을 뜻하는 일본어 te(手 수)의 방언, nu는 '~의'라는 의미를 가진 조사 no의 방언이다.

ba-ta는 바로 '바닥'이다. '손의 바닥'이라는 뜻이 된다. '바닥'도 백제 시대에는 '바다'였을 가능성이 크다.

## 배

졸저 『일본 천황과 귀족의 백제어』에서 '배'를 본 바 있다(68쪽). 방언에 나오는 '배'를 살펴보자.

> **he**-si-nu 餓死 아사 [도치키 방언] 굶어죽다

si-nu 死 사 [일본어] 죽다
**배** [한국어]

도치키(栃木) 방언 he-si-nu의 고어는 pe-si-nu였고, 굶어죽다는 뜻이다. si-nu는 죽다는 의미이지만, pe는 무엇인가?

사람의 '배'인 것이 분명하다. '배(가 고파) 죽다'라는 의미가 된다. '배'를 간명하고도 적절하게 사용하고 있다.

**be**-be-so 臍 제 [가가와 방언] 배꼽
he-so-**be** 〃 [기후, 후쿠이 방언] 〃
he-so 〃 [일본어] 〃
**배** [한국어]

배꼽을 일본어에서 he-so라 하지만, 가가와(香川)에서는 이 말의 앞에 be를 붙여 be-be-so라 한다.

be-so는 he-so가 흐린소리로 된 말이다. 앞의 be가 '배'인 것은 의심의 여지가 없다. '배 배꼽'이다.

기후(岐阜) 등지에서는 어순을 바꿔 he-so-be라 한다. '배꼽 배'이다.

## 등

일본에서는 등을 se(背 배), 등뼈를 se-bo-ne(背骨 배골)라 한다. se는 등이고, bo-ne는 뼈를 뜻하는 ho-ne(骨 골)가 흐린소리로 된 말이다.

**do**-bo-ne 背骨 배골 [효고, 시즈오카, 야마나시, 니이가타 방언] 등뼈
**등** [한국어]

효고(兵庫)와 시즈오카(静岡) 등지에서는 등뼈를 do-bo-ne라 하는데, do는 장음으로서 길게 발음된다. bo-ne는 뼈를 뜻하지만, do는 무슨 말인가?

이 do는 중앙어 se-bo-ne의 se와 대응되므로, 한국어 '등' 이외에는 달리 해석할 길이 없다. 고대에는 də로 발음되었을 것이다.

'등'은 중세에도 같은 발음이었다. 고대에는 아마 '더'가 아니었을까? 현대에도 '등'은 장음이므로 고대에도 역시 길게 발음되었을 것이다.

**do**-na-ka 背中 배중 [가가와 방언] 등
se-na-ka 〃 [일본어] 〃
**등** [한국어]

가가와(香川)에서는 등을 do-na-ka라 한다. 일본어 se-na-ka 역시 등을 뜻하므로, 여기서의 do 역시 등을 뜻하는 se에 대응되고 있다.

이 do 또한 '더'이다. do가 장음인 점으로 보아도, 더욱 분명하다.

o-**te** [교토 방언] 등
o-**de** [나라 방언] 〃
**등** [한국어]

교토(京都)에서는 등을 o-te, 나라(奈良)에서는 o-de라 한다. 앞의 o는 의미가 없는 조음이지만, 뒤의 te 혹은 de는 무엇인가?

'등'의 고형 '더'가 변한 말이다. '더'에다 고대의 주격조사 '이'가 붙으면 '더이'가 되는데, 이 형태는 de로 쉽게 변할 수 있다.

**tsu** 甲羅 갑라 [가고시마, 구마모토, 나가사키, 오이타 방언] 거북, 게 따위의 등딱지
**등** [한국어]

나가사키(長岐) 등 규슈(九州) 일원에서는 거북이나 게 따위의 등딱지를 tsu라 한다.

고대에는 물론 tu였으니, 이는 to가 변한 음으로 생각된다. 앞에서 본 등을 뜻하는 do이다.

## 등성이

'등성이'는 등을 뜻하는데, '등'과는 좀 다른 말이 아닌가 싶다. 어근은 '등성'이다.

> **do-siyo** 背 배 [도야마, 이시카와 방언] 등
> **등성**이 [한국어] 등

도야마(富山) 등지의 do-siyo는 등을 의미한다.

'등성이'와 발음이 흡사하다. 등성이와 대조하여 보면 do-siyo는 원래 də-sə였을 것이다. dəsə→doso→dosiyo의 순으로 변화한 것으로 보인다.

> **do-siyo**-bo-ne 背骨 배골 [후쿠오카, 돗토리, 미에, 기후, 치바 방언] 등뼈
> **등성**이 [한국어] 등

미에(三重) 등의 방언 do-siyo-bo-ne는 등뼈를 뜻한다.

bo-ne(骨 골)가 뼈를 뜻하므로, 이 방언은 '등성이 뼈'이다. '등성이'는 백제시대에 '**더서**'였을 것이다.

## 불알

남성의 고환을 일반적으로 '불알'이라 한다. '불'과 '알'의 합성어이다. '불'이 고환을 뜻하는 말이고, '알'은 그것이 새의 알과 같이 둥글게 생겼기 때문에 붙은 이름일 것이다. 『표준국어대사전』을 보면, '불'은 고환을 일상적으로 일컫는 말이라고 되어 있다.

일본어에는 고환을 뜻하는 고유어가 존재하지 않는 것으로 보인다. 속어 kin-ta-ma(金玉 금옥)는 한자어이다.

> hu-ri 睾丸 고환 [오키나와 방언] 고환
> **불** [한국어] 〃

오키나와(沖縄) 방언 hu-ri는 고환을 뜻한다. 고어는 pu-ri였다. '불'과 발음과 의미가 일치하고 있다.

> hu-ru-da-ni [오키나와 방언] 고환
> **불** [한국어]

오키나와 방언 hu-ru-da-ni 역시 고환을 뜻한다. da-ni는 씨앗을 의미하는 일본어 ta-ne(種 종)가 변한 말이다. 고환은 정액을 생산하며, 정액은 식물의 씨에 비유된다.

hu-ru의 고어는 pu-ru였으니, 이 또한 '불'이다.

## 좆

남성의 성기를 '좆'이라 한다. 아주 비속한 말이다. 고대에는 어떤 발음이었을까? 현대어의 'ㅈ' 자음은 고대에는 'ㄷ' 자음에서 유래한 것이 많다는 점을 생각하면, '좆'은 고대에는 '돋'이었을 것이다. 비속어 '똘똘이' 또한 같은 의미이다. '똘똘'은 '돋'이 원래는 '도도'였을 가능성을 시사해 주고 있다.

tsiyu–tsiyu 陰莖 음경 [오키나와 방언] 음경
좆 [한국어] 〃 (비속어)

오키나와에서는 남성의 성기를 tsiyu-tsiyu라 한다. 고대에는 tu-tu였다. 고대 일본어 tu 자음은 중세에 tsu 음으로 바뀌었는데, 오키나와의 tu-tu 또한 tsu-tsu로 바뀌는 과정에서 tsiyu-tsiyu라는 좀 특이한 형태로 진화한 것으로 보인다.

그리고 오키나와 방언에서는 대부분의 o 모음이 u 모음으로 바뀌었으므로, 지금은 o라는 모음은 거의 찾아보기 어렵다. 따라서 tu-tu도 원래는 to-to였을 것으로 짐작된다. 다음에서 보는 가고시마 방언 tsiyot-ki와 tsiyot-ko를 보면 더욱 명확하다.

좆의 고형 '돋'과 오키나와 방언 tsiyu-tsiyu의 고형 to-to는 그 발음이 완벽하게 일치하고 있다.

tsiyot–ki 陰莖 음경 [가고시마 방언] 음경
tsiyot–ko 〃 [ 〃 ] 〃
좆 [한국어]

가고시마(鹿兒島)에서는 tsiyot-ki 혹은 tsiyot-ko라 한다.

뒤의 ki나 ko는 접미사로 보인다. 어근은 tsiyot인데, 이것은 현대어 '좆'과도 흡사한 발음이다. 고형은 tot이었던 것이 분명하고, to-to가 축약된 형태이다.

'좆'이라는 한국어가 참으로 멀리까지도 퍼져 나갔다는 사실을 알 수 있다.

## 씹

여성의 성기를 '씹'이라 한다. 남성의 성기 '좆'에 대응되는 말이며, 이 또한 심한 비속어이다.

ti-bi 女陰 여음 [고대 일본어] 여성의 성기
tsi-bi 〃 [히로시마, 시마네, 후쿠이 방언] 〃
씹 [한국어] 여성의 성기(비속어)

고대 일본어 ti-bi는 여성의 성기를 뜻하는 말이다. 히로시마(廣島) 등지의 방언 tsi-bi는 위의 고어가 변한 형태이다. '씹'과 어감이 아주 비슷하다. 그러나 고어 ti-bi와 '씹'은 좀 다른 것 같다.

백제 시대에는 여성의 성기를 '딥'이라 하였을 것이다. 이것이 딥→집→십→씹으로 변화한 것이 아닌가 싶다(196쪽).

고어 ti-bi는 일본에서도 tsi-bi로 발음이 바뀌었으니, 한일 양국에서 비슷한 방향으로 변화가 일어난 것이다. 이러한 예는 드물지 않다. 그런데 ti-bi보다 더 앞선 형은 tu-bi였다. 한국에는 tu-bi와 비슷한 어형은 찾을 수 없다. 일찍 소멸한 것으로 생각된다.

## 다리

허벅다리는 넓적다리의 윗부분이다. 일본어에서는 mo-mo(股 고)라 한다.

$mu-mu_t$-**da-ri** 股 고 [오키나와 방언] 허벅다리
mu-mun-**da-ri** 〃 [ 〃 ] 〃
mo-mo 〃 [일본어] 〃

**다리** [한국어]

오키나와(沖縄)의 이 두 방언은 허벅다리를 뜻한다. mu-mu와 da-ri의 합성어이다. mu-mu는 허벅다리를 뜻하는 중앙어 mo-mo의 방언인데, 두 방언에서는 mu-mut과 mu-mun으로 변하였다.

da-ri는 무엇인가? '다리'이다.

'다리'는 중세에도 같은 발음이었다. 백제 시대에도 마찬가지 였을 것이다. 두 오키나와 방언은 '허벅 다리'라는 의미이다. 백제 사람들이 사용하던 '다리'는 다른 지방에서는 사라지고 오직 오키나와의 두 방언에만 남아있다.

## 발

'발'은 중세에도 같은 발음이었다. 고대에도 차이가 없었을 것이다. 졸저 『일본 천황과 귀족의 백제어』에서도 본 바 있다(46쪽).

hun-**ba-ri** 踏台 답태 [효고 방언] **발**판
**발** [한국어]

'발판'은 오르내릴 때에 디디기 위한 장치이다. 일본에서는 hu-mi-da-i(踏台 답태)라 하는데, hu-mi(踏 답)는 밟다는 뜻이고, da-i(台 태)는 무엇을 올려놓는 대를 의미한다.

효고(兵庫)에서는 hun-ba-ri라 한다. hun은 밟다는 의미의 일본어 hu-mi가 변한 말이지만, ba-ri는 일본어가 아니다.

'발'인 것이 분명하다. '디딤 발'이라는 의미가 된다.

ya-ma-no-ne-**ba-ri** 麓 녹 [교토 방언] 산 기슭
ya-ma-no-ne 〃 [구마모토 방언] 〃

산**발** [제주방언] 〃

산기슭을 일본어에서는 hu-mo-to(麓 녹)라 하지만, 구마모토(熊本)에서는 ya-ma-no-ne라 한다. ya-ma(山 산)는 산, no는 '~의'라는 의미의 조사, ne(根 근)는 뿌리이다. '산의 뿌리'라는 의미가 된다.

교토(京都)에서는 여기에다 ba-ri를 붙여 ya-ma-no-ne-ba-ri라 한다. 이 ba-ri 또한 '발'이다. '산의 뿌리 발'이 원래의 의미이다. 제주방언에서는 산기슭을 '산발'이라 하고 있다. 교토 사람들이 산기슭을 '산 발'이라 표현한 것은, 고대의 한국어에서 나온 발상일 것이다.

## 살

사람의 피부를 뜻하는 '살'을 중세에는 '솔ㅎ'이라 하였으나, 백제 사람들은 오히려 현대의 한국인과 마찬가지로 '살'이라 하였던 모양이다.

**sa-ru**-ko 肌着 기착 [도야마 방언] 속옷
ha-da-ko 〃 [야마가타, 아키타 방언] 〃
**살** [한국어] 피부

도야마(富山) 방언 sa-ru-ko는 속옷을 뜻한다. 무슨 의미인가?

야마가타(山形) 등지의 방언 ha-da-ko 역시 속옷을 뜻한다. ha-da(肌 기)는 사람의 살갗을 뜻하는 일본어로서, 도야마 방언 sa-ru-ko의 sa-ru와 대응되고 있다.

따라서 도야마의 sa-ru는 백제어 '살'인 것이 분명하다. 한자로 '기착(肌着)'이라고 표기하는데, '기(肌)'는 사람의 살, '착(着)'은 옷이다. 그래서 이 방언은 '살(에 맞닿는) 옷'이라는 의미가 된다.

sa-ru-ba-ka-ma 袴 고 [히로시마, 시마네, 니이가타, 야마가타 방언] 짧은 바지
sa-rat-ba-ka-ma [후쿠시마 방언] 〃
ha-ka-ma 袴 고 [일본어] 바지
**살** [한국어]

ha-ka-ma는 일본 남성들이 입는 정장용 바지이다.

히로시마(廣島) 등지의 sa-ru-ba-ka-ma는 통이 좁고 길이가 짧으며 경쾌하게 만든 바지이다. '살'을 뜻하는 sa-ru와 ha-ka-ma의 흐린소리인 ba-ka-ma의 합성어이다.

후쿠시마(福島)에서는 sa-rat-ba-ka-ma라 하는데, 살이 여기에서는 sa-ra로 바뀌었다.

sa-ru-pe [이와테 방언] 짧은 바지
mon-pe [ 〃 ] 여성이 입는 작업용 바지
**살** [한국어]

이와테(岩手)에서는 sa-ru-pe라 한다.

sa-ru는 살이다. pe는 일본 여성들이 입는 작업용 바지인 mon-pe의 pe와 같은 말로 보이지만, 정확한 의미는 알 수 없다.

sa-ru-mo-mo-hi-ki [일본어] 통 좁은 바지
mo-mo-hi-ki [ 〃 ] 〃
sa-ru-ma-ta [ 〃 ] 〃
**살** [한국어]

통이 좁고 짧은 일본의 전통 바지, 즉 일종의 팬티를 mo-mo-hi-ki라 한다. 여기에 sa-ru를 덧붙인 일본의 중앙어 sa-ru-mo-mo-hi-ki 역시

같은 뜻이다.

이 sa-ru 역시 '살'이다. 살에 입는 mo-mo-hi-ki라는 의미가 된다.

중앙어 sa-ru-ma-ta 역시 같은 의미로서, 이 sa-ru 또한 '살'이다. ma-ta(股 고)는 허벅지를 뜻한다. '살 허벅지'가 원래의 의미이다. '허벅지 살에 입는 옷'이라는 의미에서 나온 말일 것이다.

## 뼈

뼈를 전라방언에서는 '뻬'라 하지만, 앞선 형태는 '빼'일 것이다. 방언 '빽다구'도 원래는 '빼다구'였을 것이다.

**ba-i**-yo-se 骨拾 골습 [오이타, 시마네, 가가와 방언] 뼈모으기
**뻬** [전라, 경상방언] 뼈

오이타(大分) 등지의 방언 ba-i-yo-se는 시신을 화장(火葬)할 때에, 유골을 모으는 작업을 일컫는다. yo-se(寄 기)는 모으기라는 뜻의 일본어이다.

ba-i는 뼈이다. 전라방언 '빼'와 발음이 흡사하다.

중세에는 뼈를 '뼈'라 하였다. 이 표기는 진정한 어두자음군이 아니고, 단순한 경음표기로 보인다. 백제 시대에는 어떠하였을까? 일본의 방언으로 미루어보면, 백제 중기 쯤에는 '바'였다가 후기에는 '바이'로 바뀌었을 것으로 짐작된다. '이'는 주격조사일 것이다.

**ba-i**-so [히로시마, 기후 방언] 뼈 모으기
**뻬** [전라, 경상방언] 뼈

히로시마(廣島) 방언 ba-i-so 역시 같은 의미이다. so가 무슨 말인지 알 수는 없지만, ba-i가 뼈인 것은 의심의 여지가 없다.

## 애

중세 한국어에서는 창자를 '애'라 하였다. 이 말은 현대어에서도 '애끓는 그리움' 혹은 '기다림에 애가 탄다'에서 보는 바와 같이 그 생명력을 유지하고 있다. 일본어에서는 창자를 wa-ta(腸 장)라 한다.

e-na-wa 腸 장 [기후 방언] 창자
**애** [중세 한국어] 〃

기후(岐埠) 방언 e-na-wa는 창자를 의미한다. 일본어 wa-ta와는 전혀 다른 말이다.

앞의 e는 창자를 의미하는 한국어 '애'이다. 발음과 의미가 완벽하게 일치하고 있다. na-wa(繩 승)는 새끼를 뜻하는 일본어로서, 창자의 모양이 꼬불꼬불 길게 늘어진 것을 새끼의 타래에 비유한 것으로 보인다.

i-wa-ta [오키나와 방언] 창자
**애** [중세 한국어] 〃

오키나와(沖繩) 방언 i-wa-ta도 창자를 뜻한다. i는 e가 변한 말로서 '애' 즉 창자이며, wa-ta 또한 창자이다. 이 방언은 동어반복이다.

오키나와 방언에서는 e 모음이 i 모음으로 바뀌었다. 이 방언에는 o 모음이 u 모음으로 변하였으므로, 결국 남은 모음은 a, i, u 셋 뿐이다.

## 몸치

전라, 경상방언 '몸치'는 몸살 즉 몸이 몹시 피로하여 나는 병을 뜻한다. '몸'과 '치'의 합성어인 것이 분명하지만, '치'는 무슨 말인가? 다음의 일본

방언을 보면, 이 '치'는 원래 '디'였던 것이 구개음화된 말로서, 병을 뜻한다는 것을 알 수 있다.

a-gu-**ti** [오카야마, 나라, 오사카, 교토, 와카야마, 방언] 입가나 입술 따위가 허는 병
몸**치** [전라, 경상방언] 몸살

앞서 입가나 입술이 허는 병을 뜻하는 나라(奈良) 등지의 방언 a-gu-ti를 본 바 있다. a-gu는 입을 뜻하는 전라, 경상방언 '아구'가 일본으로 건너간 것이다(79쪽). ti는 무엇인가?

병을 뜻하는 고대 한국어 '디'인 것이 분명하다. a-gu-ti는 '아구 디' 즉 '입 병'이 원래의 의미이다. 순수한 백제어이다

## 뾰루지

작은 종기를 '**뾰루지**'라 한다.

**po-ro-si** [나라, 와카야마, 미에, 미야기 방언] 작은 종기
**뾰루지** [한국어] 〃

나라(奈良) 일원의 po-ro-si는 작은 종기를 의미한다.

'**뾰루지**'와 의미는 동일하고 발음은 흡사하다. '뾰루지'도 모음조화를 고려한다면 백제 시대에는 '**보로지**'였을 것이다. 나라 방언이 오히려 백제어의 고형에 더 가깝다.

## 응가

'응가'는 똥을 의미하는 유아어이자, 똥을 누라는 의미의 감탄사이기도 하다.

**un-ko** [일본어] 똥
**응가** [한국어] 〃

일본어 un-ko 역시 똥을 뜻하는 유아어이다. '응가'와 발음과 의미가 일치하고 있다.

'응가'는 백제 시대에는 '**엉가**'였을 것이다. un-ko의 un에 붙어있는 받침 n은 고유의 일본어에는 존재하지 않는다. 고대에 한국에서 건너간 것이다.

## 쉬

한국의 아이들은 오줌을 '**쉬**'라 한다. 장음으로 길게 발음된다.

**si-i** [일본어] 오줌(유아어)
**쉬** [한국어] 〃 ( 〃 )

일본의 아이들은 오줌을 si-i라 한다. si가 장음으로 길게 발음되고 있다.

'**쉬**'와 발음과 의미가 완벽하게 일치하고 있다. si-i도 고대에는 sui-i였을 가능성이 크다. 백제의 아이들도 '쉬-'라 하였을 것이다.

## 눈곱

'곱'은 부스럼이나 헌데에 끼는 고름 모양의 물질이다. '눈곱'은 눈에서 나오는 진득한 액체를 의미한다.

**ko-bi** 垢 구 [이와테, 아오모리 방언] 때
**눈곱** [한국어] 눈에서 나오는 진득한 액체

아오모리(青森) 현은 일본의 본섬에서는 가장 북쪽에 위치하고 있고, 북해도와 마주보고 있다. 이곳의 방언 ko-bi는 몸의 때를 뜻한다. '눈곱'의 '곱'과 발음이 흡사하다. 그 의미를 보더라도 몸의 때와 눈곱, 모두 사람의 몸에서 나오는 더러운 물질이라는 점에서 일맥상통하고 있다.

ha-na-**go-bi** [이와테, 아키타 방언] 코딱지
**눈곱** [한국어]

아키타(秋田) 방언 ha-na-go-bi는 코딱지를 의미한다. ha-na(鼻)는 코를 뜻하는 일본어이고, go-bi가 코딱지라는 뜻이 된다. 역시 '눈곱'의 '곱'이다.

百濟語

# 4. 자연

## 불

서로는 규슈(九州) 남부에서 동으로는 나라(奈良)를 지나 시즈오카(靜岡)에 이르기까지 널리 사용되는 방언 yo-bu-ri는 재미있는 말이다. 불빛을 좋아하는 물고기의 습성을 이용하여, 밤에 개울가에서 횃불을 밝혀 놓고 물고기를 잡는 것을 뜻한다. 유년시절을 시골에서 보낸 사람들은 여름날 밤, 이런 방법으로 물고기를 잡아 본 기억들이 있을 것이다.

yo-**bu-ri** [구마모토, 나가사키, 야마구치, 오카야마, 시마네, 나라, 시즈오카 방언] 밤에 횃불을 켜 물고기 잡기
yo-**bo-ri** [후쿠오카, 야마구치, 히로시마, 오카야마, 시마네, 돗토리, 도치키, 이바라키 방언] 〃
yo 夜 야 [일본어] 밤
**불** [한국어]

yo-bu-ri의 yo는 밤을 뜻하는 일본어이지만, bu-ri는 무슨 말인가? 일본어로는 전혀 알 수 없다.

바로 '불'이다. 이 방언은 '밤 불'이 원래의 의미가 된다. 한국어로는 쉽게 알 수 있다.

후쿠오카(福岡) 등지의 yo-bo-ri도 같은 의미이다. 여기서는 bu-ri의 모음이 변하여 bo-ri로 되었다.

hi-**bu-ri** [도치키 방언] 밤에 횃불을 켜 물고기 잡기
hi 火 화 [일본어] 불
**불** [한국어]

도치키(栃木) 방언 hi-bu-ri 역시 같은 뜻이다.

hi는 불을 뜻하는 일본어이며, bu-ri는 '불'이다. 동어반복이다.

**hu-ri** 稲光 도광 [오키나와 방언] 번개
**불** [한국어]

오키나와(沖縄) 방언 hu-ri의 고어는 pu-ri였고, 번개를 뜻한다. 번개는 하늘에서 번쩍이는 '불'이다.

## 돌

'돌'은 중세에는 '돌ㅎ'이었다. 일본의 여러 방언들과 대조하여 보면, 백제 시대에는 현대어와 같은 '돌'이었을 것이다. 일본어로는 i-si(石 석)이다.

ha-**do-ri** 石垣 석원 [도야마 방언] 돌담
ha-**do-ru** [ 〃 ] 〃

ha 端 단 [일본어] 가장자리
**돌** [한국어]

돌로 쌓은 담 즉 돌담을 일본어에서는 i-si-ga-ki(石垣 석원)라 한다. 도야마(富山)에서는 ha-do-ri 혹은 ha-do-ru이다.

ha(端 단)는 가장자리를 뜻하는 일본어이다. do-ri나 do-ru는 무엇인가? 일본어가 아니고, '돌'이 변한 말이다. 이 방언들은 '(집의) 가장자리 돌'이라는 의미이다. 담은 집의 가장자리에 세우는 것이다.

ke-tsu-ri 石蹴 석축 [에히메 방언] 사방치기
ke-ru 蹴 축 [일본어] 발로 차다
**돌** [한국어]

사방치기라는 전래의 놀이가 있다. 땅에다 금을 그어 여러 공간을 만들어 놓고는, 발로 돌을 차서 차례로 그 공간을 옮겨 다니는 놀이이다. 일본어에서는 i-si-ke-ri(石蹴 석축)라 한다. ke-ri(蹴 축)는 '발로 차기'라는 의미이다.

에히메(愛媛)에서는 사방치기를 ke-tsu-ri라 한다. ke(蹴 축)는 앞서 본 ke-ri의 고어이다.

tsu-ri의 고형은 tu-ri였는데, '돌'이 변한 말이다. 이 방언은 '차는 돌'이 원래의 의미이다.

da-ma-to-ri-i-si [아오모리 방언] 사방치기하는 돌
ta-ma 玉 옥 [나라 방언] 〃
**돌** [한국어]

아오모리(青森) 방언 da-ma-to-ri-i-si는 사방치기 돌을 의미한다. 나라(奈良) 방언에서 이러한 돌을 ta-ma라 하였으니, 돌을 구슬에 비유한 것

이다. 아오모리의 to-ri 역시 '돌'인 것이 분명하다. 여기서는 '돌'이라는 뜻을 가진 말이 세 번이나 중복되고 있다.

ta-ma-**do-ri** [고치, 에히메, 교토, 나라, 효고 방언] 공기놀이
**돌** [한국어]

어린이들의 놀이인 공기놀이가 있다. 작은 돌 몇 개를 가지고 잡고 놓았다가 공중으로 던져 올리기도 하면서 솜씨를 겨루는 놀이이다. 일본어에서는 o-te-da-ma(御手玉 어수옥)라 한다.

나라(奈良) 일원의 방언 ta-ma-do-ri는 ta-ma와 do-ri의 합성어이다. ta-ma(玉 옥)는 구슬이고, do-ri는 '돌'이다. '구슬 돌'이라는 의미가 된다.

$za_t$-ku-**to-ri** [야마가타 방언] 공기놀이
za-ku [ 〃 ] 〃
짜구 [경북방언] 〃
**돌** [한국어]

야마가타(山形) 방언 $za_t$-ku-to-ri는 공기놀이를 뜻한다.

to-ri는 물론 '돌'이고, $za_t$-ku는 공기놀이를 의미하는 경북방언 **'짜구'**가 일본으로 건너간 말이다. '짜구'에 대하여는 뒤에서 다시 자세히 살펴보자(477쪽). 이 방언은 '짜구 돌'이 원래의 의미이다. 경북 사람들은 공기놀이에 사용하는 돌을 지금도 **'짜구 돌'**이라 부르고 있다.

**to-ri**-si [나가사키 방언] 공기놀이
**to-ru**-go [ 〃 ] 〃
**돌** [한국어]

나가사키(長崎) 방언 to-ri-si 역시 공기놀이를 뜻한다.

돌을 뜻하는 to-ri와 i-si(石 석)가 결합되면서, 중복되는 모음 i 하나가 생략된 형태이다. to-ru-go라고도 하는데, 앞의 to-ru는 물론 '돌'이다.

a-ya-**to-ri** [니이가타 방언] 공기놀이
a-ya-ko-**to-ri** [아오모리 방언] 〃
**돌** [한국어]

공기놀이를 니이가타(新瀉) 사람들은 a-ya-to-ri라 한다.

to-ri는 물론 '돌'이다. a-ya는 경남 함안지방에 있던 고대국가 **아라가야**(阿羅伽倻)이다. '**아라가야 돌**'이 원래의 의미가 된다.

아오모리(青森)에서는 a-ya-ko-to-ri라 한다.

ko(子 자)는 어린이를 뜻하는 일본어이니, a-ya-ko는 '**아라가야 어린이**'라는 뜻이다. to-ri는 물론 '돌'이다.

고대의 니이가타나 아오모리 사람들은 공기놀이가 아라가야 어린이들의 놀이라고 여겼던 사실을 알 수 있다. 원래 니이가타나 아오모리에는 공기놀이가 없었던 모양이다. 그러다가 아라가야 사람들이 집단으로 도왜하여 여러 가지 문물을 전하면서, 그때 공기놀이를 같이 가져간 것이 아닌가 싶다. '돌'이 사용된 일본의 방언이 엄청나게 많으므로, 일본의 전국에서 사용된 사실을 알 수 있다. 가야와 백제 사람들이 순차적으로 가져간 말일 것이다.

중세어 '돌ㅎ'과 같이 뒤에 'ㅎ' 자음을 동반하는 말들을 'ㅎ 종성체언' 혹은 'ㅎ 곡용어'라 한다. 이러한 음운현상은 발음을 분명하게 하기 위한 의도에서 발생한 것으로 짐작된다. 고대의 한국어에는 ㅎ 자음이 존재하지 않았고, 따라서 이러한 음운현상도 존재하지 않았을 것이다. '돌'이 고대에 일본으로 건너가 여러 형태의 방언으로 남았으나, 'ㅎ' 곡용의 흔적은 전혀 찾아볼 수 없다.

## 둑

돌을 경기방언에서는 '둑'이라 하고, 전남과 충남에서는 '독'이라 한다. 앞서 본 '돌'과는 어떤 관계인지 분명하게 알 수는 없으나, 원래 뿌리가 좀 다른 말이었던 것으로 생각된다.

ta-ma-**tsu-ki** [고치 방언] 공기놀이
**tsu-ki** [시마네 방언] 〃
**둑** [경기방언] 돌
**독** [충남, 전남, 경남방언] 〃

고치(高知)에서는 공기놀이를 ta-ma-tsu-ki라 한다. ta-ma(玉 옥)는 원래 구슬을 의미하지만, 여기서도 공기놀이하는 돌을 뜻한다.

tsu-ki는 고대에는 tu-ki였으니, 경기방언 '둑'이 건너간 말이다. 의미와 발음이 완벽하게 일치하고 있다. 이 방언은 동어반복이다.

공기놀이를 시마네(島根)에서는 tsu-ki라 한다. 고대에는 tu-ki였고, 이 또한 '둑'이다.

**tsu-ki**-da-ma [아이치, 니이가타 방언] 공기놀이
**tsu-ka** [야마가타 방언] 〃
**둑** [경기방언] 돌

아이치(愛知)에서는 어순이 바뀌어 tsu-ki-da-ma이다.

야마가타(山形) 방언 tsu-ka의 고어는 tu-ka였고, tu-ki가 변한 말이다. 이 두 방언 또한 '둑'이 건너가 변한 형태이다.

a-ya-ko-**tsu-ki** [아오모리 방언] 공기놀이
**a-ya** [고치, 후쿠시마, 아오모리 방언] 〃

**둑** [경기방언] 돌

아오모리(青森)에서는 공기놀이를 a-ya-ko-tsu-ki라 한다.

a-ya-ko는 앞서도 본 바와 같이 '아라가야 어린이', tsu-ki는 '둑'이다. '아라가야 어린이 돌'이 원래의 의미가 된다.

고치(高知)와 후쿠시마(福島), 아오모리의 방언 a-ya 역시 공기놀이를 뜻한다. 물론 아라가야이다.

'돌' 뿐 만 아니라 '둑'과 같은 말도 백제 이전에 아라가야에서 일본으로 건너갔을 가능성이 크다. 돌을 의미하는 '독'이 경남에서도 사용되고 있는 점으로 보아도 그럴 가능성은 충분해 보인다.

## ᄆᆡ

중세 한국어에서는 들판을 'ᄆᆡㅎ'라고 하였다. 고대의 한국어에는 'ㅎ 곡용' 현상이 존재하지 않았으므로, 발음은 '뫼' 혹은 '모이'와 비슷하였을 것으로 보인다. '뫼'로 표기된 문헌도 있다.

**mo** 原 원 [오키나와 방언] 들판
**ᄆᆡㅎ** [중세 한국어] 〃

오키나와 방언 mo는 들판을 뜻한다.

앞서 추정한 고대 한국어 '뫼' 혹은 '모이'와 발음이 흡사하고, 의미는 동일하다. 중세의 한국어에서는 이 말이 아주 활발하게 사용되었으므로, 백제 사람들도 역시 많이 사용하였을 것이다. 그런데 일본에서는 오키나와 이외의 지역에서는 이 방언이 전혀 보이지 않는다. 일찍 소멸되었던 모양이다.

## 재

길이 나 있는 높은 산의 고개를 '재'라 한다. 경북 문경에 있는 조령(鳥嶺)의 고유어 '새재'가 대표적인 예이다. 중세에도 같은 발음이었는데, 백제시대에도 큰 차이가 없었을 것으로 짐작된다.

o-**ze** 嶺 영 [시마네 방언] 재
**se** 〃 [가가와 방언] 〃
**재** [한국어]

'재'를 시마네(島根)에서는 o-ze라 한다.

o는 의미가 없는 접두사 즉 조음인 것이 분명하므로, 어근 ze는 한국어 '재'와 발음과 의미가 일치한다.

가가와(香川)에서는 se라 한다. 백제의 '재'가 일본어로 건너가 지방에 따라 ze와 se라는 두 어형으로 분화한 것으로 추정된다.

## 비탈

산이나 언덕의 기울어진 곳을 '비탈'이라 한다. 중세에도 같은 발음이었으니, 백제 시대에는 '비달'이었을 것이다.

**hit-ta-ra** 傾斜地 경사지 [나라 방언] 비탈
**비탈** [한국어] 경사진 곳

나라(奈良) 방언 hit-ta-ra의 고어는 pit-ta-ra였고, 경사진 곳을 뜻한다.

'비탈'과 발음, 의미가 완벽하게 일치하고 있다. 백제어를 나라 사람들이 잘 보존하고 있는 것을 알 수 있다.

## 덩어리

'흙 덩어리'의 '덩어리'는 흙을 뭉쳐서 이룬 것을 뜻한다. 경남방언에서는 '덩거리'라 하는데, '덩어리'보다 앞선 형태로 보인다.

tsu-tsi-**dan-gu-ri** 土塊 토괴 [아이치 방언] 흙 덩어리
**don-go-ro** 塊 괴 [니이가타 방언] 덩어리
**덩어리** [한국어]

아이치(愛知)에서는 흙덩어리를 tsu-tsi-dan-gu-ri라 한다. tsu-tsi(土토)는 흙을 뜻하는 일본어이지만, dan-gu-ri는 무엇인가?

한국 사람이라면 이 말의 정체를 쉽게 알 수 있다. dan-gu-ri는 '덩어리'가 약간 변한 형태이다. 이 방언은 '흙 덩어리'가 원래의 의미이다.

니이가타(新瀉)에서는 덩어리를 don-go-ro라 한다. 발음으로 보아 '덩어리'인 것이 분명하다. 고대에는 dən-gə-rə였을 것이다. 일본의 방언들과 경남방언 '덩거리'를 놓고 보면, '덩어리'는 고대에 '덩거러'였을 것으로 추정된다.

## 갓

자주 사용되는 말은 아니지만 '갓'은 나무가 우거진 산을 뜻한다. 이 말은 방언이 아닌 중앙어로 사전에 등재되어 있으나, 실제 사용되는 지역은 전라도와 경상남도 정도인 것으로 보인다.

**ga-sa** 藪 수 [나라, 교토 방언] 숲
**갓** [한국어] 초목이 무성한 산이나 땅

나라(奈良)와 교토(京都) 방언 ga-sa는 숲을 뜻한다.

'갓'과 발음과 의미가 일치하고 있다. ga-sa의 초성이 ka가 아닌 ga라는 점을 주목하여 보자. 일본어에서 초성에 맑은소리가 아닌 ga와 같은 흐린소리가 오는 경우는 극히 드물다. 일견 고대의 한국어인 것을 알 수 있다.

**ga-sa**-ya-bu 藪 수 [니이가타, 사이타마, 도치키, 후쿠시마, 야마가타 방언] 숲
**갓** [한국어]

사이타마(埼玉) 등지에서는 ga-sa-ya-bu라 한다.

ga-sa는 '갓'이고, ya-bu(藪 수)는 숲을 뜻하는 일본어이다. 동어반복이다.

## 둠벙

연못을 경북에서는 '**둠보**' 혹은 '**듬부**'라 하고, 경남에서는 '**돔봉**'이라 한다. 일본어에서는 i-ke(池 지)이다.

**don-bo** 池 지 [기후 방언] 못
**don-bu** [후쿠이 방언] 〃
**둠보, 듬부** [경북방언] 〃

연못을 기후(岐埠)에서는 don-bo, 후쿠이(福井)에서는 don-bu라 한다.

경북방언 '**둠보**'나 '**듬부**'와 발음이 흡사하고 의미는 일치하고 있다. 일본방언과 비교하여 보면, 경북의 두 방언도 고대에는 '**돔보**' 혹은 '**돔부**'였던 모양이다. 일본의 두 방언도 고대에는 dom-bo나 dom-bu였을 것이다.

## 두둑

주위보다 높아 두두룩한 곳을 '두둑'이라 한다. 나아가 논밭의 경계로 흙을 쌓아 둔 곳을 의미하기도 한다.

tsu-tsu-gi 溜池 유지 [나가노 방언] 저수지
**두둑** [한국어]

나가노(長野)에서는 저수지를 tsu-tsu-gi라 한다. 고대에는 tu-tu-gi였다. '두둑'과 발음이 완벽하게 일치하고 있다. 나가노의 고어 tu-tu-gi는 원래 저수지의 둑을 의미하였던 것이 분명하다.

## 두덤

두둑을 경북에서는 '두덤'이라 한다.

tu-tu-mi 堤 제 [고대 일본어] 제방, 둑
tsu-tsu-mi 〃 [거의 일본 전역의 방언] 〃
**두덤** [경북방언] 둑

고대 일본어 tu-tu-mi는 제방 혹은 둑을 뜻하였다.

'두덤'과 발음과 의미가 일치하고 있다. '두덤'도 고대에는 '두둠'이었을 가능성이 크다. 이 '두덤'은 경북 이외의 지역에서는 사용되지 않고 있으므로, 가야 사람들이 가져간 말일 것이다. 현대에도 이 말은 일본의 거의 전국에 걸쳐 tsu-tsu-mi라는 방언으로 남아있다.

## 둑

백제에서 '둑'이 일본으로 건너간 것을 졸저 『일본 천황과 귀족의 백제어』에서 본 바 있다(201쪽). 일본의 방언에 나오는 '둑'을 보자.

ho-ri-**tsu-ki** 堤防 제방 [아오모리 방언] 제방
ho-ri 掘 굴 [일본어] 인공으로 만든 수로
**둑** [한국어]

아오모리(青森) 방언 ho-ri-tsu-ki는 제방 즉 수로나 연못의 둑을 의미한다. 고대에는 po-ri-tu-ki였다. po-ri(掘 굴)는 파다는 뜻을 가진 동사 po-ru의 명사형으로서, 인공으로 흙을 파서 만든 수로나 연못, 혹은 도랑을 뜻한다. 현대어에서는 ho-ri로 변하였다.

tu-ki는 무슨 의미인가? 일본으로는 전혀 알 수 없다. '둑'이 건너간 것이 분명하다. 이 방언은 '도랑 둑'이 원래의 의미이다.

## 뻘

전라, 경상방언 '뻘'은 바닷가나 연못의 바닥에 깔려있는 거무스럼하고 미끈미끈한 흙을 가리킨다. 강원방언에서는 진흙을 뜻한다. '뻘'은 진흙이나 그와 비슷한 미끈미끈한 검은 흙을 의미한다는 것을 알 수 있다.

**be-ro** 泥 니 [아이치, 니이가타, 나가노, 미에, 시즈오카 방언] 진흙
**뻘** [전라, 경상방언] 개흙

아이치(愛知) 등지의 방언 be-ro는 진흙을 뜻한다.

'뻘'이 일본으로 건너간 것이다. 일본어에서는 진흙을 do-ro(泥)라고

한다.

**ha-ru**-ta 沼田 소전 [와카야마, 야마구치, 에히메, 고치 방언] 수렁논
**뻘** [전라, 경상방언] 개흙

와카야마(和歌山)방언 ha-ru-ta는 논이 진흙탕과 같이 된 상태를 말하는데, 고대에는 pa-ru-ta였다. ta(田 전)는 논을 뜻하는 일본어이다. pa-ru는 무엇인가?

'뻘'이다. 이 방언은 '뻘 논'이다. '뻘'은 백제 시대에는 '벌'이었을 것이다.

## 도랑

좁고 작은 개울 '**도랑**'은 중세에 '돌'이라 하였다. 현대어 '도랑'은 '돌'과 작은 것을 의미하는 접미사 '앙'이 결합한 '돌앙'이 변한 말이라 한다.

다음의 일본 방언으로 미루어 보면, 중세어 '돌'은 고대에는 '도라'였을 것이다. 이 말이 축약되어 중세어 '돌'이 되었다가, 접미사 '앙'이 붙어 '도랑'으로 변한 것으로 짐작된다.

o-**do-ra** 洪水 홍수 [나라 방언] 홍수
o-o 大 대 [일본어] 크다
**도랑** [한국어] 작은 개울

나라(奈良) 방언 o-do-ra는 비가 많이 와서 강이나 내의 물이 불어나는 홍수를 뜻한다. 앞의 o는 장음이므로, 크다는 의미의 o-o(大 대)가 축약된 말인 것을 알 수 있다.

do-ra는 앞서 본 '도랑'의 고형 '**도라**'이다. 이 방언은 '큰 도랑'이 원래의 의미가 된다. 물이 불어난 것을 '큰 도랑'으로 표현하였다.

## 께랑

전남방언 '**께랑**'은 도랑을 뜻한다. 중세어에서는 '**걸**'이라 하였으며, 경상방언에서는 '**거랑**'이라 한다. '거랑'은 원래 '거라'였을 것이다. 중세어 '걸'도 '거라'가 축약된 형태이다. '걸' 혹은 '거라'가 접미사 '앙'과 결합한 형태가 경상방언 '거랑'일 것이다. '께랑'은 '거랑'이 변한 모습으로 보인다.

**ge-ra** 瀬 뢰 [군마 방언] 얕은 내
**께랑** [전남방언] 도랑

군마(群馬) 방언 ge-ra는 얕은 내를 의미한다.

'거라'가 일본으로 건너가 변한 형태이다. 발음은 흡사하고 의미는 일치한다.

## 꼬랑

전남방언 '**꼬랑**'은 도랑을 의미한다. '꼬랑'은 원래 '고라'였을 것이다. 접미사 '앙'이 붙어 '고랑'이 되었다가, '꼬랑'으로 변한 것으로 짐작된다.

**ko-ra** 小川 소천 [이키시마, 아마미오시마, 나가사키, 아이치 방언] 개울
**꼬랑** [전남방언] 도랑

이키(壹岐) 섬은 규슈(九州)의 후쿠오카(福岡) 앞바다에 있는 작은 섬이다. 고대에 한국의 남해안에서 대마도를 지나 규슈를 가고자 할 때, 반드시 거쳐야 하는 중요한 항로 중의 하나였다.

이키 섬 등지의 방언 ko-ra는 개울을 뜻한다. '꼬랑'의 고형으로 짐작되

는 ‘고라’와 발음과 의미가 일치하고 있다.

a-ma-**go-ra** [가고시마 방언] 은하수
a-ma 天 천 [고대 일본어] 하늘
**꼬랑** [전남방언] 도랑

가고시마(鹿兒島) 방언 a-ma-go-ra는 하늘의 은하수를 의미한다.

a-ma는 하늘을 뜻하는 a-me(天 천)의 고어이고, go-ra는 ‘꼬랑’의 고형 ‘고라’이다. ‘하늘 꼬랑’이라는 의미가 된다. 하늘은 일본어로 번역하였으며, ‘고라’는 원래 발음 그대로이다.

‘도랑’과 ‘께랑’, 그리고 ‘꼬랑’은 동일한 변화의 원리에 의하여, 흡사한 수순을 밟아 변화한 것을 알 수 있다.

## 골

깊은 구멍을 ‘골’이라 한다. 또한 깊게 패인 땅을 ‘**구렁**’이라 하는데, 중세에는 ‘굴헝’이었다.

**go-ra** 空洞 공동 [후쿠시마, 이와테 방언] 굴
**go-ro** 洞穴 동혈 [후쿠시마, 나가노, 아이치 방언] 굴의 구멍
**골** [한국어] 깊은 구멍

후쿠시마(福島) 방언 go-ra나 go-ro는 굴 혹은 구멍이라는 뜻이다.

‘**골**’ 혹은 ‘**구렁**’이 건너간 것이다. 백제 시대에는 ‘고라’였을까?

## 번개

우레는 번개와 뇌성을 아울러 일컫는 말이지만, 그 번쩍이는 빛은 '**번개**'라고 한다. 중세에는 '번게'라 하였다. 백제 시대에도 별 차이가 없었을 것이다.

일본어에서는 i-na-zu-ma(稲妻 도처)라 한다.

**han-ge**-ka-mi-na-ri [시마네 방언] 번개
ka-mi-na-ri 雷 뢰 [일본어] 우레
**번개** [한국어]

시마네(島根) 방언 han-ge-ka-mi-na-ri는 모심기 종료할 무렵에 치는 번개를 뜻한다. ka-mi-na-ri(雷 뢰)는 우레를 뜻하는 일본어이지만, han-ge는 무엇인가? 고대에는 pan-ge였다.

다름아닌 '**번개**'이다. '번개'가 일본의 방언에서 이렇듯 숨어 있었던 것이다.

## 우레

'**우레**'는 번개와 뇌성을 동반하는 방전현상이다. 중세에는 '울에'라 하였는데, '울다'라는 동사의 어근 '울'에 접미사 '에'가 첨가된 말이라고 보는 견해가 유력하다. 하늘의 울음이라는 의미가 된다.

**o-ra-i** 雷 뇌 [나가노 방언] 우레
**우레** [한국어]

나가노(長野)에서는 우레를 o-ra-i라 한다.

일견 '우레'와 흡사한 발음이다. 발음은 비슷하나 과연 이 방언이 '울다'라는 동사에서 유래한 것일까?

**o-ra**-bu 따 규 [고대 일본어] 울부짖다
**우ᄅᆞ**다 [한국어]

고대 일본어 o-ra-bu는 크게 울다 혹은 울부짖다는 의미의 동사이며, 그 명사형이 o-ra-bi이다.

중세어 '우ᄅᆞ다'는 울부짖다는 뜻이다. 아마도 이 말은 '울다'와 같은 뿌리이겠지만, 좀 의미가 강화된 것으로 보인다. 고대에는 '우라다'였을 것으로 추정된다. 이 말이 일본으로 건너가 o-ra-bu가 되었다.

우레를 뜻하는 o-ra-i는 어근 o-ra에다 명사를 만드는 한국어의 접미사 '이'를 붙인 형태이다. 중앙어의 동사 o-ra-bu는 '울다'의 어근 '울'에다 동사를 만드는 접미사 bu를 붙였으므로, 이 말의 명사형은 당연히 o-ra-bi이다. 그러나 나가노 사람들은 하늘의 우레는 일반적인 울음과 다르다고 생각하였던 모양이다. o-ra-bi와는 달리 한국어의 접미사 '이'를 붙였다.

이 방언으로 미루어 볼 때, 백제 시대에는 우레를 '우라다'의 어근에 명사를 만드는 접미사 '이'를 붙인 '우라이' 혹은 축약형인 '**울이**'라 하였을 가능성이 크다.

**o-ra-i**-sa-ma [미야기, 이와테 방언] 우레
**o-re**-sa-ma [미야기 방언] 〃
**우레** [한국어]

미야기(宮城)에서는 우레를 o-ra-i-sa-ma, 혹은 o-re-sa-ma라 한다. sa-ma(樣 양)는 사람에 대한 존칭으로서, 우레를 의인화하고 있다.

o-re는 o-ra-i가 축약된 형태이다. 한국어에서 일어난 것과 동일한 변화가 일본의 방언에서도 일어난 점이 흥미롭다.

## 보름치

'보름치'라는 말이 있다. 음력 보름께에 내리는 비나 눈을 뜻한다. '치'라는 말이 비 혹은 눈을 의미하는 것으로 짐작된다. 이 말이 일본으로 건너가 비를 의미하는 말로 쓰이고 있다. 이 '치'는 고대에 '시'였을 가능성이 크다.

na-ga-**si** 梅雨 매우 [가고시마, 미야자키, 오이타, 구마모토, 나가사키, 고치, 도쿠시마 방언] 장마
na-ga 長 장 [일본어] 길다
보름**치** [한국어]

가고시마(鹿兒島) 등지의 방언 na-ga-si는 장마를 뜻한다.

na-ga는 길다는 의미이므로, si가 비를 뜻하는 말이 된다. '보름치'의 '치'와 발음이 흡사하다.

ki-ri-**si**-a-me 霧雨 무우 [니이가타, 후쿠시마 방언] 이슬비
ki-ri 霧 무 [일본어] 안개
보름**치** [한국어]

니이가타(新瀉)의 ki-ri-si-a-me는 이슬비이다. ki-ri는 안개이고, a-me(雨 우)는 비이다.

si는 물론 '치'이니, 이 방언은 '안개비'라는 의미가 된다. 비를 뜻하는 말이 중복되고 있다.

**si**-o-i 雨 우, 慈雨 자우 [후쿠시마 방언] 비, 때마침 내리는 비
보름치 [한국어]

후쿠시마(福島) 방언 si-o-i는 일반적인 비를 뜻하기도 하지만, 가뭄이 심

해 애타게 기다릴 때에 내리는 비라는 의미도 있다.

si는 '치'이고, o-i는 '오다'의 어근 '오'에다 명사를 만드는 접미사 '이'를 붙인 형태이다(242쪽). '비 오기'라는 의미이다. 동사편에서 명사를 만드는 접미사 '이'를 많이 보게 될 것이다.

## 개

경기방언에서는 개울을 '개'라 한다. 중앙어인 '실개천'은 '실'과 '개', 그리고 한자어 '천(川)'의 복합어이다. '실'은 골짜기를 뜻하는 고유어이고, '개'는 개울, '천(川)' 또한 개울을 의미하는 한자어이다. 그러므로 이 말은 '골짜기(에서 흘러나오는) 개울'이라는 뜻이 된다.

**ka-i**-ma-ga-ri [나라 방언] 하천이 급하게 구부러진 곳
ma-ga-ri 曲 곡 [일본어] 구부러진 곳
**개** [경기, 강원방언] 개울

하천이 급하게 구부러진 곳을 나라(奈良)에서는 ka-i-ma-ga-ri라 한다. ma-ga-ri는 구부러진 곳을 뜻하는 일본어이다. 따라서 ka-i가 하천을 의미하는 말이 될 수밖에 없지만, 일본어에는 이러한 말이 존재하지 않는다.

나라 방언 ka-i는 바로 '개'이다. 경기방언의 '개', 그리고 '실개천'의 '개'와 의미와 발음이 동일하다. '개'도 고대에는 '가'였을 가능성이 높다.

## 갯마을

'갯벌'이나 '갯가'라는 말이 있다. 이때의 '개'는 무슨 말인가? 『표준국어대사전』에는 강이나 내에 바닷물이 드나드는 곳이라고 되어있다. 강이나 내

가 바다와 만나는 곳이라는 뜻인데, 이것은 좀 이상하다. '갯마을'은 바닷가 마을이라는 뜻으로서, 강이 전혀 없는 지형의 바닷가 마을도 갯마을이다. '갯벌' 또한 바닷물이 드나드는 모래톱을 의미하는 말이지 강과는 상관이 없다. '갯내음' 또한 마찬가지이다. 따라서 이때의 '개'는 바닷가나 강가를 의미하는 말이 아닌가 싶다.

한강변의 '마포(麻浦)'를 예전에는 '삼개'라 하였다. 고유어 '삼개'를 한자어로 '마포(麻浦)'로 표기한 것이다. 모시를 만드는 재료인 삼이 한자어로는 '마(麻)'이고, '개'를 한자어 '포(浦)'로 옮긴 것이다. '개'는 강가나 바닷가를 뜻하는 고유한 한국어인 것이 분명하다. 앞서 본 개울을 뜻하는 '개'와는 다른 말이다.

ha-ma-**ke** 海岸 해안 [아이치 방언] 해안
ha-ma 浜 빈 [일본어] 〃
**개** [한국어] 〃

아이치(愛知) 방언 ha-ma-ke는 해안 즉 바닷가를 뜻한다. ha-ma는 해변을 뜻하는 일본어이나, ke는 무엇인가?

바닷가를 의미하는 '개'이다. 이 방언은 '바닷가 개'가 원래의 의미이다. 동어반복이다.

ki-si-**ge** 岸 안 [와카야마, 나라 방언] 물가
ki-si 〃 [일본어] 〃
**개** [한국어] 〃

나라(奈良) 등의 방언 ki-si-ge는 물가를 뜻한다.

물가를 뜻하는 ki-si(岸 안)와 '개'의 합성어이다. 동어반복이다.

ka-ba-**ke** 川岸 천안 [아키타 방언] 냇가

ka-pa 川 천 [고대 일본어] 내
**개** [한국어] 물가

아키타(秋田)에서는 냇가를 ka-ba-ke라 한다. ka-ba는 내를 뜻하는 고대 일본어 ka-pa가 흐린소리로 된 말이다.

ke는 바로 '**개**'이다. '내 개' 즉 '냇가'라는 의미가 된다.

## 나불

전라, 충청, 경상방언에서는 거친 파도를 '**나불**'이라 한다. 같은 의미를 가진 중앙어 '너울'의 고형이다.

na-bu-ra 波 파 [와카야마 방언] 파도
**나불** [전라, 충청, 경상방언] 사나운 파도

와카야마(和歌山) 방언 na-bu-ra는 파도를 뜻한다.

'**나불**'과 발음과 의미가 거의 완벽하게 일치하고 있다.

## 누대

제주도 사람들은 크고 사나운 파도를 '**누대**'라 한다.

nu-ta 浪 낭 [야마구치 방언] 파도
no-ta [교토, 후쿠이, 이시카와, 도야마, 니이가타, 야마가타, 아오모리 방언] 〃
**누대** [제주방언] 크고 사나운 파도

야마구치(山口) 사람들은 파도를 nu-ta라고 하고, 교토(京都)와 그 동쪽 지방 사람들은 no-ta라 한다.

제주방언 '누대'와 발음과 의미가 거의 흡사하다. '누대'는 고대에는 '누다'였을 것이고, 그 의미도 일본의 방언에서 보듯이 일반적인 파도를 의미하였던 것이 아닌가 싶다. 원산지인 한국에서 오히려 변한 것으로 짐작된다.

이 제주방언은 고대에는 한국의 전역에서 사용되던 말이 아니었을까?

## 암

『표준국어대사전』에 의하면 경상방언 '암'은 물을 뜻한다고 한다. 잘 사용되지는 않지만, 이 사전에 실려 있으니 사어는 아닌 것으로 보인다.

**a-ma** 水 수 [야마가타 방언] 물
**암** [경상방언] 〃

야마가타(山形) 방언 a-ma 역시 물을 뜻한다. 경상방언 '암'과 그 발음과 의미가 완전히 일치한다.

**an-ma** [야마가타, 니이가타 방언] 물
**a-ma-ko** [아키타 방언] 〃
**암** [경상방언] 〃

야마가타의 또 다른 방언 an-ma 역시 물을 뜻하는데, a-ma가 발음이 좀 변하였다. 아키타(秋田)에서는 a-ma-ko이다. 이 말은 물을 뜻하는 '암'과 ko의 복합어지만, ko가 무슨 말인지는 불분명하다.

'암'이라는 방언은 경상도 이외의 지역에서는 찾아 볼 수 없다. 이 방언은 가야 사람들이 가져간 말일 것이다.

## 재

불에 타고 남은 가루를 '재'라 하며, 중세에는 '죄'라 하였다. 일본어로는 ha-i(灰 회)라 한다.

**Ziyo** 灰 회 [에히메, 와카야마, 오사카, 시가, 도야마, 니이가타 방언] 재
**Ziyu** [니이가타 방언] 〃
**죄** [중세 한국어] 〃

에히메(愛媛) 등지의 방언 ziyo는 역시 재를 의미한다.

중세 한국어 '죄'와 흡사한 발음이다. 에히메 방언과 대조하여 보면, '죄'는 고대에는 '조이'였을 가능성이 크다.

니이가타(新潟) 방언 ziyu는 ziyo의 변형이다.

# 5. 동물

## 쇼

소를 중세에 '쇼'라 하였다. 백제 시대에도 마찬가지였을 것이다.

**si**yo-mon [야마구치 방언] 소의 사료
**si-u**-mo-no [시마네 방언] 〃
u-ma-mo-no [아키타 방언] 말의 사료
**쇼** [중세 한국어] 소

야마구치(山口)에서는 소의 사료를 siyo-mo-no라 하고, 시마네(島根)에서는 si-u-mo-no라 한다. siyo와 si-u는 무엇인가?

'쇼'가 일본으로 건너 갔다는 것을 직감할 수 있다. 야마구치의 siyo는 '쇼'와 그 발음이 완벽하게 일치하고 있다.

여기서의 mon은 물건을 뜻하는 mo-no(物 물)가 축약된 말이다. 말의 사료를 아키타(秋田) 방언에서 u-ma-mo-no라 한다. 이 mo-no(物 물)는 사료를 뜻한다는 사실을 짐작할 수 있다.

**si-o**-ko-ri [오카야마 방언] 소가 발정기에 들어선 것
**쇼** [중세 한국어]

오카야마(岡山) 현은 오사카(大阪) 시의 서쪽에 인접한 효고(兵庫) 현과 맞닿아 있다. 고대에는 키비(吉備)라 하던 곳으로서, 일본 고대사에 관심이 있는 분들에게는 친숙한 지명일 것이다. 이곳의 방언 si-o-ko-ri는 소가 발정기(發情期)에 들어선 것을 뜻한다. 이럴 때에 황소는 흥분하여 날뛰게 된다.

si-o는 앞서도 본 바와 같이 '쇼'가 건너간 것이다. 야마구치에서는 siyo였는데, 이 말이 변한 모습이다.

ko-ri는 발정기와 관련이 있는 것 같은데 무슨 의미인가?

si-o-**ko-ri** [오카야마 방언] 소가 발정기에 들어선 것
sa-**ko-ri** [니이가타 방언] 개나 고양이가 발정기에 들어선 것
**꼴리**다 [한국어] 음경이 발기하다

니이가타(新瀉) 방언 sa-ko-ri는 개 혹은 고양이가 발정기에 들어선 것을 뜻한다. sa는 접두사로 생각되지만 정확한 의미는 알 수 없다. 그러나 ko-ri는 si-o-ko-ri의 ko-ri와 같은 말인 것이 분명하다.

이 두 방언의 ko-ri는 한국어 '**꼴리다**'와 정확하게 대응되고 있다. 음경이 발기되어 일어서는 것을 '꼴리다'라 한다. 고대에는 '**고리다**'였을 것으로 보이고, 이럴 때에 일본으로 건너간 것이다. '고리다'의 어근 '고리'가 그대로 명사로 되었다.

도죠(東條操) 선생의 『全國方言辭典(전국방언사전)』에서 이 말을 발견한 순간, 숨이 턱 막히던 기억이 지금도 생생하다. 고대의 한국어가 일본의 방언에 살아남아 옛 모습을 이렇듯 온전하게 간직하고 있는 것이 신기할 정도이다. 백제 사람들의 숨결이 생생하게 느껴지는 말이라 하겠다.

## 암소

'짐승의 암컷'이라 할 때의 '암'은 중세에 '암ㅎ'이었다.

**a-ma**-u-si [치바, 니이가타 방언] 암소
**a-me**-u-si [미야자키 방언] 〃
u-si 牛 우 [일본어] 소
**암** [한국어] 암컷

암소를 치바(千葉)에서는 a-ma-u-si라 한다.

u-si가 소를 뜻하는 일본어이니, a-ma가 암컷이라는 의미가 되어야 마땅하지만, 일본어에는 그러한 말이 존재하지 않는다. 바로 '암'이다.

미야자키(宮崎)에서는 a-me-u-si라 한다. a-me 또한 '암'이다.

**a-ma**-i-nu 雌犬 자견 [치바 방언] 암캐
i-nu 犬 견 [일본어] 개
**암** [한국어] 암컷

치바(千葉)에서는 암캐를 a-ma-i-nu라 한다. i-nu는 개를 의미하는 일본어, a-ma는 역시 '암'이다.

백제에서 '암'이 건너가 a-ma 혹은 a-me가 된 것이다. 그런데 '암'이 일본으로 건너갔다면 그에 대응되는 '수(雄 웅)'라는 말 또한 건너가야 마땅한데, 방언이나 고어 어디에도 그 흔적을 찾을 길이 없다. 진작 사어가 되어 소멸되었던 모양이다.

'암'은 중세에는 '암ㅎ'이라 하여 'ㅎ 곡용'을 하였으나, 백제 시대에는 현대어와 마찬가지로 '암'이었던 것이 분명하다.

## 외양간

'외양간'은 소를 키우는 집이라는 뜻이다. 이 말은 '외'+'양'+'간'의 합성어이다. '외'는 소를 뜻하고, '간(間)'은 장소를 의미하는 한자어이다. '마구간(馬廐間)'이나 '대장간'의 '간'과 같은 말이다.

물론 현대 한국어 '외양간'은 소뿐만 아니라, 널리 '마소'를 키우는 집이라는 뜻이지만, 고대에는 '소'를 키우는 집이라는 의미였을 것이다.

**o**-**i**-na-wa [나라 방언] 소의 고삐
na-wa 繩 승 [일본어] 새끼
**외**양간 [한국어] 소를 키우는 집

나라(奈良) 방언 o-i-na-wa는 소의 고삐라는 뜻이다. na-wa는 새끼줄을 뜻하는 일본어로서 여기서는 고삐를 의미하므로, o-i가 소를 뜻하는 말이 된다.

바로 소를 의미하는 '외'인 것이 분명하다. '외'도 고대에는 '오이'였을까?

**o**-**i**-ko-mi 牛小屋 우소옥 [미에 방언] 외양간
**외**양간 [한국어] 소

미에(三重)에서는 소를 키우는 외양간을 o-i-ko-mi라 한다. ko-mi의 의미는 분명치 않으나, o-i가 소를 뜻하는 것은 의심의 여지가 없다.

두 방언의 o-i는 소를 뜻하는 한국어 '외'가 건너간 것이다.

고대의 한국 사람들은 소를 '오이' 혹은 '외'라고도 하였던 것을 알 수 있다. '오이'가 더욱 고형이고, '외'는 그것이 축약된 형태이다. 원래 개음절어인 일본어에서는 모음의 연속인 o-i라는 어형은 존재할 수 없다. 백제나 가야에서 건너간 말일 것이다.

## 개

개를 중세 한국어에서는 '가히'라 하였다. 평안방언에서는 '가이'라 한다. '개'는 '가이'가 축약된 형태이다. 고대에는 어떠하였을까? 일본의 방언들과 대조하여 보면 '가'였다는 사실을 짐작할 수 있다. 개의 새끼를 뜻하는 '강아지'를 보면 '개'의 고형이 '가'였다는 것이 더욱 분명하게 된다. '강아지'는 개를 뜻하는 '가'와 어린 것을 의미하는 '아지'의 복합어이다. '강아지'는 원래 '가아디'였을 것이다(44쪽).

**ka**-ka [야마구치, 시마네, 아키타 방언] 개의 유아어
**ka**-ka-ka-ka [아키타, 아오모리 방언] 개를 부르는 소리
**가**이 [평안방언] 개
**강**아지 [한국어]

시마네(島根)에서 아키타 까지 분포한 방언 ka-ka는 개를 가리키는 유아어이다.

아키타(秋田)와 아오모리(青森)에서는 개를 부를 때 ka를 네 번이나 반복하여 ka-ka-ka-ka라 한다.

일본어에서는 개를 i-nu(犬 견)라 하는데, 이러한 방언의 ka라는 말은 무슨 의미일까? 개를 뜻하는 고대 한국어 '가'인 것이 분명하다. 의미와 발음이 완벽하게 일치하고 있다.

**ga**t-ga [구마모토 방언] 개
**gan**-ga [시즈오카, 나가노 방언] 〃
**가**이 [평안방언]

구마모토(熊本)에서는 개를 gat-ga라 하고, 시즈오카(静岡)에서는 gan-ga라 한다.

두 방언은 ga-ga가 변한 형태로서, 역시 '가'가 중복되고 있다. 여기서는 ka가 아닌 흐린소리 ga인 점을 주목해 보자. 백제어의 원래 발음이 잘 보존된 모습이다.

me-**ga** [미야기 방언] 암캐
me$_t$-**ka** [아키타 방언] 〃
me 女 여 [일본어] 여성
**가**이 [평안방언]

미야기(宮城) 방언 me-ga는 암컷을 의미하는 me와 ga의 합성어로서, 암캐를 뜻한다. 여기서도 ga가 개를 의미하는 말이 된다.

in-**ga** [가고시마, 니이가타 방언] 개
be-i-**ka** 矮狗 왜구 [고대 일본어] 삽살개, 강아지
**가**이 [평안방언]

가고시마(鹿兒島)와 니이가타(新瀉) 방언 in-ga는 개를 뜻한다.

in은 일본어 i-nu(犬 견)가 축약된 말이고, ga는 백제어 '가'이다. 이 방언은 한일합성어이며 동어반복이다.

고대 일본어 be-i-ka는 원래는 삽살개를 의미하였는데, 나중에는 강아지를 뜻하는 말로 변하였다고 한다. 앞의 be-i가 무슨 말인지 알 수는 없으나, 뒤의 ka가 개를 의미하는 '가'인 것은 의심의 여지가 없다.

**ke**-ke [히로시마 방언] 개를 부추기는 소리
**개** [한국어]

히로시마(廣島) 방언 ke-ke는 개를 부추기는 소리로서, ka-ka가 변한 말이다. 현대 한국어 '개'와 같은 음인 것이 흥미롭다.

## 컹컹

개가 크게 짖는 소리를 '컹컹'이라 하고, 작은 개가 짖는 소리를 '캉캉'이라 한다.

**gan-gan** [시마네 방언] 개 짖는 소리
**컹컹** [한국어] 개가 크게 짖는 소리
**캉캉** [ 〃 ] 작은 개가 짖는 소리

일본에서는 개가 짖는 소리를 wan-wan이라 하지만, 시마네(島根)에서는 gan-gan이라 한다.

'컹컹'과 흡사하다. 백제 사람들이 개라는 말 뿐만 아니라, 그 짖는 소리까지 일본으로 가져갔던 것을 알 수 있다.

## 고냉이

함북방언에서 고양이를 '고내'라 한다. 함경도와 평안북도에서는 '고냉이', 경북에서는 '꼬내기'이다. '고냉이'나 '꼬내기'의 어미에 붙은 '이'나 '기'는 접미사이며, 어근은 '고내'이다. '고내'가 가장 고형이고, '고냉'이나 '꼬내'는 모두 '고내'가 변한 형태이다.

**ko-ne**-ko-ne [후쿠시마 방언] 고양이를 부르는 말
**고내** [함북방언] 고양이
**고냉**이 [함경, 평북, 강원, 충북, 제주방언] 〃

일본어에서는 고양이를 ne-ko(猫 묘)라고 하지만, 후쿠시마(福島) 사람들은 고양이를 부를 때 ko-ne-ko-ne라 한다. ko-ne를 중복한 형태로서,

고양이를 뜻하는 말이 된다. 함북방언 '**고내**'와 완벽하게 일치하고 있다.

## 나비

'**나비**'는 한국 사람들이 고양이를 부르는 말이다. 고양이를 부를 때 '**나비**야!'라 하는데, 이것은 방언이 아니고 전국에서 통용되는 말이다. 곤충인 나비를 왜 고양이를 부르는 말로 사용하는지 그 이유를 알 수는 없다. 오래 전부터 사용되어온 관용어일 것이다.

**tsiyo** 猫 묘 [니이가타 방언] 고양이
tsiyo-u 蝶 접 [일본어] 나비
**나비** [한국어] 고양이를 부르는 소리

니이가타(新瀉) 사람들은 고양이를 **tsiyo**라 한다. 무슨 의미인가?

**tsiyo-u**는 곤충인 나비를 뜻하는 한자어 '접(蝶)'의 일본식 음이다. 일본어에는 나비를 뜻하는 고유어가 없고, 이렇듯 한자어를 일상적으로 사용하고 있다. 니이가타의 tsiyo는 나비를 뜻하는 tsiyo-u의 방언형이다.

이 방언은 고양이를 부르는 말인 '**나비**'를 일본어로 번역한 것이다.

**tsiyo**-i 猫 묘 [나가노 방언] 고양이
**tsiyo**-tsiyo 〃 [야마가타 방언] 〃
**나비** [한국어] 고양이를 부르는 소리

위의 두 방언은 모두 **나비**를 뜻하는 일본어 **tsiyo-u**가 변한 말이다.

백제 사람들도 현대의 우리들과 마찬가지로 고양이를 '**나비야**'라고 불렀고, 일본으로 건너간 후에는 일본어로 번역하여 사용하였던 것이다.

## 돝

돼지를 중세에는 '돝'이라 하였으나, 백제 시대에는 '돋'이었을 것이다.

don-ko [교토 방언] 멧돼지 새끼
**돝** [중세 한국어] 돼지

교토(京都) 방언 don-ko는 멧돼지의 새끼를 뜻한다. ko(子 자)는 새끼를 뜻하지만, don은 무엇인가? 첫음절에 맑은소리인 ton이 아니고 흐린소리 don으로 시작되는 것이 백제어일 가능성을 말해주고 있다.

백제어 '돋'이 변한 말이다. '돋'+no(~의)가 don으로 변한 것으로 보인다. 아니면 '돋'+ko가 발음의 편의상 don-ko로 변하였을 가능성도 있다.

don은 혹시 일본어에서 돼지를 일컫는 한자어 ton(豚 돈)이 아닌가 의심이 들 수도 있다. 그런데 일본에서는 '돈(豚)'이라는 한자가 집돼지만을 의미하고, 멧돼지는 '저(猪)'라는 한자로 표기하고 있다. 발음도 맑은소리인 ton이다.

don-do-ro [교토 방언] 멧돼지 잡는 덫
**돝** [중세 한국어] 돼지
**틀** [경남방언] 덫

교토 방언 don-do-ro는 멧돼지를 잡는 덫을 의미한다. don은 역시 '돋'이 변한 말이다. do-ro는 무엇인가?

경남방언에서는 덫을 '틀'이라 한다. do-ro와 '틀', 의미는 일치하고 발음은 흡사하다. '틀'은 고대에는 '덜'이었을 것이고, do-ro도 də-rə였을 것이다.

## 오래오래

돼지를 부를 때 '오래오래'라 한다. '오래'를 중복한 형태이다.

a-o-re 猪 저 [후쿠시마 방언] 멧돼지
**오래**오래 [한국어] 돼지를 부르는 소리

후쿠시마(福島)에서는 멧돼지를 a-o-re라 한다. '오래'와 아주 닮은 발음이다. 이 방언은 좀 특이하다. 일본어로서는 이례적으로 모음이 두 음절이나 연속되고 있기 때문이다. 원래 고대에는 o-re였는데, 의미가 없는 조음 a가 첨가된 것일까? 그리고 한국의 '오래'도 원래는 돼지를 뜻하는 말이었을 가능성이 크다.

u-ri-no-ko [미에 방언] 멧돼지 새끼
u-ri [나라 방언] 〃
**오래**오래 [한국어] 돼지를 부르는 소리

멧돼지의 새끼를 미에(三重)에서는 u-ri-no-ko라 한다. u-ri는 '오래'와 같은 뿌리로 보이고, ko(子 자)는 자식을 뜻한다

나라(奈良)에서는 u-ri라 한다.

## 야꽈이

경북방언에서는 여우를 '야꽤이' '야꽈이' '야괘이' '여뀌' 등 아주 다양하게 부르고 있다. 마지막 자음 '이'는 접미사이고, 공통어근은 '야꽈'인 것으로 짐작된다. 고대에는 '야과'였을 것으로 보이지만, 더 거슬러 올라가면 '야고'가 아니었을까? 아마도 여우를 뜻하는 한자어 '야호(野狐)'의 고대 한자음

'야고'에서 유래한 말일 것이다.

**ya$_{t}$–ko**–san 弧 호 [시마네 방언] 여우
**ya–kon**–be 〃 [구마모토 방언] 〃
**야꽈**이, **야꽤**이 [경북방언] 〃

여우를 시마네(島根)에서는 ya$_{t}$-ko-san, 구마모토(熊本)에서는 ya-kon-be라 한다.

san은 물론 사람에게 붙이는 경칭으로서, 여우를 의인화하고 있다. 구마모토의 be는 의미가 확실치 않으나 접미사로 보인다. 두 방언에서 공통어근 ya-ko를 추출할 수 있으니, 이것이 여우를 의미하는 말이 된다.

경북방언 '야꽤이' 등의 고형으로 추정되는 '야고'와 발음이 일치하고 있다.

'야꽤이'와 같은 말은 오직 경북방언에서 만 볼 수 있고, 다른 지역에서는 전혀 찾을 수 없다. 그렇다면 구마모토와 시마네의 위와 같은 방언은 가야 사람들이 가져간 말이 아닌가 싶다.

두 일본 방언에 나오는 여우는 일반적인 여우를 뜻하는 말은 아니다. 일본에서는 오곡(五穀)의 신(神)을 '이나리(稲荷 도하)'신이라 하고, 이 신을 모신 신사(神社)를 '이나리 신사'라 한다. 이나리 신이 부리는 사자(使者) 즉 심부름꾼이 바로 여우로서, 위 방언에 나오는 여우도 이 여우이다. 일본의 중앙어에서도 여우의 다른 이름이 i-na-ri인 것은 이러한 이유이다.

## 캥캥

여우가 짖는 소리를 '**캥캥**'이라 한다.

**ken–ken** [나라, 기후 방언] 여우(유아어)

**캥캥** [한국어] 여우가 짖는 소리

일본어에서는 여우를 ki-tu-ne(狐 호)라 하지만, 나라(奈良)의 어린이들은 ken-ken이라 한다.

여우 짖는 소리 '캥캥'이 건너간 것이 분명하다. 백제 사람들의 여우의 짖는 소리에 대한 표현은 현대의 한국어와 별 차이가 없었던 사실을 알 수 있다. 백제 사람들은 여우 우는 소리까지 일본으로 가져갔던 것을 알 수 있다.

## 여우비

여름날 해가 쨍쨍 내려쬐고 있음에도 갑자기 비가 쏟아질 때가 있다. 이렇게 내리는 비를 '여우비'라 한다. 왜 이러한 비를 여우비라 할까? 여우는 주식인 쥐를 사냥할 때, 이리저리 공중으로 높이 뛰어올랐다가 바짝 엎드리기도 하는 등, 그 동작이 실로 변화무쌍하다. 아마도 이러한 행동이 사람들의 눈에는 아주 변덕스러운 것으로 보였을 것이고, 따라서 변덕스럽게 내리는 비를 '여우비'라고 하였던 것이 아닌가 싶다.

**ki-tsu-ne-a-me** 日照雨 일조우 [도쿠시마, 미에, 가나카와 방언] 여우비

ki-tsu-ne 狐 호 [일본어] 여우

**여우비** [한국어] 해가 나있는데도 잠깐 내리는 비

도쿠시마(德島) 방언 ki-tsu-ne-a-me 또한 여우비를 뜻한다.

ki-tsu-ne는 여우, a-me(雨 우)는 비를 뜻하는 일본어므로, 이 방언은 '여우비'를 일본어로 번역한 형태이다.

**ki-tsu-ne**-no-yo-me-i-ri [일본어] 여우비

yo-me-i-ri 嫁入 가입 [일본어] 시집가기
**여우비** [한국어]

일본의 중앙어 ki-tsu-ne-yo-me-i-ri 역시 여우비라는 뜻이다. ki-tsu-ne는 **여우**, yo-me-i-ri(嫁入 가입)는 시집가기라는 뜻이다. 따라서 이 말은 '**여우 시집가기**'라는 의미가 된다. 원래부터 변덕스러운 것이 여우인데, 짝짓기를 할 때에는 더욱 변덕스럽게 된다고 보았던 모양이다.

백제 사람들도 '여우비'라 하였고, 일본으로 건너간 뒤에는 일본어로 번역하여 그대로 전하였던 사정을 알 수 있다. 여우비를 뜻하는 일본의 방언에는 여우를 뜻하는 ki-tsu-ne가 포함된 어형이 여럿 더 있으나, 지면관계상 이 정도로 줄인다.

## 토끼

'**토끼**'가 고대에 일본으로 건너간 것은 졸저 『일본 천황과 귀족의 백제어』에서 보았다(153쪽). 일본의 방언에 나오는 토끼를 보자. 일본어로는 u-sa-gi(兎 토)라 한다.

to-ko-na-tsu 兎 토 [오이타 방언] 토끼
**토꾸** [경북방언] 〃

오이타(大分) 방언에서는 토끼를 to-ko-na-tsu라 한다.

이 방언은 to-ko와 na-tsu의 합성어인데, to-ko는 경북방언 '**토꾸**'와 발음이 흡사하다. na-tsu는 무슨 의미인지 알 수 없다.

'토꾸'도 고대에는 '도고'였을 가능성이 있다.

## 쥐

'쥐'는 중세어에서도 같은 발음이었다. 고대에도 거의 비슷하였던 모양이다.

일본어에서는 ne-zu-mi(鼠 서)라 한다.

> **zi**yu-ziyu 鼠 서 [구마모토 방언] 쥐
> **쥐** [한국어]

쥐를 구마모토(熊本)에서는 ziyu-ziyu라 한다.

ziyu가 중복되었는데, '쥐'와 발음이 흡사하다.

> o-**zi**yo-san 鼠 서 [시마네 방언] 쥐
> **쥐** [한국어]

시마네 방언에서 쥐를 o-ziyo-san이라고 한다. 앞의 o는 의미가 없는 조음이다. san은 통상 사람에게 붙이는 말이지만, 여기서는 쥐를 의인화하고 있다. 어근 ziyo는 ziyu가 변한 형태이다.

> **zi**-zi 鼠 서 [시마네, 야마가타 방언] 쥐
> **쥐** [한국어]

시마네(島根)와 야마가타(山形) 사람들은 쥐를 zi-zi라고 하는데, 앞의 zi는 장음으로서 길게 발음된다. 한국 사람도 이 '쥐'라는 말은 발음을 주의해서 하지 않으면 '**지**'가 되고 만다.

이러한 일본의 방언으로 볼 때, 백제 사람들도 현대의 한국인과 아무런 차이가 없이 '쥐'라고 하였던 사실을 알 수 있다. 그리고 백제 사람들이 현대의 한국인과 마찬가지로 '**위**'라는 모음을 일상적으로 사용하였던 사실도,

이 말을 통하여 확인할 수 있다.

## 꼬꼬

'꼬꼬'는 닭의 유아어이자, 또한 닭의 울음소리를 나타내는 말이기도 하다. 경음이 없던 백제 시대에는 '고고'였을 것이다.

ko-ko [효고 방언] 닭을 부르는 소리
ko-ko [야마구치, 오카야마, 아오모리, 이와테 방언] 닭
**꼬꼬** [한국어] 닭의 유아어, 닭의 울음소리

오사카(大阪)에 인접한 효고(兵庫) 방언 ko-ko는 닭을 부르는 말이고, 야마구치(山口) 등지에서는 닭의 유아어이다.

'꼬꼬'와 발음과 의미가 완벽하게 일치하고 있다.

## 비육

소와 같은 가축은 원래 일본열도에는 존재하지 않았다. 승문(繩文)시대에는 그 흔적을 찾아 볼 수 없었고, 기원전 4세기 무렵의 야요이(彌生)시대에 이르러 한국 남부지방에서 건너간 사람들이 일본으로 가져 간 것이다.

그런데 닭은 야요이시대가 되어도 일본에 전해지지 않았다. 일본어에 닭을 의미하는 고유어가 없는 것은 그러한 이유이다. 닭을 고대의 일본어에서는 ni-wa-to-ri라 하였는데, ni-wa(庭 정)는 마당이고 to-ri(鳥 조)는 새이니, '마당 새'라는 뜻이다. 이러한 사정으로 볼 때 닭은 야요이시대가 지난 이후, 아마도 가야나 백제인들이 일본으로 가져갔을 것으로 보인다.

**pi-yo-ko** 雛 추 [고대 일본어] 병아리
**비육** [중세 한국어] 〃

고대 일본어 pi-yo-ko는 병아리를 뜻한다.

중세 한국어 '**비육**' 또한 병아리를 의미한다. 발음은 흡사하고, 의미는 동일하다. '비육'이 일본으로 건너간 것이다.

**pi-yo-pi-yo** [일본어] 병아리 우는 소리
**삐약삐약** [한국어] 〃

병아리가 우는 소리를 일본어에서는 pi-yo-pi-yo라 한다.

한국에서는 병아리가 '**삐약삐약**' 운다고 한다. 고대에는 '비야비야'였을 가능성이 크다.

## **개고**마리

때까치라는 새는 까치와는 전혀 다른 종이다. 날카로운 부리로 벌레나 개구리를 잡아서 나무의 가시에 꿰어놓고 먹는 습성이 있다. 때까치를 '**개고**마리'라고도 한다. 방언이 아닌 중앙어이다.

**ke-go**-do-ri 百舌 백설 [하치죠우지마 방언] 때까치
to-ri 鳥 조 [일본어] 새
**개고**마리 [한국어] 떼까치

하치죠우지마(八丈島) 방언에서는 ke-go-do-ri라 한다. ke-go와 do-ri의 합성어로서, do-ri는 새를 뜻하는 to-ri가 흐린소리로 된 말이다. 'ke-go'는 '**개고**마리'의 '**개고**'와 발음과 의미가 완전히 일치하고 있다.

'개고마리'도 '개고'와 '마리'의 합성어이다. '개고'가 때까치라는 뜻이고, '마리'는 새를 비롯한 짐승을 세는 단위로 보인다.

## 까마귀

한국에서는 무엇을 잘 잊어버리는 사람에게 흔히들 "까마귀 고기를 먹었나?"라고 하면서 놀린다.

**ka-ra-su** [야마구치, 교토, 시즈오카 방언] 잘 잊어버리는 사람
**ka-ra-su** 烏 오 [일본어] 까마귀
**까마귀** 고기 [한국 속담] 잘 잊어버리는 사람을 놀리는 말

일본어 ka-ra-su(烏 오)는 까마귀를 뜻한다.

그런데 교토(京都) 등지에서는 이 말이 한국의 속담과 마찬가지로 잘 잊어버리는 사람을 의미하는 말이 된다. 『경도부방언사전』을 보면, 까마귀는 밤이나 도토리 등의 나무 열매를 주워 땅 속에 묻어 두곤 하는데, 금방 그 장소를 잊어버리기 때문에, 밭을 갈다보면 까마귀가 묻어둔 열매를 종종 발견할 수 있다고 한다.

백제 사람들은 잘 잊어버리는 사람에게 "이 까마귀 같은 놈!" 혹은 "까마귀야"라고 하면서 놀렸던 것이 아닐까? 그 백제 사람들이 일본으로 건너간 후에는 일본어로 번역하여 사용하였던 사정을 엿볼 수 있다. 말의 원산지인 한국에서는 '까마귀 고기를 먹었나'로 표현방식이 조금 바뀌었다.

## 직박구리

굴뚝새는 덩치가 작지만 노래 소리는 매우 크고 아름답다. 일본에서는

mi-so-sa-za-i(鶺鴒 척령)라 한다.

**si-ba-ko-gu-ri** [가고시마 방언] 굴뚝새
**직박구리** [한국어] 참새목에 속하는 새의 일종

가고시마(鹿兒島) 방언 si-ba-ko-gu-ri는 굴뚝새를 뜻한다.

한국에는 이와 비슷한 '**직박구리**'라는 새가 있다. 굴뚝새와 비교하면 직박구리 쪽이 좀 덩치가 크다. 서로 다른 종류의 새이다. 그렇지만 두 말은 그 음상이 너무도 흡사하다. '직박구리'가 건너간 것이 분명하다. '직박구리'도 고대에는 '**식박구리**'였을 가능성이 높다. 가고시마의 이 방언은 백제 사람들이 가져간 새 이름이지만, 세월이 흐르면서 그 대상이 달라지고 말았다.

## 참새

참새는 벼와 같은 곡식을 주식으로 삼고 있어, 사람에게 해로운 새로 알려져 있다. 그런데 새의 이름이 '**참새**'인 것은 좀 아이러니다. '참'은 진실한 것을 일컫는 말이기 때문이다. '참새'는 '**진실한 새**'라는 의미가 된다.

**ma**-su-zu-me 雀 작 [이시카와, 가나카와, 치바 방언] 참새
su-zu-me 〃 [일본어] 〃
**ma** 眞 진 [일본어] 참
**참**새 [한국어]

참새는 일본어로 su-zu-me(雀 작)라 하지만, 이시카와(石川) 등의 방언으로는 ma-su-zu-me라 한다.

일본어 ma(眞 진)는 참 혹은 진실하다는 의미이니, 이 방언은 '**참** su-zu-me'라는 의미가 된다. 여기의 ma는 '**참새**'의 '참'을 일본어로 번역한 말인

것이 분명하다. 참새를 뜻하는 일본어 su-zu-me만 하여도 충분한데, '참'을 번역한 일본어 ma를 굳이 접두사처럼 붙이고 있다.

## 지지배배

제비 등 작은 새들이 즐겁게 지저귀는 소리를 '**지지배배**'라 한다.

**zi-zi-ba-ba** [후쿠시마 방언] 굴뚝새
**지지배배** [한국어] 제비, 종달새 등의 노래 소리

후쿠시마(福島)에서는 굴뚝새를 zi-zi-ba-ba라 한다.

'**지지배배**'와 발음이 흡사하지만, '**지지바바**'가 보다 고형이다. 백제 시대에도 이 말은 새들의 노래 소리를 의미하였을 것이고, 후쿠시마로 건너간 뒤에 의미가 변하였을 것이다.

## 꺼풀

'**꺼풀**'은 껍데기를 뜻하며, '**까풀**'이라고도 한다. 함남방언으로는 '**까푸리**'이다. 일본어에서는 ka-wa(皮 피)라 한다.

**ka-bu-ri** 皮 피 [후쿠시마 방언] 짐승의 가죽
**까푸리** [함남방언] 꺼풀

후쿠시마(福島) 방언 ka-bu-ri는 짐승의 가죽을 의미한다.

함남방언 '**까푸리**'와 발음이 완벽하게 일치하고, 의미도 일맥상통하고 있다. '**꺼풀**'이 좀 더 넓은 개념이다. 짐승의 가죽이나 사람의 피부도 꺼풀의

일종이다. 중세에는 '거플'이라 하였으나, 위 두 방언으로 미루어 볼 때 고대에는 '가부리' 혹은 '거부리'였을 가능성이 크다.

## 개구리

개구리는 중세에 '개고리' 혹은 '개구리'라 하였다. 경기 등의 방언에서는 '까구리'라 한다. 일본어로는 ka-e-ru(蛙 와)라 한다.

**ga-ku** 蝸 와 [나가노 방언] 개구리
**까구**리 [경기, 경상, 강원 방언] 〃

나가노(長野)에서는 개구리를 ga-ku라 한다.

'까구리'와 흡사한 발음이다. '까구리'도 고대에는 '가구'였던 것으로 짐작된다. '리'는 아마도 신라의 삼국통일 이후의 어느 시대에 첨가되었을 것이다. '개구리'라는 이름은 우는 소리 '개굴개굴'에서 유래한 것인데, 백제 사람들은 '가구가구'라 표현하였을 것으로 짐작된다. 한국어는 세월이 흐를수록 받침을 추가하는 경향이 농후하다. 뒤에 나오는 '탱고리'에도 역시 같은 현상을 볼 수 있다.

**giya-ku** 蝸 와 [나가노, 니이가타 방언] 개구리
**giya-ko** 〃 [시마네 방언] 〃
**까구**리 [경기, 경상, 강원 방언] 〃

위의 두 방언은 ga-ku가 변한 형태이다.

a-ma-**ga-ku** 雨蛙 우와 [오키나와, 가고시마, 미야자키 방언] 청개구리

**까구**리 [경기, 경상, 강원 방언] 개구리

오키나와(沖繩) 등지의 방언 a-ma-ga-ku는 청개구리를 뜻한다. a-ma는 비를 뜻하는 일본어 a-me(雨 우)의 고어이다.

ga-ku는 개구리이다. 이 방언은 원래 '**비 개구리**'를 의미한다. **청개구리**는 비가 오면 더욱 심하게 울어댄다. 부모에게 불효하였다가, 죽은 후 비로소 후회하면서 비오는 날 슬피 울었다는 청개구리의 전설이 일본으로 건너간 것으로 보인다.

**ge-ku** 蝸 와 [니이가타 방언] 개구리(유아어)
**ge-ko** 〃 [나가노 방언] 〃 〃
**개구**리 [한국어]

니이가타(新瀉)에서는 개구리를 ge-ku라 하고, 나가노(長野)에서는 ge-ko라 하는데, 두 방언은 유아어이다.

'개구리'의 '**개구**'와 같은 어형이다. 백제 말기 쯤에는 '가구'가 '개구'로 바뀌었을 가능성이 크다.

## 탱고리

경남방언 '**탱고리**'는 올챙이를 뜻한다.

**tan-go** [오이타 방언] 올챙이
**tan-gu** [미에 방언] 〃
**탱고**리 [경남방언] 〃

올챙이를 오이타(大分)에서는 tan-go, 미에(三重)에서는 tan-gu라 한다.

'탱고'와 그 발음이 흡사하다. '탱고'는 고대에 '당고'였을 것이다. 일본의 방언과 비교하여 보면, '리'라는 접미사가 첨가되어 있음을 알 수 있다. '탱고리'는 오직 경남에만 존재하고 있다. 따라서 이 두 일본의 방언은 가야 사람들이 가져 간 것으로 짐작된다.

## 복쟁이

전남방언 '복쟁이'는 올챙이를 뜻한다. '쟁이'는 '장이'가 변한 것으로서, 올챙이를 의인화하고 있다. 어근은 물론 '복'이다.

**hu-ku** [오이타, 히로시마 방언] 올챙이
**복**쟁이 [전남방언] 〃

오이타(大分) 등지에서는 올챙이를 hu-ku라 한다. 고어는 pu-ku였다. 전남방언 '복'이 건너간 것임을 직감할 수 있다.

**hu-ku**-to [고치 방언] 올챙이
**hu-ku**-da-ma [아이치 방언] 〃
**복**쟁이 [전남방언] 〃

고치(高知)에서는 hu-ku-to, 아이치(愛知)에서는 hu-ku-da-ma라 하고 있다. 공통어근 hu-ku의 고어는 물론 pu-ku였으니 이 또한 '복'이다.

## 고기

물고기를 총칭하는 말 '고기'는 중세에도 같은 발음이었다. 백제 시대에도 현대의 우리들과 마찬가지 발음이었던 모양이다.

**go-gi** 岩魚 암어 [이와테 방언] 곤들매기
**ku-gi** 石斑魚 석반어 [아키타 방언] 황어
**고기** [한국어]

이와테(岩手) 방언 go-gi는 연어과의 민물고기인 곤들매기를 뜻한다.

두 음절로 된 단어인데, 자음이 모두 흐린소리로만 이루어져 있다. 일본어에는 이러한 말이 거의 존재하지 않는다. 발음에서 한국어의 냄새가 물씬하다.

발음은 한국어 '고기'와 전혀 다를 바 없으나, 의미에서는 변화가 있다. '고기'라는 말을 가지고 이와테로 건너간 백제 사람들은 이 말이 곤들매기만을 뜻하는 것으로 의미를 좁힌 모양이다.

아키타(秋田) 방언 ku-gi는 잉어과의 물고기인 황어를 뜻하는데, 발음과 의미 양면으로 약간씩 변화가 일어난 모습이다.

o-re-**ku-gi** 雜魚 잡어 [나라 방언] 잡어
**고기** [한국어]

나라(奈良) 방언 o-re-ku-gi는 여러 종류의 고기 즉 잡어를 뜻한다. ku-gi는 물론 '고기'가 변한 말이다. o-re는 무슨 의미인지 확실치 않다.

## 갈치

갈치, 꽁치, 삼치, 멸치 등 물고기의 이름 뒤에는 '치'라는 접미사가 붙은 것이 많다. 중세에는 '티'였으며, '갈치'는 '갈티'라 하였다. 꽁치나 삼치, 멸치도 마찬가지였다. 따라서 '티'는 물고기를 총칭하는 말이 된다.

tsi–tsi 魚 어 [나가노, 시즈오카, 도치키 이바라키 방언] 물고기
tsit–tsi 〃 [나라, 도치키, 이바라키 방언] 〃
갈**티** [중세 한국어] 갈치

나가노(長野)에서 이바라키(茨城)까지 분포한 방언 tsi-tsi의 고어는 ti-ti였는데, 물고기를 총칭하는 말이다. ti가 중복된 형태로서, 중세 한국어 '티'와 발음과 의미가 일치하고 있다.

나라(奈良) 등지에서는 tsit-tsi라 한다. 고어는 tit-ti였고, ti-ti가 촉음화된 형태이다. 백제 시대에는 '디'였을 것이다.

## 티눈

손, 발에 생기는 사마귀 비슷한 굳은 살을 '티눈'이라 한다. 물고기를 뜻하는 '티'와 '눈'의 복합어이다. 이 굳은 살을 고대인들은 물고기의 눈과 비슷하게 본 모양이다.

**u–o**–no–**me** 魚目 어목 [일본어] 티눈
u–o 魚 어 [일본어] 물고기
me 目 목 [ 〃 ] 눈
**티눈** [한국어]

티눈을 일본어에서는 u-o-no-me라 한다.

일본어 u-o는 물고기이고, me는 눈을 뜻한다. 중간의 no는 '~의'라는 의미의 조사이다. 이 일본어는 '물고기의 눈'이 원래의 의미이다. '티눈'을 백제인들이 일본어로 번역한 형태이다.

일본에서는 한자표기를 '어목(魚目)'이라 하는데, 중국 사람들은 쓰지 않는 한국식 한자어이다. 중국에서는 닭의 눈이라는 뜻의 '계안(鷄眼)'이라 한다.

말과 한자표기 모두 백제인들이 가져간 것이다.

## 피리

시냇가에서 가장 흔하게 볼 수 있는 작은 물고기가 송사리이다. 전남과 경상방언에서는 '피리'라 한다. 고대에는 '비리'였을 것이다.

**hi-rin**-go 目高 목고 [히로시마, 시마네 방언] 송사리
ko 子 자 [일본어] 자식, 작은 것
**피리** [전남, 경상방언] 송사리

송사리를 히로시마(廣島)에서는 hi-rin-go라 한다. 고대에는 pi-rin-go였다. 이 말은 piri+no+go의 합성어이다. no는 '~의'라는 의미의 조사이고, go는 일본어 ko(子 자)가 흐린소리로 된 말이다. 이 ko는 원래 자식이나 어린이를 뜻하지만, 이 경우에는 작다는 의미의 접미사로 보인다.

pi-ri는 '피리'인 것이 분명하다. 발음과 의미가 완벽하게 일치하고 있다.

**bi-rin**-ko [구마모토, 히로시마, 시마네, 기후 방언] 송사리
**bi-rin**-tsiyo [히로시마, 기후 방언] 〃
**피리** [전남, 경상방언] 〃

위 두 방언의 어근 bi-rin은 bi-ri와 no의 합성어 bi-ri-no가 축약된 형태이다. bi-ri는 물론 '피리'이다.

송사리를 의미하는 함북방언 '바늘귀'가 일본으로 건너간 것은 앞서 본 바 있다(78쪽).

## 피랑구

전남방언에서는 송사리를 '**피랑구**'라 한다. '피라미'와 같은 어원이 아닌가 싶다. 어근은 '**피라**'이고 '**구**'는 앞서 본 hi-rin-go의 go와 같은 접미사로 보인다.

**bi-ra$_t$-ko** 目高 목고 [도치키 방언] 송사리
**피랑구** [전남방언] 〃

도치키(栃木) 사람들은 송사리를 bi-ra$_t$-ko라 한다. 전남방언 '**피랑구**'와 의미는 동일하고, 음상은 아주 닮았다.

원래 피라미는 잉어과에 속하고, 송사리는 송사릿과에 속하는 물고기로서 좀 다르다. 덩치도 피라미가 조금 더 크다. 그러나 이 두 물고기는 아주 비슷하게 생겼으므로 혼동되는 경우가 많다. 충남 등지의 방언에서는 '피리' 즉 송사리를 '피라미'라고 하고 있다.

백제 사람들도 송사리를 '피리' 혹은 '피랑구'라고 하였다는 사실을 알 수 있다. 당시에는 유기음이 없었으므로 '비리'나 '비랑구'로 발음되었을 것이다.

## 눈재이

경남에서는 송사리를 '눈재이'라 한다. 이 말도 아주 특이한데, '재이'는 사람을 의미한다. 경상방언에서 '엿재이'는 '엿을 파는 사람'이라는 뜻이다. '재이'는 어떤 기술을 가진 사람을 뜻하는 '장이'가 변한 말이다. 그렇지만 경남방언 '눈재이'의 '재이'는 기술자가 아니라 일반적으로 사람을 뜻하는 말이 아닌가 싶다. 그렇다면 '눈재이'는 '눈사람'이라는 의미가 된다. '눈사람'은 무엇인가? '눈이 특이한 사람'이라는 의미가 아닐까? 그러나 송사리의 눈에 어떤 특이한 점이 있는지는 분명치 않다.

평안방언에서는 송사리를 '누깔당시'라 한다. '누깔'은 눈의 방언이고, '당시'는 '장수' 즉 상인의 방언이다. 이 방언은 '눈 장수' 즉 '눈 상인'이라는 의미가 된다. 이 방언에서도 눈이 등장하고 있다.

**me**-ta 目高 목고 [고치, 가가와, 도쿠시마, 야마구치, 히로시마, 시마네, 와카야마 방언] 송사리
me 目 목 [일본어] 눈
**눈**재이 [경남방언] 송사리
**누깔**당시 [평안방언] 〃

고치(高知)에서 와카야마(和歌山)까지 사용되는 me-ta는 송사리를 의미한다. me는 눈을 뜻하는 일본어이지만, ta의 의미는 알 수 없다. 그렇지만 여기에 사용된 me는 '눈재이'의 '눈', '누깔당시'의 '누깔'과 공통된다.

**me-ta-i** [히로시마 방언] 송사리
**me-ta-i**-ko [시마네 방언] 〃
me 目 목 [일본어] 눈
**눈재이** [경남방언]

히로시마(廣島) 방언 me-ta-i의 me(目 목) 역시 '눈재이'의 '눈'이다.
ta-i가 무슨 의미인지는 알 수 없으나 '눈재이'의 '재이'를 연상케 한다.

**me**-da-ka 目高 목고 [일본어] 송사리
me 目 목 [ 〃 ] 눈
**눈**재이 [경남방언]

일본의 중앙어 me-ta-ka는 역시 송사리를 뜻한다. 눈을 뜻하는 me(目 목)와 높다는 의미의 ta-ka(高 고)의 합성어이므로, '눈 높음'이라는 뜻이 된

다. 송사리가 과연 눈이 높은지는 분명치 않지만 경남방언 '눈재이'와는 의미상 통하는 점이 있다. '눈재이'는 오직 경남에서만 쓰이고 있으므로, 위의 일본 방언과 중앙어는 가야 사람들이 가져간 것으로 짐작된다.

## 곤젱이

이기갑 선생의 『전남방언사전』에 의하면, 송사리를 '곤젱이'라 한다. 어간은 '곤'이고, '젱이'는 '장이'의 방언으로 보인다. 이 방언도 앞의 '눈재이'나 '누깔당시'처럼 송사리를 사람에 비유하고 있다. 그러나 어간 '곤'이 무슨 의미인지는 알 수 없다.

> **kon**-ba-e 目高 목고 [오카야마, 미에, 기후방언] 송사리
> ha-e 〃 [미에, 이시카오 방언] 〃
> **곤**젱이 [전남방언] 〃

미에(三重) 등의 방언에서는 송사리를 kon-ba-e라 하는데, 이 말은 kon과 ba-e의 합성어이다.

이곳의 방언 ha-e는 역시 송사리를 뜻한다. 고대에는 pa-e였으며, 이 말의 흐린소리가 ba-e이다.

따라서 kon-ba-e는 동어반복으로서, kon은 '곤젱이'의 '곤'과 마찬가지로 송사리를 의미한다는 것을 알 수 있다. 전남의 '곤젱이'는 고대에 '곤'이라는 말 단독으로 송사리를 뜻하였을 때, 일본으로 건너간 것으로 짐작된다.

> **kon**-ba-ri-ko 目高 목고 [나라, 후쿠이 방언] 송사리
> ha-ri-ko 〃 [ 〃 ] 〃
> **곤**젱이 [전남방언] 〃

나라(奈良) 등지에서는 송사리를 kon-ba-ri-ko라 한다.

이 지역의 방언 ha-ri-ko 역시 같은 의미이다. kon-ba-ri-ko의 ba-ri-ko는 ha-ri-ko가 흐린소리로 변한 모습이다.

따라서 kon-ba-ri-ko의 kon이 송사리를 뜻한다는 것을 알 수 있다. 물론 '곤젱이'의 '곤'이다. 이 방언 또한 동어반복이다.

## 종개

미꾸라지는 '종개'라고도 한다. 방언이 아닌 중앙어이다. 일본어에서는 do-ziyo-u라 한다.

**don-ke** [야마가타 방언] 미꾸라지
**종개** [한국어] 〃

야마가타(山形) 방언 don-ke는 미꾸라지를 의미한다.

이 발음은 '종개'와 믿기 어려울 정도로 닮았다. 이 방언을 보면, '종개'도 고대에는 '동개'였다는 사실을 직감할 수 있다. 구개음화 현상으로 '종개'로 바뀐 것이다. 백제에서도 '동개'였던 것은 의문의 여지가 없다. 야마가타 사람들이 백제어를 이렇게 원형 그대로 잘 보존하고 있는 것이 신기할 정도이다.

**don-ki** [야마가타, 후쿠시마 방언] 미꾸라지
**don-kiyo** [가가와, 후쿠시마 방언] 〃
**종개** [한국어] 〃

위 두 방언은 don-ke가 변한 형태이다.

## 미꾸리

미꾸라지를 충청 등의 방언에서는 '**미꾸리**'라 한다. 미꾸라지는 전신에 점액을 분비하여 아주 미끄럽기에 이러한 이름이 붙었을 것이다. 중세에는 '밋구리' 혹은 '밋그리'라 하였고, '미끄럽다'는 '밋그럽다'라 하였다.

do-ziyo-**ku-ri** [미야자키 방언] 미꾸라지
do-ziyo-u [일본어] 〃
미**꾸리** [충청, 경기, 강원방언] 〃

미야자키(宮岐) 방언 do-ziyo-ku-ri 역시 미꾸라지를 뜻한다.

do-ziyo는 미꾸라지를 의미하는 일본어 do-ziyo-u의 방언형이지만, ku-ri는 무엇인가? '미꾸리'의 '**꾸리**'인 것이 분명하다. 이 방언은 일본어 do-ziyo와 한국어 '미꾸리'의 복합어로서, '미'가 탈락한 형태이다. '꾸리'가 마치 접미사처럼 사용되고 있다.

su-na-me-**ku-ri** [이와테 방언] 미꾸라지
su-na-me [사이타마, 군마 방언] 〃
no-me-**ku-ri**-do-ziyo [돗토리 방언] 〃
no-me [ 〃 ] 〃
미**꾸리** [충청, 경기, 강원방언] 〃

이와테(岩手)에서는 미꾸라지를 su-na-me-ku-ri라 한다. su-na-me는 미꾸라지로서, 이 ku-ri 또한 '미꾸리'의 '**꾸리**'인 것이 분명하다.

돗토리(鳥取) 사람들은 no-me-ku-ri-do-ziyo라 한다. no-me는 역시 미꾸라지를 뜻하고, 이 ku-ri 역시 '미꾸리'의 '**꾸리**'이다. 이 방언에서는 미꾸라지를 의미하는 말이 세 단어나 중복되고 있다.

백제 사람들은 '미구리'라 하였을 것으로 짐작된다.

## **기름**종개

'기름종개'라는 이름을 가진 미꾸라지와 아주 비슷한 물고기가 있다. 『두산백과사전』에 의하면 미꾸라지와 모습이 흡사하지만, 몸 옆에 반점이 있어 쉽게 구분할 수 있으며, 강의 모래바닥에 산다고 한다. '기름종개'의 '종개'는 물론 미꾸라지이다.

**a-bu-ra**-to-ha-tsi [후쿠시마 방언] 모래바닥에 사는 미꾸라지
a-bu-ra 油 유 [일본어] 기름
**기름**종개 [한국어] 모래 바닥에 사는 미꾸라지

후쿠시마(福島) 방언 a-bu-ra-to-ha-tsi 역시 모래바닥에 사는 미꾸라지를 뜻한다. 이 말은 기름을 뜻하는 일본어 a-bu-ra와 to-ha-tsi의 복합어인 것은 분명하지만, to-ha-tsi의 의미는 알기 어렵다.

모래바닥에 사는 미꾸라지와 흡사한 물고기를 왜 한국 사람들이 '기름종개'라 하는지 그 이유는 알 수 없다. 그러나 후쿠시마 방언에서도 기름을 뜻하는 a-bu-ra라는 말이 붙어있는 것은 우연의 일치일까? 백제 사람들이 '기름종개'를 일본으로 가져가 '기름'을 일본어로 번역한 말인 것이 분명하다.

## 고디

경상방언에서는 다슬기를 '**고디**'라 한다. 다른 지역에서는 전혀 볼 수 없고, 오직 경상도에만 존재하는 독특한 방언이다. 또한 이 방언에서는 우렁이를 '논 **고디**'라 한다. '논에 사는 고디'라는 의미이다. 우렁이는 논과 같이 질퍽한 습지에서 살기 때문이다. 결국 경상도 사람들은 다슬기와 우렁이를 모두 '고디'라고 부른다는 사실을 알 수 있다.

ko-tsi 田螺 전라 [가나카와 방언] 우렁이
**고디** [경상방언] 다슬기

우렁이는 일본에서 ta-ni-si(田螺 전라)라 하지만, 도쿄(東京)의 서쪽에 인접한 가나카와(神奈川)에서는 ko-tsi라 한다. 고어는 ko-ti였다.

'고디'와 발음과 의미가 일치하고 있다. 가야 사람들이 가져 갔을 것이다.

## 거이

경기와 충남 등의 방언에서는 게를 '**거이**'라 한다. 중앙어 '게'도 고대에는 '거이'였을 것이다. 일본에서는 ka-ni(蟹 해)라 한다.

ka-i-ni 蟹 해 [교토 방언] 게
ka-ni [일본어] 〃
**거이** [경기, 충남, 강원, 황해, 평안, 함남방언] 〃

'게'를 교토(京都) 사람들은 ka-i-ni라 한다. 이 방언은 게를 뜻하는 일본어 ka-ni의 ka와 ni 사이에 모음 i가 첨가된 형태이다. 단순히 발음의 편의 때문에 이렇듯 발음이 변하였을까? 그런 것이 아니다.

ka-i-ni의 ka-i는 '**거이**'를 연상케 한다. 교토로 건너간 백제 사람들은 '거이'라는 말을 익히 알고 있었을 것이다. 그 연상작용으로 인하여 ka-ni라 하지 않고, 중간에 i 모음을 집어넣어 ka-i-ni라 하였을 것이다.

## 질지리

경남방언에서는 귀뚜라미를 '**질지리**'라 한다. '**질지리**'는 고대에는 '길기리'였을 것이다. 도로를 뜻하는 '길'이 전라도나 경상도 방언에서 구개음화되어 '질'로 발음되는 것과 같은 변화이다. 여치를 뜻하는 경남방언 '낄끼리'를 보더라도 명백하다.

**ki-ri-gi-ri-su** 蟋蟀 실솔 [고대 일본어] 귀뚜라미
**ki-ri-gi-ri-su** [미에, 기후, 나가노, 야마나시 방언] 〃
**질지리** [경남방언] 〃

귀뚜라미를 고대 일본어에서는 ki-ri-gi-ri-su라 하였다.

근래 중앙어에서는 사어가 되어 사용되지 않고 있으나, 여러 지방의 방언으로 남아있다. 발음도 어려운 이 말은 한국어와는 전혀 거리가 먼 것으로 보이지만 그렇지 않다. 고대의 경남방언 '**길기리**'와 그 발음은 흡사하고 의미는 동일하다. 이 고대 일본어는 가야 사람들이 일본으로 가져갔을 것이다.

**ki-ri-gi-ri-su** 螽斯 종사 [현대 일본어] 여치
**낄끼리** [경남방언] 〃

그런데 세월이 흐르면서 일본에서 귀뚜라미는 ko-o-ro-gi(蟋蟀 실솔)라 부르게 되었고, ki-ri-gi-ri-su는 귀뚜라미와 비슷하지만 좀 다르게 생긴 '여치'를 뜻하는 말이 되었다. 현대 일본어에서는 이 말이 여치를 의미한다.

경남방언 '**낄끼리**'는 귀뚜라미가 아닌 여치를 뜻한다. '낄끼리'는 고대에는 '**길기리**'였던 것이 경음화된 것으로서, 이 말이 '질지리'보다 앞선 형태이다. 그러나 의미로 보면 '질지리' 쪽이 훨씬 고대의 것이다. 아주 묘한 일이다. 의미에서 동일한 변화가 한일 양국에서 독자적으로 일어났던 것이다. 이러한 사례는 흔하지 않다.

## 귀또리

귀뚜라미를 중세에는 '귓도라미', '귓돌와미' 혹은 '귀도리'라 하였다. 국어학자들은 이 곤충의 이름이 울음소리인 '귀뚤귀뚤'에서 유래하였다 한다.

ki-tsu-ri [구마모토 방언] 귀뚜라미
**귀뚜리** [한국어] 〃

구마모토(熊本) 현은 규슈(九州) 섬의 중앙부에 자리잡고 있고, 활화산으로 유명한 아소산(阿蘇山)이 있다. 이곳의 방언 ki-tsu-ri는 귀뚜라미를 뜻한다. 고대에는 ki-tu-ri였다.

'귀뚜리'와 발음은 흡사하고, 의미는 동일하다. 고대 일본어에는 '위' 즉 $u_i$ 모음이 존재하였는데, 나중에 i로 바뀌었다. ki-tu-ri의 고형은 $ku_i$-tu-ri였을 것이다.

gi-tsu [군마, 사이타마, 아오모리 방언] 귀뚜라미
**귀뚜리** [한국어] 〃

군마(群馬) 등지에서는 gi-tsu라 하지만, 고대에는 gi-tu였다.

이 형태가 고형이 아닌가 싶다. 원래 ki-tu였는데, 후에 ri가 추가되어 ki-tu-ri가 된 것으로 보인다. 앞서 '개구리'와 '탱고리'에서도 이러한 현상을 본 바 있다(142쪽).

## 사마귀

'사마귀'에는 두 가지 의미가 있다. 사람의 피부에 낟알 만하게 돋은 군살을 **사마귀**라 하고, 메뚜기를 잡아먹는 곤충 즉 버마재비도 **사마귀**라 한다.

발음은 같지만 두 말 사이에는 전혀 연관성이 없다. 이러한 말을 동음이의어(同音異議語)라 한다.

일본어에서는 피부에 생기는 사마귀를 i-bo라 하고, 곤충인 사마귀는 ka-ma-ki-ri(螳螂 당랑)라 한다. 일본어에서는 한국어와는 달리 두 사마귀가 전혀 다른 말이다. 그러나 일본의 방언에서는 그렇지 않다.

> **i-bo** [일본어] (사람의 피부에 생기는) 사마귀
> **i-bo** 螳螂 당랑 [가나카와 방언] 사마귀(버마재비)
> **사마귀** [한국어] 피부에 돋은 군살, 버마재비

가나카와(神奈川) 방언 i-bo는 곤충 사마귀를 뜻한다. 피부 사마귀를 뜻하는 일본 중앙어 i-bo와 같은 발음이다.

왜 곤충 사마귀를 피부의 사마귀와 같은 발음인 i-bo라 할까? 백제 사람들도 현대의 한국인과 마찬가지로 피부에 생기는 것과, 곤충, 두가지를 모두 '사마귀'라 불렀던 것이 분명하다. 그러다 일본으로 건너가서 살펴보니, 일본에서는 피부 사마귀를 i-bo라 하는 것이 아닌가? 그래서 한국어 '사마귀' 대신 i-bo라는 일본어를 사용하면서, 곤충 사마귀에도 역시 i-bo라고 이름을 붙였을 것이다. **백제에서 동음이의어**였던 것을 기억하여 일본에서도 그대로 동음이의어로 만들었던 것이다.

> **i-bo**-mu-si [나가노, 가나카와, 치바, 후쿠이, 야마가타, 아키타, 미야기, 아오모리 방언] 사마귀(버마재비)
> **i-bo**-zi-ri [오이타, 야마나시, 가나카와 방언] 〃
> **사마귀** [한국어] 피부에 돋은 군살, 버마재비

나가노(長野) 등지의 방언 i-bo-mu-si 역시 곤충 사마귀를 뜻한다.

mu-si(虫 충)는 벌레, i-bo는 곤충 사마귀를 의미한다. 이 방언은 '사마귀 벌레'라는 뜻이다.

오이타(大分) 방언 i-bo-zi-ri 또한 곤충 사마귀이다. zi-ri는 의미불명이다.

## 버마재비

일본의 사마귀는 그 별명이 많고도 많다. 이녀석의 다른 이름인 na-ta-ki-ri는 뒤에서 살펴보자(206쪽).

사마귀를 '버마재비'라고도 부르는데, '범의 아재비'라는 의미이다. 풀이하자면 '호랑이의 삼촌(三寸)'이라는 뜻이 된다. 확실치는 않지만 곤충의 세계에서 이 녀석이 무적의 위치에 있기에 이러한 이름이 붙은 게 아닌가 싶다. '범 아재비'를 소리나는 대로 표기한 것이 '버마재비'이다.

**to-ra**-bo 螳螂 당랑 [아키타 방언] 사마귀
to-ra 虎 호 [일본어] 호랑이
**버마**재비 [한국어] 사마귀

사마귀를 아키타(秋田)에서는 to-ra-bo라 한다. to-ra는 호랑이를 뜻하는 일본어이며, bo는 앞서 본 바와 같이 사람을 뜻하는 말이다.

이 방언은 '범 사람'이라는 뜻으로서, '범 아재비'와 일맥상통하고 있다.

**to-ron**-bo [나가노 방언] 사마귀
**to-ro**-mu-si [군마, 가나카와 방언] 〃
**버마**재비 [한국어] 〃

나가노(長野) 방언 to-ron-bo는 to-ra-bo가 변한 음이다.

군마(群馬)에서는 to-ro-mu-si라 한다. to-ro는 호랑이를 뜻하는 to-ra가 변한 음이고, mu-si(虫 충)는 벌레이니, '범 벌레'라는 의미이다.

백제 시대에도 사마귀를 일컫는 또 다른 이름이 있었을 것인데, 그것은 '**범**'과 '**사람**'이 결합된 어형이었던 것이 분명하다. 현대어 '버마재비' 즉 '범 아재비'는 그 백제어가 약간 변한 형태이다.

## 만축

제주방언 '**만축**'은 메뚜기를 뜻한다. 일본어에서는 ba$_t$-ta(蝗虫 황충)이다.

man-zi$_{yu}$-ku 蝗虫 황충 [나라 방언] 메뚜기
**만축** [제주방언] 〃

메뚜기를 나라(奈良)에서는 man-zi$_{yu}$-ku라 한다.

'**만축**'과 아주 비슷한 발음이다. '만축'은 고대에 '**만죽**'이었을 것이다. 이 말은 백제에서 널리 사용되다가 일본으로 건너갔으리라. 그렇지만 현재에는 제주도에만 남아있고, 다른 지역에서는 완전히 사라졌다.

## 깽자리

잠자리를 경남방언에서는 '**깽자리**'라 한다. 고대에는 '**갱자리**'였을 것이다.

ken-za-ru 蜻蛉 청령 [이바라키 방언] 잠자리
ken-za-ra [ 〃 ] 〃
**깽자리** [경남방언] 〃

잠자리를 이바라키(茨城)에서는 ken-za-ru 혹은 ken-za-ra라 한다.

'**갱자리**'와 아주 닮은 꼴이다. 이 방언은 다른 지역에는 전혀 보이지 않고

오직 경남에만 존재하고 있으니, 가야 사람들이 가져간 말일 것이다. 일본어에서는 ton-bo(蜻蛉 청령)라 한다.

## **통궁**이

경남방언 '**통궁**이'는 잠자리를 뜻한다. 어근은 '**통궁**'이다.

ton-gu 蜻蛉 청령 [사이타마 방언] 잠자리
**통궁**이 [경남방언] 〃

사이타마(琦玉)의 ton-gu 역시 잠자리이다.

'**통궁**이'와 그 음상이 아주 닮았다. '통궁이'는 고대에 '**동구**'였을 것인데, 후세에 접미사 '이'가 추가된 것을 알 수 있다.

## **나마**리

이오지마(硫黃島)는 태평양전쟁 당시 치열한 전투가 벌어졌던 곳으로서, 규슈(九州)의 최남단 가고시마(鹿兒島) 앞바다에서 약 55킬로미터 떨어진 외딴 섬이다.

na-ma 蜻蛉 청령 [이오지마 방언] 잠자리
**나마**리 [충북, 강원방언] 〃

이곳의 방언 na-ma는 잠자리를 뜻한다.

충북과 강원방언 '**나마**리' 역시 잠자리이다. 어근 '**나마**'는 이오지마의 na-ma와 발음과 의미가 완벽하게 일치한다. 여기서도 접미사 '리'가 추가

되어 있다. 백제 사람들이 이러한 외딴 섬까지도 진출하였던 사실을 엿볼 수 있는 점이 흥미롭다.

## 핑개

경남방언 **'핑개'**는 풍뎅이를 뜻한다.

ben-ke 兜虫 두충 [나가노 방언] 풍뎅이
he-ke 〃 [나라, 미에 방언] 〃
**핑개** [경남방언] 〃

나가노(長野) 방언 ben-ke 역시 풍뎅이로서, **'핑개'**와 흡사한 발음이다.

나라(奈良) 방언 he-ke의 고형은 pe-ke이다. ben-ke 보다 앞선 형태이다. 앞서 본 잠자리를 뜻하는 ton-gu나 이 ben-ke 등의 방언은 경남 이외의 지역에서는 전혀 사용되지 않는다. 가야 사람들이 가져간 말일 것이다.

## 맴맴

매미가 우는 소리를 **'맴맴'**이라 한다.

men-men [시마네, 이시카와, 도야마 방언] 매미의 유아어
men-me [시마네, 이시카와 방언] 〃
**맴맴** [한국어] 매미의 울음소리

시마네(島根) 등지의 방언 men-men은 매미의 유아어이다.

'맴맴'이 건너갔다는 사실을 쉽게 알 수 있다. 고대에는 mem-mem이

었을 것이다. men-me라고도 한다.

**min-min** [가가와, 나라 방언] 매미
**맴맴** [한국어]

가가와(香川) 방언 min-min은 매미의 일종으로서 일반적인 매미보다 약간 작은 녀석을 일컫는 말이다.

나라(奈良)의 min-min은 약간 큰 녀석을 뜻한다. 두 방언은 '**맴맴**'이 일본으로 건너가 의미가 변한 형태이다.

## 소금쟁이

'**소금쟁이**'라는 수상곤충이 있다. 물의 표면장력을 이용하여 물위를 미끄러져 다니는 녀석이다. 어린 시절을 시골에서 보낸 사람이라면, 개울가나 도랑에서 이 녀석과 놀았던 기억이 있을 것이다.

**si-o-u-ri** 鮐坊 이방 [오이타, 도쿠시마, 고치 방언] 소금쟁이
si-o 鹽 염 [일본어] 소금
**소금쟁이** [한국어]
**소금당시** [평안방언] 소금쟁이

소금쟁이를 오이타(大分) 등지에서는 si-o-u-ri라 한다. si-o는 소금을 뜻하며, u-ri(賣 매)는 팔다는 뜻의 동사 u-ru(賣 매)의 명사형이다.

이 방언은 원래의 의미가 '**소금 팔기**'로서, '**소금쟁이**'와 그 의미가 흡사하다.

'소금쟁이'는 '소금장수' 즉 소금을 파는 사람을 뜻하는 말이다. 평안방언 '소금당시'나 '소금당수'는 '소금장사'라는 뜻으로서 '소금쟁이'의 의미를 보

다 명확하게 해 주고 있다. 이 수상곤충을 왜 '소금쟁이'라고 하는지는 알 수 없다. 그러나 백제 사람들도 현대의 한국인과 마찬가지로, 이 녀석을 '소금 파는 사람' 혹은 '소금 팔기'라는 의미의 말로 불렀던 것은 명백하다. 그러던 백제 사람들이 일본으로 건너간 뒤, 그것을 일본어로 번역하여 si-o-u-ri라 하였던 것이다.

**si-o-u-ri**-don [오이타 방언] 소금쟁이
**소금쟁이** [한국어]

오이타(大分)에서는 소금쟁이를 si-o-u-ri-don이라 한다.

뒤에 붙은 don이 무슨 의미인지는 알기 어렵다. 일본어에는 이러한 단어가 없다. si-o-u-ri가 '소금팔기'이므로, don은 한국어 '돈'일 가능성도 있다. '소금파는 돈' 정도로 해석할 수 있을까? '돈'에 대하여는 뒤에서 살펴보자(496쪽).

**si-o**-ka-ra [아이치, 니이가타 방언] 소금쟁이
**si-o**-ta [기후 방언] 〃
**소금쟁이** [한국어]

위 두 방언의 si-o(鹽 염) 역시 소금이다. '소금쟁이'를 뜻하는 일본 방언에는 소금이 들어간 어형이 무수하게 많지만, 지면관계상 이 정도로 줄인다.

## 엿장사

소금쟁이를 충북과 강원방언에서는 '**엿장사**'라 한다.

**a-me-u-ri** [오키시마, 시마네, 시즈오카 방언] 소금쟁이

a-me 飴 이 [일본어] 엿
u-ri 賣 매 [ 〃 ] 팔기
**엿장사** [충북, 강원방언] 소금쟁이

오키(隱岐) 섬의 방언 a-me-u-ri는 소금쟁이라는 뜻이다. a-me는 엿이고, u-ri는 '팔다'의 명사형인 '팔기'이므로, '**엿 팔기**'라는 뜻이다. 이 방언은 '**엿장사**'를 일본어로 번역한 어형이다.

a-men-bo 飴坊 이방 [일본어] 소금쟁이
**엿장사** [충북, 강원방언] 〃

소금쟁이를 일본 중앙어에서는 a-men-bo(飴坊 이방)라 한다.

a-me(飴 이)는 엿이고, bo(坊 방)는 사람을 의미하니, '**엿 사람**'이라는 뜻이 된다. 짐작컨대 엿 파는 사람 즉 **엿 장수**라는 의미일 것이다.

백제에서 건너간 사람들은 어릴 때 장난치던 소금쟁이를 일본어로 번역하면서까지, 그대로 사용하였던 사실을 알 수 있다. 이러한 일본의 방언으로 미루어 볼 때, 최소한 백제 시대 후기쯤에는 소금이나 엿과 같은 생필품의 상업활동이 활발하게 이루어졌다고 추정할 수 있다. '사다'나 '팔다' '(돈을) 벌다'와 같은 상업활동과 관련된 동사들에 관하여는 뒤에서 살펴보자.

## 거울

소금쟁이를 근세 한국어에서 '**거울**'이라 하였다. 거울은 물론 사람의 얼굴을 비춰보는 물건이지만, 이것을 왜 소금쟁이의 명칭으로 붙였는지 그 이유를 알 수는 없다.

ka-ga-mi [군마 방언] 소금쟁이

ka-ga-mi 鏡 경 [일본어] 거울
**거울** [근세 한국어] 소금쟁이

일본어 ka-ga-mi는 거울을 뜻한다. 그런데 군마(群馬) 방언 ka-ga-mi는 소금쟁이라는 뜻이다.

근세 한국어에서 '**거울**'이 소금쟁이를 의미하였던 것과 완벽하게 일치하고 있다. 소금쟁이를 '거울'이라 부르던 백제 사람들이 일본으로 건너간 뒤에, '거울'을 일본어로 번역하여 그대로 사용하였던 것을 알 수 있다.

## **바퀴**벌레

시즈오카(靜岡) 방언 wan-ku-i-mu-si는 **바퀴**벌레를 의미한다.

wan-ku-i-mu-si [시즈오카 방언] 바퀴벌레
wa 輪 윤 [일본어] 바퀴
**바퀴**벌레 [한국어]

앞의 wan은 **바퀴**를 뜻하는 wa(輪 륜)와 '~의'라는 의미를 가진 조사 no의 합성어이다. mu-si(虫 충)는 벌레를 뜻한다. 중간의 ku-i는 의미를 알 수 없다. 그렇지만 wan-ku-i-mu-si의 원래 의미가 '**바퀴**의 ku-i 벌레'라는 사실을 짐작하기 어렵지 않다.

한국에서 '바퀴벌레'로 불리는 이 곤충을 시즈오카 사람들은 '바퀴의~벌레'라 하고 있는 것이다. 백제 사람들이 이곳으로 건너가 '바퀴'를 일본어로 번역하여 이 벌레의 이름으로 삼았다는 사실을 짐작할 수 있다.

wan-ko-gu-ri [가가와 방언] 바퀴벌레
**바퀴**벌레 [한국어]

가가와(香川) 방언 wan-ko-gu-ri의 wan 역시 wa(輪 륜)와 no의 합성어로서 '바퀴의'라는 의미이다. ko-gu-ri는 아마 바퀴벌레일 것이다. 바퀴벌레를 일본어로는 go-ki-bu-ri라 한다.

## 가시

음식물에 생긴 구더기를 '가시'라 한다.

**gu-si** 蛆 저 [가고시마 방언] 구더기
**gu-zi** 〃 [미야자키 방언] 〃
**go-zi** 〃 [미에, 나가노 방언] 〃
**가시** [한국어] 음식물에 생긴 구더기

구더기를 가고시마(鹿兒島)에서는 gu-si라 하고, 방언에 따라서는 gu-zi, 혹은 go-zi라고도 한다. '가시'와 그 발음이 흡사하다.

## 잣

제주방언에서는 나무에 생기는 굼벵이를 '잣'이라 한다.

**sa-si** [미야자키, 나가사키, 돗토리, 미에, 아이치, 시즈오카, 나가노, 니이가타, 가나카와, 도치키, 야마가타 방언] 구더기
**잣** [제주방언] 나무 굼벵이

일본의 거의 전역에서 사용되는 방언 sa-si는 구더기를 뜻한다.
'잣'과 의미와 발음이 아주 닮았다. 그 의미가 구더기와 나무 굼벵이로서

좀 다른 듯 하지만, 두 곤충은 모습이 아주 비슷하다. 발음은 같으면서 의미가 약간 다른 경우인데, 어느 한 쪽에서 의미에 변화를 일으킨 것이 분명하다.

## 워

소를 부릴 때 가라고 할 때에는 '이랴'라 하고, 서라고 할 때는 '워-'라 한다. 길게 발음되는 장음(長音)이다.

**wa** [나가사키, 사가, 이키 방언] 소에게 서라고 하는 소리
**워** [한국어] 〃

나가사키(長岐) 등지에서도 소를 서라고 할 때에는 wa-라 한다. 이 또한 장음이다. '워-'와 쌍둥이와 같은 말이다.

## 슬다

'슬다'는 물고기 혹은 벌레가 알을 낳다는 뜻이다.

**su-ru** [가나카와, 나가노 방언] 물고기가 알을 낳다
**슬**다 [한국어]

가나카와(神奈川) 방언 su-ru 역시 같은 의미이다. '슬다'와 발음과 의미가 일치하고 있다. '슬다'도 고대에는 '술다'였을 가능성이 있다.

百濟語

# 6. 식물

## 낭구

시가(慈賀) 현은 고대 이래로 일본의 수도였던 교토(京都)의 동쪽에 인접하여 있고, 고대에는 '오우미(近江)'라 하였다.

**nan-go** [시가 방언] 자르지 않은 땔나무
**낭구** [거의 전국적인 방언] 나무

이곳의 방언 nan-go는 아직 토막 내지 않은 땔나무를 뜻한다.

한국 사람들에게는 아주 익숙한 발음이다. 거의 전국에서 통용되는 방언에서 나무를 '**낭구**'라 하기 때문이다. 발음이 일치하고 있다. 이 말이 시가로 건너간 뒤 땔나무로 의미가 약간 바뀌었던 것으로 짐작된다. 이 '낭구'는 '나무'와는 별개의 어원을 가진 말일 것이다.

시가 일원은 백제가 망한 이후 유민들이 대거 이주한 지역인데, '낭구'라는 말도 백제 유민들이 사용하던 말이었을 것이다. '낭구'는 전국 대부분의 지방에서 사용되고 있으므로, 중앙어가 아닌 방언으로 분류된 것이 오히려 의아할 정도이다. 오직 서울 사람들만 사용하지 않는 것으로 보인다.

## 풀

'풀'은 중세에는 '플'이라고 하였다. 일본의 다음과 같은 방언들로 미루어 보면 백제 사람들은 '불'이라고 하였을 것이다. 일본어에서는 ku-sa(草 초)라 한다.

bu-ro-ya-bu [구마모토 방언] 풀숲
bu-ro [오이타 방언] 〃
ya-bu 藪 수 [일본어] 〃
풀 [한국어]

구마모토(熊本) 방언 bu-ro-ya-bu는 풀숲을 뜻한다. ya-bu(藪 수)는 풀숲을 뜻하는 일본어이지만, 그 앞에 붙은 bu-ro는 무엇인가?

한국어 '풀' 이외에는 달리 풀이할 방법이 없다. 이 방언의 원래 의미는 '풀 풀숲'이다. ya-bu라는 일본어로도 충분하지만, 구마모토로 건너간 백제 사람들은 그 앞에 굳이 '풀'이라는 말을 덧붙였던 것이다.

오이타(大分)에서는 그냥 bu-ro라 한다.

bo-ro [오이타, 히로시마 방언] 풀숲
bo-ra [도치키, 이바라키 방언] 〃
풀 [한국어]

풀숲을 뜻하는 방언 bo-ro와 bo-ra는 역시 '풀'이 변한 모습이다.

bu-ra$_t$-ka [오이타, 도치키 방언] 풀숲
**풀** [한국어]

오이타(大分)방언 bu-ra$_t$-ka는 역시 풀숲을 뜻한다. 이 말의 ka(處 처)는 장소를 뜻하는 고어이며, bu-ra는 '풀'이다. '풀 장소'가 원래의 의미이다.

## 꼴

풀을 '꼴'이라고도 하는데, 소나 말에게 먹이는 풀이라는 의미로 사용되고 있다. 제주방언 '쿨'은 풀을 뜻한다.

ku-ro-ga-ri 草刈 초예 [니이가타, 야마가타 방언] 풀 베기
ku-ro-ku-sa-ka-ri 〃 [군마, 니이가타 방언] 〃
ka-ri 刈 예 [일본어] 풀 베기
**꼴** [한국어] 소와 말에게 먹이는 풀

니이가타(新瀉) 방언 ku-ro-ga-ri는 풀베기를 뜻한다. ga-ri는 풀베기라는 뜻의 일본어 ka-ri(刈 예)가 흐린소리로 된 말이다.

ku-ro가 풀을 뜻하는 것이 분명하다. '꼴'이다. 이 방언은 '꼴 베기'이다.

군마(群馬) 등지의 ku-ro-ku-sa-ga-ri는 역시 풀베기를 뜻한다. ku-ro는 '꼴'이고, 같은 의미의 일본어 ku-sa(草 초)를 중복하여 사용하였다.

gu-ro-ta [효고 방언] 풀숲
gu-ro$_t$-si$_{yo}$ [나라 방언] 〃
**꼴** [한국어]

효고(兵庫) 방언 gu-ro-ta는 풀숲을 뜻한다.

gu-ro는 물론 '꼴'이며, ta는 졸저 『일본 천황과 귀족의 언어』에서 본 바와 같이 땅이다(133쪽). '꼴 땅'이라는 의미가 된다.

나라(奈良) 방언 gu-rut-siyo 역시 풀숲을 뜻한다. siyo는 장소를 의미하는 한자어 '소(所)'의 일본식 음이다. '꼴 장소'이다.

**gu-ro** [히로시마, 오카야마, 시마네, 나라 방언] 풀숲
**go-ro** [나라 방언] 〃
**꼴** [한국어]

나라(奈良) 일원의 gu-ro와 go-ro 또한 풀숲을 뜻한다. '꼴'이 여기에서는 풀숲으로 의미가 조금 변하였다.

## 뽕

뽕나무 잎으로는 누에를 키우고, 누에는 비단을 만들게 해 준다. 일본에서는 뽕나무를 ku-wa(桑 상)라 하며, 그 열매는 ku-wa-no-mi(桑實 상실)라 한다. '뽕나무의 열매'라는 의미가 된다. 한국에서는 '오디'라 하는데, 술 담그는 데에 이용하고 있다.

**pu**-na-mi 桑實 상실 [돗토리 방언] 오디
**뽕** [한국어]

오디를 돗토리(鳥取)에서는 pu-na-mi라 한다. na는 '~의'라는 뜻의 조사이고, mi(實 실)는 열매이다. 그러면 pu는 무엇인가?

뽕나무의 열매를 의미하는 말이므로 pu는 '뽕'이다. 그 의미가 동일하고 음상은 비슷하다. '뽕'은 중세에는 'ᄲᅩᆼ'이라 표기하였으나, 이 는 경음표기인 것이 분명하다. 백제시대에는 어떤 발음이었을까? 경음이 없었으므로 '봉'

이었을까? pu라는 말에서 짐작하여 보면 '보'였던 것으로 생각되지만, '부'였을 가능성도 배제할 수는 없다. '뽕'보다는 일본의 방언 쪽이 훨씬 더 고형에 가까운 모습이다.

pu-na-me [교토, 효고 방언] 오디
뽕 [한국어]

교토(京都)에서는 pu-na-me라 한다.

pu는 '뽕'이고, me는 열매를 뜻하는 일본어 mi가 변한 말일 수도 있으나 '열매'의 '매'일 가능성도 있다. '열매'라는 말을 '열다'라는 동사의 어근 '열'과 '매'의 복합어로 본다면, '매'는 열매를 의미하는 고대의 한국어가 된다.

## 닥나무

껍질로서 종이를 만드는 '닥나무'를 고대 일본어에서는 ta-ku라 하였다.

ta-ku 栲 고 [고대 일본어] 닥나무
닥 [중세 한국어] 〃

중세 한국어에서는 '닥'이라 한다. 백제 시대에도 별 차이가 없었을 것이다. 이 말이 건너가 ta-ku가 된 것이 분명하다. 원래 일본에는 닥나무가 자생하지 않았던 모양이다. 모국의 닥나무를 일본으로 가져가 이식하였던 것으로 짐작된다. 이 말은 현대 일본어에서는 사어가 되었고, 대신 ko-u-zo(楮 고)라는 말이 사용되고 있다.

## **가둑**밤

함북방언에서는 도토리를 '**가둑**밤'이라 한다. '**가둑**'과 '밤(栗 율)'의 합성어이므로, '가둑'이 도토리를 뜻하는 말이 된다.

**ka$_{t}$-tsu-ke**-da-ma 團栗 단율 [와카야마 방언] 도토리
**가둑**밤 [함북방언] 〃

와카야마(和歌山)의 ka$_{t}$-tsu-ke-da-ma 역시 도토리를 뜻한다. da-ma는 구슬을 의미하는 ta-ma(玉 옥)가 흐린소리로 된 말이다. 도토리의 낱알을 구슬에 비유한 것이다.

따라서 ka$_{t}$-tsu-ke가 도토리를 뜻하는 말인 것을 알 수 있다. 고대에는 ka$_{t}$-tu-ke였으므로 '**가둑**'과 음상이 흡사하다. '가둑'이 일본으로 건너가 발음이 약간 변하였다.

**ka-ta-gi**-no-mi [오이타 방언] 도토리
**가둑**밤 [함북방언] 〃

오이타(大分) 방언 ka-ta-gi-no-mi 또한 도토리를 뜻한다. no는 '~의'라는 뜻을 가진 조사이며, mi(實 실)는 열매이다.

ka-ta-gi는 물론 도토리이다. 이 또한 '**가둑**'이 변한 형태이다.

## **사살**대

중세 한국어 '사솔'은 대나무의 가지를 뜻하고, 전라방언 '**사살**대'는 긴 담뱃대를 의미한다. 담뱃대를 왜 '사살대'라 하는가? 담뱃대는 대나무로 만드는 것이므로, 전라방언 '사살대'의 '**사살**'은 역시 대나무를 뜻한다. 백제 사

람들이 '대'를 일본으로 가져간 것은 졸저 『일본 천황과 귀족의 백제어』에서 본 바 있다(215쪽).

**sa-sa-ra** 竹 죽 [시마네 방언] 대나무
**사술** [중세 한국어] 댓가지
**사살**대 [전남방언] 긴 담뱃대

시마네(島根) 방언에서는 대나무를 sa-sa-ra라 한다.

전라방언 '**사살**'과 발음과 의미가 완벽하게 일치하고 있다. 중세어 '사술'보다는 전라방언 '사살'이 더욱 고형으로 보인다.

**sa-sa** 笹 세 [일본어] 조릿대
**사살**대 [전남방언]

키가 작은 대나무의 일종을 조릿대라 하는데, 일본어에서는 sa-sa라 한다.

이 또한 대나무를 뜻하는 전라방언 '**사살**'과 발음이 흡사하다. 아마 sa-sa가 더 고형이고 거기에서 변한 음이 sa-sa-ra인 것으로 생각된다. '사살'도 원래는 '**사사**'였을 것인데, 그것이 일본으로 건너가 중앙어 sa-sa가 되면서, 의미가 조릿대로 변한 것이 아닌가 싶다. 그 후 한국에서는 삼국시대에 '사사'가 '사살'로 변하였고, 그것이 다시 일본으로 건너가 시마네 방언 sa-sa-ra가 되었던 것으로 짐작된다. 한국어가 통시적으로 건너간 이러한 사례는 드물지 않다.

## 신우대

작은 대나무의 일종인 조릿대를 '**신우대**'라고도 한다. '**신우**'와 '대'의 복합어로서, 이 대나무의 고유한 이름이 '신우'이다. 고대에는 '**시누**'였을 것이다.

**si-no** 篠 소 [일본어] 작은 대나무의 일종
**신우**대 [한국어] 조릿대

일본어에서는 이 대나무를 si-no라 한다. 방언이 아닌 중앙어이다. '**시누**'와 의미는 동일하고, 발음은 흡사하다. 백제 사람들도 역시 이 대나무를 '시누'라 하였을 것이고, 일본으로 건너간 뒤에 si-no로 바뀐 것으로 생각된다.

## 복상

발목 부근에 둥글게 돋은 뼈를 '**복사뼈**'라 한다. '복사'는 과일인 복숭아라는 의미로서 복숭아꽃을 '복사꽃', 그 나무를 '복사나무'라 부르기도 한다. 충북방언 등에서는 복숭아를 '**복상**'이라 한다.

**bu-ku-san** 踝 과 [오키나와 방언] 복사뼈
**복사**뼈 [한국어]
**복상** [충북, 경상, 강원, 함남방언] 복숭아

오키나와(沖繩) 방언 buk-san은 복사뼈를 뜻한다. 한국의 방언 '**복상**'과 발음과 의미가 일치하고 있다.

오키나와 방언에서는 대부분의 o 모음이 u 모음으로 변하였으므로, 지금은 o 모음을 가진 단어는 거의 찾아보기 어렵다. buk-san도 고대에는 bok-san이었을 것이다. 첫음절에서 맑은소리인 h가 아닌 흐린소리 b인 점으로 보아도 이 말은 백제어라는 사실을 알 수 있다. 백제 사람들도 복숭아를 '**복상**'이라 하였던 것이다.

## 복상씨

방언에서는 복사뼈를 '**복상씨**'라 한다. '복숭아의 씨'라는 의미이다. 복사뼈의 모양이 복숭아의 씨와 닮았기에 이런 이름이 붙었을 것이다.

**mo-mo-za-ne** [가고시마, 도쿠시마 방언] 복사뼈
mo-mo 桃 도 [일본어] 복숭아
sa-ne 核 핵 [ 〃 ] 과일의 씨
**복상씨** [전북, 충청, 경북, 강원 방언] 복사뼈

가고시마(鹿兒島) 등지의 방언 mo-mo-za-ne 복사뼈를 뜻한다. mo-mo는 복숭아를 뜻하는 일본어이고, za-ne는 과일의 씨를 의미하는 sa-ne가 흐린소리로 된 말이다.

따라서 이 방언은 '**복숭아 씨**'가 원래의 의미이다. 바로 방언 '**복상씨**'인 것이 분명하다. '복상씨'를 일본어로 번역한 형태이다.

백제 사람들도 복숭아를 '복상', 복사뼈는 '복상씨'라고 하였다는 사실을 짐작할 수 있다. 일본어에서는 복사뼈를 ku-ru-bu-si(踝 과)라 한다.

## 배

과일인 배는 중세에는 '빈'라 하였다. 일본에서는 na-si라 한다.

**hi-e**-na-si 梨 이 [가고시마, 후쿠시마 방언] 배
na-si 〃 [일본어] 〃
**배** [한국어]

배를 가고시마(鹿兒島) 등지에서는 hi-e-na-si라 한다. 고어는 pi-e-na

-si였다.

na-si는 배를 뜻하는 일본어이지만, 앞에 붙은 pi-e는 무엇인가? '배'와 발음이 흡사하다. 배도 백제 시대에는 '비애'였을까? 이 방언은 동어반복이다.

## 마

'마'는 덩굴풀의 일종으로서, 그 뿌리를 식용하고 약재로도 쓰인다. 중세에도 같은 발음이었으며, 백제 시대에도 마찬가지였을 것이다. 일본에서는 i-mo(芋 우)라 하는데, 이 말은 마 뿐 만 아니라 감자, 고구마, 토란 등 뿌리나 땅속줄기를 먹는 식물을 총칭하는 이름이다.

ma-i-mo 山芋 산우 [시마네 방언] 참마
**마** [한국어]

시마네(島根) 방언 ma-i-mo는 가장 흔하게 볼 수 있는 일반적인 '마' 즉 참마를 뜻한다. ma는 무엇인가?

백제어 '마'이다. 발음과 의미가 정확하게 일치하고 있다. 이 방언은 동어반복이다.

ma-i-mo 里芋 이우 [미야자키, 오이타, 도쿠시마, 와카야마, 나라, 기후, 도야마 방언] 토란
**마** [한국어]

일본의 넓은 지역에 분포한 방언 ma-i-mo는 토란을 의미한다.

앞의 ma는 역시 백제어 '마'이다. 일본어에서는 토란을 sa-to-i-mo라 한다. sa-to(里 이)는 마을을 뜻하는데, 참마가 산이나 들에서 나는 것에 비

해, 토란은 마을에서도 재배할 수 있다는 의미에서 붙은 이름이다.

## 말꽃

보라색의 작은 꽃이 아름다운 제비꽃을 경남방언에서는 '말꽃'이라 한다. 이 꽃을 경남 사람들이 왜 이렇게 부르는지 그 이유를 알 수는 없다. 제주방언에서는 '말고장'이라 하는데, '고장'은 꽃을 뜻하는 제주방언이다.

**u-ma**-no-$ko_t$-ti 菫 근 [가고시마 방언] 제비꽃
u-ma 馬 마 [일본어] 말
**말**꽃 [경남방언] 제비꽃

제비꽃을 일본어에서는 su-mi-re(菫 근)라 하지만, 가고시마(鹿兒島)에서는 u-ma-no-$ko_t$-ti라 한다.

u-ma(馬 마)는 말이고, no는 '~의'라는 의미의 조사, $ko_t$-ti는 '꽃'이다. '꽃'에 대하여는 항을 바꾸어 살펴보자. 가고시마의 이 방언은 '말의 꽃'이라는 뜻이다. '말꽃'이 일본으로 건너간 것이다.

**u-ma**-ka-gi [구마모토 방언] 제비꽃
**u-ma**-no-ka-tsi-ka-tsi [후쿠오카 방언] 〃
ha-ne-**u-ma** [가가와 방언] 〃
**말**꽃 [경남방언] 〃

위의 세 방언에 공통된 u-ma는 말이다. 뒤에 붙은 ka-gi나 ka-tsi-ka-tsi 같은 말들은 의미를 알 수 없다. 이외에도 각지의 방언에 u-ma가 포함된 어형이 많으나 지면관계상 이 정도로 줄인다.

'말꽃' 혹은 '말고장'은 경남과 제주방언에만 나타날 뿐, 그 이외의 지역

에서는 전혀 보이지 않는다. 가야 사람들이 이 말을 일본으로 가져가 '말'을 일본어 u-ma로 번역한 것으로 짐작된다.

## 꽃

'꽃'은 용비어천가(龍飛御天歌)에서는 '곶'이라 하였다. 중세 한국어에서는 주로 '곶'이라는 표현이 많이 사용되었으나, '곧'이라는 표기도 가끔 눈에 띈다. '곧'은 '곶'의 변이형이 아니고 고형이다.

u-ma-no-**ko$_t$-ti** 菫 근 [가고시마 방언] 제비꽃
u-ma-no-**ko$_t$**-ko [ 〃 ] 〃
u-ma-no-ko [ 〃 ] 〃
**곧** [중세 한국어] 꽃

앞서 본 제비꽃을 뜻하는 u-ma-no-ko$_t$-ti의 ko$_t$-ti는 바로 이 '곧'이 일본으로 건너가 두 음절로 바뀐 것이다. 음상이 흡사하다. u-ma(馬 마) 즉 말의 꽃이라는 의미가 된다.

가고시마에서는 u-ma-no-ko$_t$-ko라고도 한다.

ko$_t$은 ko-ti가 축약된 형태이다. 마지막 음절 ko의 의미는 알기 어렵지만, 또 다른 가고시마 방언에서는 u-ma-no-ko라 하는 것이 참고가 된다.

백제 사람들은 꽃을 '곧'이라 하였을 것이다.

## 무궁화

한국의 국화는 무궁화(無窮花)이다. 전남 진도방언에서는 무궁화를 '무우게' 혹은 '무게꽃'이라 한다. 이 방언은 고대어의 화석이다.

**mu-ku-ge** 木槿 목근 [일본어] 무궁화
**무우게** [전남방언] 〃
**무게**꽂 [ 〃 ] 〃

일본어에서는 무궁화를 mu-ku-ge라 한다.

'무우게'와 발음이 흡사하다. 일본의 mu-ku-ge와 대조하여 보면, '무우게'는 고대에 '**무구개**'였을 것이다. '무구게'의 중간음 '구'에서 자음 'ㄱ' 이 탈락한 형태이다. 이러한 현상은 한국어에서 아주 흔하다. 서울의 지명 '배고개(梨峴 이현)'가 '배오개'로 바뀐 것이나, '자국'에서 '자욱'으로 변한 것은 모두 같은 사례이다. '무게꽂'의 '**무게**'는 '무우게'가 축약된 형태이다. 무구개→무우개→무우게→무게 순으로 변하였을 것이다.

일반적으로 '무궁화(無窮花)'는 한자어인 것으로 알려져 있으나, 중국에는 이러한 표기가 없다. '무궁화(無窮花)'의 '무궁'은 '무구개'의 축약형 '무국'에 대한 한자표기일 것이다. 방언 '**무우게**'가 '무궁'보다는 훨씬 고형에 가깝다.

**ka-ra**-ku-wa 木槿 목근 [교토, 효고 방언] 무궁화
**ka-ra** [고대 일본어] 가야
ku-wa 桑 상 [일본어] 뽕나무

교토(京都) 방언에서는 무궁화를 ka-ra-ku-wa라 한다.

ka-ra는 원래 가야를 의미하는 말이었으나, 나중에는 의미가 확대되어 백제나 신라 등 한국을 총칭하는 뜻으로 사용되기도 하였다. 그렇지만 여기서의 ka-ra는 아무래도 원래의 의미 즉 가야를 뜻하는 것으로 보인다.

ku-wa는 일본어에서 뽕나무를 뜻하므로, 이 방언은 '가야 뽕나무'라는 의미가 된다. 이 방언이 일본에 있는 무궁화의 원적을 잘 설명해 주고 있다. 원래 뽕나무는 일본에 자생하지 않던 것을 가야인들이 일본으로 가져가 심은 것을 알 수 있다.

## 솔방구리

솔방울을 일본어에서는 ma-tsu-ka-sa(松毬 송구)라 한다. ma-tsu(松 송)는 소나무, ka-sa(笠 입)는 갓이다. 솔방울의 모양이 사람이 머리에 쓰는 갓과 비슷하기에 붙여진 이름일 것이다.

경상방언에서는 '솔**방구리**'라 한다. '솔'은 소나무이므로 '**방구리**'가 솔방울이라는 뜻이 된다.

**hun-gu-ri** [오이타, 에히메, 가가와, 돗토리, 효고, 시가, 미에 방언] 솔방울
**hon-gu-ri** [에히메, 가가와, 효고, 시가, 기후, 야마나시 방언] 〃
솔**방구리** [경상, 강원방언] 〃

일본의 방언 hun-gu-ri와 hon-gu-ri는 솔방울을 의미한다. 고대에는 pun-gu-ri와 pon-gu-ri였다.

경상방언 '**방구리**'와 발음은 흡사하고 의미는 동일하다.

## 가시

성게는 온 몸이 가시로 덮인 바다 동물이다. 성게와 같이 몸이 가시로 된 동물을 '극피동물(棘皮動物)'이라 하는데, '극(棘)'은 가시이고 '피(皮)'는 피부를 뜻하므로, '가시피부 동물'이라는 의미가 된다. 식물의 가시를 중세어에서는 '**가새**' 혹은 '**가싀**'라 하였다.

**ga-se** [도쿠시마, 후쿠이, 이시카와 방언] 성게
**가새, 가싀** [중세 한국어] 가시

성게를 일본어에서는 u-ni라 하지만, 도쿠시마(德島)에서는 ga-se라 한다. 무슨 의미일까?

가시를 뜻하는 중세어 '**가새**'인 것이 분명하다. 성게의 전신을 싸고 있는 가시를 동물의 이름으로 붙인 것이다. 백제 사람들 또한 가시를 '가새'라 하였다는 사실을 짐작할 수 있다.

**ga-ze** [나가사키, 가가와, 도쿠시마, 시마네, 와카야마, 미에, 아이치, 이시카와, 니이가타, 치바, 후쿠시마, 미야기 방언] 성게
**가새, 가싀** [중세 한국어] 가시

넓은 지역에 분포한 방언 ga-ze는 ga-se가 변한 말이다.

## 마디

두 가닥으로 흐르던 강이 하나로 합칠 때가 있다. 강의 이러한 분기점을 나가노(長野)에서는 ma-ti라 한다.

**ma-ti** [나가노 방언] 강의 분기점
**마디** [한국어] 줄기에서 가지나 잎이 나는 부분

강의 분기점인 ma-ti, 한국어 '**마디**'가 연상된다. 마디는 줄기에서 가지나 잎이 나는 곳을 말하는데, 하나의 줄기가 둘로 갈라지는 모양이다. 강의 분기점도 본류에서 보면, 두 개의 강이 갈라지는 모습으로 보이고 그것은 식물의 마디와 흡사하다. 강의 분기점을 보고 ma-ti라고 이름 붙였던 고대의 나가노 사람들은 백제에서 건너간 사람들이었다.

## 고냉이 똥

으름덩굴이라는 나무가 있다. 그 열매를 '으름'이라 하지만, 제주방언에서는 '고냉이 똥'이라 한다. '고냉이'는 고양이의 방언이다.

**ne-ko**-no-**ku-so** 通草 통초 [가가와 방언] 으름
ne-ko 猫 묘 [일본어] 고양이
ku-so 糞 분 [ 〃 ] 똥
**고냉이 똥** [제주방언] 으름

가가와(香川) 방언에서는 으름을 ne-ko-no-ku-so라 한다. ne-ko는 고양이이고, ku-so는 똥이다.

이 방언은 '**고양이**의 **똥**'이라는 의미가 된다. '**고냉이 똥**'을 일본어로 번역한 형태이다. 일본어에서는 a-ke-bi(通草 통초)라 한다.

## 달개비

시골의 길가에서 흔히 볼 수 있는 '달개비'는 연한 자주색의 꽃이 아름답다. 『표준국어대사전』에 의하면 정식 명칭은 '닭의장풀'이고, '달개비'는 일상적으로 부르는 이름이라 한다. 중세에는 '달기십가비'라 하였는데, 현대어 '닭의씻개비'라는 말이 이 중세어의 맥을 잇고 있다. '닭의장풀'은 닭장 부근에서도 흔히 피기에 이런 이름이 붙었다 한다. 이 풀의 여러 이름은 **닭**과 깊은 관련성이 있는 것이 분명하지만, 구체적인 이유를 알 수는 없다.

**ni-wa-to-ri**-gu-sa 露草 노초 [에히메 방언] 달개비
ni-wa-to-ri 鷄 계 [일본어] 닭
**달**개비, **닭**의장풀 [한국어]

달개비를 에히메(愛媛)에서는 ni-wa-to-ri-gu-sa라 한다. ni-wa-to-ri는 닭, gu-sa는 풀을 뜻하는 ku-sa(草 초)가 변한 말이므로, 이 방언은 '닭 풀'이라는 의미가 된다. '달개비'나 '닭의장풀'과 일맥상통하고 있다.

**ni-wa-to-ri**-no-ta-ma-go [야마구치 방언] 달개비
ta-ma-go 卵 난 [일본어] 계란
**달**개비, **닭**의장풀 [한국어]

야마구치(山口) 방언 ni-wa-to-ri-no-ta-ma-go 역시 달개비이다. ni-wa-to-ri는 닭이고, ta-ma-go는 계란이니, 이 방언은 '닭의 알'이라는 의미가 된다.

'달개비'는 백제 시대에도 '닭'과 관련이 있는 말로 불리웠을 것이다. 백제인들이 일본으로 건너가 이를 일본어로 번역한 말들이 방언으로 남았다. 일본어에서는 달개비를 tsu-yu-ku-sa(露草 노초)라 한다.

## 통나무

켜지 아니한 통째로의 나무를 '통나무'라 한다. '통'은 나누지 아니한 덩어리 전부라는 의미이다.

**don**-gi 丸木 환목 [야마가타 방언] 통나무
**통**나무 [한국어]

야마가타(山形) 현은 일본의 지역구분으로는 동북지방에 속한다. 이곳의 방언 don-gi는 통나무를 뜻한다. gi는 나무를 뜻하는 일본어 ki(木 목)가 흐린소리로 된 말이지만, don은 무엇인가?

통나무의 '통'이다. 발음과 의미가 완벽하게 일치한다. '통'은 고대에 '동'

이었을 것이다. 일본으로 건너가서는 '동'은 백제의 발음 그대로 두고, 나무를 일본어로 번역하여 사용하였던 사실을 알 수 있다.

**don**-go-ro [야마가타, 미야기, 이와테, 아오모리 방언] 통나무
ko-ro [미야기 방언] 〃
**통**나무 [한국어]

야마가타에서는 통나무를 don-go-ro라고도 한다.

이 don 역시 통나무의 '**통**'인 것은 물론이다. go-ro는 무엇인가? 미야기(宮城) 방언 ko-ro는 통나무를 의미한다. 따라서 이 don은 불필요한 사족이다.

## 벌다

'벌다'라는 말은 식물의 가지, 움 따위가 옆으로 벋어난다는 의미로서, 몸피가 옆으로 벌어진다는 뜻이다.

**ha-ru** [고치 방언] 채소 따위가 무성하다
**ha-ru** [구마모토 방언] 차나무 따위의 움이 벋어나다
**벌**다 [한국어] 식물의 가지 따위가 옆으로 벋다

고치(高知)현은 시고쿠(四國) 섬에 있는 네 현 중의 하나이다. 이곳의 방언 ha-ru는 채소 따위가 무성한 것을 뜻한다. 고대에는 pa-ru였다.

'벌다'와 발음이 일치하고 의미도 흡사하다.

구마모토(熊本)방언 ha-ru 역시 고대에는 pa-ru였는데, '차나무나 뽕나무 등의 움이 벋어나다'라는 뜻이다. 역시 '벌다'가 건너간 것이다.

## 시들다

si-de-ru [아오모리 방언] 시들다
si-do-ru [이와테 방언] 〃
**시들**다 [한국어]

아오모리(青森) 방언 si-de-ru와 이와테(岩手) 방언 si-do-ru는 모두 식물이 시들다는 뜻이다. 두 방언 모두 발음과 의미가 '**시들다**'와 완전히 일치하고 있다. '시들다'는 고대에는 '**시덜다**'였을 것이다.

## 버드러지다

'버드러지다'는 굳어서 뻗뻗하게 되다는 뜻이다. 어근은 '**버드러**'이다.

ha-da-re-ru 萎 위 [시마네 방언] 풀이 뻗뻗하게 되다
**버드러**지다 [한국어] 굳어서 뻗뻗하게 되다

시마네(島根) 방언 ha-da-re-ru는 풀이 시간이 지남에 따라 뻗뻗하게 굳어지는 것을 뜻한다. 고대에는 pa-da-re-ru였다.

어근 pa-da-re는 '**버드러**'와 발음과 의미가 완벽하게 일치하고 있다.

# 7. 농업에 관한 말

기원전 5세기 이전 승문(繩文) 시대의 일본에는 농사가 없었다. 고대의 일본에 고도로 발달된 벼농사 기술과 청동기 제작기술을 가진 사람들이 한국의 남부지방에서 건너가, 선주하던 승문인들을 밀어내고는 일본에 벼농사를 비롯한 여러 가지 농업을 뿌리내리게 하였다. 일본의 농업은 이 때에 한국에서 건너간 것이다. 그리하여 이 무렵의 한국 남부지방 사람들이 사용하던 말이 현대 일본어의 근간이 되었다. 그런데 이 말은 현대의 한국 사람들이 사용하는 말과는 상당히 다른 말이었다. 백제 사람들의 말이 왜어와 통하지 않았던 관계로 왜국에 통역이 있었던 것은 그러한 이유였다.

여기서는 백제 사람들이 가져간 농업에 관한 말을 살펴보자. 졸저 『일본 천황과 귀족의 언어』에서 벼, 보리, 팥, 우케 등을 본 바 있다.

## 쌀

일본어로는 쌀은 ko-me(米 미), 벼는 i-ne(稻 도)이다. '쌀'이나 '벼'와는 계통이 다른 말이다.

sa-ra-nu-ka [오사카, 교토, 니이가타 방언] 겨
nu-ka 糠 강 [일본어] 〃
**쌀** [한국어]

교토(京都) 등지에서는 쌀을 찧을 때에 나오는 껍질인 겨를 sa-ra-nu-ka라 한다. nu-ka(糠 강)는 겨를 뜻하지만, sa-ra는 무엇인가? 일본어로는 해석할 수 없다.

바로 '**쌀**'이다. 발음이 거의 동일하다. 쌀은 백제시대에도 현대어와 발음에서 큰 차이는 없었던 것으로 생각된다. 고대에는 경음이 존재하지 아니하였고, 경북방언에서는 지금도 '살'이라고 하는 것으로 보아, 백제 사람들도 '살'이라 하였을 것이다.

sa-ru-ko-ki [고치 방언] 벼이삭을 털 때 쌀알이 남는 것
ko-ki 扱 급 [일본어] 훑어내기
**쌀** [한국어]

고치(高知) 방언 sa-ru-ko-ki는 벼이삭을 훑어 낼 때, 쌀 알갱이가 조금 남은 것을 뜻한다. ko-ki는 이삭을 훑어 내다는 뜻의 동사 ko-ku(扱 급)의 명사형이다.

sa-ru는 다름 아닌 **쌀**이다. '쌀 훑기'라는 의미이다. 요즘은 이러한 작업을 모두 기계로 하지만, 불과 백여년 전만 하더라도 사람의 손으로 일일이 이삭을 훑어내었다.

앞서 본 교토 방언에서는 sa-ra였으나, 여기서는 sa-ru이다. '살'이 지역에 따라 조금씩 변형된 모습을 볼 수 있다.

sa-ru-ki 白米飯 백미반 [미에 방언] 흰 쌀밥

쌀 [한국어]

미에(三重) 방언 sa-ru-ki는 잡곡을 넣지 않고 쌀로 지은 밥이라는 뜻으로서, sa-ru와 ki의 합성어이다.

sa-ru는 물론 쌀이다. ki는 무엇인가? 이 ki 또한 한국 사람들에게는 낯익은 말이다. '밥 한 끼'의 '끼'이다. 졸저 『일본 천황과 귀족의 백제어』에서 본 바 있다(124쪽). 이 방언은 '쌀 끼'가 원래의 의미이다.

sa-ru-ki-gi 杵 저 [아오모리 방언] 절구 공이
ki-gi 〃 [ 〃 ] 〃
쌀 [한국어]

아오모리(青森) 방언 sa-ru-ki-gi는 쌀을 찧거나 떡을 칠 때 사용하는 대형 절구 공이를 뜻한다.

sa-ru는 쌀이다. ki-gi는 아오모리를 비롯한 동북지방의 방언으로서 절구 공이라는 뜻이다. 이 방언은 '쌀 공이'이다.

siya-ri [오사카, 미야기 방언] 쌀
쌰리 [함북방언] 〃

오사카(大阪)와 미야기(宮城) 방언 siya-ri 역시 '쌀'을 뜻한다. 앞서 본 방언 sa-ra나 sa-ru와 비교하면 좀 특이한 발음이다.

이 siya-ri는 함북방언 '쌰리'와 정확하게 일치하고 있다. '쌰리'라는 말은 '살'의 변이형으로 보이는데, 함북 이외의 지방에서는 발견되지 않는다. 그렇다면 이 방언은 고구려 사람들이 전한 것일까? 원산지는 고구려이지만, 그것이 백제로 전해졌고 백제 사람들이 일본으로 가져간 것일까?

## ᄡᆞᆯ

송(宋)나라의 손목(孫穆)이 사신으로 고려에 왔다가, 보고 들은 것을 적은 『계림유사(鷄林類事)』라는 책이 있다. 여기에 고려의 말이 '고려방언'이라고 하여 수백 개 수록되어 있는데, 고대 한국어를 연구하는 학자들에게는 소중하기 그지없는 자료가 된다. 한국에는 고대어를 알 수 있게 하는 자료가 거의 남아있지 않다. 백제나 고구려, 신라의 언어는 고사하고 고려어에 대하여도 거의 모르고 있는 실정인 것이다. 이 계림유사의 고려방언에 다음과 같은 구절이 있다.

> 白米曰 漢**菩薩** 백미왈 한보살
> (흰쌀은 한**보살**이라고 한다)

고려 사람들은 흰 쌀을 '한보살(漢菩薩)'이라 한다는 뜻이다. 고려 시대의 말이지만 현대의 한국인들은 전혀 이해할 수 없다. 이 말은 '한(漢)'과 '보살(菩薩)'의 합성어이다. '한(漢)'은 이 책의 다른 곳에서 흰색이라는 의미로 사용된 바 있다.

'보살(菩薩)'이 바로 쌀을 뜻한다. 무슨 말인가? 우선 '보살(菩薩)'의 송 시대의 음을 알아보자. 강신항 선생의 『계림유사 고려방언연구(1991). 성균관대학교 출판부』에 의하면, '보(菩)'는 puə 혹은 pu, '살(薩)'은 sat이었다 한다(75쪽). 따라서 '보살(菩薩)'은 고려어 '부삳'의 한자표기였다고 추정된다. 이 '부삳'은 고대의 한국어이다.

> **bo-sa-tsu** 米 미 [오이타, 아이치, 기후 방언] 쌀
> **pu-sat** 菩薩 보살 [고려어] 〃
> ᄡᆞᆯ [중세 한국어] 〃

오이타(大分) 등지에서는 쌀을 bo-sa-tsu라 한다. 고대에는 bo-sa-tu

였다.

이 특이한 방언은 쌀의 또 다른 이름이다. 첫 음절에 맑은 소리인 po가 아닌 bo라는 자음으로 시작되는 것은, 이 말이 일본어가 아니라 고대의 한국어라는 사실을 암시하여 주고 있다. 고려어 '**부삳**(菩薩)'과 의미는 동일하고 발음은 흡사하다. 고려어 '부삳'도 삼국시대에는 '보삳'이었을 가능성이 있다. 고대에 한국 사람들이 일본으로 가져간 말인 것이 분명하다.

'부삳'이라는 말은 순수한 한국어이다. 세계의 어느 나라에서도 쌀을 이와 비슷한 발음으로 일컫는 곳은 없다. 한국에서는 고려시대까지만 하여도 중국사신의 귀에 들어갈 정도로 흔히 사용되었던 모양이다. 그런데 언제부터인가 한국에서는 사라졌고, 일본의 방언에만 남아있다.

고려 시대에도 '쌀'의 고형인 '살'과, 이와는 별개의 어형인 '부삳'이 병존하고 있었을 것이다. '살'은 현대어 '쌀'로 되었고, '부삳'은 그후 사라졌으나, '찹쌀'이나 '멥쌀', '좁쌀' 따위의 ㅂ 받침에 화석으로 남아 있다. 중세의 표기 'ᄡᆞᆯ'은 이 '부삳'을 염두에 둔 것이 분명하다.

그런데 국어학자들은 '쌀'의 고형 '살'의 존재를 전혀 알지 못한 채, 오직 'ᄡᆞᆯ'인 것으로 만 생각하고 있다. 고려도경에 '부삳(菩薩)'이라는 말이 나오는 데에다, '찹쌀' 등의 'ㅂ' 받침이 존재하고 있으므로, '쌀'의 고형이 'ᄡᆞᆯ인 것은 마치 절대적인 진리인 것처럼 생각하고 있다.

그러나 그렇지 않다. 예를 들면, '이 쌀은 저 쌀이나 그 쌀보다 낫다'라 할 때의 '이 쌀, 저 쌀', '그 쌀'을 어느 방언이나 어느 누구도 '입 쌀, 접 쌀, 급 쌀'이라 하지 않는다. '어느 쌀'을 '어늡 쌀'로 말하는 방언도 없다. 만일 통설의 견해대로 고대에 'ᄡᆞᆯ이었다면, '입 쌀' '접 쌀' '급 쌀' '어늡 쌀' 따위의 말이 어느 한 지방 정도의 방언으로는 남아 있어야 마땅하다. 그러나 그런 흔적은 전혀 찾아 볼 수 없다. '보리쌀'을 '보립쌀'로 발음하는 곳도 전혀 없다. 근본적으로 어느 방언에도 '쌀'을 '부쌀'이나 '버쌀' 혹은 '보쌀' 따위로 발음하지 않는다는 점을 주목하자.

정리하여 보면, 고대에는 쌀을 의미하는 '살'과 '부삳', 두 어형이 병존하고 있었다. 현대어 '쌀'의 고형이 '살'인 것은 물론이다. 둘 다 일본으로 건너갔는데, 방언의 분포범위에서 보다시피 '살'이 훨씬 우세하고, '부살'은 세력이 약하였던 것으로 추정된다. 그런데 어찌된 영문인지 고려시대에 중국 사신에게는 이 '부살'이라는 말이 포착되었으나, 아마도 고려 말 혹은 조선 초기 쯤에는 이 말은 사어가 되어 사용되지 않았던 것으로 보인다. 그렇지만 이 '부살'은 완전히 사라지지는 않고, 한글이 창제된 이후 '살'의 표기인 쌀이나, '찹쌀', '햅쌀' 등의 발음에 영향력을 남기고 있다.

## 시게

지금은 사어가 되었으나 중세에는 활발하게 사용되던 말 중에 '**시게**'가 있다. 『동아새국어사전』을 보면, 시장에서 사고파는 곡식을 뜻한다 한다. 그래서 '**시게전**'은 시게'를 파는 가게이고, '**시겟바리**'는 시게를 실은 짐바리였다. 고대에는 이 말이 곡식, 그 중에서도 벼를 뜻하는 말이 아니었나 싶다.

ha-ta-**si-ge** 陸稲 육도 [미에, 기후 방언] 밭벼
ha-ta 畠 전 [일본어] 밭
밭 [한국어]
**시게** [중세 한국어] 시장에서 사고파는 곡식

미에(三重) 방언 ha-ta-si-ge는 논이 아닌 밭에 심는 밭벼라는 뜻이다.

ha-ta의 고어는 pa-ta(畑 전)였는데, 밭이라는 뜻이다. 물론 한국어 '밭'이 건너간 것이다. 그런데 이 말은 백제보다 훨씬 이른 시기 즉 기원전 4세기 무렵 야요이(彌生) 시대에 일본으로 건너간 것으로 보인다.

si-ge는 벼를 뜻하지만, 일본어로는 전혀 해석이 불가능하다. 중세 한국어 '**시게**'와 발음이 완전히 동일하다. 이 방언은 '밭 시게'가 원래의 의미이다.

## 밥

쌀과 벼가 백제에서 일본으로 건너간 것을 보았지만, '밥'은 어떨까? 백제 시대에도 밥이란 말이 있었을까? 다음의 일본 방언을 보자.

o-**ba-tsi** [야마구치 방언] 부처님께 올리는 밥
o-**ba-tsu** [ 〃 ] 〃
**밥** [한국어]

야마구치(山口)의 o-ba-tsi와 o-ba-tsu는 부처님께 올리는 밥을 뜻한다.

두 방언은 고대에는 o-ba-ti와 o-ba-tu였는데, 무슨 말일까? 앞의 o는 말을 아름답게 이르는 미칭(美稱)이고, 어근은 ba-ti와 ba-tu이다.

'밥'인 것이 분명하다. 발음은 흡사하고 의미는 일치하고 있다.

**ha-tsu**-mo-ri [시즈오카 방언] 신불(神佛)께 올리는 밥
**밥** [한국어]
bhat [벵갈어, 힌두어] 밥

시즈오카(靜岡) 방언 ha-tsu-mo-ri의 고어는 pa-tu-mo-ri였고, 신이나 부처님께 올리는 밥을 뜻하였다. 뒤의 mo-ri는 수북하게 담다라는 뜻의 동사 mo-ru(盛 성)의 명사형이지만, pa-tu는 무엇인가?

이 또한 '밥'이다. 이 방언의 원래 의미는 '밥을 수북하게 담은 것'이다.

'밥'이란 말의 뿌리를 거슬러 올라가면 인도에서 사용되는 언어인 힌두어와 벵갈어 bhat에 그 기원이 있다. '밥'을 뜻하는 말이고, 지금도 활발하게 사용되고 있다. 이 말은 한국인의 기원을 규명하는 데에도 일조가 된다. 자세한 내용은 다음 기회에 살펴보자. 백제 사람들은 '받'이라 하였을 것이다. 이 말이 일본으로 건너갔고, 한국에서는 세월이 흐르면서 '밥'으로 바뀌었다.

## 콩

'콩'은 중세에도 같은 발음이었다. 일본어에서는 ma-me(豆 두)라 한다.

ko-ma-me 大豆 대두 [교토, 오사카, 와카야마, 기후 방언] 콩
go-ma-me 〃 [나라, 니이가타, 사이타마 방언] 〃
콩 [한국어]

콩을 교토(京都)에서는 ko-ma-me, 나라(奈良)에서는 go-ma-me라 한다. 콩을 뜻하는 ma-me의 앞에 붙은 ko나 go는 무엇인가?

다름 아닌 '콩'이다. 발음이 흡사하다. 동어반복이다.

go-zi-ru 吳汁 오즙 [교토 방언] 콩 즙
si-ru 汁 즙 [일본어] 즙
콩 [한국어]

교토(京都) 방언 go-zi-ru는 콩을 갈아 만든 즙을 뜻한다.

go는 '콩'이고, zi-ru는 즙을 뜻하는 si-ru가 흐린소리로 된 말이다. '콩즙'이 원래의 의미이다.

kon-ko [에히메 방언] 콩고물
ko 粉 분 [일본어] 가루
콩 [한국어]

에히메(愛媛) 방언 kon-ko는 콩고물 즉 콩으로 만든 가루를 뜻한다. 이 말은 kon과 가루를 뜻하는 일본어 ko의 합성어이다.

kon은 바로 '콩'이다. 발음이 완벽하게 일치하고 있다. 그러나 이 kon은 콩을 뜻하는 ko와 '~의'라는 뜻인 조사 no가 결합된 말일 가능성도 있다.

즉 ko-no-ko가 축약되어 kon-ko가 되었을 가능성을 배제할 수는 없다.

백제시대에는 어떤 발음이었을까? 일본의 방언들로 미루어 보면 백제 중기에는 '고'였다가, 후기에 '공'으로 바뀌었을 것으로 짐작해 본다.

## 동부

'**동부**'는 콩과에 속하는 식물의 일종이다. 열매가 든 꼬투리는 팥과 비슷하게 생겼으나, 그 열매는 일반적인 콩과 별 차이가 없다.

**to-bu**-ma-me 大豆 대두 [미야자키, 오이타, 나가사키, 가가와 방언] 콩
**to-bu**-ma-mi 〃 [오키나와, 가고시마 방언] 〃
**동부** [한국어] 콩과 식물의 일종

미야자키(宮岐) 등지의 to-bu-ma-me는 콩을 의미한다. ma-me(豆 두)는 콩을 뜻하지만, to-bu는 무엇인가?

콩과 아주 비슷하게 생긴 '**동부**'이다. 발음과 의미가 일치하고 있다. '동부'도 백제 시대에는 '도부'였을 가능성이 크다.

오키나와(沖繩)와 가고시마(鹿兒島)에서는 to-bu-ma-mi라 한다.

## 가라지

현대 한국어 '**가라지**'는 볏과의 한해살이 풀을 의미하는데, 식용할 수 없는 잡초를 가리키는 말이다. 중세에는 'ᄀᆞ랒' 혹은 'ᄀᆞ라디'라 하였으나, 고대에는 '**가라디**'였을 것이다.

이 풀이 중세에는 '피'를 의미하기도 하였던 모양이다. 『훈몽자회(訓蒙字

會)』를 보면 'ᄀᆞ랏 稗(패)'라고 되어있기 때문이다. 저자 최세진(崔世珍) 선생은 '패(稗)' 즉 '피'를 'ᄀᆞ랏'이라고 인식하고 있었던 것이다.

그런데 조의 한 품종으로서 'ᄀᆞ랏조'라고 된 중세의 문헌도 있다. 여기서의 'ᄀᆞ랏'은 '조'를 의미하고 있다. 이러한 사정으로 보아, 'ᄀᆞ랏'은 고대에는 피나 조를 의미하는 말이었던 것이 분명하다. 백제 시대에는 '가라디'라는 발음이었고 피를 의미하였던 것으로 추정할 수 있다. 다음의 일본 방언을 보자.

**ka-ra-si**-nu-mun 稗 패 [오키나와 방언] 피
**ka-ra-si**-ma-i 〃 [가고시마 방언] 〃
**가라지** [한국어] 볏과의 풀

오키나와(沖繩)에서는 피를 ka-ra-si-nu-mun이라 한다.

nu는 '~의'라는 의미를 가진 조사 no의 방언이며, mun은 물건을 뜻하는 mo-no(物 물)의 방언이다. 어근이 ka-ra-si이고 이 말이 피를 뜻한다. '가라디'와 의미는 동일하고 발음은 흡사하다. '피의 물건'이라는 뜻이다.

가고시마(鹿兒島)에서는 ka-ra-si-ma-i라 한다. ma-i는 쌀을 뜻하는 한자어 '미(米)'의 방언이다. '피 쌀'이라는 의미가 된다.

## 짚

벼 따위 곡식의 이삭을 떨어낸 줄기와 잎을 '짚'이라 한다. 중세에는 '딥'이었다. 일본어에서는 wa-ra(藁 고)라 한다.

**si-bi** [나가사키, 군마, 도치키, 이바라키] 짚 부스러기
**si-bi** [교토 방언] 논에 까는 짚
**딥** [중세 한국어] 짚

나가사키(長岐)에서 이바라키(茨城)까지 분포한 방언 si-bi는 짚 부스러기를 의미한다.

교토(京都) 방언 si-bi는 가을철 벼를 말릴 때에 논에 까는 짚을 뜻한다. 두 si-bi는 용도가 조금씩 다르기는 하지만 모두 짚을 의미하고 있다.

si-bi-wa-ra [후쿠시마 방언] 짚 부스러기
wa-ra 藁 고 [일본어] 짚
딥 [중세 한국어] 〃

후쿠시마(福島)에서는 짚부스러기를 si-bi-wa-ra라 한다. wa-ra는 짚을 뜻하는 일본어이므로, 이 방언은 동어반복이다.

일본 방언의 si-bi는 '딥'과 의미가 동일하지만, 발음이 좀 다른 것 같다. '딥'이 일본으로 건너가 si-bi가 된 것일까? 그렇다면 자음 di→si의 변화가 고대에 일어났다는 의미가 되는데, 이런 변화가 가능하였을까?

u-ka-ti 穿 천 [고사기] 지명
u-ka-si 宇伽斯 우가사 [ 〃 ] 인명

고사기(古事記)를 보면, 초대 왜왕 신무(神武記)가 동정(東征)하면서 u-ka-ti(穿 천)라는 곳에 이르렀을 때, 마주친 토착세력의 괴수가 u-ka-si 형제였다 한다. 이 인명은 실재한 인물이 아니라, 태안만려(太安萬呂)가 창작한 것으로서, 지명과 비슷한 발음을 이용한 언어의 유희이다. 8세기의 일본에서는 ti와 si가 혼동되기 쉬운 발음이었다는 사실을 짐작하게 한다. 다음의 고대 동일본 방언을 고대 일본어와 비교하여 살펴보자.

| 고대 일본어 | 의미 | 고대 동일본 방언 |
|---|---|---|
| ti-ti 父 부 | 아버지 | si-si |
| ta-ti 大刀 대도 | 큰칼 | ta-si |

| | | | |
|---|---|---|---|
| tu-**ti** | 土 토 | 흙 | tu-**si** |
| ta-**ti** | 立 입 | 서다 | ta-**si** |
| mo-**ti** | 持 지 | 쥐다 | mo-**si** |

고대의 동일본 방언을 일본에서는 상대동국방언(上代東國方言)이라 한다. 아버지를 고대 일본어에서 ti-ti(父 부)라 하지만, 상대동국방언에서는 si-si라 하였다. 위에서 보는 바와 마찬가지로 고대 일본어의 ti가 상대동국방언에서는 si로 바뀌었다. ti→si로 변화한 것이다.

| **한국어** | **일본어** |
|---|---|
| **씹** | **ti**-bi 女陰 여음 |
| 가라**디** | ka-ra-**si** |

여성의 음부를 고대 일본어에서는 ti-bi라 하였으니, 한국에서는 '씹'이라 하는 것을 본 바 있다(91쪽). '가라디'도 일본으로 건너가서는 ka-ra-si가 되었으니, 여기서도 ti→si의 변화가 일어났던 사실을 확인할 수 있다.

전남방언에서는 '굳다'를 '구시다'라 한다. '구디다'→'구시다'의 변화인 것이 분명하다. 마찬가지의 변화이다.

따라서 '짚'은 백제 시대에도 중세어와 마찬가지로 '딥'이었고, 그것이 일본으로 건너간 뒤에 si-bi로 발음이 변화한 것으로 추정할 수 있다.

## 파

양념재료로 널리 쓰이는 '파'는 중세에도 같은 발음이었다. 백제 시대에는 '바'였을 것이다. 일본어에서는 ne-gi(葱 총)라 한다.

| |
|---|
| ne-gi-**ba** [야마가타 방언] 파 |

ne-gu-**ba** [기후, 나가노, 후쿠이, 이시카와 방언] 〃
**파** [한국어]

야마가타(山形)에서는 파를 ne-gi-ba라 한다.

파를 뜻하는 ne-gi와 ba의 합성어이다. ba는 무엇인가? 바로 '파'이다. 의문의 여지가 없다. 동어반복이다.

기후(岐阜) 등지에서는 ne-gu-ba라 한다. ne-gu는 ne-gi의 방언이다.

hi-ru-**ba** [야마가타 방언] 파
nan-**ba** [나라, 오사카 방언] 〃
파 [한국어]

야마가타(山形)에서는 파를 hi-ru-ba라고도 한다. hi-ru(蒜 산)는 파, 마늘, 달래 등의 식물을 총칭하는 말이다.

ba는 역시 '바'이다. 동어반복이다.

나라(奈良)와 오사카(大阪)에서는 nan-ba라 한다. nan이 무슨 의미인지는 알기 어렵지만, ba가 '바'인 것은 분명하다. 백제 사람들도 현대의 우리들과 마찬가지로 파를 즐겨 먹었던 모양이다.

## 씨

'씨'는 중세에 'ᄡᅵ'라 표기하였다. 이러한 복자음 표기를 국어학계에서는 어두자음군(語頭子音群)이라 한다. 이러한 현상은 중세 한국어에 특유한 것이고, 고대의 한국어에는 존재하지 않았다는 것이 통설이다. 백제 시대에는 '시'였을 것이다.

**si**-tsu-ke-ru 蒔 마쿠 [니이가타, 가나카와, 야마가타, 이와테,

아오모리 방언] 씨 뿌리다
tsu-ke-ru 着 착 [일본어] 붙이다
**씨** [한국어]

니이가타(新潟) 등지에서는 '씨 뿌리다'를 si-tsu-ke-ru라 한다. tsu-ke-ru는 붙이다는 뜻이지만, si는 무엇인가?

'**씨**'인 것이 분명하다. 이 방언은 '씨 붙이다'가 원래의 의미이다. '씨'는 백제 시대에 '시'였던 사실을 이 방언이 웅변하여 주고 있다.

국어학계에서는 'ᄢᅵ'의 'ㅂ' 자음이 고대에도 음가를 가지고 발음되었다고 보는 것이 확고한 통설이다. 그 증거로서 '볍씨'의 'ㅂ' 받침을 들고 있다. 그러나 '씨'의 앞에 'ㅂ' 받침이 붙는 것은 오직 '볍씨' 뿐이다. 가령 '보리씨' '파씨' '무씨' '깨씨'와 같은 말에서는 어디에도 'ㅂ' 받침이 붙지 않는다. 어느 지역의 방언에도 '보립씨'나 '팝씨' 따위의 말은 보이지 않는다. 무엇보다도 중요한 것은 '씨'를 '부씨'나 '버씨' 따위로 말하는 방언도 전혀 존재하지 않는다는 점이다.

오직 '볍씨'에만 'ㅂ' 받침이 붙는데, 그 정체는 사잇소리인 것으로 짐작된다. 왜 '볍씨'에만 사잇소리가 첨가되고, 가령 '보리씨'나 '파씨'에는 없는지 그 이유는 알 수가 없다.

말은 언중의 지지를 얻는 쪽으로 흘러가고 변화하는 것인데, 왜 지지를 얻는지를 알아내는 것은 쉽지 않다. 현대에 들어서도 과거에는 없던 '손주'라는 말이 인기를 얻어 '손자(孫子)'를 밀어내고 있지만, 왜 '자'에서 '주'로 변한 것인지 그 이유를 아는 사람은 아무도 없을 것이다.

## 쭉떼기

'**쭉정이**'는 곡식의 열매가 제대로 들지 아니한 것을 뜻한다. 경상방언에서는 '**쭉떼기**', 전남방언에서는 '**쭉제**'라 한다. 말음 '이'나 '기'는 모두 접미사이고, 어근은 '**쭉떼**' 혹은 '**쭉제**'이다. 중세에는 '죽졍이'라 하였다. 일본에서는 mo-mi(籾 인)라 한다.

**su-ku-da** 籾 인 [가가와 방언] 쭉정이
**쭉떼**기 [경상방언] 〃
**쭉제** [전남방언] 〃

쭉정이를 가가와(香川)에서는 su-ku-da라 한다. 일견 '**쭉떼**'와 비슷한 발음으로 보인다.

이 방언과 대조하여 보면, '쭉떼'는 고대에 '**숙더**'였을 가능성이 크다. 숙더→숙데→죽데→쭉제→쭉쩨의 변화를 생각해 볼 수 있다. 중세어 '죽졍이'는 이와 좀 다른 변화과정을 거친 말이다. 'ㅈ' 자음은 고대에는 'ㄷ'이었던 경우가 많으나, 일부는 'ㅅ' 자음에 그 뿌리가 있다.

## 일

모심기나 벼베기와 같은 농사일이나, 초가지붕 잇기 등의 힘든 작업은 여러 가구가 공동으로 하는 것이, 능률적이기도 하고 여러 모로 좋은 점이 많다.

이러한 공동작업을 한국에서는 품앗이라 한다. 일본의 중앙어에는 이에 해당하는 말이 보이지 않지만, 야마구치(山口) 등지에서는 i-ri라 한다.

**i-ri** [야마구치, 시즈오카 방언] 농사일 등의 공동작업
**일** [한국어]

왜 모심기와 같은 공동작업을 i-ri라고 할까?

한국어 '**일**'이 아니면 달리 해석할 길이 없다. 원래 '일'이라는 말은 몸을

움직여서 어떤 작업을 하는 것을 뜻한다. 공동작업이 아닌 혼자서 하는 것도 '일'이라 하지만 일본으로 건너가서는 의미가 좀 변화된 것으로 보인다. 즉 혼자서 하는 작은 일은 그냥 일본어로 말하였고, 여럿이서 하는 큰 일을 백제어로 i-ri라 하였던 것으로 추정할 수 있다. 백제 사람들도 농사일을 '일'이라고 하였던 것이 분명하다.

## 가다리

요즘 잘 쓰이는 말은 아니지만 **'가다리'**는 임금을 받고 남의 논을 갈아 주는 것을 뜻한다. 방언이 아닌 중앙어이다.

**ka-ta-ri**-a-i [오이타 방언] 품앗이
a-i 合 합 [일본어] 서로 ~하기
**가다리** [한국어] 임금을 받고 남의 논을 갈아주는 일

오이타(大分) 방언 ka-ta-ri-a-i는 서로 일을 도와주는 품앗이를 일컫는 말이다. a-i(合 합)는 '서로~하기'라는 의미의 일본어이다. ka-ta-ri는 무슨 말인가? 품앗이를 의미하는 말이 될 수밖에 없지만 일본어에는 그러한 단어가 존재하지 않는다.

**'가다리'**인 것이 분명하다. 이 방언은 '가다리 서로'라는 의미가 된다.

한국어와 일본의 방언이 발음은 완벽하게 일치하지만 의미는 좀 다르다. '가다리'는 임금을 받고 하는 일을 뜻하기 때문이다. 아마도 고대에는 임금을 받지 않는 품앗이였던 것이, 의미가 변화한 것이 아닌가 싶다. 일본 쪽에서는 고대의 의미를 유지하고 있는데, 오히려 한국에서 변하였다. 이런 경우는 드물지 않다.

## 호미씻이

옛날부터 전해오는 농촌의 풍습에 '**호미씻이**'가 있다. 『두산백과사전』에 의하면, 이 명칭은 음력 7월쯤이면 논매기도 거의 끝나 비교적 한가해지므로, 호미가 필요없게 되어 씻어 둔다고 하여 생긴 이름이라 한다. 보통 음력 7월 15일 하루를 노는데, 이날은 집집마다 음식과 술을 장만하여 산이나 계곡을 찾아 먹고 마시며, 머슴에게는 새옷을 한 벌 해 주기도 하였다는 것이다. 이 호미씻이를 다른 말로 '**괭이발이**'라고도 한다.

**ku-wa-a-ra-i** [오이타 방언] 모심기 마친 후의 축제
ku-wa 鍬 초 [일본어] 괭이
a-ra-i 洗 세 [ 〃 ] 씻기
**호미씻이** [한국어] 음력 7월경 농가의 휴일

오이타(大分) 방언 ku-wa-a-ra-i는 모심기 종료 후 하루를 즐기는 것을 뜻한다.

우리의 '호미씻이'와 아주 비슷한 성격의 행사이지만 그 시기에서 두어 달의 차이가 있는 것으로 보인다. 그러나 중국의 사서 『삼국지 동이전』을 보면, 한(韓)에서는 해마다 5월에 씨뿌리기가 끝나면 신에게 제사를 지내고 밤낮 술 마시며 춤추고 놀았다고 되어 있다. 시기로 볼 때 이 한의 축제가 오이타의 ku-wa-a-ra-i와 일치하고 있다. 원래는 호미씻이도 동이전에 나오듯이 음력 5월에 하는 축제가 아니었을까?

ku-wa-a-ra-i의 ku-wa(鍬 초)는 농기구인 **괭이**를 뜻하고, a-ra-i는 **씻다**는 의미의 동사 a-ra-u(洗 세)의 명사형이다. 따라서 이 방언은 '**괭이 씻기**'가 원래의 의미이다. 우리의 '**호미씻이**'와 그 의미에서 같은 이름이라는 사실을 알 수 있다. 농기구의 종류에서 차이가 있을 뿐, 그것을 씻고 쉬면서 그 동안 농경의 피로를 푼다는 발상은 완벽하게 일치하고 있다.

## 괭이발이

호미씻이는 다른 말로 '**괭이발이**'라고 한다는 것은 앞서 본 바 있다. '괭이'는 농기구이지만, '**발이**'는 무슨 의미인가? 어근은 '**발**'이다.

**ku-wa-ba-ra-i** [미야자키, 오이타, 가나카와 방언] 모심기 종료 후 혹은 수확 종료 후의 축제
pa-ra-pi 拂 불 [고대 일본어] 털어내기
**괭이발이** [한국어] 호미씻이

미야자키(宮崎) 등지의 방언 ku-wa-ba-ra-i는 앞서 본 ku-wa-a-ra-i와 거의 비슷한 의미이다.

ku-wa는 괭이이고, ba-ra-i는 먼지 따위를 털어내다 혹은 제거하다는 의미를 가진 고어 pa-ra-pi(拂 불, 현대어 ha-ra-i)이다. 그간 힘든 농사일을 하면서 괭이에 묻어 있는 흙을 털어내고 하루를 즐긴다는 의미일 것이다.

어근 pa-ra는 '괭이발이'에 나오는 '발이'의 어근 '**발**'과 발음이 일치하고 있다. 또한 이 농촌 풍습은 삼국지 동이전에 나오는 한(韓)의 풍습을 연상케 한다. 그렇다면 이 ku-wa-ba-ra-i는 한의 후신이라 할 수 있는 가야에서 건너간 것일까? 아니면 그보다 앞서 야요이(彌生) 시대에 건너간 것일까?

## 지게

'**지게**'는 한국 고유의 운반 도구이다. 세계의 어느 나라에도 지게와 같이 편리한 운반구는 존재하지 않는다. '지게'는 '**지다**'라는 동사에서 파생된 명사이다. 중세에도 같은 발음이었는데, 백제 사람들도 큰 차이가 없었을 것으로 보인다. 국립 부여박물관에서 지게에 얹는 소쿠리 모양의 발채를 본

바 있다. 이 발채로 보아 백제 시대에도 지게가 있었던 것을 알 수 있다.

**zi-ga-i** [기후 방언] 일종의 지게
**tsi-ge** [구마모토 방언] 〃
**si-ke** [쓰시마 방언] 〃
**지게** [한국어]

기후(岐埠) 방언 zi-ga-i는 '지게'를 뜻한다. 발음이 비슷하다.

구마모토(熊本)에서는 tsi-ge인데, 고대에는 ti-ge였다.

쓰시마(對馬島)에서는 si-ke라 한다.

'지다'는 중세에도 같은 발음이었다. 고대에도 다르지 않은 발음이었을 것이다. 따라서 '지게'는 고대에도 같은 발음이었다고 추정된다. 그런데 일본의 세 방언의 첫 음절은 zi, ti, si로서 각각 다른데, 어느 것이 원형일까? '지게'가 고대에 일본으로 건너가서 위의 세 방언형으로 갈라진 것이 아닐까?

## 낫

풀을 베는 농기구 '낫'은 중세에 '낟'이라 하였다. 백제 사람들도 같은 발음이었을 것이다. 일본어에서는 ka-ma(鎌 겸)라 한다.

**na-ta**-ga-ma 鎌 겸 [가고시마, 구마모토, 야마구치, 시마네, 돗토리, 가가와, 군마 방언] 낫
**낟** [중세 한국어] 낫

일본의 넓은 지역에 분포한 방언 na-ta-ga-ma는 낫을 뜻한다.

ga-ma는 낫을 뜻하는 일본어 ka-ma가 흐린소리로 된 말이지만, na-ta는 무엇인가? '낟'이 건너간 것이다. 동어반복이다.

na-ta-ki-ri 螳螂 당랑 [교토방언] 사마귀
ka-ma-ki-ri [일본어] 〃
낟 [중세 한국어] 낫

교토(京都) 방언 na-ta-ki-ri는 메뚜기를 잡아먹는 곤충인 사마귀를 뜻한다. 여기서의 na-ta가 바로 낫을 의미하는데, 사마귀를 뜻하는 중앙어 ka-ma-ki-ri(螳螂 당랑)와 비교하여 보면 그 의미가 분명하게 드러난다.

즉 중앙어 ka-ma-ki-ri는 낫을 의미하는 ka-ma(鎌 겸)와, 자르다는 뜻의 동사인 ki-ru(切 절)의 명사형인 ki-ri의 합성어로서, '낫 자르기'라는 의미가 된다. 일본 사람들은 사마귀가 무시무시하게 생긴 앞발로 먹잇감인 곤충을 낫으로 싹둑 자르듯이 하여 잡아먹는다고 생각하였던 모양이다.

na-ta는 중앙어의 ka-ma(鎌 겸)에 대응되는 말이므로, 이는 '낟'이다. 이 방언은 '낫 자르기'라는 의미가 된다.

na-ta-mu-si [교토 방언] 사마귀
낟 [중세 한국어]

교토 방언 na-ta-mu-si 역시 사마귀를 뜻한다. mu-si(虫 충)는 벌레를 뜻하는 일본어이다.

na-ta는 물론 '낟'이다. '낫 벌레'이다. 이 사마귀에 대하여는 앞서 본 바 있다(156쪽).

## 장군

물이나 술, 분뇨 따위를 담아 나르는 그릇을 '**장군**'이라 한다. 수평으로 길쭉하게 생겼는데, 위에 작은 아가리가 있다. 근세에는 주로 분뇨를 운반하는 도구로 사용되어, '오줌장군' 혹은 '똥장군'이라 불리고 있다. 국립 부여박물관에는 백제 시대의 장군이 여럿 전시되어 있다.

**tan-go** 擔桶 담통 [나가사키, 오사카, 나라, 교토, 군마, 나가노, 치바, 사이타마 방언] 장군
**장군** [한국어]

나라(奈良) 등지의 방언에서는 장군을 tan-go라 한다.
'**장군**'과 비슷한 발음이다. '장군'도 고대에는 '당구'였을 것이다.

**ta-go** 擔桶 담통 [일본어] 장군
**장군** [한국어]

그런데 '장군'을 일본의 중앙어에서는 ta-go라 한다.
이 말과 대조하여 보면, '장군'의 고형으로 추정한 '당구'에 앞선 '다구'라는 고대어가 있었던 것으로 짐작된다. '다구'가 고대에 일본으로 건너가 ta-go가 되었을 것이다. 그후 한국에서는 '다구'가 '당구'로 발음이 변하였는데, 이 변한 말이 다시 건너가 tan-go가 된 것으로 짐작된다. 고대에 한국어가 통시적으로 일본으로 건너간 것으로서, 이런 사례는 드물지 않게 발견된다.

## 봉태기

거름, 쓰레기, 흙 따위를 담아 나르는 데에 사용하는 운반도구가 삼태기이다. 주로 새끼나 대, 가는 싸리 등으로 만든다. 이것을 경남방언에서는 '**봉태기**'라 한다. 말음 '기'는 접미사이고, 어근은 '**봉태**'이다. 일본어에서는 za-ru(笊 조)라 한다.

ho-te 笊 조 [나가노 방언] 삼태기
bo-te 〃 [야마구치, 나가노, 니이가타 방언] 〃
봉태기 [경남방언] 〃

삼태기를 나가노(長野)에서는 ho-te라 한다. 고대에는 po-te였다.

야마구치(山口) 등지에서는 bo-te라 한다.

일본의 두 방언은 '봉태기'의 어근 '봉태'와 의미는 동일하고, 발음은 흡사하다. '봉태'도 고대에는 '보대'였을 것이다.

## 갈다

논밭에 씨를 뿌리고 작물을 가꾸는 것을 '갈다'라고 한다. 경작하다는 의미로서, 그 명사형은 '갈이'가 된다. '갈이'는 또한 논밭 면적의 단위를 뜻하기도 한다. '갈다'라는 동사는 원래는 괭이나 쟁기 따위의 농기구로 땅을 파서 뒤집는 것을 의미하였다. 농사는 우선 땅을 파 헤쳐 흙을 부드럽게 만든 다음에 씨앗을 뿌리는 것에서 출발한다.

일본어에서는 '경작하다'를 ka-e-su(耕 경)라 한다. 이 말도 원래의 의미는 '뒤집다'이다. '갈다'와 동일한 발상이다.

ka-ra-mu [이와테 방언] 논밭을 갈다
갈다 [한국어] 논밭을 경작하다

이와테(岩手) 방언 ka-ra-mu는 경작하다는 의미이다.

어근 ka-ra는 '갈다'의 어근 '갈'이다. 여기에 동사를 만드는 접미사 mu를 붙인 형태이다.

a-sa-ga-ri [야마가타 방언] 아침 식사 전의 논밭 갈이

**갈이** [한국어]

야마가타(山形) 방언 a-sa-ga-ri는 아침 식사 전의 논밭 갈이라는 뜻이다. 이 말은 아침을 뜻하는 a-sa(朝 조)와 ga-ri의 합성어이다.

ga-ri는 물론 '**갈이**'이다. '갈다'의 어근 '갈'에 명사를 만드는 접미사 '이'가 붙어 있다. 이 방언의 원래 의미는 '아침 **갈이**'이다.

**ka-ri** [니이가타 방언] 논밭 면적의 단위
**갈이** [한국어] 〃

니이가타(新潟) 방언 ka-ri는 논밭 면적의 단위이다. 역시 면적의 단위를 뜻하는 '**갈이**'와 발음과 의미가 완벽하게 일치하고 있다.

## 가꾸다

'가꾸다'는 중세에 '**갓고**다'였다. 더 앞선 형태는 '**갇고**다'였을 것이다.

**kat-ku**-su 耕 경 [사이타마 방언] 경작하다
**갓고**다 [중세 한국어] 가꾸다

사이타마(埼玉) 현은 수도 도쿄(東京)의 바로 북쪽에 인접하고 있다. 이곳의 방언 kat-ku-su는 경작하다는 의미이다.

한국 사람들에게는 이 말이 아주 익숙하다. '**가꾸다**'와 음상이 흡사하다.

kat-ku-su의 첫음절 kat을 주목해 보자. 이 kat이라는 촉음(促音)의 형태가 고대의 한국어 '**갇고**다'의 '**갇**'을 그대로 승계한 것을 증명하여 주고 있다. 백제 사람들은 '**갇구**다'라 하였을 것이다.

## 부치다

"논 몇 마지기 부쳐서 근근이 먹고 살지요"에서 보듯이 '부치다'라는 말은 논밭을 경작하다는 의미이다. 고대에는 '부디다'였을 것이다.

**bu-tsu** 耕 경 [나가노, 이와테 방언] 논밭을 경작하다
**부치**다 [한국어] 논밭으로 농사를 짓다

나가노(長野) 방언 bu-tsu는 경작하다는 뜻이다.

고대에는 bu-tu였는데, 이 형태는 동사의 원형이다. 가령 높임의 의미를 가진 어미 ma-su와 연결되면 bu-ti-ma-su가 되니, 실제 빈번하게 사용되는 것은 bu-ti라는 어형이다.

백제 사람들이 '부디다'를 가져간 것이다.

ta-**bu-tsi** [나가노, 니이가타, 야마가타 방언] 경작
ta 田 전 [일본어] 논
**부치**다 [한국어]

니이가타(新瀉) 방언 ta-bu-tsi는 논을 뜻하는 ta와 경작하다는 의미의 bu-tsi가 결합된 말이다. 고대에는 ta-bu-ti였다. 이 말은 명사로서 경작이라는 뜻이다. 원래의 의미는 '논 붙이' 즉 '논 부치기'이다. 이 방언으로 짐작하건대, 고대에는 '부디다'의 명사형이 '부디'였을 것이다. 동사의 어근이 그대로 명사가 된 경우이다.

**pu**t-to-ri 下男 하남 [미야자키 방언] 머슴
**부치**다[한국어]

미야자키(宮岐) 방언 put-to-ri는 농가의 머슴이라는 뜻이다.

put은 앞서 본 bu-ti가 변한 형태이다. to-ri는 사람을 뜻하는 '돌이'이다(17쪽). 이 방언은 '(논밭을) 부치는 돌이'라는 의미가 된다.

## 여물다

과일이나 곡식이 잘 익는 것을 일본어에서는 u-mu(熟 숙)라 한다. 한국에서는 '**여물다**'이다. 중세의 기본형은 '**여믈다**'였지만, '**여므다**' 혹은 '**여무다**'라고 된 문헌도 있다. 백제 시대에는 '**여무다**'였을 것으로 추정된다.

**yo-mu** 熟 숙 [이시카와, 도야마, 니이가타 방언] 익다
**여믈**다 [중세 한국어] 여물다

이시카와(石川) 등지의 방언 yo-mu는 과일 등이 익다는 뜻이다.

발음이나 의미가 '여무다'의 어근 '**여무**'와 흡사하다. 고대에는 yə-mu였을 가능성이 크다. 백제 사람들 역시 '여무다'라 하였을 것이다.

百濟語

# 8. 의식주에 관한 말

## 맘마

'아가야, 맘마 먹자'의 '맘마'는 밥을 뜻하는 유아어이다.

**man-ma** [일본어] 밥의 유아어
**맘마** [한국어] 〃

일본어 man-ma 역시 밥의 유아어이다. 고대에는 mam-ma였을 것이다. '맘마'와 발음과 의미가 완벽하게 일치한다.

## 빠빠

'빠빠' 또한 유아어로서 밥을 뜻한다. 이 말은 '밥'이 발음하기 쉽게 변화한 형태인데, 밥은 앞서 본 바 있다(192쪽).

bat-ba 飯 반 [치바 방언] 밥의 유아어
**빠빠** [한국어] 〃

치바(千葉) 방언 bat-ba는 밥을 뜻하고 역시 유아어이다. '빠빠'가 건너간 것이다. 백제의 아기들도 현대 한국의 아기들과 전혀 다를 바 없이 '맘마'나 '빠빠'라 하였던 것을 알 수 있다.

## 진지

'진지'는 밥을 높여 일컫는 말이다. 이 말은 중세에도 같은 발음이었으나, 일본의 방언들과 대조하여 보면 고대에는 '딘디'였다는 사실을 알 수 있다. 구개음화 현상으로 '진지'로 바뀐 것이다.

tin-ti-ma-ma 米飯 미반 [미야자키 방언] 쌀밥
tin-ti-man-ma [에히메 방언] 〃
**진지** [한국어] 밥의 높임말

미야자키(宮崎) 방언 tin-ti-ma-ma와 에히메(愛媛) 방언 tin-ti-man-ma는 모두 쌀밥을 뜻한다. man-ma는 앞서 본 바와 같이 밥의 유아어인데, ma-ma 또한 같은 의미일 것이다. 그러면 tin-ti는 무엇인가?

이 방언은 '쌀밥'을 뜻한다. 고대에는 일반적인 가정에서 먹는 밥이라는 것은 보리나 조, 기장 같은 잡곡이 많이 섞인 잡곡밥이 대부분이고, 쌀밥은 명절이나 잔칫날 같은 특별한 날에나 먹을 수 있는 귀한 것이었다. 일본에서도 사정은 다를 바 없었다. 이렇게 보면 tin-ti가 바로 쌀밥이라는 사실을 짐작할 수 있다.

이 말은 '진지'의 고형으로 추정되는 '딘디'가 건너간 것이 분명하다. '진지'도 고대에는 쌀밥이라는 의미가 아니었을까?

## 떡

중세어에서는 떡을 'ᄯᅥᆨ'이라 표기하였다. 평북방언에서는 떡을 '시더구'라 하므로, 이 중세어 표기는 진정한 어두자음군인 것이 분명하다.

si-to-ki 粢 자 [고대 일본어] 신(神)에게 바치는 떡
si-to-ki [가고시마, 구마모토 방언] 상량식(上梁式)의 떡
o-si-to-ki [야마구치, 시마네 방언] 〃
시더구 [평북방언] 〃

고대의 일본에서는 신에게 바치는 특별한 떡을 si-to-ki라 하였다.

이 말은 현대에서는 사어(死語)가 되어 사용되지 않지만, 가고시마(鹿兒島)에서는 상량식 즉 건물을 지을 때 마룻대를 올리는 의식에서 사용하는 떡을 일컫는다. 고대의 발음은 si-tə-ki였다. 앞의 si-to-ki와 같은 말이지만, 세월이 흐르면서 의미에 약간의 변화가 생겼다.

평북의 '시더구'와 발음이 흡사하고, 의미도 일치하고 있다. 백제 사람들이 가져간 것이 분명하다.

현대 일본어에서는 떡을 mo-tsi(餠 병)라 하지만, 고대에는 mo-ti-pi라 하였다. 같은 사물을 의미하는 말이라도, 일본어는 일반적인 것을 의미함에 비하여, 백제어의 그것은 보다 고귀한 것을 뜻하는 말에 사용된 좋은 사례라 하겠다.

야마구치(山口) 등지에서는 높임의 접두사 o(御)를 붙여 o-si-to-gi라 한다.

## 젓

일본을 대표하는 음식인 su-si는 세계에 널리 알려져, 미국이나 유럽에

도 애호가가 많다. 한국에도 웬만한 도시에는 곳곳에 일식집이 많이 있고, 스시 전문점도 있다. 한국 사람들은 스시는 순수한 일본 음식이지 한국과는 전혀 관련이 없는 것이라고 생각하고 있으나, 전혀 그렇지 않다.

우리가 아는 스시 즉 밥을 둥글게 만 위에다 생선회 조각을 덧붙이는 형태의 그것은 역사가 백여 년에 불과하고, 고대의 스시는 전혀 달랐다. 『암파고어사전』에 의하면, 고대 일본의 su-si는 생선이나 짐승의 고기를 소금에 절여 장기간 보존하는 음식이었다고 한다. 이러한 음식은 한국에도 아주 오래전부터 존재하였다. 바로 '젓갈'이 그것이다. 중세에는 '젓'이라 하였다. 현대 한국 사람들이 맛있게 먹는 멸치젓, 새우젓, 따위에서 볼 수 있는 '젓'이다.

이 '젓'을 고대에는 어떻게 발음하였을까? 신라의 수도 경주 안압지에서 발견된 목간(木簡)에 나오는 '**조사(助史)**'가 바로 '젓'의 이두식 표현이다. 『나무속 암호 목간(2009) 국립부여박물관』

주법고(周法高)의 『古今漢子音彙(고금한자음휘)』에 의하면, '조(助)'의 중고음은 ʤλo/ʤλwo였다 하므로, 신라음으로는 '조' 혹은 '저'였을 것이다. '사(史)'는 si/shi였으니, '조사(助史)'는 '조시' 혹은 '죠시'였을 것이다. 고대 일본어 su-si, 그리고 한국어 '젓'과 대조하여 보면, 신라 시대에는 '**조시**'였을 가능성이 높다. 이 말이 변하여 현대어 '젓'이 된 것이다.

**su-si** 鮨 지 [고대 일본어] 젓갈
**조시** [신라어] 〃
**젓** [중세 한국어] 〃

이 '**조시**'는 고대 일본어 su-si와 음상이 흡사하다.

일본서기 천지(天智) 2년 6월조를 보면, 백제가 멸망한 직후 부흥군의 활약상이 나오고 있다. 내분이 생겨 백제왕 부여풍(夫餘豊)이 장군 복신(福信)을 반역죄로 몰아 목을 베어 '해(醢)'로 만들었다고 되어 있다. 이 글자는 '젓장해'이다. 일본서기에서는 su-si로 읽고 있다. 소금에 절였다는 의미이고,

한국어로 말하자면 '젓을 담구었다'라고 할 수 있을 것이다. 복신에 대한 증오심을 말해주는 대목이다.

『암파고어사전』에 의하면, 중세 일본에서는 생선이나 짐승의 살을 밥 따위에 집어넣어 신맛을 내도록 만든 보존식을 또한 su-si라고 하였다 한다. 단순히 소금에 절인 '젓'에서 진보한 형태이다. 그러면 이것은 일본의 고유한 음식일까? 그렇지 않다. '식해(食醢)'라는 한국의 전통 음식이 있다. 생선에 약간의 소금과 밥을 넣어 숙성시킨 것으로서 함경도의 '가자미 식해'가 그 대표적인 형태이며, 각 지방에 이와 비슷한 전통적인 식해가 있다. 현대 일본의 su-si는 중세 일본의 su-si 즉 식해가 진일보한 음식이다.

i-wa-si-**su-si** [시마네 방언] 정어리 젓
i-wa-si [일본어] 정어리
ki-**zu-si** [시마네 방언] 고등어 젓
**젓** [한국어]

일본어 i-wa-si는 정어리를 뜻한다. 시마네(島根)에서는 여기에다 su-si를 붙여 i-wa-si-su-si라 한다. '정어리 젓'이라는 의미이다.

역시 시마네 방언인 ki-zu-si는 고등어 젓을 의미한다. ki가 무슨 말인지는 알 수 없다. zu-si는 su-si가 변한 형태이다.

## **삭**은 것

한국에는 젓갈과 김치 등 발효식품이 다양하게 존재하고 있다. 술도 발효시품인 것은 물론이다. 이러한 식품은 일정기간 숙성되고 발효되어야 제맛이 나는데, 이것을 '삭다'라 한다. 발효되어 맛이 드는 것을 일컫는 말이다.

**sa-ge** 醋 초 [가고시마 방언] 식초

**삭**다 [한국어] 젓갈, 술 등의 음식이 발효되어 맛이 들다

가고시마(鹿兒島) 방언 sa-ge는 식초를 뜻한다. 식초 또한 발효식품으로서 삭는 과정이 필요하다. 이 방언은 '삭다'의 어근 '삭'에, 명사를 만드는 일본어의 접미사 e가 붙은 것으로 보인다. '삭은 것'이라는 의미가 된다.

**sa-ke** 酒 주 [일본어] 술
**삭**다 [한국어]

술을 뜻하는 일본어 sa-ke 역시 가고시마의 sa-ge와 동일한 구조로서 '삭은 것'이라는 뜻이다. 다만 이 말은 백제보다 훨씬 앞서 야요이(彌生) 시대에 건너갔을 가능성을 배제할 수 없다.

ma-i-**za-ke** [미야기 방언] 가다랑어 젓갈
**삭**다 [한국어]

미야기(宮城) 방언 ma-i-za-ke는 가다랑어로 만든 젓갈을 뜻한다. ma-i와 za-ke의 복합어이다.

za-ke는 sa-ke가 흐린소리로 된 것으로서, 역시 '삭은 것'이다. ma-i는 의미를 알 수 없다.

## 썩다

부패하다는 의미의 '썩다'는 중세에 '석다'라 하였다.

**sa-ga**-ru [이시카와, 도야마, 니이가타 방언] 음식물, 따위가 부패하다
**석**다 [중세 한국어] 썩다

이시카와(石川) 일원의 방언 sa-ga-ru는 음식물 따위가 부패하다는 뜻이다.

어근 sa-ga는 '석다'와 발음과 의미가 흡사하다. '석다'는 고대에는 '삭다'였을 가능성이 크다. 앞에서 본 '삭다'와 같은 뿌리에서 나온 말일 것이다.

## 소태

경상도 사람들이 "아이구, 이 김치는 소태다"라고 하는 것은 김치가 아주 짜다는 의미이다. 짠 음식을 '소태'라 하기도 한다.

**so-ta-i** 鹽辛 염신 [시마네 방언] 짜다
**소태** [경상방언] 짜다

시마네(島根) 방언 so-ta-i는 짜다는 뜻이다.

어근은 so-ta인데, '소태'와 발음이 흡사하다. '소태'도 고대에는 '소다'였을 가능성이 높다. 천년이 넘는 세월이 흘렀음에도 경상도와 시마네의 두 방언은 거의 옛날 모습을 그대로 간직하고 있다. 이 방언은 경상도 이외의 지역에는 존재하지 않고 있으므로, 가야 사람들이 가져간 말일 것이다.

## 술

'술'은 중세에도 같은 발음이었다. 다만 중세에는 술을 '수울' 혹은 '수을'이라고 하기도 하였는데, 이것은 '수블'이 변한 발음이다. 고대의 한국어에는 '술'을 뜻하는 말이 여럿 있었던 모양이다.

mo-to-**su-ri**-o-ke [야마구치 방언] 양조용 나무통
mo-to 基 기 [일본어] 근본
o-ke 桶 통 [ 〃 ] 나무통
**술** [한국어]

야마구치(山口) 방언 mo-to-su-ri-o-ke는 술을 담그는 양조용 나무통을 뜻한다. mo-to는 근본이고, o-ke는 나무통을 뜻하는 일본어이다. 술 담그는 나무통을 양조 과정의 근본으로 보았던 모양이다. 아오모리(青森) 방언에서 술통을 mo-to-o-ke라 하는 것을 보아도 알 수 있다. su-ri는 무엇인가? 일본어로는 전혀 해결이 되지 않는다.

'술'이 건너간 것이다. su-ri와 '술', 발음과 의미가 완벽하게 일치하고 있다. 이 방언은 '근본 술 통'이 원래의 의미가 된다.

mo-to-**su-ri** [야마가타 방언] 양조용 나무통
**술** [한국어]

야마가타(山形)에서는 mo-to-su-ri라 한다. 뒤의 o-ke가 생략되었다.

## 숟가락

밥 먹을 때에 사용하는 숟가락은 일본어에서 sa-zi(匙 시)라 하지만, 현대의 일본인들은 식사시에 숟가락을 사용하지 않고 젓가락만으로 밥을 먹는다. 그러나 고대에는 숟가락도 아울러 사용하였다.

'숟가락'은 중세에는 '술'이라 하였는데, 이것은 '숟'이 유음화한 말이다. '숟가락'에서 보듯이 고대에는 '숟'이었다. 복합어에서 발음이 변하지 않고 원형이 유지된 하나의 실례이다. '숟가락'의 '가락'은 가늘고 길게 토막이 난 물건을 뜻하는 말 혹은 그러한 물건을 세는 단위이다.

su-da-mi 匙 시 [아키타 방언] 숟가락
숟가락 [한국어]

동북지방의 아키타(秋田)에서는 숟가락을 su-da-mi라 한다. mi는 접미사로 보이고 어근은 su-da이다.

'숟'과 발음이 흡사하다. '숟'이 한국에서는 유음화되어 '술'로 되었으나, 아키타에서는 두음절인 su-da로 되었다. 백제 사람들도 역시 '숟'이라 하였을 것이다.

## 독

'독'은 간장이나 김치 따위를 담그는 데에 사용하는 큰 항아리이다.

to-ku 壺 호 [시마네 방언] 독
독 [한국어]

시마네(島根) 방언 to-ku는 일본의 전통 술병인 to-ku-ri(德利 덕리) 모양으로 생긴 대형의 항아리를 뜻한다.

'독'과 음상과 의미가 일치하고 있다. '독'은 한국의 전역에서 널리 사용되고 있으나, 일본에서는 다른 지역의 방언에는 전혀 보이지 않고 오직 시마네에만 존재하고 있다. 이 말은 신라나 가야에서 건너간 것일까?

## 보시기

'보시기'는 김치나 깍두기를 담는 반찬 그릇이다. 『표준국어대사전』에 의하면, 모양은 사발과 같으나, 높이가 낮고 크기가 작다고 한다. 이 사전에는

'차(茶) 보시기'라는 말도 있다. 예전에는 보시기로 차를 마셨던 모양이다.

'보시기'의 '기'는 그릇을 뜻하는 한자어 '기(器)'가 아닐까? 고유어는 '**보시**'이다. 중세에는 '보ᄉᆞ'라 하였으나 '보시'가 변한 모습이다.

**bo-tsi** 壺 호 [이바라키, 치바 방언] 차 사발
**bot-tsi** [치바 방언] 〃
**보시**기 [한국어] 사발 모양의 반찬 그릇

이바라키(茨城) 방언 bo-tsi는 차(茶) 사발을 의미한다. 치바(千葉)에서는 bot-tsi라 하는데, bo-tsi가 변한 음이다. 고대에는 bo-ti였다.

'**보시**'와 의미는 동일하고 발음은 비슷하다. 앞서 일본어에서 si와 ti가 서로 넘나드는 현상을 본 바 있는데(197쪽), 이 경우도 마찬가지이다. '보시'가 고대에 일본으로 건너가 bo-ti가 된 것이다.

중세 일본에서는 다도(茶道)가 대유행하였는데, 다완(茶碗) 즉 차 그릇으로 최고의 대우를 받은 것은 조선에서 건너간 사발(沙鉢)이었다.

## 동자

'**동자**'는 흔히 사용되는 말은 아니지만 밥 짓는 일을 뜻한다. 방언이 아닌 어엿한 중앙어이다.

북한방언 '**동자**간'은 부엌을 의미한다. '동자' 즉 밥 짓는 일을 하는 장소(間 간)라는 뜻이다. 황해방언 '**동자**꾼'은 부엌일을 하는 여자 하인을 일컫는 말이다. '동자'라는 말도 원래는 북한 쪽의 방언이 아니었을까?

**do-si** [야마구치 방언] 밥 짓는 일
**동자** [한국어] 〃

야마구치 방언 do-si는 역시 밥 짓는 일을 의미한다.

'동자'와 그 의미가 완전히 일치하고 있다. '동자'도 백제 시대에는 '도시'였던 것으로 생각된다. 도시→도지→도즈→도자→동자의 순으로 변해 온 것으로 추정할 수 있다. 고유어나 한자어를 막론하고 어말의 '자'라는 음은 고대에는 거의 '시'였다.

do-si와 '동자', 의미는 동일하지만 발음이 상당히 다른 것은, 일본어는 고형을 유지하고 있지만, 한국어에서 변화가 일어났던 것이 그 원인이다. 이러한 사례는 드물지 않다. 전반적으로 일본어보다 한국어가 훨씬 많은 변화가 있었던 것으로 보인다.

## 격기

중세어 '격기'는 음식대접을 뜻한다. 주로 '하다'를 붙여 '격기하다'라는 형태로 사용되었다.

**kiya-ku** 宴會 연회 [구마모토, 시마네 방언] 잔치
**격기** [중세 한국어] 음식대접

구마모토(熊本)와 시마네(島根) 방언 kiya-ku는 연회 즉 잔치라는 뜻이다. 잔치는 여러 사람들에게 음식을 대접하는 것이 그 기본이다.

'격기'와 같은 의미이고, 발음도 아주 비슷하다. '격기'가 일본으로 건너간 것으로서, '격기'도 고대에는 '격구'였을 가능성이 있다.

**o-kiya-ku** [구마모토, 나가사키, 고치, 에히메, 가가와 방언] 잔치
**ke-ya-ku** [야마가타 방언] 〃
**격기** [중세 한국어] 음식대접

나가사키(長崎) 등지에서는 접두사 o를 덧붙여 o-kiya-ku라 한다.

야마가타(山形)에서는 ke-ya-ku라 하는데, kiya-ku가 변한 모습이다.

## 덖다

음식을 물기가 없는 상태로 열을 가하는 것을 '볶다'라고 하는데, 이와 비슷한 말로 '덖다'가 있다. 두산동아출판사의 『새국어사전』을 보면 '(냄비 따위로) 좀 물기가 있는 고기나 약재 따위를 볶듯이 익히다'라는 뜻이라고 한다. 일본어로는 i-ru(炒 초)라 한다.

**ta-ku** 煮 자 [일본 거의 전역의 방언] 볶다
**덖**다 [한국어] 〃

교토(京都) 등 일본의 많은 지역에서 사용되는 방언 ta-ku는 볶다는 뜻이다. '덖다'와 의미는 동일하고 발음도 거의 일치하고 있다.

**ta-kon**-me-si [가고시마 방언] 볶음밥
**덖**다 [한국어]

볶음밥을 가고시마(鹿兒島)에서는 ta-kon-me-si라 한다. me-si(飯 반)는 물론 밥을 뜻하는 일본어이다.

'덖다'가 명사의 앞에서 수식할 때에는 '덖은'으로 되는데, ta-kon은 이러한 현상을 정확하게 반영하고 있다. 이 방언은 '덖은 밥'이다.

## 지지다

불에 달군 판에 기름을 바르고 고기나 전 따위를 부쳐 익히는 것을 '**지지다**'라 한다.

**si**–**zi**–ru *炒* 초 [오카야마 방언] 지지다
**지지**다 [한국어]

오카야마(岡山) 방언 si-zi-ru 역시 고기 따위를 기름을 두르고 익히는 것을 의미한다. '**지지다**'와 발음은 흡사하고, 의미는 동일하다.

'지지' 보다는 si-zi가 더 고형으로 보인다. 백제에서도 '시지다'였을 가능성이 크다. 그것이 일본으로 건너가 si-zi-ru가 되었고, 한국에서는 '지지다'가 된 것으로 짐작된다.

## 대끼다

'대끼다'라는 말은 요즘은 거의 사용되지 않지만, 『표준국어대사전』에 등재되어 있다. '애벌 찧은 보리나 수수 따위를 물을 조금 쳐 가면서 마지막으로 깨끗하게 찧다'라는 의미라 한다. 요컨대 곡식을 찧다는 의미인 것이 분명하다. 얼마 전까지만 하여도 널리 사용되었던 것으로 보인다.

절구는 곡식을 찧거나 떡을 하기도 하는 도구로서, 절구에 내리쳐 곡식을 찧는 나무로 된 막대기를 '공이'라 한다. 공이는 일본어에서 ki-ne(杵 저)이다.

**te**–**ki**–ne 杵 저 [나가사키, 시즈오카, 야마가타 방언] 절구 공이
**te**–**gi**–ne 〃 [도쿠시마, 오카야마, 나라, 도치키 방언] 〃
ki–ne 〃 [일본어] 〃

**대끼**다 [한국어] 찧다

나가사키(長岐) 등지의 방언 te-ki-ne는 절구 공이를 뜻하는데, 일반적인 공이가 아니라 자루가 따로 없고, 중간의 오목한 부분을 잡도록 된 형태의 것을 뜻하는 말이다.

te-ki-ne는 '대끼다'의 어근 '대끼'와 공이를 뜻하는 일본어 ki-ne의 합성어로서, 중복되는 ki 음 하나가 탈락된 형태이다.

따라서 이 방언은 '찧는 절구'라는 의미가 된다. '대끼'는 불필요한 말이지만, 백제에서 건너간 사람들은 굳이 이 말을 접두사처럼 집어넣었다.

도쿠시마(德島)와 나라(奈良) 등지에서는 te-gi-ne라 한다.

**te$_t$-ki**-gi [야마가타 방언] 절구 공이
**대끼**다 [한국어] 찧다

야마가타(山形)에서는 절구공이를 te$_t$-ki-gi라 한다.

이 말은 '대끼다'의 어근 '대끼'와 나무를 뜻하는 ki(木 목)가 흐린소리로 된 gi의 합성어이다. '찧는 나무'라는 뜻이 된다.

## 집

'집'은 중세에도 같은 발음이었다. 고대에도 마찬가지였던 모양이다.

ko-**zi-bo** [사이타마 방언] 중산층의 농가
ko 小 소 [일본어] 작다는 의미의 접두사
**집** [한국어]

사이타마(埼玉) 방언 ko-zi-bo는 농가(農家)를 의미하는데, 부농이 아닌

중산층 정도의 농가를 뜻한다. ko는 작다는 의미의 일본어이지만, zi-bo는 무엇인가?

'집'인 것이 분명하다. 이 방언은 '작은 집'이 원래의 의미이다.

## 거리와 물

제주 방언에서는 집을 '거리'라 하고, 한 채, 두 채를 '한 거리', '두 거리'라 한다.

wa-**ga-ri** [가고시마 방언] 우리 집
wa 我 아 [고대 일본어] 나
**거리** [제주 방언] 집

가고시마(鹿兒島) 방언 wa-ga-ri는 우리 집을 의미한다. wa는 나를 뜻하는 고대 일본어이다.

ga-ri는 바로 '거리'이다. 발음이 흡사하다. 이 가고시마 방언은 '나 거리' 즉 '나 집'의 원래의 의미가 된다.

**ke-ri-mu-ri** [아오모리 방언] 눈 녹은 물이 집안으로 새는 것
**거리** [제주 방언] 집
**물** [한국어]

아오모리(青森) 방언 ke-ri-mu-ri는 눈 녹은 물이 집 안으로 스며들어 축축하게 되는 현상을 뜻한다. 무슨 말일까? 이 말은 ke-ri와 mu-ri의 합성어이다. ke-ri는 제주방언 '거리'가 변한 말이다.

ke-ri-mu-ri의 mu-ri는 한국 사람이라면 쉽게 알 수 있다. '물'이다. 물은 중세에는 '믈'이라 하였으나, 삼국시대에는 오히려 현대어와 같은 발

음이었던 모양이다. 삼국사기 지리지를 보면

泗**水**縣 本 泗**勿**縣 사수현 본 사물현
(사**수**현은 본래 사**물**현이었다)

이라고 되어 있어, 한자어 '수(水)'를 고유어 '물(勿)'로 표기한 것을 알 수 있다. 이 '물(勿)'이라는 한자는 어떤 발음을 나타내는 말일까? '묻'일 가능성이 있지만, 삼국시대 후기에는 유음화 현상이 꽤 널리 보급되었으므로, '물'이라는 발음이었을 가능성이 크다.

ke-ri-mu-ri는 원래의 의미가 '거리 물'이다. 즉 집으로 눈이 녹아 새어 든 '물'을 뜻한다. 사수현은 현재 경남 사천시의 옛날 이름이다.

## 넝

평안방언 '넝기슭'은 처마기슭 즉 지붕의 가장자리라는 뜻이다. 여기서 '넝'이 처마를 의미한다는 것을 알 수 있다.

**no-ki** 軒 헌 [일본어] 처마
**넝** [평안방언] 〃

일본에서는 처마를 no-ki라 한다. 고대에는 nə-ki였다.

평안방언 '넝'과 발음이 흡사하다. '넝'도 고대에는 '넉'이었을 가능성이 크다. 이 방언은 현재 평안도에만 남아있으나, 고대에는 전국에 통용되었을 것으로 보인다. 백제에서 건너간 말일 것이다.

## 고마깥

평북방언 '고마깥'은 부엌을 의미한다. '고마'와 '깥'의 합성어이다. '깥'은 장소를 의미하는 말일 것이다. '바깥'의 '깥' 역시 장소를 뜻한다. 평안방언 '고막' 또한 부엌을 뜻한다. '고마'가 변한 형태이다.

ko-ma [야마나시 방언] 부엌
ko-ma [도야마 방언] 주부의 방
**고마**깥 [평북방언] 부엌
**고막** [평안방언] 〃

부엌을 야마나시(山梨) 방언에서는 ko-ma라 한다. '고마'와 그 발음과 의미가 완벽하게 일치하고 있다.

도야마(富山) 방언 ko-ma는 주부의 방을 뜻하지만 이것은 의미가 약간 변화한 경우이다. 부엌을 의미하는 '고마'라는 말은 평안방언 이외에는 전혀 찾아 볼 수가 없다. 고구려 유민들이 가져간 말일까?

일본어에서는 da-i-do-ko-ro(台所 태소)라 한다.

## 두룻물

평안방언 '두룻물'은 우물을 뜻한다. '두루'와 '물'의 합성어이다. 강원방언에서는 '드레물'이라 한다.

tsu-ru-i 井戶 정호 [고치, 야마구치, 히로시마, 돗토리, 후쿠시마 방언] 우물
i 井 정 [일본어] 〃
**두룻**물 [평안방언] 〃

고치(高知) 방언 tsu-ru-i 역시 우물을 뜻하는데, 고어는 tu-ru-i였다. 이 방언은 tu-ru와 i의 합성어로서, i는 우물을 뜻하는 일본어이다. tu-ru는 무엇인가?

평안방언 '두룻물'의 '두루'이다. 발음과 의미가 완벽하게 일치하고 있다. tu-ru-i는 동어반복이다.

**tsu-ru**-ka-wa [구마모토, 이키, 나가사키 방언] 우물
ka-wa 川 천 [일본어] 내
**두룻**물 [평안방언] 우물

구마모토(熊本) 등지에서는 tsu-ru-ka-wa라 한다. 고어는 tu-ru-ka-wa였고, ka-wa는 내를 뜻한다.

tu-ru는 '두루' 즉 우물이므로, 이 방언은 '우물 내'라는 의미가 된다.

## 도리

서까래를 받치기 위하여 기둥 위에 건너지른 나무를 '도리'라 한다. 용마루의 밑에 서까래가 걸리는 중심되는 도리는 '마룻도리'인데, 마룻대라고도 한다.

**to-ri**-o-ku-ri 棟上祝 동상축 [나가노 방언] 상량식(上梁式)
**도리** [한국어] 서까래를 받치는 나무

나가노(長野) 방언 to-ri-o-ku-ri는 집을 신축할 때 하는 상량식, 즉 서까래를 받치는 마룻대를 올린 후 축하하는 의식을 뜻한다. o-ku-ri(送 송)는 전송 혹은 '배웅의 의미이다.

to-ri는 일본어가 아닌 '도리'이다. 발음과 의미가 완벽하게 일치하고

있다. 따라서 이 방언은 '도리 보냄' 혹은 '도리 배웅'이 원래의 의미가 된다.

**tsu-ri** 梁 양 [치바 방언] 대들보
**도리** [한국어]

치바(千葉)에서는 대들보를 tsu-ri라 한다. 고대에는 tu-ri였으니 '도리'가 변한 모습이다.

o-**do-ri** [교토 방언] 초가집 마룻대의 기둥
o 小 소 [일본어] 작다는 의미의 접두사
**도리** [한국어]

교토(京都) 방언 o-do-ri는 초가집 마룻대의 x자 모양 기둥을 뜻한다. o는 작다는 의미의 접두사이고, do-ri는 '도리'이다.

## 동바리

『표준국어대사전』에 의하면, '동**바리**'는 마루나 좌판의 밑에 세우는 짧은 기둥을 뜻한다. '외동**바리**'는 광산에서 구덩이가 무너지지 않도록 받치는 하나의 기둥을 의미한다. '동'이 무슨 의미인지는 분명치 않지만, 이 두 말에서 '**바리**'가 기둥을 뜻한다는 것을 알 수 있다.

**ha-ri** 梁 양 [일본어] 대들보
동**바리** [한국어]

일본의 중앙어 ha-ri의 고어는 pa-ri였으며, 대들보를 뜻한다. 대들보

는 기둥과 기둥을 가로지는 들보 중에서 가장 중요한 것을 일컫는다.

고어 pa-ri는 '바리'와 발음이 일치하고 있다. 그런데 한국의 '바리'는 수직으로 세우는 기둥이니 의미가 약간 다른 것처럼 보이지만, 대들보도 역시 나무로 만든 기둥이라는 점에서는 '바리'와 다르지 않다. 원래는 같은 의미였던 것이 세월이 흐르면서 어느 곳에선가 약간 변한 것으로 짐작된다.

## 돗자리

왕골이나 골풀의 줄기를 이용하여 만든 자리를 '돗자리'라 한다. '돗'과 '자리'의 합성어이다. '돗자리'는 근세의 용어이고, 중세는 '돗ㄱ'이라 하였다.

**do-si** [시마네 방언] 돗자리
**돗** [중세 한국어] 〃

시마네(島根) 방언 do-si 또한 돗자리를 뜻한다. '돗'과 그 발음과 의미가 일치하고 있다. 백제 시대에도 '돗'이었을 것이다.

## 실

천을 만드는 '실'은 중세에도 같은 발음이었다. 백제 시대에도 거의 비슷하였을 것이다. 일본어에서는 i-to(糸 사)라 한다.

ki-gi-**si-ri** [아키타 방언] 베를 짤 때 끝부분에 남은 실
**실** [한국어]

아키타(秋田)에서는 베를 짤 때에 끝부분에 남은 실을 ki-gi-si-ri라 한다. ki-gi가 무슨 의미인지는 알기 어렵다.

si-ri는 발음으로 보아 '실'인 것이 명백하다.

**si-ra**-ga 生絲 [가고시마, 오키나와 방언] 익히지 않은 명주실
**실** [한국어]

오키나와(沖縄)에서는 익히지 아니한 명주실을 si-ra-ga라고 한다.

ga의 의미는 불명이지만 si-ra는 역시 '실'이다.

## 두루**마기**

'두루마기'는 한국 고유의 웃옷이다. 중세어 '결**마기**'는 여성용 예복저고리를 뜻하였다. 평안방언 '제**마기**'는 두루마기이고, 평북방언 '쿠루매기'는 겨울에 입는 방한용 외투를 의미하는데, '쿠루**마기**'가 변한 말로 보인다. 이러한 말들의 '**마기**'는 바로 옷을 의미하는 것이 분명하다.

ki-**ma-ki** 衣服 의복 [이와테 방언] 옷
ki-mo-no 着物 착물 [일본어] 〃
두루**마기** [한국어] 고유의 웃옷

이와테(岩手) 방언 ki-ma-ki는 옷을 뜻한다. 앞의 ki(着 착)는 옷을 뜻하는 고대 일본어이다. ma-ki는 무엇인가?

옷을 의미하는 '**마기**'이다. 발음과 의미가 완벽하게 일치하고 있다. 이 방언은 동어반복이다.

**ma-ki**-mo-no 着 착 [니이가타 방언] 옷

두루**마기** [한국어]

니이가타(新潟) 방언 ma-ki-mo-no는 옷을 총칭하는 말이다.

ma-ki는 '마기'이고, mo-no(物 물)는 물건이라는 뜻이다. '마기 물건' 즉 '옷 물건'이 원래의 의미이다. 옷을 뜻하는 일본어 ki-mo-no(着 착)와 대응되고 있다.

si-ri-**ma-ki** 褌 곤 [오사카 방언] 훈도시
두루**마기** [한국어]

고대 일본 남성들의 팬티인 훈도시를 오사카(大阪)에서는 si-ri-ma-ki라 한다. si-ri(尻 고)는 엉덩이이다.

ma-ki는 '마기'이니, '엉덩이 마기'이다.

ka-tsu-**ma-gi** [시마네 방언] 외출복
두루**마기** [한국어]

시마네(島根) 방언 ka-tsu-ma-gi는 외출복을 뜻한다.

ka-tsu의 의미는 알 수 없으나, ma-gi는 '마기'이다.

옷을 뜻하는 '마기'가 백제 시대에 일본으로 건너간 것이다. 그런데 이 '마기'라는 말은 '막다'라는 동사의 명사형일까? 비바람이나 추위를 막는 물건 즉 '**막이**'일 가능성이 크다. '막다'라는 동사가 일본으로 건너간 것은 졸저 『일본 천황과 귀족의 백제어』에서 본 바 있다(194쪽).

## 윗**도리**

한국에서는 윗옷을 '윗**도리**'라 하고, 바지와 같은 하의를 '아랫**도리**'라 한

다. 따라서 '도리'라는 말이 옷을 의미한다는 사실을 알 수 있다.

ka-ni-**to-ri** 産衣 산의 [나라 방언] 배내옷
윗**도리** [한국어] 윗옷

나라(奈良) 방언 ka-ni-to-ri는 갓난 아기가 입는 배내옷을 의미한다.

여기서의 to-ri는 바로 '도리'이다. 발음과 의미가 완벽하게 일치하고 있다. ka-ni는 '갓난 아기'의 '갓'인데 이 점에 관하여는 뒤에서 살펴보자(455쪽).

a-ka-**to-ri** 肌着 기착 [니이가타 방언] 속옷
a-se-**to-ri** [ 〃 ] 〃
윗**도리** [한국어]

니이가타 방언 a-ka-to-ri는 속옷이라는 뜻이다. a-ka(裸 나)는 알몸을 뜻하는 a-ka-ha-da-ka(裸 나)의 준말이다.

to-ri는 '도리'이다. 이 방언은 '알몸 도리'가 원래의 의미이다.

a-se-to-ri 또한 속옷을 의미한다. a-se(汗 한)가 땀을 뜻하므로, 이 방언은 '땀 도리' 즉 '땀을 받아내는 옷'이라는 의미이다.

ku-bi-**tsu-ri** 古着 고착 [교토 방언] 낡은 옷
윗**도리** [한국어]

교토(京都) 방언 ku-bi-tsu-ri는 낡은 옷을 뜻한다. ku-bi는 낡게 되다는 뜻의 교토 방언 ko-bi-ru의 어근 ko-bi가 변한 말이다.

tsu-ri는 to-ri가 변한 형태이다. tori→turi→tsuri 순으로 변하였다. 이 방언은 '낡은 도리'라는 의미가 된다.

## 벌

옷을 세는 단위는 '벌'이다. '옷 한 벌'은 한 개의 옷이라는 의미이다. 중세에는 '벌'이라 하였으나, 충북과 경상방언에서는 '불'이다. 이 '불'이 '벌'보다 더욱 고형이다.

**bu-ra** 衣裳 의상 [하치죠우시마 방언] 옷
**불** [충북, 경상, 제주방언] 옷을 세는 단위

도쿄(東京) 앞바다의 작은 섬 하치죠우지마(八丈島) 방언 bu-ra는 옷을 뜻한다. 방언 '불'과 그 발음이 아주 비슷하다.

u-wa-**bu-ri** 羽織 우직 [도야마 방언] 길이가 짧은 윗도리
si-ri-**pu-ri** [야마가타 방언] 〃
**불** [충북, 경상, 제주방언]

도야마(富山) 방언 u-wa-bu-ri는 조끼와 비슷하게 생긴 짧은 윗도리를 의미한다. u-wa(上 상)는 위를 뜻하고, bu-ri는 '불'이니, '윗 불'이다.

야마가타(山形)에서는 짧은 윗도리를 si-ri-pu-ri라 한다. si-ri가 무슨 의미인지는 알 수 없으나 pu-ri는 '불'이다.

백제 사람들은 아마도 옷을 '불'이라고 하였을 것으로 생각된다. 그것이 일본으로 건너가서는 위와 같은 방언들을 낳았고, 한국에서는 옷을 세는 단위로 의미가 조금 바뀌었다.

## 바지

'바지'를 중세에는 '바디'라 하였다. 백제 시대에도 같은 발음이었을 것

이다.

**pa$_t$-tsi** [일본어] 바지
**바디** [중세 한국어] 〃

일본어 pa$_t$-tsi는 '바지'를 뜻한다. 방언이 아닌 중앙어이다. 고대에는 pa-ti였다. 백제 사람들이 '바디'를 일본으로 가져갔던 것인데, 현대에 이르러 변한 발음마저도 흡사한 점이 흥미롭다.

바지는 북방계 유목민족의 활동복이다. 말을 타고 활동하기에 편한 복장인 것이다. 고대 남방계 민족에게는 바지라는 옷이 존재하지 않았다. 백제는 원래 만주에 있던 부여에 그 뿌리가 있다는 사실이, 이 '바지'라는 말에서도 증명되고 있다.

고대 일본 귀족들이 입던 옷은 백제 귀족들의 옷과 아무런 차이가 없었다. 필자는 일본의 여러 박물관에서 고대 일본 귀족들의 옷을 구경하였는데, 고대 한국 귀족의 옷과 아무런 차이가 없었다. 중세에 들어 일본 귀족들의 옷이 일본풍으로 크게 변화되어, 한국의 옷과는 다른 모습으로 바뀌었다.

## 찌그리

경남방언 '**찌그리**'는 소를 부릴 때에 풀을 뜯어먹지 못하도록 입에 씌우는 망을 의미한다.

**ti-ki-ri** 巾 건 [고대 일본어] 두건
**찌그리** [경남방언] 소의 입에 씌우는 망

사어가 된 고대 일본어 ti-ki-ri는 머리에 쓰는 두건을 뜻하였다.

경남방언 '**찌그리**'를 연상케 한다. 소의 입에 씌우는 망은 그 모양이 두건과 같은 구조로서 흡사하다. 아마 '찌그리'도 고대에는 사람이 쓰는 두건을 의미하였을 것이다. 그리고 발음도 '디기리'였을 것으로 짐작된다.

한국에는 두건을 일컫는 고유어가 없다. 고대에는 있었을 가능성이 크지만, 한자어 '두건(頭巾)'에 밀려 세력을 잃었을 것이다. 두건을 뜻하는 한국의 고대어가 바로 '디기리'가 아니었을까? 지금은 경남방언에만 남아있으나, 고대에는 전국에서 널리 쓰이던 말이었다고 보아도 무방할 것이다.

## 들부

중세어 '들부'는 과거 남성이 생식기나 항문 등에 병이 났을 때 차는 헝겊을 뜻한다.

tsu-ri-hu 褌 곤 [고치 방언] 훈도시
**들부** [중세 한국어] 남성의 생식기 부근에 차는 헝겊

과거 일본의 남성들은 요즘의 팬티에 해당하는 훈도시(褌 곤)라는 좁고 긴 천을 둘렀다. 이 훈도시를 고치(高知)에서는 tsu-ri-hu라 하는데, 고대에는 tu-ri-pu였다.

발음이나 의미가 '들부'와 일치하고 있다. '들부'는 고대에 '둘부'였을 것이다.

## 실뜨기

실을 양쪽 손가락에 걸고는, 두 사람이 주고받으면서 여러 가지 모양을 만드는 놀이를 '실뜨기'라 한다. '뜨기'는 동사 '뜨다'의 명사형이다. 일본어에서는 i-to-to-ri(糸取 사취)라 한다. i-to(糸 사)는 실이고, to-ri(取 취)는

잡기이니 '실 잡기'라는 뜻이 된다.

> i-to-**to-ki** 綾取 능취 [구마모토 방언] 실뜨기
> 실**뜨기** [한국어]

구마모토(熊本) 방언 i-to-to-ki 역시 실뜨기를 뜻한다.

i-to는 실이지만 to-ki는 무엇인가? '뜨기'이다. '실뜨기'에서 '실'을 일본어 i-to로 번역하였고, '뜨기'는 발음 그대로 to-ki로 표현하였다. 고대에는 tə-ki였을 것이다.

> a-ze-**to-i** [가고시마 방언] 실뜨기
> a-ze-i-to 綜糸 종사 [일본어] 실뜨기에 사용되는 실
> 실**뜨기** [한국어]

가고시마(鹿兒島) 방언 a-ze-to-i 역시 실뜨기라는 뜻이다.

일본어 a-ze-i-to가 실뜨기에 사용되는 실을 의미하는 것을 보면, 여기서의 a-ze는 실을 뜻하는 것으로 보인다. to-i는 to-ki의 k 자음이 탈락된 모습이다.

역시 '뜨기'이다. 백제 사람들도 우리들과 마찬가지로 심심소일로 실뜨기를 하였던 사실을 알 수 있다. 경음이 없던 백제 시대에는 '더기'였을 것이다.

## 빨래

'빨래'는 '빨다'라는 동사의 명사형이다. 중세에는 '빨다'라 하였으나, 이는 경음표기이고, 고대에는 '발다'였을 것이다.

**ba-ra-i** 洗濯 세탁 [도야마 방언] 빨래
**빨래** [한국어]

도야마(富山) 방언 ba-ra-i는 빨래를 뜻한다. 얼핏 보아도 '빨래'와 흡사한 발음이다. '빨래'는 도야마 방언으로 미루어보면 고대에는 '바라'였을 것이다. ba-ra-i의 어근은 ba-ra이고, i는 주격조사가 부착된 것으로 짐작된다. '빨래'는 '바라→바라이→바래→빨래'의 순으로 변화한 것이 아닐까?

'빨래'의 기본이 되는 동사 '발다'도 일본으로 건너갔을 것으로 보이지만, 방언이나 고어 어디에도 보이지 않고 있다. 일찍 사라진 모양이다.

## 신

산삼 캐는 것을 업으로 하는 심마니들은 일반인들이 모르는 특별한 말을 많이 쓴다. 일본에서도 사냥꾼이나 숯장이와 같이 산에서 일하는 사람들은 일반인들과는 다른 특별한 용어를 사용하는데, 이러한 말을 '야마 코토바(山言葉 산언엽)'라 한다. '산(山) 말'이라는 의미이다. 산 속에서 일하는 사람들이 특별한 말을 사용하는 것은 산신의 위해를 방지하기 위한 의도라 한다.

**si-ne**-mo-no 履物 이물 [후쿠시마 방언] 신발류의 총칭
mo-no 物 물 [일본어] 물건
**신** [한국어]

후쿠시마(福島) 방언 si-ne-mo-no는 신발류를 총칭하는데, 바로 이 '산 말'에 속한다. mo-no(物 물)는 물건이라는 뜻이지만, si-ne는 무엇인가?

한국에서는 발에 신는 물건을 '신'이라 한다. '신'이 후쿠시마로 건너가 si-ne가 된 것이다. 이 방언은 '신 물건'이 원래의 의미이다.

'신'은 중세에도 같은 발음이었다. 백제 시대에도 마찬가지였던 모양이다.

이 말이 후쿠시마의 '산 말'에서 si-ne로 살아남아 있는 것은 행운이다. 백제어가 일본으로 건너가 '산 말'이 된 것은 그 예가 극히 드물다. 이 방언은 드문 예 중의 하나이다.

## 커리

신발이나 양말 등 발에 신는 것을 세는 단위가 '켤레'이다. 사실 '켤레'라는 발음은 서울이나 경기도 혹은 그쪽에 인접한 곳 이외에는 거의 사용되지 않는 것으로 보인다. 대부분의 지방에서는 '**커리**'라고 한다.

> **ke-ri** 靴 화 [아키타, 아오모리 방언] 구두, 신발
> **ke-ri** 鞋 혜 [이와테 방언] 짚신, 신발
> **커리** [전라, 충청, 경상, 강원, 평북, 함경 방언] 켤레

일본의 최북단인 아오모리(青森)와 아키타(秋田)에서는 구두 혹은 신발을 ke-ri라 하고, 이와테(岩手)에서는 짚신 혹은 신발을 ke-ri라 한다.

'커리'가 건너간 것이 분명하다. '커리'는 고대에는 '거리'였을 것이다. 방언의 분포 지역으로 보아 고구려에서 건너갔을 가능성을 생각해 볼 수 있다.

# 9. 동사

## 오다

'오다'는 중세에도 마찬가지 발음이었다. 백제 시대에도 차이가 없었던 모양이다. 일본어에서는 ku-ru(來 래)라 한다.

> **o**-run 來 내 [오키나와 방언] 오시다
> **오**다 [한국어]

오키나와(沖縄)에서는 '오다'의 높임말, 즉 '오시다'를 o-run이라 한다.

run은 동사를 만드는 접미사이고, 어근은 o이다. '오다'와 발음과 의미가 완벽하게 일치하고 있다.

> **o**-su 降 강 [후쿠시마 방언] 비가 내리다
> **오**다 [한국어]

후쿠시마(福島) 방언 o-su는 비가 내리다는 의미이다.

한국어에서도 '비가 내리다'라는 표현과 아울러, '비가 오다'라는 표현도 흔하게 사용되고 있다. 어근 o는 '오다'가 건너간 것이 분명하다.

si-**o**-i 雨 우, 慈雨 자우 [후쿠시마 방언] 비, 때마침 내리는 비
보름치 [한국어]

앞서 후쿠시마(福島) 방언 si-o-i를 본 바 있다. 비 혹은 가뭄이 심해 애타게 기다릴 때에 내리는 비를 뜻한다(117쪽). si는 비를 뜻하는 '치'이다.

o-i는 '오다'의 어근 '오'에다 명사를 만드는 접미사 '이'를 붙인 형태이다. '비 오기'라는 의미가 된다.

한국어에서는 동사를 명사로 만들 때에 접미사 '이'를 붙이는 경우가 많다. 잡다→잡**이**, 살다→살**이**, 말다→말**이**에서 보는 바와 같다. 고대에 있어서 동사를 명사로 만드는 대표적인 접미사가 '이'이다. o-i의 i는 바로 접미사 '이'가 건너간 것이다.

고대 한국어에서 동사를 명사로 만드는 방법으로서, 동사의 어간에 접미사 '이'를 붙이는 방법이 있었고, 동사의 어근 그대로 명사로 활용하는 두 가지 방법이 있었다. 뒤에서 좀 더 자세히 살펴보자.

u-ru-**o-i** [시마네, 도쿠시마 방언] 비가 내리는 것
**오**다 [한국어]

시마네(島根) 방언 u-ru-o-i는 '비가 내리는 것'이라는 뜻을 가진 명사이다.

u-ru는 비를 뜻하는 방언으로 짐작된다. 비가 내리다는 뜻을 가진 일본어 hu-ru(降 강)가 변한 말이 아닐까?

o-i는 '오다'의 '오'에 명사화접미사 '이'를 붙인 형태이다.

## 온나

전남과 경상방언에서는 '어서 오너라'를 '어서 온나'라고 한다. 경남 사람들은 '오이라'라 한다. '오다'의 명령형이다.

**o-i-na** [와카야마 방언] 어서 와
**o-in-na** [나가노, 시가 방언] 〃
**온나** [전남, 경상방언] 오너라
**오이라** [경남방언] 〃

다른 사람이 자신의 집을 방문하였을 때 하는 인사말은 '어서 와'이다. 이 인사말을 와카야마(和歌山)에서는 o-i-na라 한다. '온나'와 '오이라'의 중간쯤인 것 같다.

나가노(長野)에서는 o-in-na인데, 이 말은 '온나'에 더 가깝다.

이 두 방언의 o가 '오다'의 어근 '오'인 것은 의문의 여지가 없다. 명령형을 만드는 어미 na도 '온나'의 '나'와 동일한 점도 흥미롭다.

**on**-sa-i [기후 방언] 어서 와
**on**-na-sa-re [미야기 방언] 〃
**온**나 [전남, 경상방언] 오너라

'어서 와'라는 인사말을 기후(岐阜)에서는 on-sa-i라 한다.

on은 '온나'의 '온'과 발음과 의미가 완벽하게 일치하고 있다. sa-i는 권유의 의미를 나타내는 na-sa-i가 축약된 형태이다.

미야기(宮城)에서는 on-na-sa-re라 하는데, on은 역시 '온나'의 '온'이다. na-sa-re는 na-sa-i가 변한 말일 것이다.

## 왔다

‘오다’라는 동사가 일본으로 건너간 것을 보았는데, 실제 언어생활에서는 기본형인 ‘오다’보다도 과거형인 ‘왔다’라는 말이 많이 쓰이고 있다. ‘왔다’를 분석하여 보면, ‘오다’의 어근 ‘오’에다 과거를 나타내는 선어말어미 ‘았’이 결합한 형태이다. 즉 ‘오았다’가 ‘왔다’로 된 것이다.

그런데 중세의 문헌에는 ‘왯다’로 되어 있다. 고대에는 어떠하였을까? 아마도 백제 시대에는 ‘왔다’였을 것이다. 중세의 문헌어 ‘왯다’는 ‘왔다’의 변형으로 보인다. ‘왯다→왔다’와 같은 변화는 언어학의 상식과는 반한다. 만일 고대에도 ‘왯다’였면, 현대의 어느 지역에선가 방언으로 남아 있는 것이 정상이지만, 이런 방언은 현재 존재하지 않는다. 한국의 모든 지역 사람들이 ‘왔다’라 하고 있는 것이다. 가사 ‘왯다’라는 말이 중세에 사용되었다 하더라도, 서울을 중심으로 한 극히 좁은 지역에 한정된 지역어였다고 볼 수밖에 없다.

**wa**-su 來 내 [가고시마, 나라, 교토, 오사카, 시가, 후쿠이 방언] 오다
**왔**다 [한국어]

나라(奈良)와 교토(京都) 일원의 방언 wa-su는 오다는 뜻이다.

‘왔다’의 어근 ‘와’가 일본으로 건너간 것이 분명하다. 접미사도 su를 붙이고 있어, ‘왔’의 어감이 그대로 살아있는 것이 흥미롭다. 이 형태로 미루어 보면, 백제 시대에도 기본형은 ‘왔다’이지만, 가령 ‘왔어?’는 ‘와서?’로 발음하였던 모양이다. 흔하지 아니한 su라는 어미를 붙이고 있는 것을 보면, ‘와서?’와 같은 언어습관의 영향이 아닌가 싶다.

교토 사람들이 wa-si-ta라 하는 것은 ‘오시다’라는 의미이다. 이 방언의 wa-si에서도 ‘와서?’를 느낄 수 있다.

wa-se-ru 來 내 [나라, 교토, 시가, 아이치, 시즈오카, 야마나시 방언] 오다
wa-su-ru 〃 [시가 방언] 〃
**왔다** [한국어]

위 두 방언은 '왔다'의 '왔'이 변한 wa-se 혹은 wa-su에다 접미사 ru를 붙인 형태이다.

wa-run 來 내 [오키나와 방언] 오다
**왔다** [한국어]

오키나와(沖縄) 사람들은 wa-run이라 한다. run은 동사를 만드는 접미사이고, 어근은 wa이다. 앞의 방언들과 비교하여 보면 어미에서 차이가 있다.

이러한 방언들은 원래는 높임말이었다고 하는데, 현재는 높임의 의미가 사라진 곳도 많다 한다.

wa$_{t}$-si$_{yo}$-i [일본어] 마츠리(祭 제)에서 사용하는 말
**왔소 잉!** [한국어]

일본에는 지방마다 고유한 축제가 많다. 축제를 일본사람들은 '마츠리(祭 제)'라 한다. 마츠리에는 여러 사람이 끄는 '산차(山車)'라 불리는 수레가 등장하는데, 이것을 끌면서 사람들은 wa$_{t}$-si$_{yo}$-i라고 외친다. 『광사원 일한사전』에는 이 말이 '무거운 것을 여럿이 멜 때의 소리'라고 되어있으나, 이는 좀 문제가 있는 풀이이다.

여러 사람이 무거운 물건을 끌면서 내는 소리는 일본어에서 yo-i-si$_{yo}$-yo-i-si$_{yo}$라 한다. 마츠리에서 수레를 끌면서도, 단순히 여러 사람이 힘을 모으는 소리를 내는 것이라면, '요이쇼! 요이쇼!'라고 하여도 아무런 문제가

없다. 그리고 마츠리 이외의 일에서는, 아무리 여럿이 힘을 모으는 일을 할 때라도 '왓쇼이'라는 말을 사용하는 법은 없다. 이 말은 힘을 모으는 구령과 같은 말이 아니고, 마츠리에서만 사용되는 아주 특별한 말이다.

이 wa$_{t}$-si$_{yo}$-i는 '왔소 이!'이다. 즉 한국에서 사람이 바다를 건너 일본으로 '왔다'는 의미이다. 머나먼 백제 땅에서 출발하여, 현해탄의 거센 파도를 헤치고 무사히 일본으로 건너 온 사람들에게, 먼저 건너 와 정착하고 있던 백제 사람들이 '왔소 이!'이라는 정감 넘치는 축하인사를 보냈던 것이다. '왔소 이!' 이 짧은 말에는 많은 의미가 함축되어 있었던 것으로 짐작된다. 백제 멸망 이후에는 이 말이 아주 빈번하게 사용되었을 것이다.

wa$_{t}$-si$_{yo}$에 붙어있는 i는 무엇인가? 지금도 전라도 사람들은 '나 좀 보시오 이', '잘 했어 이'에서 보는 바와 같이, 습관적으로 '이'라는 말로 말을 끝내고 있다. '잉'이라고도 한다. 이 말은 나중에 자세히 살펴보자(520쪽).

일본 마츠리의 wa$_{t}$-si$_{yo}$-i라는 말에는, 살아 숨쉬는 듯한 백제어의 어감이 천년이 훨씬 넘는 세월에도 불구하고, 그대로 남아 있다. 이러한 일본의 방언들을 볼 때, 백제 사람들도 현대 한국인과 다름없이 '왔다'라는 말을 사용하였을 뿐 만 아니라, 그 발음도 현대어와 거의 차이가 없었다는 사실을 짐작하기에 부족함이 없다.

## 가다

중세에도 '가다'는 같은 발음이었다. 고대에도 변함이 없었을 것이다.

**ka**-su 去 거 [도치키, 후쿠시마 방언] 떠나다
**가**다 [한국어]

도치키(栃木) 등지의 방언 ka-su는 어떤 장소에서 떠나다는 뜻이다.

어근은 ka인데, '가다'의 어근 '가'와 발음과 의미가 일치하고 있다. '오다'

가 일본으로 건너가 아주 활발하게 사용된 것에 비하여 '가다'는 그렇게 널리 사용되지 않았던 모양이다. 이 방언 외에는 그 용례를 찾을 수 없다.

## 있다

'있다'를 중세에는 '잇다' 혹은 '이시다'라 하였다. 제주방언에서는 지금도 '이시다'라 한다. '이시다'가 고형이고, 백제 시대에도 마찬가지였을 것이다.

일본어로는 a-ru(有 유), 높임말은 a-ri-ma-su이다.

> go-**i-su** 有 유 [야마구치, 히로시마, 야마나시, 후쿠이, 아오모리 방언] 있다의 높임말
>
> **이시**다 [중세 한국어] 있다

야마구치(山口) 등지의 방언 go-i-su는 '있다'의 높임말이다. 높임의 의미를 더하는 접두사 go(御 어)와 i-su의 복합어이다.

i-su는 '이시'를 그대로 일본어의 동사화한 형태이다. 이 말은 동사의 기본형이고, 가령 여기에다 ma-su를 붙이면 go-i-si-ma-su로 되므로, 중세 한국어 '이시다'와 동일한 i-si이다.

> go-**su** 有 유 [시가, 시즈오카, 야마나시, 후쿠이, 군마, 아오모리 방언] 있다의 높임말
>
> gon-**su** 〃 [고치, 오카야마, 와카야마, 시즈오카, 이시카와, 니이가타, 사이타마, 군마 방언] 〃
>
> **이시**다 [중세 한국어]

시가(慈賀) 등지의 go-su는 go-i-su에서 중간의 모음 i가 탈락한 형태이다. 세월이 흘러 백제어 '이시다'라는 말이 망각되면서, 가장 중요한 동사의

어근이 생략되고 말았다.

방언 gon-su는 go-su가 변한 형태이다.

**i-si**-ka-yun 居 거 [오키나와 방언] 있다, 살다
**이시**다 [중세 한국어]

오키나와(沖繩) 방언 i-si-ka-yun은 '있다' 혹은 '살다'의 낮춤말이다. yun은 동사를 만드는 접미사이지만, ka는 의미가 불분명하다.

그러나 i-si는 '이시다'의 어근 '**이시**'와 일치한다.

go-za-**i-su** 有 유 [나라, 시즈오카, 나가노, 이시카와, 후쿠시마 방언] 있다의 높임말
go-za-i-ma-su [일본어] 〃
**이시**다 [중세 한국어]

나라(奈良) 등지의 방언 go-za-i-su 역시 '있다'의 높임말이다.

go-za(御座 어좌)와 i-su의 복합어로서, go-za는 원래 귀인의 자리를 뜻하는 한자어이다. 일본어에서 '있다'의 공손한 표현은 a-ri-ma-su이다. 이 말은 바로 go-za와 a-ru(有 유)의 높임말 a-ri-ma-su가 결합한 go-za-a-ri-ma-su가 변한 말이다.

나라 방언 go-za-i-su는 귀인의 자리를 뜻하는 go-za와, 백제어 '**이시**'의 복합어로서, 일본어 go-za-i-ma-su와 같은 구조이고 의미도 동일하다.

go-za-**e-su** 有 유 [오카야마 방언] 있다의 높임말
go-**za-en-su** 〃 [시마네 방언] 〃
go-**zi-su** 〃 [이시카와 방언] 〃
go-**zin-su** 〃 [이시카와, 니이가타 방언] 〃
**이시**다 [중세 한국어]

위의 네 방언은 모두 go-za-i-su가 변한 말들이다.

## 계시다

'있다'의 높임말은 '**계시다**'이다. 중세에는 '**겨시다**'라 하였다.

**ke-su** 有 유 [이바라키 방언] 계시다
**ge-su** 〃 [시즈오카, 기후, 군마 방언] 〃
**겨시**다 [중세 한국어] 〃

위 두 방언은 '있다'의 높임말이다.

연용형은 ke-si 혹은 ge-si이므로, '**계시다**'를 연상케 한다. 발음이 흡사하고 의미는 동일하다.

**get-su** 有 유 [이바라키 방언] 계시다
**겨시**다 [중세 한국어]

이바라키(茨城) 방언 get-su는 ge-su의 ge에 강세가 있어 촉음으로 된 형태이다.

이 고장 사람들은 "계십니까?"를 get-siyo-u라 한다. '**계쇼우**?'와 흡사하다.

## 살다

'살다'는 중세에도 마찬가지였다. 백제 시대에도 다르지 않았을 것이다.

sa-ru 居 거 [미에 방언] 살다, 있다
**살**다 [한국어]

미에(三重) 방언 sa-ru는 살다 혹은 있다는 뜻이다.
'살다'의 어근 '살'이 일본어의 동사로 되었다는 사실을 쉽게 알 수 있다.

i-**sa-ru** 居 거 [교토 방언] 살다, 있다
i-ru 〃 [일본어] 〃
**살**다 [한국어]

교토(京都)에서는 i-sa-ru라 한다. 이 말은 살다 혹은 있다는 의미의 일본어 i-ru의 어근 i와 '살'의 합성어이다.

go-**sa-ru** 居 거 [야마가타, 미야기 방언] 살다, 있다의 높임말
go-**za-ru** 〃 [거의 일본 전역의 방언] 〃
o-**za-ru** 〃 [후쿠시마, 야마가타, 아키타 방언] 〃
**살**다 [한국어]

위 세 방언은 모두 살다와 있다의 높임말이다. go와 o는 모두 높임의 의미를 더하는 접두사이다. sa-ru는 물론 '살다'이다. 뒤의 두 방언에서는 sa-ru가 흐린소리로 되었다.

go-za$_t$-**si$_{ya}$-ru** 居 거 [시마네, 와카야마, 야마나시, 니이가타, 이바라키 방언] 살다, 있다의 높임말
**살**다 [한국어]

시마네(島根) 등지의 go-za$_t$-si$_{ya}$-ru 또한 살다와 있다의 높임말이다. go-za$_t$은 앞서 본 go-za-i-ma-su의 go-za(御座 어좌)로서, 귀족의 자리

를 뜻한다.

siya-ru는 sa-ru의 변형이다. '살다'가 고대에 일본으로 건너가 널리 활발하게 사용되었던 사실을 알 수 있다. 이밖에도 '살다'가 변형된 여러 방언형이 있으나 지면관계상 이정도로 그친다.

## 먹다

'먹다' 또한 중세에도 같은 발음이었다. 백제 시대에도 대동소이하였을 것이다. 일본어에서는 ta-be-ru(食 식)라 하고, 낮추어 말할 때에는 ku-ra-u(喰 식)라 한다.

**ma-ku**-ru 食 식 [니이가타, 이와테 방언] 먹다
**먹**다 [한국어]

니이가타(新瀉)와 이와테(岩手) 사람들은 '먹다'를 ma-ku-ru라 한다. 어근은 ma-ku이다.

'먹다'가 일본으로 건너간 것이다. 제주방언에서는 '막다'라 한다. 백제 사람들도 '막다'라 하였을 가능성이 있다.

**ma-ku**-ra-u [나가노, 사이타마, 니이가타, 야마가타, 미야기, 이와테 방언] 먹다의 낮춤말
ku-ra-u 喰 식 [일본어] 〃
**먹**다 [한국어]

주로 관동과 동북지방에서 사용되는 ma-ku-ra-u는 '먹다'의 낮춤말이다. '먹다'와, 먹다의 낮춤말인 일본어 ku-ra-u의 합성어로서, 중복되는 k 자음 하나가 탈락한 형태이다. 동어반복이다.

o-**ma-ku**-ra-i 大食 대식 [나가노, 야마나시, 니이가타, 가나카와, 사이타마, 군마, 야마가타, 아키타, 미야기, 이와테, 아오모리 방언] 많이 먹음
o-o 大 대 [일본어] 크다
**먹**다 [한국어]

나가노(長野) 등지의 o-ma-ku-ra-i는 대식(大食) 즉 음식을 많이 먹음이라는 의미이며, 때로는 대식한(大食漢) 즉 많이 먹는 사람을 뜻하기도 한다. o는 크다는 의미의 o-o가 축약된 말이다.

ma-ku-ra-i는 앞서 본 ma-ku-ra-u의 명사형으로서, 먹음 혹은 먹는 사람이라는 뜻이다. 따라서 이 방언은 '크게 먹음' 혹은 '크게 먹는 사람'이라는 의미이다.

## 하다

한국어에서 가장 많이 사용되는 동사는 아마 '하다'가 아닌가 싶다. '일하다', '사랑하다', '뭐 하니?', '산책하고 있지' 등에서 보는 바와, 같이 동작성 명사에다 '하다'를 붙이면 동사가 된다.

중세에는 'ᄒᆞ다'였고, 제주방언에서는 지금도 이 중세어가 사용되고 있다. 그런데 'ㅎ' 자음이 존재하지 않았던 고대에는 어떠하였을까? 현대 한국어에서 'ㅎ'으로 발음되는 자음은 고대에는 거의 대부분 'ㄱ' 자음이었다. 이것은 고유어나 한자어나 마찬가지이다. 그러면 'ᄒᆞ다'는 원래 'ᄀᆞ다'였을까?

**쿠**다 [경남방언] 하다
**카**다 [경북방언] 〃

경남방언 '뭐라 **쿠**노?'는 '뭐라고 하느냐?'라는 의미이고, '내가 그렇다고 안 **쿠**더나'는 '내가 그렇다고 안 하더나'라는 뜻이다.

이 방언에서는 '하다'의 의미로 '**쿠다**'라고 하는 것을 알 수 있다. 경남의 진주를 중심으로 한 서부 경남에서 이 '쿠다'가 사용되고 있다.

경북방언에서는 '뭐라 **카**노'에서 보듯이 '**카다**'이다. 경북방언 '자꾸 이칼래?'는 '자꾸 이렇게 할래?'라는 의미이다. 경남에서도 창원 일원의 동부 경남에서는 경북방언과 같은 '카다'이다. 이 '쿠다'나 '카다'는 앞서 추정하였던 중세 한국어 'ᄒᆞ다'의 고어 'ᄀᆞ다'와 아주 비슷한 모습이다.

고대의 한국어에서는 '**구다**'였을 것이다. 경남방언 '**쿠다**'가 가장 고형이고, 경북방언 '**카다**'는 '쿠다'가 변형된 모습이다. 이 두 방언은 중세 한국어 'ᄒᆞ다'보다 훨씬 오래된 어형이다. 경남방언 '쿠다'는 김정대 선생의 『경남 산청지역의 언어와 생활(2011). 태학사』에 생생한 모습이 나타나 있다(108쪽).

할라 **쿠**메는 [경남 산청 방언] 하려 하며는
후틀라 **쿠**메는 [ 〃 ] 훑으려 하며는

경상방언에서도 '하다'라는 말은 '쿠다' 혹은 '카다'와 병존하여 같이 사용되고 있다. '할라 **쿠**메는'은 '하려 하면은'이라는 뜻인데, '할라'는 '하려'라는 의미이지만, '**쿠**메는'은 무슨 말인가? '하며는'이라는 의미이다. 중앙어의 '하'에 대응되는 '**쿠**'는 바로 'ᄒᆞ다'의 고형 '쿠다'인 것이 분명하다.

김정대 선생은 이 '쿠'는 '~고 후'이고, '후'는 중세어 'ᄒᆞ'라고 보고 있다. 그러나 이 어형이 과연 '~고 후'인지는 의문이다. '할라'는 '하려고'가 아닌 '하려'의 방언으로 짐작되기 때문이다.

'후틀라 쿠메는'도 마찬가지이다. '후틀라'는 '훑으려고'가 아닌 '훑으려'의 방언이다. 그리고 앞서 본 예문 '내가 그렇다고 안 **쿠**더나'의 '쿠'를 '~고 후'로 풀이할 여지는 전혀 없다.

'쿠메는'은 '**쿠다**'의 가정형 '**쿠**면은'인 것이 분명하다. 하다는 의미의 경남방언 '**쿠다**'가 존재하고 있는 것이다. 이렇게 해석하면 모든 것을 원활하게 이해할 수 있다.

**~꾸마** [경상방언] 약속의 뜻을 나타내는 어미
**~마** [한국어] 〃

경상도 사람들이 '내가 가**꾸마**'라 하는 것은, '내가 가마' 즉 '내가 가겠다'라는 뜻이다. 중앙어에서는 '~마'라 하지만, 이 방언에서는 특이하게 '마'의 앞에 '**꾸**'를 붙이는데, 무슨 말인가? 바로 '하다'의 고형 '구다'의 '구'가 경음화된 형태이다.

고대에는 '하마'의 의미로 '구마'라 하였다가, 다른 지역에서는 모두 '하마'로 바뀌었으나, 경상방언에서는 '**꾸**마'로 남아있는 것이다. 이 방언에는 '내가 **하꾸**마'라는 말이 자주 쓰이고 있는데, '**하꾸**'는 동어반복이다.

~**커**든 [중세 한국어] 하거든
~**커**시니 [ 〃 ] 하시니
~**커**다 [ 〃 ] 하다

용비어천가에 나오는 '간인(姦人)이 이간(離間)**커**든'의 '커든'은 '하거든'이라는 의미이다.

같은 노래의 '왕사(王事)를 위(爲)**커**시니'의 '커시니'는 '하시니'라는 뜻이다.

율곡 이이 선생의 도산구곡가에 나오는 '춘만(春晩)**커**다'와 '세모(歲暮)**커**다'의 '커다'는 모두 하다는 뜻이다. 남광우 선생의 『고어사전』에는 이 '커다'가 '하였다'는 의미라고 되어 있으나, 문맥으로 볼 때 현재형인 '하다'라는 의미인 것이 분명하고 과거형으로 볼 이유를 찾을 수 없다.

'커든'과 '커시니', '커다'의 '커'는 모두 '구다'의 '구'가 변한 형태이다. '하거든'이 축약되어 '커든'이 되었다는 반론도 있을 수 있다. 만일 그렇다면 '학든'이라는 발음이 되지 '커든'이 될 수는 없을 것이다. '하거든'의 '하거'는 동어반복이다.

예(例)**컨**대 [한국어]

요(要)**컨**대 [ 〃 ]
단언(斷言)**컨**대 [ 〃 ]

위에서 본 '커다'의 전통을 이은 말이 '예컨대', '요컨대', '단언컨대' 등의 말이다. '예컨대'의 '컨대'는 바로 하다는 의미의 '커다'에 그 뿌리가 있다. 앞서 본 '춘만(春晩)커다'의 '커다'이다.

고대 한국어에서는 '예(例)하다' '요(要)하다' '단언(斷言)하다'를 '예거다' '요거다' '단언거다'라 하였던 것이 분명하다. 그 부사형이 '예건대' '요건대' '단언건대'였으며, 중세에 '예컨대' '요컨대' '단언컨대'로 바뀌었을 것이다. 이 '거다'는 '구다'의 변형으로서 전국적으로 널리 사용되었던 모양이다.

믿**거**나말**거**나 [한국어]
바라**건**대 [ 〃 ]
보**건**대 [ 〃 ]
살피**건**대 [ 〃 ]

'믿거나말거나'라는 관용구가 있다. 짐작컨대 고대에는 '믿거다'와 '말거다'라는 동사가 있었다고 추정된다. '믿거다'는 '믿다'에 '하다'는 의미의 '거다'가 붙은 모습이다. 이 '거다'는 문법상 보조동사일 것이다. '말거다'는 '말다'에 '거다'가 붙었다.

'바라건대' '보건대' '살피건대'의 '~건대' 역시 하다는 의미의 '거다'라는 동사에 그 뿌리가 있는 것은 물론이다. 충청, 전라방언에서 '하다'를 '허다'라 하는데, '허다'는 '거다' 혹은 '커다'가 변한 모습이다.

'바라건대'의 '바라'는 '바라다'라는 동사의 어근이다. '보건대'의 '보'나 '살피건대'의 '살피' 모두 마찬가지이다. 그런데 '하다'라는 동사의 앞에는 명사만 올 수 있고, 동사는 불가능하다. 이는 고대에도 아무런 차이가 없었을 것이다. 그렇다면 '바라'나 '보' 혹은 '살피'는 동사의 어근이 그대로 명사로 된 것으로 볼 수밖에 없다. 고대의 한국 사람들이 동사의 어근을 그대로 명사화하였던 것을 여기서도 확인할 수 있다.

고대의 한국어에는 바라다는 의미의 동사 '바라거다'나, 보다는 뜻을 가진 '보거다'라는 동사가 존재하고 있었던 것이 분명하다.

현대어 '~하건대'의 '하건'은 동어반복이다. 고대에서부터 전해내려온 언어습관은 '~컨대' 혹은 '~건대'이지만, 동사가 '하다'로 바뀐 뒤에는 '~하건대'로 변화한 것을 알 수 있다.

떨**구**다 [한국어] 떨어지게 하다
삭**쿠**다 [경상방언] 삭히다
늘**쿠**다 [평안방언] 늘리다
돋**구**다 [북한 방언] 돋우다

'고개를 떨**구**다'의 '떨구다'는 떨어지게 하다는 의미이다. 『표준국어대사전』에 의하면 이 말의 '구'는 사동의 의미를 더하는 접미사라 한다. 그런데 이 접미사의 기원은 중세어 'ᄒᆞ다'의 고형 '구다'에 있는 것이 아닐까? '떨구다'는 '떨(어지게) 하다'가 원래의 의미일 것이다.

경상방언 '삭**쿠**다'는 삭히다는 뜻으로서, 원래의 의미는 '삭(게) 하다'라는 뜻일 것이다.

**ku**-ru 爲 위 [이키, 니이가타 방언] 하다
**ku**-ra-su [시즈오카 방언] 〃
**쿠**다 [경남방언] 〃

이키(壹岐) 섬 등지에서는 '하다'를 ku-ru라 한다.

시즈오카(靜岡)에서는 ku-ra-su라 한다.

두 방언의 어근은 ku이다. '**구**다'와 발음과 의미가 완벽하게 일치하고 있다. 백제 사람들도 역시 '**구**다'라고 하였던 사실을 알 수 있다.

ku-ru [교토 방언] 카드, 트럼프 등의 놀이를 하다
**쿠**다 [경남방언] 하다

교토(京都) 방언 ku-ru는 카드나 트럼프 등의 놀이를 하다는 뜻이다.

한국어에서도 '카드 놀이를 하다'라 한다. 백제어 '구다'가 근세의 교토 방언에서는 의미가 좁아졌다.

de-**ku**-ru 出 출 [구마모토, 나가사키 방언] 나오다
de-ru 〃 [일본어] 〃
**쿠**다 [경남방언] 하다

구마모토(熊本) 등지의 de-ku-ru는 나오다는 뜻이다. de는 나오다는 의미의 de-ru(出 출)와 어근이다.

ku-ru는 '구다'이다. de만으로도 충분하지만 굳이 ku-ru를 붙이고 있다.

o-do-**ku**-ru 踊 용 [기후 방언] 춤추다
o-to-ru 〃 [일본어] 〃
**쿠**다 [경남방언] 하다

기후(岐阜) 방언 o-do-ku-ru 춤추다는 뜻이다.

춤추다는 뜻인 일본어 o-to-ru와, '구다'의 합성어이다. 이 방언의 원래 의미는 '춤 하다'이다.

a-ra-**ku**-ru 掃除 소제 [와카야마 방언] 청소하다
a-ra-u 洗 세 [일본어] 씻다
**쿠**다 [경남방언]

와카야마(和歌山) 방언 a-ra-ku-ru는 청소하다는 의미이다.

씻다는 의미의 일본어 a-ra-u와 '구다'의 합성어이다. '씻기 하다'가 원래의 의미이다.

su-be-**ku**-ru 滑 활 [일본 거의 전역의 방언] 미끄러지다
su-be-ru 〃 [일본어] 〃
**쿠**다 [경남방언]

거의 일본 전역에 분포하는 su-be-ku-ru 역시 마찬가지이다. su-be-ru가 미끄러지다는 뜻의 동사임에도, '구다'를 붙여 놓았다.

이와 같이, 동작을 나타내는 말의 뒤에 '구다'의 일본어판 ku-ru를 붙여, '~하다'라는 의미를 나타내는 말은 일본의 방언에서 무수하게 많으나, 지면 관계상 이 정도로 줄인다. 한국어에서도 가령, '싸우다'라는 동사의 명사형 '싸움'에 '하다'를 연결한 '싸움하다'는 역시 '싸우다'라는 의미가 된다.

왜 일본에는 동사에다 ku-ru를 결합하여 같은 의미를 나타내는 방언들이 이렇듯 많이 남아 있을까? 백제인들의 언어습관에서 비롯된 현상일 것이다.

## 두다

'책은 책꽂이에 두어라'의 '두다'는 놓다는 뜻이다. 중세에도 같았고, 백제시대에도 다를 바 없었을 것이다. 일본어에서는 o-ku(置 치)라 한다.

**tsu**-kun 置 치 [오키나와 방언] 두다
**두**다 [한국어]

오키나와(沖繩)에서는 tsu-kun이라 한다. 고형은 tu-kun이었다. kun

은 동사를 만드는 접미사이고, 어근은 tu이다.

'두다'와 그 의미와 발음이 완벽하게 일치하고 있다. '두다'가 오키나와로 건너간 것을 알 수 있다. 백제 사람들이 가져갔을 것으로 보이지만, 본섬에는 이 방언이 전혀 보이지 않고 있다. 일찍 소멸하였을 것으로 짐작된다.

## 들다

'손으로 들다'의 '들다'는 중세에도 같은 발음이었으니, '으' 모음이 없던 백제 시대에는 '덜다'였을 것이다.

na-ka-**do-ru** 擔 담 [나라, 와카야마 방언] 두 사람이 들다
na-ka 中 [일본어] 가운데
**들**다 [한국어]

나라(奈良) 방언 na-ka-do-ru는 무거운 물건을 운반할 때에, 두 사람이 어깨에 봉(棒)을 메고 그 가운데에 짐을 달아 옮기는 것을 뜻한다.

na-ka(中 중)는 물론 중간이라는 뜻이다. do-ru는 무슨 말인가? 잡다는 의미의 일본어 to-ru(取 취)인가? 그러면 '중간 잡다'라는 의미가 되는데, 그런 뜻이 아니다. 이 do-ru는 '들다'의 어근 '들'이 일본어화한 형태이다. 고대에는 də-ru였을 것이다.

그래서 이 방언은 '중간(으로) 들다'라는 의미가 된다. 두 사람의 어깨에 멘 봉으로 물건을 '들어' 옮기므로, '중간 잡다'가 아니라 '중간 들다'이다.

**tsu-ru** 擔 담 [미에, 아이치, 시즈오카, 기후 방언] 두 사람이 들다
**zu-ru** 〃 [나라, 아이치, 기후 방언] 〃
**들**다 [한국어]

위 두 방언은 고어 tu-ru가 변한 형태이다. 역시 '들다'이다.

**to-ri**-a-ge-san 産婆 산파 [교토 방언] 산파
**들**다 [한국어]

아기를 낳을 때에, 아기를 받고 산모를 도우는 여자를 '산파'라 한다. 일본에서도 고유어는 존재하지 않고, 한자어 san-ba(産婆 산파)라는 말을 쓰고 있지만, 특이하게도 교토(京都)에서는 to-ri-a-ge-san이라 한다.

to-ri는 '들다'의 일본어판인 to-ru의 연용형이고, a-ge(上 상)는 올리다는 의미이다. san(樣 양)은 물론 사람에 대한 존칭이다. '들어 올리는 사람'이라는 의미가 된다. 아마도 아기를 받아 '들어 올리는' 것이 산파의 기본적인 임무라고 생각하였던 모양이다.

이 방언의 to-ri 또한 잡다는 의미의 일본어 to-ru(取 취)에서 나온 말이 아니다. 아기를 '잡아 올리다'라고 하여서는 아주 어색한 말이 된다.

siyo-ku-zi-o-**to-ru** [일본어] 식사를 들다
siyo-ku-zi 食事 식사 [ 〃 ] 식사
**들**다 [한국어] 음식을 먹다

"자네도 좀 들게"의 '들다'는 먹다는 의미이다. 아마도 수저를 들어 올리는 동작에서 나온 말이 아닌가 싶다.

일본어 siyo-ku-zi-o-to-ru 또한 식사를 들다는 뜻이다. siyo-ku-zi는 한자어 '식사(食事)'의 일본식 발음이고, o는 '~를'이라는 의미의 조사이며, to-ru는 '들다'가 일본으로 건너간 것이다. '식사를 들다'라는 의미가 되어, 한국어와 완벽하게 일치하고 있다.

이 to-ru는 잡다 혹은 포획하다는 의미의 일본어 to-ru(取 취)가 아니다. '식사'라는 것은 잡거나 포획하는 물건이 아니다. 백제 사람들도 현대의 한국인과 다름없이, '식사를 들다'라는 표현을 사용하였던 사실을 알 수 있다.

## 들이

'들이치다'는 '치다'를 강조하는 말이며, '들이닥치다'는 '닥치다'를 강조하는 말이다. 『표준국어대사전』에 의하면, 이 '들이'는 몹시 혹은 마구 등의 뜻을 더하는 접두사라 한다. 요컨대 말의 기운을 강하게 하는 강조의 의미이다. 일본어에서 같은 역할을 하는 접두사는 to-ri(取 취)이다.

si-ra-be-ru 調 조 [일본어] 조사하다
**to-ri**-si-ra-be-ru 取調 취조 [ 〃 ] (경찰관 등이) 조사하다
**들이** [한국어]

일본어 si-ra-be-ru는 조사하다는 뜻이다. 여기에다 to-ri라는 접두사를 붙인 to-ri-si-ra-be-ru는 경찰관이 범죄자를 신문하는 등의 조사를 의미한다. 의미가 훨씬 강화된 것을 알 수 있다.

이 to-ri는 고대에는 tə-ri였다. 백제 사람들이 '들이'를 일본으로 가져가 이렇듯 강조의 뜻을 더하는 접두사로 만든 것이다. 발음과 의미, 용법이 완벽하게 일치하고 있다.

si-ma-ru 締 체 [일본어] 단단히 조이다
**to-ri**-si-ma-ru 取締 취체 [ 〃 ] 단속하다
**들이** [한국어]

일본어 si-ma-ru는 단단히 조이다는 뜻이다. 여기에 to-ri라는 접두사를 붙인 to-ri-si-ma-ru는 다잡다, 단속하다, 관리감독하다는 뜻이 되어 의미가 강화되었다.

ke-su 消 소 [일본어] 끄다
**to-ri**-ke-su 取消 [ 〃 ] 취소하다

**들이** [한국어]

ke-su는 끄다는 뜻이지만, to-ri를 붙인 to-ri-ke-su는 취소하다는 뜻이 되어 의미가 강화되었다. '들이 끄다'가 원래의 의미이다.

여기서 '취소(取消)하다'라는 말이 순수한 일본식 한자어인 것을 알 수 있다. 그러나 그 뿌리는 백제어에 있으니, 이를 단순히 일본식 용어라고 하여 배척하여야 마땅할지는 의문이다.

접두사 to-ri는 일본어에서 아주 활발하게 사용되고 있고, 그 용례가 여럿 더 있으나 지면관계상 이 정도로 줄인다. 졸저 『일본 천황과 귀족의 백제어』에서 '들이다'가 일본으로 건너가 지금도 맹활약하는 것을 보았다(97쪽).

## 메다

'어깨에 메다'의 '메다'는 중세에도 같은 발음이었다.

**me**-na-u 膽 담 [나라 방언] 메다
ni-**na-u** 〃 [일본어] 〃
**메**다 [한국어]

'메다'에 해당하는 나라(奈良) 방언은 me-na-u이다. 일본의 중앙어에서는 ni-na-u라 한다. 어근 me는 무슨 말인가?

'메다'의 어근 '메'이다. 발음과 의미가 정확하게 일치하고 있다. me-na-u의 접미사 na-u는 같은 의미의 일본어 ni-na-u에서 빌려 온 것이다.

ka-ta-**me**-ru 擔 담 [구마모토, 나가사키, 후쿠오카 방언] 두 사람이 메다
ka-ta-**mi**-run 〃 [오키나와 방언] 〃

ka-ta 肩 견 [일본어] 어깨
**메**다 [한국어]

구마모토(熊本)에서는 ka-ta-me-ru라 한다. ka-ta는 어깨이다.

me-ru는 '메'에다 동사를 만드는 접미사 ru를 붙인 형태이다. '어깨 메다'라는 의미가 된다.

오키나와(沖縄)에서는 ka-ta-mi-run이라 한다. me가 mi로 변하였다.

## 머리에 **이**다

일본어 i-ta-da-ku(頂 정)는 원래 물건을 머리에 '이다'라는 의미이다. 또한 상대방으로부터 무엇을 '받다'라는 말의 겸양어이기도 하다. 겸양어는 자신을 낮춤으로서 상대방을 높이는 말이다. i-ta-da-ku가 '받다'의 겸양어인 것은, 상대방이 주는 것을 받아 '머리에 이듯이' 소중하게 취급한다는 의미에서 비롯된 것으로 보인다.

i-run 頂 정 [오키나와 방언] 받다
i-yun 〃 [ 〃 ] 〃
in 〃 [ 〃 ] 〃
i-ta-da-ku 頂 정 [일본어] 머리에 이다, 받다
**이**다 [한국어]

오키나와(沖縄) 방언에서는 받다의 겸양어를 i-run, i-yun, 혹은 in이라 한다. run과 yun, n은 모두 오키나와 방언에서 동사를 만드는 접미사이니, 세 방언의 공통어근은 i가 된다.

'이다'의 어근 '이'와 정확하게 일치한다.

오키나와의 세 방언도 처음에는 일본어 i-ta-da-ku와 마찬가지로 '이

다'와 '받다'라는 두 가지 의미를 동시에 가지고 있었던 것이 아닌가 싶다. 그러다 세월이 흐르면서 원래의 '이다'라는 의미는 소멸하여 버리고, '받다'의 겸양어라는 의미만 남은 것으로 보인다.

i-yun은 오키나와 본섬에 있는 수리(首里) 지방의 방언이고, i-run은 석원도(石垣島)와 죽부도(竹富島)의 방언, in은 석원도의 방언이다. 오키나와는 수백 개의 섬으로 이루어졌는데, 같은 오키나와 방언이라도 섬에 따라 말이 거의 통하지 않을 정도로 방언차가 심하다고 한다.

## 걸다

'빨래를 빨랫대에 걸다'라고 하는데, 떨어지지 않도록 매달아 올려놓다는 뜻이다. 중세에도 같은 발음이었다. 일본의 방언으로 미루어 보면 백제 시대에는 '갈다'였을 가능성이 있다. 일본어로는 ka-ke-ru(掛 괘)라 한다.

**ka-ra**-sa-o [가가와, 치바, 가나카와 방언] 빨랫대
sa-o 竿 간 [일본어] 장대
**걸**다 [한국어]

빨랫대를 가가와(香川) 등지에서는 ka-ra-sa-o라 한다. sa-o는 장대를 뜻하지만, ka-ra는 무엇인가?

'걸다'의 어근 '걸'이다. 발음이 흡사하다. '걸(거는) 장대'라는 의미이다.

**ka-ru** 背負 배부 [규슈, 시고쿠, 야마구치, 시마네, 미에 방언] 짊어지다
**걸**다 [한국어]

규슈(九州) 등 서일본(西日本) 지방에 널리 분포하는 ka-ru는 등에 짊어지

다는 의미이다. 이 역시 '걸다'이다. 등에 걸다는 의미이다.

ka-ro-u [가고시마, 미야자키, 구마모토, 나가사키, 후쿠오카, 나라 방언] 짊어지다
o-u 負 부 [일본어] 업다
**걸**다 [한국어]

규슈 지방의 방언 ka-ro-u 또한 짊어지다는 뜻으로서, ka-ru와 등에 업다는 의미의 동사 o-u의 합성어이다. 두 단어를 합쳐, karuou→karou로 변한 형태이다. '걸어 업다'라는 의미가 된다.

## 게우다

과식하거나 만취하여 토하는 것을 '게우다'라 한다. 일본에서는 ha-ku(吐 토)라 한다.

ge [교토 방언] 구토
**게**우다 [한국어]

교토(京都) 방언 ge는 구토를 뜻하는 명사이다.
'게우다'의 어근 '게'의 음가가 그대로 살아 있다.

ke-a-ge-ru [가가와 방언] 구토(嘔吐)하다
a-ge-ru 上 상 [일본어] 올리다
**게**우다 [한국어]

가가와(香川)방언에서는 ke-a-ge-ru라 한다.

ke는 '게우다'의 어근 '게'이고, a-ge-ru는 올리다는 뜻이다. 이 방언은 '게워 올리다'라는 의미의 한일합성어이다. 한국어에서도 '게워 올리다'라는 관용구가 통용되고 있는 것을 보면, 백제 사람들이 '올리다'를 a-ge-ru로 번역한 것이 분명하다.

> **ke**-ka-ya-su [도야마 방언] 구토하다
> ka-e-su 返 반 [일본어] 되돌리다
> **게**우다 [한국어]

도야마(富山) 방언 ke-ka-ya-su 역시 같은 의미이다.

ke는 '게우다'의 어근 '게'이며, ka-ya-su는 되돌리다는 뜻의 ka-e-su가 변한 말이다. '게워 되돌리다'라는 의미가 되는데, 음식을 먹기 전의 상태로 되돌린다는 의미일 것이다.

세 방언의 ke나 ge는 모두 장음(長音)으로서 길게 발음된다. 이러한 일본의 방언으로 미루어 볼 때 백제 사람들은 '게우다'를 '게-다'라고 하였던 것으로 짐작할 수 있다. '게우다'의 '우'는 '하다'의 고어 '구다'의 어근 '구'가 변한 음으로 보인다. '게하다'는 의미의 '게구다'가 '게우다'로 변하였을 것이다.

## 웃다

'웃다'는 중세에도 같은 발음이었다. 백제 시대에도 마찬가지였던 모양이다.

> **u-su**-na-ma-go 滑稽 골계 [아오모리 방언] 익살, 해학
> ma-ku 樣子 양자 [야마나시 방언] 모습
> **웃**다 [한국어]

아오모리(青森) 방언 u-su-na-ma-go는 익살 즉 남을 웃기는 일을 뜻한다.

na는 형용사를 만드는 접미사이다. ma-go는 모습을 의미하는 야마나시(山梨) 방언 ma-ku와 같은 말로 보인다.

u-su는 바로 '웃다'의 어근 '웃'인 것이 분명하다. 발음과 의미가 완벽하게 일치하고 있다. 이 방언은 원래의 의미가 '우스운 모습'이다.

## 이수다

'잇다'를 경상방언에서는 '이수다'라 한다. 중세에는 '닛다'였고, 그 명사형은 '니숨'이었으므로, 고대에는 '니수다'였을 것이다. 경상방언 '이수다'도 '니수다'가 변한 형태이다.

> i-su 結 결 [기후 방언] 잇다
> 이수다 [경상방언] 〃

기후(崎埠) 방언 i-su는 잇다 혹은 묶다는 뜻이다.

'이수다'의 어근 '이수'와 발음과 의미가 완벽하게 일치하고 있다. 고형 '니수다'가 백제 시대에 일본으로 건너가 발음이 변한 것으로 짐작된다.

> **i-su**-bu [오카야마, 시마네, 아이치, 기후, 후쿠이 방언] 잇다
> **이수**다 [경상방언] 〃

아이치(愛知) 일원의 방언 i-su-bu 역시 같은 의미이다. '니수'가 변한 i-su의 뒤에 접미사 bu가 첨가된 형태이다.

경상방언 '이수다'와 두 일본의 방언은 고대의 '니수다'가 변한 모습인데, 두 나라에서 동일한 방향으로 발음이 변한 모습이 흥미롭다.

## 달다

'달다'는 물건을 잇대어 붙이다는 뜻이다. 『표준국어대사전』에 나오는 '기관차에 객차를 달다'라는 예문에서 보는 바와 같다. '연달다'는 사건 따위가 연이어서 발생하다는 의미이다. '잇달다'도 같은 뜻인데, '잇다'와 '달다'의 합성어이다.

**da-ra**-ni [군마, 도치키 방언] 끊임없이
**달**다 [한국어]

군마(群馬) 등지의 da-ra-ni는 끊임없이 혹은 계속하여라는 의미를 가진 부사이다. 어근은 da-ra인데, 무슨 의미인가? 일본어로는 전혀 해석할 수 없지만 한국어로는 아주 간단하다.

바로 '달다'의 어근 '달'이다. 이 방언은 '달아서' 즉 '연결하여'라는 의미인 것이 분명하다. 그래서 이 말이 끊임없이라는 의미가 되었다. 한국에서도 '약을 달아서 먹다'는 약을 끊지않고 계속하여 먹다는 뜻이다.

졸저 『일본 천황과 귀족의 백제어』에서 '(곡식 따위가) 달리다'라는 동사를 본 적이 있다(168쪽). '달리다'는 '달다'의 피동사인데, 이 '달다'와 같은 어원일 것이다.

## 일다

어떤 일이 일어나거나 발생하는 것을 '일다'라 하지만, 중세에는 '닐다'였다. 백제 시대에도 마찬가지였을 것이다.

**i-ru** 出來 출래 [효고 방언] 생기다
**일**다 [한국어] 〃

효고(兵庫) 방언 i-ru는 어떤 일이나 물건이 생기다는 뜻이다.

'일다'의 어근 '일'이 i-ru로 변하였다. 고대에는 ni-ru였을 것이다.

**i-ru** [시마네, 에히메, 사토시마 방언] 지진이 일어나다
**일**다 [한국어]

시마네(島根) 등지에서는 지진이 발생하는 것을 i-ru라 한다. 한국어에서도 지진이 '일어나다'라 한다.

닐다→일다로 변한 것과 동일한 음운변화가 일본에서도 일어났음을 알 수 있다.

## 되다

"이제 중학생이니, 혼자 가도 **된**다"의 '**되**다'는 가능하다는 의미이다.

**tsu-be-i** [나라 방언] 되다(가능)
ᄃᆞ**배**다 [중세 한국어] 〃 ( 〃 )

나라(奈良)의 tsu-be-i는 '되다' 즉 가능하다는 의미이다. 고어는 tu-be-si이고, 어근이 tu-be이다. 이 방언은 사토(佐藤亮一) 선생의 『도도부현별 전국방언사전(都道府縣別 全國方言辭典)』에 나오는 말로서, 앞의 예문도 이 사전에 실려 있는 것을 번역한 것이다.

'**되**다'는 여러 가지 뜻이 있는데, 위의 '되다'는 가능하다는 의미이다. 중세에는 '**ᄃᆞ배**다'라 하였다. ᄃᆞ배다→ᄃᆞ외다→되다로 변한 것으로서, 현대어 '되다'를 보면 'ᄃᆞ배다'는 고대에 '**도배**다'였던 것으로 추정할 수 있다. 고대의 나라 방언 tu-be와 그 의미는 동일하고 발음은 아주 비슷하다.

## 만나다

일본어를 공부한 사람이면, 일본어에는 온갖 경우의 인사말이 다양하게 존재하고 있는 점이 한국어와는 상당히 다르다는 것을 느낄 것이다. 아침, 점심, 저녁의 인사말이 다르고, 감사하다는 인사, 죄송하다는 말, 헤어질 때, 손님을 맞을 때 등 온갖 경우의 인사말이 다양하게 발달되어 있다. 이 점은 일본의 방언도 마찬가지이다. 아주 다양한 인사말이 방언에 존재하고 있다.

**man-na** [시가 방언] 헤어질 때의 인사말
**만나**다 [한국어]

시가(滋賀) 방언 man-na는 헤어질 때의 인사말이다.

한국인이라면 누구라도 이 말의 의미를 금방 이해할 수 있다. '만나다'라는 동사의 어근 '만나'이기 때문이다. 현대의 한국인들도 헤어질 때에 '또 만나!'라는 인사말을 사용하고 있다. 이 방언은 '(다음에 또) 만나!'이다.

ha-yo-o-**man-na** [효고 방언] 아침에 하는 인사말
**만나**다 [한국어]

효고(兵庫) 방언 ha-yo-o-man-na는 아침 인사말로서, 중앙어의 '오하이요고자이마스'에 해당되는 말이다. ha-yo는 빠르다는 의미의 ha-ya(早조)가 변한 말이고, o는 높임의 의미를 가진 접두사이다.

man-na는 바로 이 '만나다'이다. '빨리 만났네'가 원래의 의미이다.

'만나다'는 중세의 문헌에는 '맛나다'라고 적혀 있으나, 실제 발음은 '만나다'였을 것이고, 또한 근세에 가까워질수록 '만나다'로 바뀌고 있다. 백제 사람들도 '만나다'라고 하였던 것이 분명하다. 헤어질 때에는 현대의 우리들과 마찬가지로 '만나!'라는 인사말을 나누면서 재회를 기약하였을 것이다.

## 태우다

'낙엽을 태우다'의 '태우다'는 '타다'의 사동사이다.

'타다'는 중세에서 'ᄐᆞ다'라 하였고, '태우다'는 '태우다' 혹은 '태오다'라 하였다. '태우다'의 '우'는 문법적으로 사동사를 만드는 접미사이지만, 원래는 앞서 본 '하다'의 고형 '구다'의 '구'인 것이 분명하다. '태우다'의 앞선 형은 '태다'였을 것이다. '나다'의 사동사가 '내다'인 것과 마찬가지이다.

**te**-ra-su 燃 연 [후쿠시마 방언] 태우다
**태**우다 [한국어]

후쿠시마(福島) 방언 te-ra-su는 태우다는 뜻이다. ra-su는 '적극적으로 ~하다'라는 의미를 가진 동사화접미사이다.

어근 te는 '태우다'의 어근 '태'와 발음과 의미가 완벽하게 일치하고 있다.

i-**te**-ru [나라 방언] 농작물이 햇볕에 말라 죽다
**태**우다 [한국어]

나라(奈良)의 i-te-ru는 농작물이 햇빛에 말라 죽다는 의미이다. 앞의 i는 의미가 없는 조음이며, 어근은 te이다.

'태우다'의 어근 '태'인 것이 분명하다. 햇볕이 농작물을 태워 말라 죽다는 의미가 된다.

## 바루다

죄도 없이 억울한 누명을 덮어쓰게 되면 아주 괴롭다. 누명을 벗어나려면 적극적으로 변명하고 해명하여 바로잡을 수밖에 없다. '바르다'라는 말은

굽은 것이 없다는 의미도 있지만, 사리에 어긋나지 않다 즉 옳다는 뜻도 있다. '바루다'는 바르게 하다는 의미이다.

ba-ru-mi 辨解 변해 [오키나와 방언] 변명
**바루**다 [한국어] 바르게 하다

오키나와(沖繩) 방언 ba-ru-mi는 '변명하고 해명함'이라는 뜻이다. 이곳 사람들은 이 말에 '변해(辨解)'라는 한자어를 대응시켜 놓았는데, 말로 풀어서 밝히다는 의미로서, 일상적으로 사용되는 변명(辨明)과 동의어이다.

이 방언은 바르게 하다는 의미의 '**바루다**'의 어근 '바루'에다, 동사를 만드는 접미사 mu를 붙인 bu-ru-mu의 명사형으로 추정된다. 고대의 오키나와 방언에는 바르게 하다는 뜻을 가진 ba-ru-mu라는 동사가 있었을 것인데 동사는 사라져 없어지고, 명사형인 ba-ru-mi만 남은 것으로 보인다.

그리고 '바루다'라는 동사의 원형이라 할 수 있는 형용사 '바르다'도 고대에 사용되었던 것이 분명하다. 중세어에서는 '바ᄅᆞ다'라 하였다.

## 뛰다

나가사키(長岐) 현은 규슈(九州)의 북서쪽에 위치하고 있다. 부산에서 가까운 쓰시마(對馬島) 섬은 바로 나가사키에 속한 군(郡)이다.

tsiyu-ru 走 주 [나가사키 방언] 뛰다
**뛰**다 [한국어]

이 곳 방언 tsiyu-ru는 뛰다는 의미이다. 고대에는 tiyu-ru였다. 어근은 tiyu인데, 이 말은 한국 사람들에게는 익숙하다.

'뛰다'의 어근 '**뛰**'가 연상되기 때문이다. '뛰다'는 중세어의 표기로는 'ᄠᅱ

다'라 하였으나, 이는 경음표기이고, 백제 시대에는 '뒤다'였을 것이다.

주지하다시피 iyu와 같은 이중모음은 일본어에는 존재하지 않는다. 방언에도 거의 보이지 않는다. 나가사키의 백제 후손들은, '뒤다'의 어근 '뒤'라는 백제어의 음가를, tiyu라는 일본어에도 없는 이중모음으로 전승하여 온 것이다.

**tu**-ba-si-run 走 주 [오키나와 방언] 뛰다
ha-si-ru 〃 [일본어] 〃
**뛰**다 [한국어]

오키나와(沖縄)에서는 tu-ba-si-run이라 한다. ba-si-run은 뛰다는 의미의 일본어 ha-si-ru(走 주)가 변한 형태이다.

tu는 '뒤다'의 어근 '뒤'가 변한 말이다. 동어반복이다.

**to-e**-ru 走 주 [고치 방언] 뛰다
**뛰**다 [한국어]

고치(高知)에서는 to-e-ru라 한다. 고형은 tu-e-ru였을 것이다. 어근 tu-e에는 역시 '뒤'라는 음가가 살아있다.

## 앉다

'앉다'는 중세의 문헌에는 '**안ᄌ다**'라고 표기된 경우가 많은데, '**안조다**'나 '**안자다**'로 된 경우도 보이고 있다. 중세 사람들이 실제 이렇게 발음하였던 것이 분명하므로, 현대어 '앉다'는 그 축약형이 된다.

**an-ziyo**-su-wa-ru [미에 방언] 정좌(正座)하다

su-wa-ru 座 좌 [일본어] 앉다
**안ᄌ**다 [중세 한국어] 〃

미에(三重) 방언 an-ziyo-su-wa-ru는 정좌하다 즉 몸을 바르게 하고 앉다는 뜻이다. 일본어 su-wa-ru는 앉다는 의미이지만, an-ziyo는 무슨 말인가?

중세어 '**안조다**'의 어근 '**안조**'와 발음과 의미가 일치하고 있다. 같은 의미를 가진 an-ziyo 즉 '안조'와 일본어 su-wa-ru를 중복하여 사용함으로써, 정좌하다는 의미를 나타내고 있다.

**an-za** 胡座 호좌 [효고, 기후 방언] 책상다리
**안ᄌ**다 [중세 한국어] 앉다

효고(兵庫) 등지에서는 책상다리를 an-za라 한다.

이 방언의 뿌리는 백제어 '**안자다**'이다. 백제 시대에도 '안조다'와 '안자다'의 두 어형이 공존하고 있었던 것으로 추정할 수 있다. 동사의 어근이 그대로 명사화하였다.

## 주저앉다

『표준국어대사전』에 의하면 '**주저앉다**'는 서 있던 자리에서 힘없이 앉다는 뜻이라 한다. 중세에는 '**주자앉다**'였다.

**su-sa**-ru 座 좌 [야마가타 방언] 앉다
**주자**앉다 [중세 한국어]

야마가타(山形) 방언 su-sa-ru는 앉다는 뜻이다.

어근 su-sa는 '주자앉다'의 '주자'를 연상케 한다. 이 방언과 대조하여 보면, 고대에는 '주자다'라는 동사가 있었고, 앉다는 의미였다는 것을 알 수 있다. 이 동사는 중세에 벌써 완벽하게 사라져 없어지고, '주자앉다'라는 말에 화석으로 남았던 모양이다. 이 말은 동어반복으로서, 강조의 의미를 가지고 있다. 그래서 일반적인 '앉다'의 의미를 극대화하고 있는 것으로 보인다.

**su-ta**-gu 座 좌 [야마가타 방언] 앉다
**su-ta**-e-ru 〃 [ 〃 ] 〃
**주자**앉다 [중세 한국어]

야마가타(山形)에서는 su-ta-gu 혹은 su-ta-e-ru라 한다.

어근 su-ta는 su-sa가 변한 형태이다. sa와 ta가 넘나드는 현상에 관하여는 뒤에서 자세히 살펴보자(306쪽).

## 대다

'가게에 물건을 대다'라고 할 때의 '대다'는 주다는 뜻이다.

**da**-su 與 여 [도쿠시마, 치바, 도치키, 이바라키, 후쿠시마, 아키타 방언] 주다
**ta**-su-ru [이시카와 방언] 〃
**대**다 [한국어] 〃

도쿠시마(德島)에서 아키타(秋田)에 까지 분포한 방언 da-su는 주다는 뜻이며, 어근은 da이다. ta가 아닌 흐린소리 da로 시작하는 점을 주목해 보자.

이시카와(石川)에서는 ta-su-ru인데, 어근은 ta이고, su-ru(爲 위)는 하다는 의미의 동사이다.

두 방언의 어근 da와 ta는 '대다'와 동일한 의미를 가지고 있고, 음상은 아주 비슷하다. '대다'는 고대에는 '다다'였다. 다음을 보자.

## 다고

무엇을 해 달라고 할 때 '다오'라 한다. '잘 자라 **다오**' 혹은 '그렇게 해 **다오**'에서 보는 바와 같다. 중세에는 '**다고**'라 하였다. 어근은 '**다**'이다. '대다'의 고형으로 추정한 바로 그 '다다'이다. '다다'라는 동사는 '대다'로 발음이 변하였으나, '다고'에서는 의연 고형을 유지하고 있다.

**da-go** [미에 방언] 다오
**다고** [중세 한국어] 〃

미에(三重)에서 사용되는 **da-go** 역시 무엇을 해 달라는 뜻이다.

중세 한국어 '**다고**'와 발음과 의미가 완벽하게 일치한다. 백제 사람들도 역시 '다고'라 하였을 것이다.

## 두가

경북방언에서는 '달라'라는 뜻으로 '**두가**'라 한다. 가령 '그것 좀 다오'를 '그것 좀 **두가**'라 한다. '두가'는 동사 '주다'의 고형이 '두다'였다는 사실을 알려 주고 있다.

**tsu-ka** [에히메, 고치, 가가와 방언] ~해 다오

**두가** [경북방언] 〃

주로 시고쿠(四國) 지방에서 쓰이는 방언 tsu-ka의 고어는 tu-ka였다. '~해 다오'라는 뜻인데, 일본 중앙어의 '쿠다사이'와 같은 의미이다.

발음이나 의미가 '**두가**'와 완벽하게 일치하고 있다.

**tsu-ka**-sa-i [후쿠오카, 도쿠시마, 히로시마, 돗토리, 오카야마 방언] ~해 다오
ku-da-**sa-i** [일본어] 주세요
**두가** [경북방언] 〃

후쿠오카(福岡) 등지의 방언 tsu-ka-sa-i 역시 '~해 다오'라는 뜻이다. 고대에는 물론 tu-ka-sa-i였다.

이 방언은 '**두가**'와 '주세요'라는 뜻인 일본어 ku-da-sa-i의 sa-i를 결합한 말로서, 한국어와 일본어를 절묘하게 결합하여 놓은 것이 재미있다.

**tsu-ka**-i [도쿠시마, 야마구치, 히로시마, 오카야마, 돗토리 방언] ~해 다오
**두가** [경북방언] 〃

도쿠시마(德島) 등지에서는 tsu-ka-i라 하는데, 고대에는 tu-ka-i였다.

이 '**두가**'는 경북 이외의 지역에서는 사용되지 않는 방언이다. 위의 일본 방언들은 가야 사람들이 가져간 말일 것이다.

## 얻다

'얻다'는 중세에도 같은 발음이었다. 백제 시대에도 마찬가지였을 것이다.

a-ta-ru 貫 세 [효고, 시가, 도야마 방언] 얻다
a-ta-yu-i 〃 [가고시마 방언] 〃
얻다 [한국어]

'얻다'를 효고(兵庫) 등지에서는 a-ta-ru라 한다.

가고시마(鹿兒島)에서 멀리 떨어진 섬 희계도(喜界島)에서는 a-ta-yu-i라 한다. 이 섬은 행정구역으로는 가고시마에 속해 있지만, 오키나와(沖繩) 제도와 연결된 섬으로서 방언구획으로는 오키나와 방언에 속한다고 한다.

두 방언 모두 어근은 a-ta이다. '얻다'와 발음이 흡사하고 의미는 동일하다.

## 붙다

맞닿아 떨어지지 않는 것을 '붙다'라 한다. 중세에는 '븥다' 혹은 '븓다'라고 하였으나, 다음의 일본 방언으로 미루어 볼 때, 백제시대에는 현대어와 다르지 않은 '붙다'였을 것이다. 일본어에서는 tsu-ku(付 부)라 한다.

$hu_t$-tsu-ku 付 [야마가타 방언] 붙다
붙다 [한국어]

야마가타(山形) 방언 $hu_t$-tsu-ku는 붙다는 뜻이다. $hu_t$과 tsu-ku의 복합어로서, 뒤의 tsu-ku(付 부)는 붙다는 의미이다. 앞의 $hu_t$은 무엇인가? 고대에는 $pu_t$이었지만, 일본어로는 도저히 알 수 없다.

'붙다'의 어근 '붙'인 것이 분명하다. 의미와 음상이 정확하게 일치하고 있다.

야마가타의 고대어 $pu_t$에는 백제어 '붙'의 음가가 그대로 살아있다. 야마가타로 건너간 백제 사람들은 '붙'과 같은 뜻의 일본어 tu-ku를 합친 한일

합성어를 만들어내었던 것이다. 두 말을 붙여 하나의 말로 만들어 낸 솜씨가 아주 자연스럽다.

ne-**bu-tsi**-ko 竹子 죽자 [에히메 방언] 죽순
ta-ke-no-ko 〃 [일본어] 〃
**붙**다 [한국어]

대나무의 뿌리에서 돋아난 죽순을 일본어에서 ta-ke-no-ko(竹子 죽자)라 한다. ta-ke(竹 죽)는 대나무이고, ko(子 자)는 자식을 뜻하므로, 이 말의 원래 의미는 '대나무의 자식'이다.

에히메(愛媛) 방언 ne-bu-tsi-ko 역시 죽순을 뜻한다. ne(根 근)는 뿌리, ko(子 자)는 자식이라는 의미이다. 그러면 중간의 bu-tsi는 무엇인가? 고대에는 bu-ti였다.

역시 '붙다'가 고대에 일본으로 건너간 것이다. 동사의 원형은 pu-tu이지만, 연용형이 되다보니 pu-ti로 되었고, 그것이 흐린소리로 되어 구개음화한 것이 bu-tsi이다. 이 방언은 '뿌리(에) 붙은 자식'이 원래의 의미이다. 대나무의 뿌리에서 돋아나는 죽순의 모습이 잘 나타나 있다.

## 부르다

'이름을 부르다'를 중세에는 '브르다'라 하였으나, 고대에는 '부루다'였을 가능성이 크다. 일본어에서는 yo-bu(呼 호)라 한다.

yo-**bo-ru** 呼 호 [미에, 아이치, 기후, 후쿠이, 이시카와, 도치키, 도야마, 가나카와, 군마 방언] 부르다
**부르**다 [한국어]

미에(三重)에서 군마(群馬)까지 분포한 방언 yo-bo-ru는 부르다는 뜻이다.

이 방언은 중앙어 yo-bu의 뒤에다 접미사 ru를 붙인 형태로 보이지만, 사실은 그렇지 아니하다.

일본어 yo-bu와 한국어 '부르다'의 어근 '부르'의 합성어이다. yobu+'부르'인데, 중복되는 bu 하나를 생략한 형태이다. 이 방언 또한 일본어와 한국어를 절묘하게 결합하여 놓은 것을 알 수 있다.

> yo-**ba-ru** 呼 호 [미에, 아이치, 시즈오카, 기후, 나가노, 가나카와, 치바, 기후, 이바라키, 후쿠시마, 야마가타, 아키타, 미야기, 아오모리 방언] 부르다
> **부르**다 [한국어]

미에(三重) 등지에서는 yo-ba-ru라 한다. yo-bu-ru가 변한 말이다.

## 바꾸다

'바꾸다'는 중세의 문헌에 '밧고다'라고 한 표현이 많았으나, 백제시대에는 오히려 현대어와 비슷한 '**바구**다'였을 것이다.

> **ba-ku** 交換 교환 [가고시마 방언] 교환
> **ba-ku**-ro 〃 [군마, 도야마, 야마가타, 이바라키, 후쿠시마, 아키타, 아오모리 방언] 〃
> **ba-ku**-yo 〃 [오키나와 방언] 〃
> **바꾸**다 [한국어]

가고시마(鹿兒島) 방언 ba-ku는 교환을 뜻하는 명사이다.

'**바꾸**다'의 어근 '**바꾸**'와 발음과 의미가 완벽하게 일치하고 있다. 동사의 어근을 그대로 명사화하였다.

군마(群馬) 등지에서는 ba-ku-ro, 오키나와(沖縄)에서는 ba-ku-yo라 한다.

**ba-ku**-ru [거의 일본 전 지역의 방언] 교환하다
**ba-ku**-ro-u [치바, 도치키, 야마나시 방언] 〃
**ba-ku**-mu [시즈오카, 나가노 방언] 〃
**바꾸**다 [한국어]

세 방언은 모두 바꾸다는 의미의 동사인데, 공통 어근 ba-ku는 '**바꾸**'이다.

**ba-ke**-ru 化 화 [일본어] 둔갑하다
**ba-ke**-mo-no 化物 화물 [ 〃 ] 둔갑한 요괴, 도깨비
**바꾸**다 [한국어]

일본어 ba-ke-ru는 둔갑하다는 뜻이다. 백년 묵은 여우가 처녀로 둔갑하였다는 등의 옛날이야기가 많이 전해 내려오는 것은 한국이나 일본이 아무런 차이가 없다. 이렇게 둔갑하는 것을 일본어에서 동사로는 ba-ke-ru이고, 둔갑한 요괴는 ba-ke-mo-no라 한다. '바뀐 물건'이라는 의미이다.

어근 ba-ke는 '**바꾸**'가 변한 모습이다.

## 번갈다

"힘든 일은 **번갈아** 가면서 하자"의 '**번갈다**'는 한 사람씩 차례를 바꾸다는 의미이다. 한자어 '**번**(番)'과 바꾸다는 의미의 '**갈다**'의 합성어이다. '번'은 '당번(當番)'이나 '주번(週番)'에서 보듯이, 차례로 당직이나 숙직을 하는 것을

뜻한다. '번갈다'는 '당번을 갈다'는 의미가 된다. 백제 시대에도 이 말이 사용되었던 모양이다.

ten-ga-ri-**ban-ga-ri** 代代 대대 [치바 방언] 번갈아
**ban** 番 번 [일본어] 번
**번갈**다 [한국어]

치바(千葉) 방언 ten-ga-ri-ban-ga-ri는 '번갈아'라는 의미의 부사이다. 이 말은 ten-ga-ri와 ban-ga-ri의 합성어이다. 뒤의 ban-ga-ri를 먼저 살펴보자. ban은 한자 '번(番)'의 일본식 독음이다.

ga-ri는 '갈다'가 일본으로 건너간 것으로서, 어근 '갈'에 명사를 만드는 접미사 '이'를 붙인 형태이다. 이 말은 '**번 갈이**'이다.

ten-ga-ri의 ten은 손을 뜻하는 te(手 수)에, ban과 운을 맞추기 위하여 받침 n을 삽입한 형태이다. ga-ri는 역시 '갈이'이므로, ten-ga-ri는 '손 갈이'이다. 이 방언은 '**손갈이 번갈이**'가 원래의 의미가 된다.

백제 사람들도 '갈다'라는 말을 사용하였던 것을 알 수 있다. 그리고 당시에 이미 '번갈다'라는 말도 통용되었던 것이 분명하다. 아마도 '손갈이 번갈이' 혹은 '손갈아 번갈아'라는 관용어구가 존재하였을 가능성이 크다.

tot-ka-ri-**ban-ka-ri** 代代 대대 [사이타마 방언] 번갈아
**번갈**다 [한국어]

사이타마(埼玉)에서는 tot-ka-ri-ban-ka-ri라 한다. ban-ka-ri는 앞서 본 '**번 갈이**'이다.

tot-ka-ri의 ka-ri가 '갈이'인 것은 분명하지만, tot의 의미는 알 수 없다. 손을 뜻하는 te(手 수)가 변한 말일까?

## 갈다

붓글씨를 쓸 때, 먹을 풀기 위해 벼루에 대고 문지르는 것을 '갈다'라 한다.

앞서 본 바꾸다는 의미의 '갈다'와 이 문지르다는 의미의 '갈다'를 중세에는 모두 '골다'라 하였으나, 백제 사람들은 오히려 '갈다'라 하였던 모양이다.

ka-ra 硯 연 [아이치 방언] 벼루
갈다 [한국어]

먹을 갈 때 사용하는 벼루를 일본어에서 su-zu-ri(硯 연)라 하지만, 아이치(愛知) 사람들은 ka-ra라 한다.

이 방언은 한국 사람들에게는 손쉬운 문제가 아닐 수 없다. '먹을 갈다'라고 하기 때문이다. 먹을 벼루에 대고 문지르는 동작을 '갈다'라 한다. ka-ra는 '갈다'의 어근 '갈'을 그대로 명사화하였다. 앞의 '갈다'와는 동음이의어이다.

## 박다

끼우거나 꽂는 것을 '박다'라 한다. 중세에도 같은 발음이었다. 백제 시대에도 마찬가지였을 것이다.

ha-ku 塡 전 [가가와 방언] 박다
ha-ge-ru 〃 [시마네, 나라, 효고 방언] 〃
박다 [한국어]

'박다'를 가가와(香川)에서는 ha-ku라 한다. 고대에는 pa-ku였다.

나라(奈良) 등에서는 ha-ge-ru라 하는데, 고대에는 pa-ge-ru였다. 두 방언의 고형은 모두 '박다'와 발음이 흡사하다.

ko-**ba-ku**-ga-ni [도야마 방언] 알을 가진 게
ko 子 자 [일본어] 물고기의 알
ka-ni 蟹 해 [ 〃 ] 게
**박**다 [한국어]

도야마(富山) 방언 ko-ba-ku-ga-ni는 '알을 가진 게'라는 뜻이다. ko는 물고기의 알을 뜻하는 일본어이고, ga-ni는 게를 의미하는 ka-ni가 흐린 소리로 된 말이다.

ba-ku는 '박다'의 어근 '박'이다. 이 방언은 '알 박이 게'이다. 현대의 한국 사람들은 '알배기'라는 말을 많이 쓰고 있다. 생선에 알이 들어있다는 뜻으로서, '알이 박힌 것'이라는 의미이다. 원래는 '알바기'였을 것이다.

## **가리**다

논의 소유주인 지주가 자신이 직접 경작하지 않고 소작인에게 맡기는 경우도 많았다. 이때에는 가을에 수확한 벼를 소작인과 지주가 약정한 비율로 가르게 되는데, 옛날에는 그 비율이 반반인 경우가 일반적이었다.

나라(奈良) 방언 ka-ri-wa-ke는 이러한 의미였다. wa-ke는 가름 혹은 분배라는 뜻이다. ka-ri는 무엇인가?

**ka-ri**-wa-ke [나라, 야마나시 방언]
wa-ke 分 분, 別 별 [일본어] 가름, 분배
**가리**다 [전라, 경상방언] 가르다

쪼개거나 나누는 것을 '가르다'라 하지만 전라도와 경상도에서는 **'가리다'**라 한다. 중세에도 같은 발음이었고, 현대어 '가르다'는 '가리다'가 변한 말이다.

ka-ri-wa-ke는 '가리다'의 어근 **'가리'**와 일본어 wa-ke의 합성어로서, 동어반복이다. 나라로 건너간 백제 사람들은 그냥 일본어로 wa-ke(分 분)라고만 하여도 충분한데, 굳이 백제어 '가리'를 넣었던 것이다.

## 돌다

'돌다'는 중세에도 동일한 발음이었다. 고대에도 다를 바 없었을 것이다.

tsi-**do-ri**-mi-tsi [아이치, 야마나시 방언] 구부러진 산길
tsi 千 천 [일본어] 일천
**돌이** [한국어]

아이치(愛智)의 tsi-do-ri-mi-tsi는 심하게 구부러진 산길을 뜻하는 말이다.

산등성이를 이리 꾸불 저리 꾸불, 뱅뱅 돌아가는 산길을 의미한다. 앞의 tsi는 천(千)을 뜻하는 고대 일본어로서, 여기서는 많다는 의미로 사용되었다. mi-tsi(道 도)는 물론 길을 뜻하는 일본어이다.

do-ri는 무엇인가? '돌다'의 명사형 **'돌이'**이다. '돌다'에다 명사를 만드는 접미사 '이'를 붙였다.

그래서 tsi-do-ri는 '많은 **돌이**'라는 뜻이고, tsi-do-ri-mi-tsi는 '많은 돌이 길'이 된다.

**tsu-ri**-ka-ze 龍巻 용권 [가가와, 에히메 방언] 용오름
ka-ze 風 풍 [일본어] 바람

**돌**다 [한국어]

강한 회오리바람이 바다에서 일어나게 되면, 바닷물이 바람에 말려 올라가 하늘 높이 곧추서는 장관을 연출한다. 이러한 현상을 '**용**(龍)**오름**'이라 한다. 용이 곧추서서 하늘로 날아오르는 것과 비슷하다고 보았던 모양이다. 일본에서는 ta-tsu-ma-ki(龍巻 용권)라 한다. ta-tsu(龍 용)는 용, ma-ki(巻 권)는 '감기'라는 뜻이니, '용 감기'라는 의미이다. 여기서도 '용'이 나오고 있다.

이 바람을 가가와(香川) 등지에서는 tsu-ri-ka-ze라 한다.

tsu-ri의 고어는 tu-ri였다. '돌이'가 변한 말이다. ka-ze는 바람이므로, 이 방언은 '돌이 바람'이 원래의 의미이다.

ta-tsu-no-mi-zu-**do-ri** 龍巻 용권 [가고시마 방언] 용오름
ta-tsu 龍 용 [일본어] 용
mi-zu 水 수 [ 〃 ] 물
**돌이** [한국어]

'용(龍)오름'을 가고시마에서는 ta-tsu-no-mi-zu-do-ri라 한다. ta-tsu는 용이고, no는 '~의'라는 의미의 조사, mi-zu(水 수)는 물이다.

do-ri는 '돌다'의 명사형 '돌이'이다. 따라서 이 방언은 '용의 물 돌이'이다. 물이 소용돌이쳐 돌면서 하늘로 올라가는 모습을 표현하고 있다.

**do-ra**-i-nu 野良犬 야랑견 [교토 방언] 들개
i-nu 犬 견 [일본어] 개
**돌아**다니다 [한국어]

주인없이 돌아다니는 들개를 교토(京都)에서는 do-ra-i-nu라 한다. i-nu는 물론 개를 뜻하는 일본어이다.

do-ra는 '돌아 다니다'의 '**돌아**'이다. 발음과 의미가 완벽하게 일치하고 있다. 백제 사람들도 '돌다'의 명사형은 '돌이'라 하였지만, '돌아 다니다'처럼 복합어를 만들 때, 다른 말의 앞에서는 '**돌아**'로 활용되었던 사실을 알 수 있다.

**do-ra**-u-tsi 道樂者 도락자 [아키타, 이와테, 아오모리 방언] 난봉꾼
u-tsi 打 타 [일본어] 치는 사람
**돌아**치다 [북한방언] 싸돌아다니다

북한방언 '**돌아치다**'는 싸돌아 다니다는 뜻이다. '돌아치는' 사람은 싸돌아 다니는 사람이니, 일과는 거리가 먼 허랑방탕한 사람이다.

아키타(秋田) 등의 방언 do-ra-u-tsi는 일 하지 않는 허랑방탕한 사람, 즉 난봉꾼을 뜻한다.

do-ra는 '**돌아**'이다. u-tsi(打 타)는 '**치다**'는 뜻의 일본어 u-tsu의 명사형으로서, 이 경우는 '**치는 사람**'으로 번역할 수 있다. 이 방언은 '돌아치다'의 '돌아'는 한국어의 발음 그대로 두고, '치다'를 일본어 u-tsi로 번역한 형태이다. '돌아치다'의 어감이 일본의 이 방언에 그대로 나타나 있다. 백제 시대에도 '돌아치다'라는 말이 있었던 것을 알 수 있다.

**do-ran**-bo 道樂者 도락자 [에히메 방언] 난봉꾼
**do-ra**-su-ke 〃 [군마 방언] 〃
**do-ra** 〃 [에히메, 야마구치, 히로시마, 오카야마, 기후, 도야마, 니이가타, 치바 방언] 〃

에히메에서는 난봉꾼을 do-ran-bo라 한다.

do-ra는 '**돌아**'이며, n은 발음을 편하게 하기 위해 삽입된 음으로 보인다. bo는 '~보'로서, 사람이다. do-ran의 ran은 원래 ra였을 것이다. n 받침이 삽입된 것을 알 수 있는데, 이는 한국어에서 현저한 'ㄴ 삽입현상'이

원인일 것이다.

군마(群馬)에서는 do-ra-su-ke라 한다. do-ra는 '돌아', su-ke는 사람을 뜻하는 접미사이다(58쪽).

에히메(愛媛)에서는 그냥 do-ra라 한다. 동사의 어근으로 사람을 뜻하는 명사를 만들었다.

**don**-bo 獨樂 독락 [가고시마 방언] 팽이
**돌**다 [한국어]

팽이를 일본어에서 ko-ma(獨樂 독락)라 하는데, 가고시마(鹿兒島)에서는 don-bo라 한다. 첫 자음이 흐린소리 don으로 시작하는 것이 한국어의 냄새를 풍기고 있다.

팽이는 뱅뱅 도는 물건이므로, don은 '돌다'의 활용형인 것이 분명하다. '돌다'가 명사를 수식할 때는 '돈'이 되는 것을 이 방언이 보여주고 있다. bo는 '꾀보'의 '보'로 짐작된다. 사람을 뜻하는 말이다(20쪽). 팽이를 의인화한 모습이다. 이 방언은 '돈 보' 즉 '돈 사람'이라는 의미가 된다.

## 맞다

일본의 동사 ma-tsu(待 대)는 원래 기다리다는 뜻이다. 그런데 필자는 졸저 『일본 천황과 귀족의 백제어』에서, 고사기(古事記)의 몇 군데에 나오는 이 동사를 '**마주**'로 풀이한 바 있다(56쪽). '**마주** 서다'는 서로 똑바로 향하여 서다 즉 정면으로 서다는 뜻이다. 일본의 방언에도 이 말이 전해오고 있다.

**ma-tsi**yu 正面 정면 [시마네 방언] 정면
**마주** [한국어] 서로 똑바로 향하여

시마네(島根) 방언 ma-tsiyu는 정면을 뜻한다.

'**마주**'와 발음과 의미가 완벽하게 일치하고 있다. 이 방언은 기다리다는 의미의 동사 ma-tsu(待 대)와 발음이 흡사하지만, 기다리다는 뜻이 아니다. 한국의 '마주'이다.

'마주'는 백제 시대에는 '마두'였을 것이다. 고사기의 저자 태안만려(太安萬呂)는 이 '마두'를 발음이 동일한 고대 일본어의 동사 ma-tu(待 대)로 표기하였던 것이다. 그러나 고사기의 문맥으로 볼 때 '기다리다'라고 해석하여서는 아주 어색하고 '마주'로 풀이하면 모든 것이 원활하게 해석되는 것을 본 바 있다. 이 시마네 방언은 고대에는 ma-tu였다.

yu-**ma-zu-mi** [미에, 시즈오카 방언] 저녁의 박명(薄明)
**마줌** [제주방언]

미에(三重) 방언 yu-ma-zu-mi는 저녁의 박명 즉 해가 진 직후 얼마동안 희미하게 밝은 상태를 뜻한다. yu는 저녁을 뜻하는 yu-u(夕 석)의 방언이다. ma-zu-mi는 마중을 뜻하는 제주방언 '**마줌**'과 발음과 의미가 일치한다. 이 방언은 '저녁 마중'이라는 의미가 된다. 해가 진 직후 희미한 상태를 '저녁 마중'이라 하고 있다. 아주 시적인 멋진 말이라는 생각이 든다.

마중을 일본어에서는 de-mu-ka-e(出迎 출영)이라 하므로, 이 방언은 전혀 다른 말이다.

yu-**ma-zi-mi** [와카야마 방언] 저녁의 박명(薄明)
yu-**ma-zi-me** [효고 방언] 〃
**마지미** [경남방언] 마중

저녁의 박명을 와카야마(和歌山)에서는 yu-ma-zi-mi라 한다. yu는 역시 저녁이다.

ma-zi-mi는 마중을 뜻하는 경남방언 '마지미'와 발음과 의미가 완벽하게 일치하고 있다. 역시 '저녁 마중'이다.

효고(兵庫)에서는 yu-ma-zi-me라 한다.

ma-zu-mi나 ma-zi-mi는 고대에 ma-du-mi와 ma-di-mi였을 것이다. 마찬가지로 고대에 제주방언은 '마둠', 경남방언은 '마디미'였을 것이다.

hi-**ma-tsi** 日待 일대 [일본어]
hi 日 일 [ 〃 ] 해
ma-tsi 待 대 [ 〃 ] 기다리기
해**맞이** [한국어]

일본에는 오래전부터 전해내려 오는 '해맞이' 행사가 있다. 『암파고어사전』에 의하면, 좋은 날을 받아 몸과 주위를 정결하게 하고는, 밤을 밝혀 뜨는 해에 배례하며 공물을 헌상하여, 소원을 비는 행사라 한다. 잠을 자지 않기 때문에, 친척이나 친구들을 초대하여 밤새 술 마시고 노래하였는데, 나중에는 단순한 유흥의 모임으로 변하였다 한다.

이 행사를 일본에서는 hi-ma-tsi라 하였다.

직역하면 '해 기다리기'인데, 과연 이런 의미일까? 고사기(古事記)에 나오는 '마주'와 일본 방언의 이러한 모습들을 보면, hi-ma-tsi의 ma-tsi는 기다리다는 의미의 일본어가 아니라, '**맞이**'라는 고대의 한국어인 것을 알 수 있다. 한국에는 '달**맞이**'라는 정월 대보름 행사가 있다. 그리고 '맞이'라는 말이 일상생활에서 드물지 않게 쓰이고 있다. '해 기다리기'라면 지루하고 답답한 느낌이 들지만, '해맞이'는 희망과 활력이 넘치는 어감이다. 예로부터 전해 내려온 일본의 이 전통 행사는 어느모로 보나 일본어 hi와 한국어 '맞이'의 복합어인 것이 명백하다.

'맞이'는 '맞다'라는 동사의 명사형이다. '맞다'는 고대에는 '맏다'였을 것이다. 그 부사형이 앞서 본 '마두'이며, 명사형은 '맏이'였을 것이다. '마주'와 '맞이'는 위의 고형이 변한 어형이다.

일본의 방언과 중앙어의 ma-tsiyu나 ma-zu-mi, ma-zi-mi, ma-tsi와 같은 발음들은 '마주'나 '맞이'와 마찬가지로 구개음화로 인하여 변화한 모습이다. 양국에서 같은 방향으로 변화가 일어나 비슷한 발음이 되었다.

## 말다

'김밥을 말다'의 '말다'는 중세에는 '몰다'라 하였으나, 고대에는 오히려 '말다'였던 모양이다.

**ma-ru**-ku-ru 劵 권 [구마모토 방언] 말다
**ma-ru**-ke-ru 〃 [시즈오카, 기후 방언] 〃
**말**다 [한국어]

구마모토(熊本)에서는 ma-ru-ku-ru라 한다. 이 방언은 ma-ru와 ku-ru의 합성어이다.

ma-ru는 '말다'의 어근 '말'이고, ku-ru는 '하다'의 고형이다(252쪽). '말이 하다'가 원래의 의미이다.

시즈오카(静岡)의 ma-ru-ke-ru는 ma-ru-ku-ru가 변한 말이다.

**ma-ru**-ka-ru [시즈오카 방언] 뱀이 똬리를 틀다
**말**다 [한국어]

뱀이 몸을 둥글게 말아 빙빙 튼 것을 '똬리를 틀다'라고 하지만, '뱀이 몸을 말고 있다'라고 하기도 한다. 시즈오카에서는 ma-ru-ka-ru라 한다. 앞서 본 ma-ru-ku-ru가 변한 형태이다.

## 놀다

'놀다'는 놀이나 재미있는 일을 하면서 즐겁게 지내다는 뜻도 있으나, 일하지 않고 지내다는 의미도 있다. 중세에도 같은 발음이었다. '**놀량패**'는 허랑방탕한 짓을 일삼는 사람이다. '**놀량**'과 '패(牌)'의 합성어로서, '놀량'은 '놀다'의 명사형으로 추정된다. 고대에는 '놀라'였을 가능성이 크다.

**no-ra** [일본어] 게으름 피움
**no-ra**-mo-no 怠者 태자 [ 〃 ] 게으름뱅이
**no-ra**-ku-ra [ 〃 ] 게으름만 피우는 모양
**놀**다 [한국어]

일본어 no-ra는 게으름 피움 혹은 게으름뱅이라는 의미이다.

no-ra-mo-no는 게으른 사람을 뜻한다. mo-no(物 물)는 원래 물건이지만 여기서는 사람을 의미한다.

no-ra-ku-ra는 빈둥빈둥 하루해를 보내는 모양을 뜻한다. ku-ra는 해를 보내다는 의미의 동사 ku-ra-su(暮 모)의 어근이다.

세 단어에 공통된 no-ra는 무슨 의미인가? 바로 '놀다'의 어근 '놀'이 명사화한 것이고, '**놀량패**'의 '**놀량**'과 발음이 흡사하다.

**non**-ko 怠者 태자 [야마구치 방언] 게으름뱅이
**놀**다 [한국어]

야마구치(山口)에서는 게으름뱅이를 non-ko라 한다. ko(子 자)는 사람이라는 의미이다. non은 무슨 말인가?

'놀다'는 동사의 기본형이지만, 명사의 앞에 올 때에는 '논 사람'이나 '논 때'와 같이, '논'으로 변한다. non은 바로 '논'이다. '논 사람'이라는 의미이다. 백제 시대에도 '놀다'는 명사의 앞에서 '논'으로 활용되었다는 사실을 확

인할 수 있다.

**no-ru** 賭 도 [고대 일본어] 노름하다
노름**노리** [중세 한국어] 노름

재물을 걸고 화투, 마작 등의 기예로 승부를 겨루는 것을 '노름'이라 한다. 중세에는 '노름**노리**'라 하였는데, '노름'만 하여도 충분하지만 '**노리**'라는 말을 덧붙였던 것이다. 이 '노리'는 '놀다'의 명사형으로서 노름을 하는 것을 '놀다'라 하였다는 사실을 알 수 있다. '**노름**'이라는 명사도 역시 '놀다'에서 파생된 것이니 '노름노리'는 사실 동어반복이다.

고대 일본어 no-ru는 노름하다는 의미였고, 그 명사형 즉 노름은 no-ri라 하였다. '노름노리'의 '**노리**'와 발음과 의미가 완벽하게 일치하고 있다.

백제 사람들도 역시 재물을 걸고 노름을 하였을 뿐 만 아니라, 그 노름을 '**노리**'라 불렀던 사실을 알 수 있다. 고대 일본어로 노름을 뜻하는 말이 백제어로 되어 있는 것은, 노름을 한 사람들이 백제인이었기 때문이다. 일본의 지배층이 백제인이었다는 사실을 이 말이 다시 한번 증명하여 주고 있다.

**no-ri**-yu-mi 賭弓 도궁 [고대 일본어]
yu-mi 弓 [일본어] 활
**놀**다 [한국어]

고대 일본 귀족들의 공식 행사의 하나인 no-ri-yu-mi가 있다. no-ri는 앞서 본 바와 같이 '노리'이고, yu-mi는 활이다.

나카타(中田祝夫) 선생의 『古語大辭典(고어대사전)』에 나오는 일본 귀족들의 활쏘기 놀이를 살펴보자. 8~9세기 무렵 음력 1월 17일, 궁중에서 천황이 참석한 가운데 고위 관리들이 활쏘기 대회를 하였는데, 이를 '사례(射禮)'라 하였다. 다음날 역시 천황이 임석한 자리에서, 좌우 근위부(近衛府) 등의 하급관리가 참석하여 궁술의 기예를 겨루었으니, 이 행사를 no-ri-yu-mi라 하였다 한다.

이긴 쪽에는 포상으로 no-ri-mo-no(賭物 도물)를 주었고, 진 쪽은 벌주를 마셔야 하였다는 것이다. 이긴 쪽 근위부의 대장은 자택으로 돌아가 근사한 연회를 베풀었다 한다. 이긴 쪽이 받은 no-ri-mo-no는 '놀이 물건' 혹은 '노름 물건'이라는 의미이다.

활쏘기 행사인 no-ri-yu-mi는 그 한자표기인 '도궁(賭弓)'을 본다면 '노름 활'이지만, 실제는 '놀이 활' 즉 '활 놀이'가 옳을 듯하다. 물론 활쏘기로서 승부를 겨루고 이긴 쪽은 보상을 받는 점을 생각하면, 노름의 성격도 배제할 수는 없을 것이다. '놀이' 혹은 '노리'라는 백제어를 이용한 멋진 작명이라 하겠다.

천황과 궁중의 공식행사에 붙은 이러한 이름을 보더라도, 당시 일본 지배층의 원적이 어디인가를 알 수 있다. 천황과 고위관료들이 모두 백제어를 능숙하게 알지 못하였다면, 이런 백제식의 행사 이름은 나올 수가 없었을 것이기 때문이다. 백제어가 궁중과 고위 귀족들 사이에서 전혀 이질감이 없이 사용되었다는 증거라 할 수 있다.

**no-ro** 巫女 무녀 [오키나와 방언] 무당
**놀**다 [한국어] 굿을 하다

굿을 하는 것을 '굿을 놀다'라 한다. '(노름을) 놀다'와 같은 어원이다. '놀다'의 명사형은 '노릇'이지만, 중세에는 '**노롯**'이었다.

오키나와 방언 no-ro는 무당을 뜻한다. '노롯'을 연상케 한다. '(굿을) 노는 사람'이 원래의 의미이다.

## 늘다

'늘다'는 커지거나 많아지다는 뜻이다. 중세에도 같은 모습이었다.

no-ru 伸 신 [일본어] 늘어나다
**늘**다 [한국어]

일본의 중앙어 no-ru는 늘어나다는 뜻이다.

'늘다'와 발음과 의미가 완벽하게 일치하고 있다. no-ru도 고대에는 nə-ru였을 것이다.

## 숨다

숨바꼭질을 일본어에서는 ka-ku-ren-bo-u(隱坊 은방)라 하지만, 오키나와에서는 su-mo-ri라 한다.

su-mo-ri 隱坊 은방 [오키나와 방언] 숨바꼭질
**숨**다 [한국어]

한국 사람에게는 참 쉬운 문제가 아닐 수 없다. 이 말에서 '숨다'가 연상되기 때문이다. 숨바꼭질은 숨은 사람을 찾아내는 놀이이므로, 이 방언은 '숨다'의 어근 '숨'을 명사화한 것이라는 사실을 짐작할 수 있다.

고대의 오키나와에는 '숨다'의 어근 '숨'에다 동사를 만드는 접미사 ru를 붙인 su-mo-ru라는 동사가 있었을 것으로 생각된다. 숨바꼭질을 뜻하는 su-mo-ri는 그 명사형이었을 것이다. 동사는 사라지고 명사형만 남았다.

'숨다'는 중세에도 전혀 다를 바 없었는데, 고대에도 마찬가지였을 것이다.

## 좀다

중세어 '좀다'는 물 속에 잠기다는 뜻이다. 일본어에서는 mo-gu-ru(潛

잠), 혹은 hi-so-mu(潛 잠)라 한다.

su-mu 潛 잠 [규슈, 고치, 에히메, 야마구치 방언] 잠기다
su-mo-ru 〃 [와카야마, 미에, 치바 방언] 〃
좀다 [중세 한국어] 〃

규슈(九州) 등지의 방언 su-mu는 잠기다 혹은 잠수하다는 뜻이다.

와카야마(和歌山)에서는 su-mo-ru라 하는데, 어근은 su-mo이다.

두 방언은 '좀다'의 어근 '좀'과 발음이 흡사하고, 의미는 동일하다. '좀다'도 고대에는 '숨다' 혹은 '솜다'였을까?

## 사르다

'사르다'는 불에 태우다는 뜻이다. 중세에는 'ᄉᆞ로다' 혹은 '솔오다'라 하였다. 백제 시대에는 오히려 현대어와 비슷한 '사루다'였던 모양이다.

sa-ru-ke 泥炭 이탄 [아오모리 방언] 석탄의 일종
ke 木 목 [고대 일본어] 나무
**사르**다 [한국어] 불에 태우다

아오모리(青森) 방언 sa-ru-ke는 이탄을 뜻한다. 이탄이란 땅에 묻힌 지 오래지 않아 완전히 탄화하지 못한 석탄이다. ke는 고대 일본어로서, 나무를 뜻하는 일본어 ki(木 목)가 변한 말이다.

sa-ru는 '사르다'이다. 따라서 이 방언은 '사른 나무' 즉 불에 탄 나무라는 뜻이다. 이탄은 탄화가 덜되어 아직 나무 성분이 좀 남아있으므로, 육안으로도 그것이 나무가 불에 탄 물건이라는 것을 알 수 있다.

## 그슬다

불로 겉만 약간 태우는 것을 중세에는 '**그스리다**'라 하였는데, 현대어에서는 '그슬다'로 축약되었다. 전라방언에서는 '**꾸시르다**'라 한다.

ku-su-re-ru 焦 ㅊ [에히메, 가가와, 도쿠시마 방언] 그슬다
**꾸시르**다 [전라방언] 〃

시고쿠(四國) 섬에서 사용되는 방언 ku-su-re-ru는 '그슬다'는 의미이다. 어근 ku-su-re는 전라방언 '**꾸시르다**'나 중세 한국어 '**그스리다**'와 아주 닮은 형태이다.

ko-su-re-ru 焦 ㅊ [가가와 방언] 그슬다
ko-sa-re-ru [가고시마 방언] 〃
**꾸시르**다 [전라방언] 〃

위의 두 방언 모두 같은 뜻이다. 이러한 일본의 방언들과 대조하여 보면 '그스리다'는 고대에 '**구수리다**'였을 것이다.

## 솎다

나무를 심어 숲을 가꾸고자 할 때에는, 심은 나무가 어느 정도 자라면 발육이 더딘 나무들을 베어 주는 간벌(間伐)을 하여야 한다. 이 간벌을 나라(奈良)에서는 su-gu-ri라 한다. 아마도 su-gu-ru라는 동사가 있었을 것이고, 그 동사의 명사형인 것이 분명하다.

su-gu-ri [나라 방언] 조림의 간벌

**속고**다 [중세 한국어] 솎다

촘촘하게 심어져 있는 나무나 채소 따위를 군데군데 뽑아내는 것을 '솎다'라 한다. 중세에는 '**속고**다'였다.

어근 '**속고**'와 su-gu는 그 발음과 의미가 흡사하다. 백제 사람들은 '소고다'라 하였을 것으로 짐작된다.

## 비나리

『두산백과사전』에 의하면, '**비나리**'는 '비나이다'라는 말의 명사형으로서, 절대자에게 소원하는 바를 비는 행위를 나타내며, 우리 민족 고유의 신앙행위를 뜻한다고 한다.

hi-ne-ri 祈 기 [미야자키 방언] 기도
**비나리** [한국어] 절대자에게 비는 행위

미야자키(宮崎)에서는 빌거나 기도하는 것을 hi-ne-ri라 한다. 고대에는 pi-ne-ri였다.

'**비나리**'와 그 의미와 발음이 흡사하다. '비나리'가 일본으로 건너가 발음이 조금 바뀐 모습이다. 백제 사람들도 부처님 혹은 천지신명에게 비는 행위를 '비나리'라고 하였다는 사실을 알 수 있다.

## 비기다

'그 사람 재산이 좀 있다고 해도 재벌에 비길 수는 없지'의 '**비기다**'는 비교하다는 의미이다.

hi-ki-be-tsu 比較 비교 [쓰시마, 효고, 이와테 방언] 비교
비기다 [한국어] 비교하다

쓰시마(對馬島) 등의 방언 hi-ki-be-tsu는 비교라는 의미의 명사이다. 고어는 pi-ki-be-tsu였다.

pi-ki와 be-tsu의 복합어로서, pi-ki는 '비기다'의 어근 '비기'이다. 의미와 음상이 정확하게 일치하고 있다. 뒤의 be-tsu는 한자어 '별(別)'의 일본식 발음으로 보인다. 이 방언은 '비교하고 구별함'이라는 의미가 될 것이다.

## 사다

'옷을 사다'의 '사다'는 중세에도 마찬가지였고, 고대에도 같았을 것이다.

sa-ga-yun [오키나와 방언] 사다
사다 [한국어]

오키나와(沖繩) 방언 sa-ga-yun은 돈을 주고 물건을 사다는 뜻이다.

sa와 ga-yun의 복합어로서, ga-yun은 사다는 의미의 일본어 ka-u(買매)의 방언형이다. sa는 무엇인가? '사다'이다. 발음과 의미가 일치하고 있다. 이 방언은 동어반복이다.

sa-ga-ri [오키나와 방언] 외상으로 물건을 사는 것
ka-ri 借 차 [일본어] 부채
사다 [한국어]

또 다른 오키나와 방언 sa-ga-ri는 '외상으로 물건을 사는 것'이라는 의미의 명사이다.

ga-ri는 빚 혹은 부채(負債)라는 뜻의 일본어 ka-ri(借 차)가 흐린소리로 된 말이다. sa는 역시 '사다'의 어근 '사'이다. 그래서 이 방언은 '산 부채' 즉 '(물건을) 산 것에 대한 부채'가 원래의 의미이다. '사다'가 일본의 본섬 등에서는 진작 사라져 없어지고, 오키나와에만 남은 것이 아닌가 싶다.

## 팔다

'사다'라는 백제어가 오키나와에 남아있으니, 그 반의어인 '팔다'라는 말도 일본의 어디엔가 남아있지 않을까? 중세에 '폴다'였다. 백제 시대에는 오히려 현대어와 비슷하게 '발다'였던 모양이다.

ta-ka-**ba-ru** [후쿠오카 방언] 높은 가격으로 팔다
ta-ka 高 고 [일본어] 높다
**팔**다 [한국어]

후쿠오카(福岡) 방언 ta-ka-ba-ru는 높은 가격으로 팔다는 뜻이다.

높다는 의미의 일본어 ta-ka와 ba-ru의 합성어이다. ba-ru는 무엇인가? 바로 '팔다'이다. '높게 팔다'가 원래의 의미이다.

## 꾸다

부족한 것을 다른 사람으로부터 일시 빌리는 것을 '꾸다'라 한다. 방언이 아닌 중앙어이다. 중세의 표기는 '뿌다'였으나, 이는 경음표기이다.

**kon** 借 차 [오키나와 방언] 빌리다
**꾸**다 [한국어] 〃

일본어에서는 ka-ri-ru(借 차)라 하지만, 오키나와(沖繩)에서는 kon이다. 어근은 ko이며, n은 동사를 만드는 접미사이다. '꾸다'와 발음은 흡사하고, 의미는 동일하다.

## 갚다

다른 사람으로부터 꾼 물건을 되돌려 주는 것을 '갚다'라 한다. '꾸다'와 마찬가지로 '갚다'도 일본으로 건너갔을까? 중세에는 '갑다'였다.

**ka-pi** 效 효 [고대 일본어] 행위의 대가
**갑**다 [중세 한국어] 갚다
보**게피**허다 [전남방언] 복수하다

고대 일본어에서 어떠한 행위를 한 것에 대한 대가를 ka-pi라 하였다. 이 말은 '갑다'의 어근 '갑'에다 명사를 만드는 접미사 '이'를 붙인 형태이다. 행위에 대한 '갚이' 즉 갚음이라는 의미가 된다. 이 일본어로 볼 때 백제 사람들도 역시 '갑다'라고 하였다는 사실을 알 수 있다. 다만 그 명사형은 지금과는 다른 '갑이'였을 것이다. '갑다'에다 명사를 만드는 어미 '이'를 붙인 형태이다.

전남방언 '보게피허다'는 복수하다는 뜻인데, '보(報)'와 '게피'의 합성어이다. '보(報)'는 복수라는 의미이고, '게피'는 '갚이'가 변한 말이다. '복수 갚이'라는 의미가 된다. 고대에는 한국에서도 역시 '갑이'였다는 사실을 이 방언이 증명하여 주고 있다.

그런데 이 ka-pi를 고대의 일본에서는 '甲斐(갑비)'라는 한자로 표기하기도 하였다. 앞서 본 '效(효)'라는 한자는 말의 의미를 표기하였고, '甲斐'는 발음을 그대로 표기한 것이다. 그런데 '甲(갑)'이라는 한자를 주목하여 보자. 이 한자는 중세 한국어에서는 '갑'이었고, 백제 시대에도 현대어와 별 차이가 없는 발음이었을 것이다. 고대 일본어에서는 ka-bu(甲)였는데, 이것은 '갑'이라는 백제어를 일본어식으로 변형한 형태이다.

만일 일본으로 건너간 백제인들이 '갑다'의 명사형 '갑이'를 '가비'라 발음하였다면, 한자로 '可斐(가비)' 혹은 '加比(가비)'와 같이 표기하는게 자연스럽다. 그러나 '甲(갑)'이라는 한자를 채택한 것은 '가'라는 음가를 표기하려 한 것이 아니라, '갑'을 표기한 것으로 볼 수밖에 없다. 따라서 백제인들은 '갑이'를 '가비'가 아니라 '갑비'라고 발음하였던 것으로 추정할 수 있다. 한국어의 어감으로 볼 때, '갑다'의 명사형으로서 '가비'보다는 '갑비'가 더 잘 어울리는 느낌이 있다. 백제인들의 어감도 다르지 않았던 모양이다.

ya-ri-**ga-i** [일본어] 일한 보람
ya-ru 遣 견 [ 〃 ] 하다
**갑**다 [중세 한국어]

현대 일본어에서는 어떤 일을 한 데 대한 보람을 ya-ri-ga-i라 한다. ya-ri는 하다는 의미의 동사 ya-ru(遣 견)의 명사형이고, ga-i의 고어가 다름아닌 ga-pi였다. '(어떤 일을) 한 (것에 대한) 갑이'가 원래의 의미이다.

a-**ka-pu** 贖 속 [고대 일본어] 금품을 내어 죄를 갚다
mo-no-no-**ka-pi** 債 채 [ 〃 ] 부채
**갑**다 [중세 한국어]

고대 일본어 a-ka-pu는 죄를 지은 사람이 금품으로 보상하다는 뜻이다. '갑다'의 어근 '갑'의 앞에 의미가 없는 조음 a를 붙여 동사로 만들었다.

고대 일본어 mo-no-no-ka-pi는 부채 혹은 채무를 의미한다. mo-no(物 물)는 물건이고, no는 '~의'를 뜻하는 조사, ka-pi는 '갑이' 즉 갚음이다. '물건의 갚음'이 원래의 의미이다.

## 벌다

일을 하여 돈을 얻는 것을 '벌다'라고 한다. 백제 사람들도 현대의 한국인과 아무런 차이가 없이 이 말을 사용하였던 모양이다.

bo-ro-i [교토 방언] 돈벌이가 잘 되다
bo-ro-ku-tsi [ 〃 ] 유리한 돈벌이를 할 수 있는 일
벌다 [한국어]

교토(京都) 방언 bo-ro-i는 돈벌이가 잘 되거나 혹은 이익이 아주 잘 나는 모습을 뜻하는 형용사이다.

어근 bo-ro는 바로 '벌다'의 어근 '벌'이다. 고대에는 bə-rə였을 것이다.

교토 방언 bo-ro-ku-tsi는 유리한 돈벌이를 할 수 있는 일을 뜻한다. ku-tsi(口 구)는 원래 입을 의미하지만, 여기서는 '자리'라는 의미이다. '(돈)벌이 자리'가 원래의 의미이다. 이 방언의 bo-ro 역시 '벌다'의 '벌'이다.

bo-ro-mo-u-ke [일본 속어] 폭리를 취함
mo-u-ke-ru 儲 저 [일본어] 돈을 벌다
벌다 [한국어]

일본의 속어 bo-ro-mo-u-ke는 폭리를 취함이라는 뜻을 가진 명사이다. bo-ro는 '벌다'의 어근 '벌'이고, mo-u-ke는 돈을 벌다는 의미의 동사 mo-u-ke-ru의 어근이다. 이 말의 원래 의미는 '벌고 벌기'가 된다. 동어반복이다. '벌다'라는 뜻을 가진 말을 반복한 것이 '벌다'의 의미를 극한으로 가져간 '폭리를 취함'이라는 의미가 된 것이다.

## 남다

한국의 상인들은 장사를 하다가 이익이 나지 않으면, "남는 것이 없어!"라는 푸념들을 한다. '남다'라는 말은 원래 나머지가 있게 되다는 의미이지만, 상업활동을 하여 이익을 남기다는 뜻으로도 사용되고 있다.

na-mu-na-i 無益 무익 [아이치, 나가노, 시즈오카 방언] 이익이 없다
na-mo-na-i 〃 [시즈오카 방언] 〃
na-i 無 무 [일본어] 없다
남다 [한국어]

아이치(愛知) 방언 na-mu-na-i는 이익이 없다는 뜻의 형용사이다. na-i(無 무)는 없다는 의미의 일본어이지만, na-mu는 무엇인가? 말의 의미를 생각한다면, na-mu가 '이익'을 뜻하는 말이 되어야 마땅하지만, 일본어에는 그러한 말이 존재하지 않는다.

'남다'의 어근 '남'이 일본으로 건너가 명사화된 것이다. 이 방언은 '남(음) 없다'가 원래의 의미가 된다.

시즈오카(靜岡)에서는 발음이 약간 변화되어 na-mo로 되었다.

백제의 상인들도 장사를 하다 이익이 없으면 관용적으로 '남는 것이 없다'라고 하였던 사실을 알 수 있다. 일본으로 건너간 후에는 '남'은 그대로 두고, '없다'를 일본어로 번역하여 사용하였던 것이다.

na-ma 余 여 [효고 방언] 너무, 지나치게
남다 [한국어]

효고(兵庫) 방언 na-ma는 너무 혹은 지나치게라는 의미의 부사이다. 일본어에서는 a-ma-ri(余 여)라 한다. 이 말은 원래는 남다는 의미의 동사 a-ma-ru(余 여)의 명사형이다.

a-ma-ri에 대응되는 방언 na-ma는 동사 '남다'의 어근을 명사화한 형태이다. 앞의 na-mu나 na-mo도 마찬가지이다. 남다의 명사형을 현대에는 '나머지'라 하지만, 이 방언으로 미루어 볼 때 백제 시대에는 '남' 혹은 '나마'였을 것이다.

이러한 말들을 통하여, 백제 사람들이 고국에서 뿐만 아니라 일본으로 건너가서도, 여러 가지 상업활동을 왕성하게 하였던 사정을 짐작할 수 있다. 세계에서 가장 오래된 기업으로 공인된 일본의 사찰전문 건설업체인 '금강조(金剛組)'는, 원래 고대에 백제에서 건너간 사람들이 만든 조직이었다.

## 잡다

손으로 쥐는 것을 '잡다'라 한다. 중세에도 같은 발음이었다. 일본어에서는 to-ru(取 취)라 한다.

ta-ba-ru 取 취 [아이치, 기후 방언] 잡다
ta-ba-e-ru 〃 [후쿠이, 니이가타 방언] 〃
잡다 [한국어]

아이치(愛知)방언 ta-ba-ru는 잡다는 뜻이다. 후쿠이(福井) 등지에서는 ta-ba-ru라 한다.

두 방언의 어근 ta-ba는 '잡다'의 어근인 '잡'을 연상케 한다. 한국어의 'ㅈ' 자음은 고대에는 대개 'ㄷ'이었으니, '잡다'도 고대에는 '답다'였을까?

sa-ba-ru 取 취 [히로시마 방언] 잡다
잡다 [한국어]

히로시마(廣島)에서는 sa-ba-ru라 한다. 아이치 방언 ta-ba-ru와 비교하여 보면, 자음 ta와 sa의 차이인 것이 분명하다.

고대 일본어에서 ta 음과 sa 음이 서로 넘나드는 현상은 뒤에서 자세히 살펴보자. 고대의 한국어에서도 '잡다'였는데, 이것이 일본으로 건너가 지역에 따라 ta-ba와 sa-ba라는 두 방언형으로 갈라졌을 가능성이 크다.

## 짜다

'궤짝을 짜다' 혹은 '가마니를 짜다'의 '짜다'는 만들다는 뜻이다. 중세에는 'ᄧᅡ다'라 표기하였으나, 이는 경음표기이다. 고대에는 '자다'였을 것이다.

sa-su 作 작 [아이치, 야마가타 방언] 만들다
ta-su 〃 [야마가타 방언] 〃
짜다 [한국어] 〃

아이치(愛知) 방언 sa-su와, 야마가타(山形)의 ta-su는 모두 만들다는 의미이다. 어근은 sa와 ta이다.

앞의 '잡다'와 마찬가지로, 고대에는 '자다'였는데, 이것이 일본으로 건너가 sa-su와 ta-su라는 두 방언형으로 갈라졌을 가능성이 크다. 8세기에 나온 일본의 만엽집이나 고사기, 일본서기 등에서 일본어 sa 자음을 '佐(좌)'라는 한자로 표기한 것을 생각하여 보면, 이러한 현상이 충분하게 이해될 수 있다.

## ~답다

이 쯤에서 '~답다'를 살펴보자. 고대 일본어에서 sa 자음과 ta 자음이 넘나든 현상이 잘 나타나 있다.

'임금답게, 신하답게'의 '~답다'는 어떠한 성질이나 특성이 있다는 의미를 나타내는 접미사이다. 중세에는 '실(實)**다비**' '법(法)**다비**' 등의 예에서 보듯이 '다비'로 활용되었다. '꽃다이 지다'에 나오는 '꽃다이'의 '다이'는 바로 이 '다비'가 변한 모습이다.

**sa**-bi [고대 일본어] ~답게
~**답**다 [한국어]

고대 일본어 sa-bi 역시 마찬가지로 '~답게'라는 뜻이었다. 가령 신(神)을 뜻하는 ka-mu(神 신)에 sa-bi를 붙인 ka-mu-sa-bi는 '신**다비**' 즉 '신답게'라는 의미였다. 고대 일본의 만엽집 등에서 자주 사용되던 말이었다. 이 sa-bi는 '**다비**'와 발음은 비슷하고, 의미는 동일하다. 그런데 과연 '다비'가 고대에 일본으로 건너가 sa-bi가 되었을까?

한국의 '다'와 일본의 sa는 전혀 다른 발음인데, 과연 두 자음이 서로 넘나들었던 것이 사실일까? 다음의 사례를 보자.

i-**ta**-sa 五十田狹 오십전협 [일본서기] 지명
i-**sa**-sa 五十狹狹 오십협협 [ 〃 ] 〃

일본서기 신대기 하권에 나오는 출운국(出雲國)의 지명이다. 동일한 지명을 i-ta-sa와 i-sa-sa, 두 가지의 다른 음으로 표기하고 있다. 이 지명에서 ta 자음과 sa 자음이 서로 넘나드는 현상을 발견할 수 있다.

**ta**-si-no **多**志野 다지야 [파마국풍토기] 지명
**sa**-si-no **佐**志野 좌지야 [ 〃 ] 〃

파마국풍토기(播磨國風土記)를 보면, 식마군(飾磨郡)의 한부리(漢部里)라는 마을에 있는 들판의 이름 ta-si-no는 옛날에는 sa-si-no였다 한다. 이 지명

의 변화는 sa→ta의 변화이다. 실제로 이곳에서 이러한 지명의 변화가 있었는지는 의문이지만, 풍토기의 저자가 이러한 음운의 변화가 특별히 이상하지 않고 음운상으로 충분히 가능하다고 생각하였던 것을 알 수가 있다.

**ta**-ka-a-si 竹馬 죽마 [거의 일본 전 지역의 방언] 죽마
**sa**-ga-a-si 〃 [구마모토 방언] 〃
**sa**-ga-si 〃 [구마모토, 나가사키, 기후, 나가노 방언] 〃
**sa**-gi-si 〃 [거의 일본 전 지역의 방언] 〃

ta-ka-a-si는 일본의 거의 전 지역에 분포하는 방언으로서, 어린이들의 놀이인 죽마를 뜻한다. ta-ka(竹 죽)는 대를 뜻하는 ta-ke의 고어이며, a-si(足 족)는 발이다. '대 발'이라는 의미가 된다.

구마모토(熊本)에서는 sa-ga-a-si라 한다. ta→sa로 변하였다.

방언 sa-ga-si나 sa-gi-si, 모두 어형이 조금씩 변하였으나, ta→sa로 바뀐 것은 동일하다.

ka-**ta**-tsu-mu-ri 蝸牛 와우 [일본어] 달팽이
ka-**sa**-tsu-bu-ri 〃 [야마가타 방언] 〃
ka-**sa**-tsun-bu-ri 〃 [아키타 방언] 〃

일본어에서 달팽이를 ka-ta-tsu-mu-ri라 한다.

야마가타(山形) 방언으로는 ka-sa-tsu-bu-ri, 아키타(秋田)에서는 ka-sa-tsun-bu-ri이다. ta→sa로 바뀐 것을 알 수 있다.

**san**-bu-ri 蜻蛉 청령 [니이가타 방언] 잠자리
**dan**-bu-ri 〃 [니이가타, 이와테, 아오모리 방언] 〃

니이가타(新瀉) 방언 san-bu-ri는 잠자리를 뜻한다. 그런데 같은 방언에

서 dan-bu-ri라고도 한다. san과 dan이 서로 넘나드는 현상이 일어나고 있다.

ka-**za**-ru 飾 식 [일본어] 장식하다
ka-**da**-ru 〃 [교토 방언] 〃

장식하다는 의미의 일본어 ka-za-ru를 교토(京都) 방언에서는 ka-da-ru라 한다.

**때**리다 → **쌔**리다(경상방언)
너**덜** → 너**설**
무**다**이(전라, 경상방언) → 무**산**시리(평북방언)

'때리다'를 경상방언에서는 '쌔리다'라 한다. '때'가 변하여 '쌔'가 되었다.
돌이 많은 비탈을 의미하는 '너덜'을 '너설'이라고도 한다. '너설'은 방언이 아니고 중앙어이다. '덜'이 '설'로 변하였다.
쓸데없이라는 의미의 전라방언 '무다이'를 평북방언에서는 '무산시리'라 한다(428쪽).
이러한 변화는 모두 d→s로의 변화인 것이 분명하다. 흔하지는 않지만 이러한 현상이 가끔은 일어나고 있는 것을 알 수 있다. '다비'가 일본으로 건너가 sa-bi가 된 것은, 음운상으로 충분히 가능한 변화인 것이다.

## 바치다

'주다'의 높임말 '바치다'는 신(神)이나 웃어른께 정중하게 드리다는 뜻이다. 중세에는 '바티다'였다. 백제 시대에는 '바디다'였을 것이다.

o-**ha-tsi**-go-me [구마모토 방언] 신불(神佛)에게 바치는 쌀
ko-me 米 미 [일본어] 쌀
**바티**다 [중세 한국어] 바치다

구마모토(熊本) 방언 o-ha-tsi-go-me는 신(神)이나 부처님께 바치는 쌀을 뜻한다.

앞의 o(御 어)는 높임의 의미를 나타내는 접두사이고, go-me는 쌀을 뜻하는 ko-me가 흐린소리로 된 말이다. ha-tsi는 고대에 pa-ti였다.

중세 한국어 '**바티다**'와 발음과 의미가 완벽하게 일치하고 있다. 이 방언은 '바치는 쌀'이라는 의미가 된다.

o-**ha-tsi**-ma-e [시마네 방언] 신불(神佛)에게 바치는 쌀
**바티**다 [중세 한국어] 바치다

시마네(島根) 방언 o-ha-tsi-ma-e 역시 같은 의미이다.

ha-tsi의 고어는 pa-ti였고, 역시 '**바티다**'이다. ma-e(米 미)는 쌀이다. 이 방언 역시 '바치는 쌀'이다.

## 모시다

'늙은 어머니를 **모시**고 살지'의 '**모시다**'는 같이 살면서 받들고 보살피다는 뜻이다. 중세에는 '**뫼시다**'였다.

**mo-si**-a-ge-ru 差上 차상 [후쿠시마, 미야기 방언] 드리다
sa-si-a-ge-ru 〃 [일본어] 〃
**모시**다 [한국어]

일본어 sa-si-a-ge-ru는 윗사람에게 무엇을 바치다, 혹은 해 드리다는 뜻이다. 식사나 술을 올릴 때, 안내를 해 드릴 때, 책을 읽어 드릴 때 등 여러 경우에 이 말이 사용되고 있다. 이 말은 높이 들어 올리다는 의미의 sa-si(差 차)와, 역시 올리다는 뜻인 a-ge-ru(上 상)의 복합어이다.

후쿠시마(福島)에서는 mo-si-a-ge-ru라 한다. mo-si는 무엇인가?

'**모시**다'와 그 발음과 의미가 완벽하게 일치하고 있다 이 방언은 '모셔 올리다'가 원래의 의미이다.

**me**$_t$-su-ru [가고시마 방언] 드리다
**뫼시**다 [중세 한국어] 모시다

가고시마(鹿兒島)에서는 me$_t$-su-ru라 한다. su-ru(爲 위)는 물론 하다는 뜻의 일본어이고, me$_t$은 me-si가 축약된 발음으로 보인다. me-si 다음에 역시 s자음을 가진 su-ru가 오니 me$_t$이라는 촉음으로 바뀐 것으로 짐작된다. '**모시**하다' 즉 '모시다'가 원래의 의미이다.

중세어 '뫼시다'는 고대에는 어떤 발음이었을까? '모시다'와 '뫼시다'가 방언형으로 공존하고 있었던 것이 아닐까? 그래서 '모시다'는 후쿠시마에서 mo-si로 되었고, '뫼시다'는 가고시마 방언 me$_t$-su-ru가 된 것으로 짐작해 본다.

## 닥치다

일본어 tsu-ki-a-i는 사람과 사람 사이의 교제를 뜻한다. tsu-ki(付 부)는 붙다는 뜻이고, a-i(合 합)는 서로를 의미하므로, 이 말은 '서로 붙기'가 원래의 의미가 된다.

**ta-tsi**-a-i 付合 부합 [시마네 방언] 교제

yo-ri-a-i 〃 [ 〃 ] 〃
tsu-ki-a-i 〃 [일본어] 〃
**닥치**다 [한국어] 가까이 다가오다

시마네(島根)에서는 ta-tsi-a-i라 한다. a-i(合 합)는 서로이지만, ta-tsi는 무슨 의미인가? 일본어로는 전혀 이해할 수 없다.

가까이 다가오다는 의미의 '닥치다'가 일본으로 건너간 것은 졸저 『천황과 귀족의 백제어』에서 본 바 있다(226쪽). 바로 이 '닥치다'이다. 고대에는 '다디다'였을 것이다. 따라서 이 방언은 '서로 닥치기' 즉 '서로 가까이 다가가기'라는 의미이다.

시마네 방언에서는 교제를 yo-ri-a-i라고도 한다. yo-ri(寄 기) 또한 다가가다는 뜻이므로, 이 방언 역시 '서로 다가가기'라는 의미가 되어, ta-tsi-a-i와 같은 뜻인 것을 알 수 있다. 위에서 본 두 시마네 방언, 그리고 일본의 중앙어는 모두 동일한 발상에서 나온 말이다.

## 다가다

지금은 사어가 되었으나, 중세에 많이 사용되던 '**다가다**'는 가지다 혹은 들다는 의미를 가진 동사이다. 백제 시대에도 같은 발음이었던 모양이다.

**ta-ga**-ku 持 지 [나가노, 니이가타, 군마, 후쿠시마, 미야기, 아키타 방언] 가지다
**다가**다 [중세 한국어] 〃

나가노(長野)와 동일본 지역의 방언 ta-ga-ku 역시 가지다는 뜻으로서, 어근은 ta-ga이다. '**다가다**'와 발음과 의미가 정확하게 일치하고 있다.

## 참다

인내하다는 의미의 '참다'는 중세에 '춤다'라 하였다. 현대어에서 '참다'의 명사형은 '참음'이지만, 고대에는 어근 '참'에다 명사화접미사 '이'를 붙였던 모양이다.

za-ma-i 我慢 아만 [야마가타 방언] 인내
zan-ma-i 〃 [니이가타, 도쿄, 도치키, 이바라키, 후쿠시마, 야마가타, 미야기, 이와테 방언] 〃
참다 [한국어]

인내를 일본어에서는 ga-man(我慢 아만)이라 하지만, 야마가타(山形)에서는 za-ma-i라 한다.

어근은 za-ma이고, i는 동사를 명사로 만드는 접미사 '이'이다. 앞에서도 여러 번 본 바 있다. za-ma는 '참다'의 어근 '참'과 발음이 흡사하다.

주로 일본의 동북지방에 분포한 방언 zan-ma-i 역시 같은 의미이다. 이 방언은 za-ma-i가 변한 형태일까? 그렇지 않고 zam-ma-i가 변한 모습으로 추정된다.

이 두 방언과 '참다'의 명령형 '참아라'와 종합하여 볼 때, '참다'를 고대의 한국 사람들은 '자마다'라 하였던 것으로 짐작된다. 그리하여 그 명사형은 '자마이'였을 것이다. 그것이 야마가타 방언 za-ma-i이다.

그런데 '자마다'가 변한 '잠마다'라는 어형이 오히려 더 큰 세력을 얻어 널리 사용되었던 모양이다. 이 '잠마다'의 명사형이 zan-ma-i인 것으로 짐작된다. zamai→zammai→zanmai로 변하였을 것이다.

'자마다→잠마다'의 변화는 지극히 한국적인 음운현상이 아닐 수 없다.

## 말다

'하지 마!'의 '마'는 행동을 그만 두다, 혹은 아니하다는 의미이다. 고대의 기본형은 '마다'였을 것이다.

**ma**-i 止 지 [와카야마 방언] 그치기
**마**다 [한국어] 그만 두다

와카야마(和歌山)에서는 어떤 일을 하다가 그만 두는 것을 ma-i라 한다. 일본어로는 전혀 해석이 되지 않지만, 한국어로는 아주 쉽다.

ma는 '마다'의 어근이고, i는 명사를 만드는 접미사 '이'이다. 이 방언은 '(~을 하지) 말기'가 원래의 의미이다.

**ma**-ma 止 지 [효고, 나가노 방언] 그치기
**마**다 [한국어]

효고(兵庫)에서는 ma-ma라 한다. 어근 '마'를 중복한 형태이다.

여기서 일본으로 건너간 백제 사람들이 동사를 명사로 만드는 두가지 방법을 확실하게 알 수 있다. 즉 동사의 어근에 접미사를 '이'를 붙이는 방법과 또 하나는 동사의 어근을 그대로 명사화하는 것이다. 두 방법 모두 고대 한국어의 전통을 그대로 이은 것은 물론이다.

si-na-ra-**ma**-na-ra [니이가타 방언] 우물쭈물, 우유부단
si 爲 위 [일본어] 하다
na-ra [일본어] ~하면서
**마**다 [한국어] 그만 두다

니이가타(新潟) 방언 si-na-ra-ma-na-ra는 우물쭈물, 어물어물, 혹은

우유부단이라는 의미를 가진 부사이다. 부사처럼 사용되고 있지만, 원래는 관용구였던 것이 분명하다. si-na-ra와 ma-na-ra가 합친 구조이다.

우선 si-na-ra를 살펴보자. si(爲 위)는 하다는 뜻을 가진 동사 su-ru(爲 위)의 연체형이고, na-ra는 '~하면서'라는 뜻의 조사이다. 따라서 이 구절은 '하면서'라는 의미가 된다.

ma-na-ra를 보자. ma는 '마다' 즉 '말다'이다. ma-na-ra는 '말면서'라는 뜻으로서, 결국 이 방언은 '하면서 말면서'가 원래의 의미가 된다. 일을 한번 시작하면 끝까지 해 나가야 마땅하다. '하면서 말면서'는 우물쭈물이고 우유부단인 것이 분명하다. 한국의 관용구 '하는 둥 마는 둥'과 흡사한 의미와 구조인 것을 알 수 있다.

## 걷다

'걷다'라는 동사가 일본으로 건너간 것은 졸저 『일본 천황과 귀족의 백제어』에서 본 바 있다(469쪽). 여기서 좀 더 자세하게 살펴보자. '걷다'는 고대에 '갇다'였을 가능성이 크다. 한국에서는 중세 이전에 유음화되어 '걸어' 따위로 활용하지만, 유음화되기 이전에 일본으로 건너갔던 모양이다.

**ka-ti** 徒步 도보 [고대 일본어] 걷는 것
**걷**다 [한국어]

고대 일본어 ka-ti의 첫 번째 의미는 걷는 것 혹은 걷기라는 뜻이며, 두 번째는 말을 타지 않고 걷는 보병이라는 의미이다.

ka-ti는 '걷다'의 고형 '갇다'의 어근 '갇'에 명사를 만드는 접미사 '이'를 붙인 형태이다. '걷다'의 명사형은 고대에는 '갇이'였고, 발음은 '가디'였을 것이다. 현대어 '걸음'과는 아주 다른 모습이다.

ka-ti에는 보병이라는 의미도 있다. 이는 '갇다'의 어근 '갇'에 사람을 뜻하는 '이'를 붙인 형태이다(40쪽). 즉 걷는 사람을 고대에 '같이', 발음은 '가디'라 할 때에 일본으로 건너간 것을 알 수 있다.

## 없다

'없다'는 대화체에서 '업서!' '업서졌네'에서 보는 바와 같이, '업서'의 형태로 발음되고 있다. 중세에도 마찬가지였다. 백제 시대에도 다를 바 없었던 모양이다. 일본어에서는 na-i(無 무)라 한다.

> o-bo-so 缺乏 결핍 [나가노 방언] 없거나 모자람
> 없다 [한국어]

나가노(長野) 방언 o-bo-so는 결핍이라는 뜻의 명사이다. 고대의 발음은 ə-bə-sə였을 것으로 추정된다. 일본어로는 전혀 이해할 수 없다.

바로 '업서'이다. 발음이 완벽하게 일치하고 있다. 동사의 어근이 그대로 명사화한 형태이다. 고대에는 o-bo-so-ru 등의 형태로 동사가 있었을 것으로 짐작되지만, 동사는 소멸되고 명사형의 형태만 남은 것으로 보인다.

## 숙다

'머리를 숙이다'의 '숙이다'는 앞으로 굽히다는 의미이다. 이 말은 앞이나 한쪽으로 기울어지다는 의미를 가진 '숙다'의 사동사이다. '숙다'는 중세에도 같은 발음이었다. 백제 시대에도 마찬가지였던 모양이다.

> su-ku-na-mu 屈 굴 [나가노 방언] 숙이다
> su-ku-ma-ru 〃 [ 〃 ] 〃

숙다 [한국어]

일본어에서는 '숙이다'를 ka-ga-mu(屈 굴)라 하지만, 나가노(長野)에서는 su-ku-na-mu 혹은 su-ku-ma-ru라 한다.

두 방언의 공통어근은 su-ku인데, '숙다'의 어근 '숙'이다.

zu-ku-mu 屈 굴 [치바 방언] 숙이다
zu-ku-ba-ru 〃 [ 〃 ] 〃
숙다 [한국어]

위의 두 치바(千葉) 방언도 같은 의미이다.

공통어근 zu-ku는 su-ku가 흐린소리로 된 것으로서, 역시 '숙다'이다.

## ᄀᆞ초다

은폐하다는 의미의 '감추다'는 중세에 'ᄀᆞ초다'라 하였다.

ka-zo-mu 隱 은 [도쿄 방언] 감추다
ka-za-mu 〃 [후쿠시마 방언] 〃
ᄀᆞ초다 [중세 한국어] 〃

도쿄(東京) 방언 ka-zo-mu는 감추다는 뜻이다. 'ᄀᆞ초다'와 발음과 의미가 완벽하게 일치하고 있다.

후쿠시마(福島)의 ka-za-mu는 ka-zo-mu가 변한 형태이다.

이러한 일본의 방언과 대조하여 보면, 'ᄀᆞ초다'는 백제 시대에 '가조다'였을 것이다.

## 곱다

'팔이 안으로 곱다'의 '곱다'는 구부러지다는 의미이다. 중세에도 같은 발음이었다.

ko-bo-mu 屈 굴 [고치 방언] 굽다
곱다 [한국어]

고치(高知) 방언 ko-bo-mu는 굽다 혹은 구부러지다는 뜻이다.
어근 ko-bo는 '곱다'와 그 발음과 의미가 일치하고 있다.

go-pu-ku 鯨尺 경척 [군마, 도치키 방언] 곱자
곱다 [한국어]

옷감을 재는 자 중에서 곡선으로 된 곱은 자가 있다. 이를 '곱자'라 하고, 한자로는 '경척(鯨尺)'이라 한다. 고래의 수염으로 만들었기 때문에, '고래자'라는 의미이다. 경척을 군마(群馬) 일원에서는 go-pu-ku라 한다.

앞의 go-pu는 '곱자'의 '곱'인 것이 분명하다. ku는 도구를 의미하는 한자 '구(具)'일까? 의미를 알기 어렵다.

ko-ba 角 각 [시고쿠, 아이치, 시즈오카, 나가노, 야마나시, 니이가타, 가나카와, 치바, 군마 방언] 각진 것
곱다 [한국어]

시고쿠(四國) 등지의 방언 ko-ba는 각진 것을 뜻하는 명사이다. 판자나 길 따위가 각진 것을 의미하기도 한다. 어근 '곱'이 명사화되었다.

mi-ku-bi-ru [일본어] 깔보다

**굽어**보다 [한국어] 높은 위치에서 아래를 내려다 보다
**굽**다 [ 〃 ]

'곱다'가 일본으로 건너갔으니, 그와 비슷한 '**굽다**'도 건너갔을까? 일본어 mi-ku-bi-ru는 깔보다는 뜻이다. mi(見 견)는 보다는 뜻이지만, ku-bi-ru는 무슨 의미인인가?

굽어보다는 높은 위치에서 아래를 내려다 보다는 의미이다. '임금님께서 **굽어** 살피소서'는 임금님이 계시는 높은 위치에서 아래를 살펴보시라는 뜻이다. 높은 위치에서 내려다 보는 것은 관점을 달리하면 깔보는 것이 된다.

mi-ku-bi-ru의 ku-bi는 바로 이 '굽어보다'의 '**굽**'이 일본으로 건너간 것이다. 고대에는 한국에서도 '굽어보다'를 '굽보다'라고 하였을 가능성이 크다.

## **바스러**지다

'**바스러지다**'라는 말에는 두 가지 의미가 있다. 첫째는 마르고 쪼그러들다는 뜻이고, 둘째는 그렇게 마르고 쪼그라든 결과 깨어져 잘게 조각나다는 뜻이다. 어근은 '**바스러**'이다.

**ha-si-ru** [돗토리 방언] 건조되어 부서지다
**ha-si-ru** [가고시마, 사가 방언] 부서지다
**ha-si-ra**-gu [교토, 니이가타, 야마가타, 아키타, 아오모리 방언] 마르다
**바스러**지다 [한국어]

돗토리(鳥取) 방언 ha-si-ru의 고어는 pa-si-ru였는데, 건조되어 부서지다는 뜻이다. '**바스러지다**'의 두 가지 의미를 모두 가지고 있다.

가고시마(鹿兒島) 방언 ha-si-ru 역시 고어는 pa-si-ru였다. 부서지다

는 뜻이다. '**바스러지다**'의 두번째 의미와 같다.

교토(京都) 등지의 ha-si-ra-gu 또한 고대에는 pa-si-ra-gu였고, 마르다는 의미이다. 어근 pa-si-ra는 '바스러지다'의 첫째 의미를 담고 있다.

세 방언 모두 한국어 '바스러지다'의 어근 '바스러'에서 유래한 말이다. 고대에는 '**바시러**'였을 것이다.

## 삐꿈

경북방언 '**삐꿈**'은 성교(性交)를 뜻하는 비속어이다.

pi-kun [오키나와 방언] 구멍을 열다
**삐꿈** [경북방언] 성교

오키나와(沖縄) 방언 pi-kun은 구멍을 열다 혹은 벌리다는 뜻을 가진 동사이다.

경북방언 '**삐꿈**'의 어원이 바로 이 pi-kun에 있다는 것을 알 수 있다. 경북의 '삐꿈'은 명사라서 'ㅁ' 받침이 붙었고, 두 오키나와 방언은 동사이니 n 자음으로 끝나는 차이가 있다. 원형은 오키나와 방언일 것이다. 구멍을 열다에서 의미가 발전하여 경북방언의 '성교'라는 의미가 되었을 것이다. 그렇다면 고대의 한국에는 구멍을 열다는 뜻을 가진 '비구다'라는 동사가 있었을 것으로 추정되지만, 전혀 보이지 않고 있다. 진작 사라진 모양이다.

이 '삐꿈'은 경북지방 이외에는 전혀 쓰이지 않는다. 오키나와의 이 방언은 가야 사람들이 가져간 것이 아닐까?

## 이짐

요즘 잘 쓰는 말은 아니지만 '**이짐**'은 어린 아이들이 부리는 고집이나 떼를 뜻한다. 『표준국어대사전』에 나오는 '어서 밥 먹어라. 밥 먹다가 **이짐** 쓰고 그러면 못써요!'라는 예문이 이 말의 의미를 잘 설명해 주고 있다.

**i-zi**-ru [고치, 에히메, 오카야마, 시가, 기후, 아이치, 후쿠이 방언]
어린이가 떼를 쓰다
**이짐** [한국어]

고치(高知) 등지의 방언 i-zi-ru는 어린이가 떼를 쓰다는 뜻이다.

어근은 i-zi인데, '**이짐**'과 발음과 의미가 일치하고 있다. 일본의 이 방언으로 보면, 과거에는 '이지다'라는 동사가 있었고, '이짐'은 그 명사형이었던 것을 알 수 있다. 동사는 사어가 되었으며, 그 명사형만 남아 간신히 명맥을 잇고 있는 형편이다. 그러나 오히려 일본의 방언에서는 이 말이 동사의 형태로 활발하게 사용되고 있다.

## 좇다

어떤 대상의 뒤를 급히 따라가는 것을 '**쫓다**'라 한다. 『표준국어대사전』에 나오는 '어머니는 아들을 **쫓**아 방에 들어갔다'라는 예문에서 보는 바와 같다. 중세에는 '좇다'라 하였다.

**ziyo-zu** 上手 상수 [교토 방언] 추종(追從)
**좇**다 [중세 한국어] 쫓다

교토(京都) 방언 ziyo-zu는 추종 즉 남의 뒤를 따라서 **쫓**음이라는 뜻의 명사이다. 한자표기 '上手(상수)'는 그 발음이 ziyo-zu임을 나타내는 차자표기이고, 한자의 의미와는 아무런 상관이 없다.

ziyo-zu는 '좇다'와 발음이 흡사하고 의미는 동일하다.

'좇다'는 중세에 '조ᄎᆞ니' '조ᄎᆞ리이다' '조ᄎᆞ니라' 등으로 활용되었으므로, 당시에는 '조ᄎᆞ다'가 동사의 기본형이었을 것으로 보인다. '좇다'는 그 축약형이다. 교토 방언과 대조하여 보면, 고대에는 '조주다' 혹은 '죠주다'였을 것이다. 이 방언은 동사의 어근을 그대로 명사화한 형태이다. 고대에는 의당 ziyo-zu-ru와 같은 형태의 동사가 있었겠지만, 사라진 모양이다.

## 헐다

'오래된 집을 헐었다'의 '헐다'는 부수다는 의미이다. 중세에도 같은 발음이었으나, 고대에는 어떠하였을까? 고대 한국어에는 'ㅎ' 자음이 없었고, 현대의 'ㅎ'은 고대에는 거의 대부분 'ㄱ' 자음이었다. 따라서 '헐다'도 고대에는 '걸다'였을 것이다.

**ko-ru** 壞 괴 [오키나와 방언] 부수다
**헐**다 [한국어]

오키나와(沖縄) 방언 ko-ru는 부수다는 뜻이다.

'헐다'의 고형으로 추정되는 '걸다'와 발음이 그대로 일치하고 있다. '헐다'의 '헐'은 장음으로서 길게 발음된다. 오키나와 방언 ko-ru의 ko 역시 장음이다. 고대에는 kə-ru였을 가능성이 높다.

## 두루다

중세어 '두루다'는 속이다는 뜻이다. 일본어에서는 da-ma-su(騙 편)라 한다.

전남방언 '두르다' 역시 같은 의미로서, 중세어 '두루다'가 좀 변형된 형태이다. '둘려먹다' 혹은 '둘레먹다'는 속여먹다는 뜻이다.

**tsu-ru** 騙 편 [시가 방언] 속이다
**두루**다 [중세 한국어] 〃
**두르**다 [전남방언] 〃

시가(慈賀) 방언 tsu-ru 또한 속이다는 뜻이다. 고대에는 tu-ru였다.

'두루다'와 발음과 의미가 그대로 일치하고 있다. 시가라는 지방은 백제가 멸망한 이후 그 유민들의 본거지였다. 이 방언도 백제 유민들이 가져간 말일 것이다.

## 치다

'치다'는 때리다는 뜻이다. 중세에는 '티다'였으므로, 백제 시대에는 '디다'였을 것이다. 졸저 『일본 천황과 귀족의 백제어』에서 이 말이 건너간 것을 보았다(198쪽). 그리고 '치솟다'의 '치'는 때리다는 뜻이 아니라 '위로'라는 의미를 더하는 접두사이다. 이 말 또한 고대에 일본으로 건너 간 것도 아울러 본 바 있다. 중세에는 역시 '티'였다.

**u-tsi**-a-ge-ru 上 상 [일본어] 치올리다
u-tsi 打 타 [ 〃 ] 치다
a-ge-ru 上 상 [ 〃 ] 올리다

**티** [중세 한국어] 위로

일본의 중앙어 u-tsi-a-ge-ru는 위로 치올리다는 뜻이다.

이 말은 u-tsi와 a-ge-ru의 복합어이다. u-tsi(打 타)는 치다는 뜻이고, a-ge-ru는 올리다는 뜻이다. 그러면 이 말은 '때리고 올리다'는 뜻인가? 그런 말은 한국어는 물론 일본어에서도 있을 수 없다.

이 u-tsi는 중세 한국어 '티다'로 생각하면 수월하다. 그리고 의미는 때리다가 아니고, '위로'라는 의미의 접두사 '티' 즉 '치'이다. '치솟다' 혹은 '치뜨다'의 '치'이다. 그러한 이유로 이 복합어가 '치올리다'라는 의미가 되었던 것이다. 백제 시대에는 '디'였을 것이다. 일본으로 건너간 백제 사람들이 접두사 '디'를 고대 일본어 u-ti(打 타)로 번역한 것을 알 수 있다. '티다'의 고형 '디다'와 일본어 u-ti가 같은 의미이기 때문이다. 언어의 유희이다.

u$_{t}$-ke-ru 上 상 [치바, 사이타마 방언] 치올리다
u-tsi$_{ya}$-gi-yun [오키나와 방언] 〃
a-ge-ru [일본어] 올리다
**티**다 [중세 한국어] 치다

치바(千葉) 등지의 방언 u$_{t}$-ke-ru 역시 같은 의미이다. u$_{t}$은 u-tsi가 축약된 말이고, ke-ru는 a-ge-ru의 변형이다.

역시 '티 올리다' 즉 '치올리다'라는 의미이다.

오키나와(沖縄)에서는 u-tsi$_{ya}$-gi-yun이라 한다. u-tsi$_{ya}$는 u-tsi-a가 변한 음이다. gi-yun은 ge-ru의 변형이다.

tsi-ke-ru 上 상 [가나카와, 도치키, 이바라키, 미야기 방언] 오르다
tsi$_{t}$-ke-ru 〃 [시즈오카, 사이타마, 도치키, 이바라키 방언] 〃
a-ge-ru 〃 [일본어] 올리다

**티** [중세 한국어] 위로

가나카와(神奈川) 등지에서는 tsi-ke-ru라 한다. tsi는 고대에 ti였다. 역시 중세 한국어의 접두사 '티'이다. ke-ru는 오르다는 의미의 a-ge-ru(上 상)의 변형이다. '치 오르다'는 뜻이 된다.

시즈오카(静岡) 등지에서는 앞의 tsi가 촉음화되어 tsi$_t$으로 되었다.

이 두 방언에서는 '위로'라는 뜻을 더하는 접두사 '티'의 발음을 그대로 일본어화하고 있다. 앞의 u-tsi-a-ge-ru에서는 '티'를 동사 '티다'의 어근 '티'로 보아, 같은 의미를 가진 일본어 u-tsi(打 타)로 번역하였는데, 여기서는 '티'의 발음을 그대로 살린 차이가 있다.

졸저 『일본 천황과 귀족의 백제어』에서 백제어와 일본어를 이용한 언어의 유희를 여럿 보았는데, 고대에는 문헌뿐만 아니라 일반 대중들도 이러한 언어의 유희를 즐겨 사용하였던 것을 알 수 있다.

그런데 '치달리다'의 '치'는 '위로'라는 의미가 아니라 강조의 뜻이다. 강조의 의미를 더하는 접두사 '치' 또한 졸저에서 본 바 있다. 여기서 좀 더 자세히 살펴보자.

**u-tsi**-ka-tsu [일본어] 이기다
ka-tsu 勝 승 [ 〃 ] 〃
**티** [한국어] 강조의 의미를 더하는 접두사

일본어 ka-tsu는 이기다는 뜻이다. 여기에 u-tsi라는 말을 앞에 붙인 u-tsi-ka-tsu는 때려 이기다는 의미가 아니라, 이기다를 강조하는 말이다.

이 u-tsi는 '티다'를 일본으로 번역한 형태이다. 그렇지만 의미는 때리다가 아니라, 강조의 의미이다. '치달리다'의 '치'는 중세에 '티'였으니, 발음과 의미, 용법이 완벽하게 일치하고 있다.

**u-tsi**-su-e-ru [일본어] 고정시키다

su-e-ru 据 거 [ 〃 ] 붙박다
**티** [한국어]

일본어 su-e-ru는 붙박다 혹은 거치하다는 뜻이다. u-tsi를 앞에 붙인 u-tsi-su-e-ru는 때려 붙박다라는 의미가 아니라, 붙박다는 의미를 좀 더 강조한 고정시키다는 뜻이 된다.

이 u-tsi 또한 '티'이다. 이러한 사례는 여럿 더 있지만, 지면관계상 이 정도로 생략한다. 관심이 있는 독자들은 일한사전을 찾아보시길 바란다.

## 부치다

제주방언 '부치다'는 혼이 나도록 심하게 때리다는 뜻이다. 고대에는 '부디다'였을 것이다.

**bu-tsi** [교토 방언] 북채
**bu-tsi** [후쿠오카, 도쿠시마, 오카야마, 교토 방언] 매
**부치**다 [제주방언] 심하게 때리다

교토(京都) 방언 bu-tsi는 '부치다'의 명사형으로서, 북을 칠 때에 사용하는 북채를 뜻한다. 고대에는 bu-ti였다.

'부치다'의 고형 '부디다'의 '부디'와 발음은 일치하고 의미는 일맥상통하고 있다.

후쿠오카(福岡) 등지에서는 이 말이 사람을 때리는 매를 뜻한다. 두 방언은 모두 동사의 어근이 그대로 명사로 되었다.

**bu-tsi** [일본어] 때리다는 뜻을 더하는 접두사
**bu-tsi**-ko-wa-su [ 〃 ] 때려부수다

ko-wa-su 壞 괴 [일본어] 부수다
**부치**다 [제주방언]

일본의 중앙어 bu-tsi는 때리다는 뜻을 더하는 접두사이다. 고형은 물론 bu-ti였다.

부수다는 뜻인 ko-wa-su와 결합한 bu-tsi-ko-wa-su는 '때려부수다'는 뜻이 된다. 제주방언 '부치다'의 어근 '부치'가 접두사로 변신한 모습이다.

**bu-tsu** [미야기 방언] 때리다
**부치**다 [제주방언]

미야기(宮城) 방언 bu-tsu는 때리다는 의미의 동사이다. 이 형태는 동사의 원형이고 연용형은 bu-tsi이므로, 이 말에도 '**부치**다'가 그대로 살아있다. 발음과 의미가 완벽하게 일치하고 있다.

'부치다'는 현재 제주방언에 만 남아있고 다른 지역에서는 찾아 볼 수 없다. 그러나 일본에서는 방언뿐 만 아니라 중앙어로도 통용되고 있으며, 그 의미가 조금씩 변형된 모습으로 볼 때, 백제 시대에는 전국적으로 아주 활발하게 사용되었던 말이라는 사실을 짐작할 수 있다.

## 바구다

전라도의 독특한 방언 '**바구**다'는 부수다는 뜻이다.

bu-tsiya-**ba-ku** 破 파 [니이가타, 가나카와, 도쿄, 야마가타 방언] 부수다
**바구**다 [전라방언] 〃

니이가타(新瀉) 등지의 방언 bu-tsiya-ba-ku 역시 부수다는 의미로서, bu-tsiya와 ba-ku의 복합어이다. bu-tsiya는 앞서 본 '부치다'의 bu-tsi가 변한 말이다.

ba-ku는 전라방언 '바구다'이다. 이 방언은 '부치 바구다' 즉 '때려 부수다'가 원래의 의미이다.

## 시시대다

평북방언 '시시대다'는 부수다는 뜻이다. 어근은 '시시'이다.

**si-siya**-ba-ku 破 파 [야마가타 방언] 부수다
**시시**대다 [평북방언] 〃

야마가타(山形) 방언 si-siya-ba-ku 역시 부수다는 의미이다. ba-ku는 앞서 본 '바구다'로서 부수다는 의미이다.

si-siya는 '시시대다'의 '시시'와 발음이 흡사하다. si-siya도 원래는 si-si였을 것으로 짐작된다. 뒤에 붙은 ba의 모음 a에 이끌려 si-si가 si-siya로 변하였을 것이다.

**sit-tsiya**-ba-ku [니이가타, 이바라키, 야마가타 방언] 부수다
**시시**대다 [평북방언] 〃

니이가타(新瀉) 등지에서는 sit-tsiya-ba-ku인데, si-siya-ba-ku가 변한 음이다. si-siya가 sit-siya로 촉음화되면서 자음이 바뀌었다.

'시시대다'는 평북방언 이외에는 전혀 보이지 않는다. 일본에서도 이 방언이 분포한 곳은 관동과 동북, 북륙지방이므로, 고구려 유민들이 가져간 말일 것이다.

## 널다

'빨래를 널다'의 '널다'는 말리기 위하여 펼쳐 놓다는 의미이다. 중세에도 같은 발음이었으니, 백제 시대에도 마찬가지였을 것이다.

**no-ro**-si 稻架 도가 [치바, 이바라키 방언] 벼 말리는 덕
**널**다 [한국어]

치바(千葉) 등지의 방언 no-ro-si는 베어 낸 벼를 말리는 덕을 뜻한다. 덕은 나뭇가지로 시렁이나 선반처럼 얽어 무엇을 말리기 위한 장치이다.

어근 no-ro는 '널다'와 발음과 의미가 일치하고 있다. 고대에는 nə-rə였을 것이다. 이 방언은 명사인데, 뒤에 붙은 si라는 말로 미루어 볼 때, 원래는 no-ro-su라는 동사의 명사형으로 보인다.

**na-ra**-si 稻架 도가 [시마네, 치바 방언] 벼 말리는 덕
**널**다 [한국어]

시마네(島根)에서는 벼 말리는 덕을 na-ra-si라 한다. '널다'의 '널'이 여기서는 na-ra로 되었다.

## 불다

"있는 대로 다 불어!"의 '불다'는 사실대로 말하다 혹은 자백(自白)하다는 뜻이다. 다음의 일본 방언으로 보면 고대에는 말하다는 의미였을 것이다.

**hu-re**-ru [도치키 방언] 말을 전하다
**hu-re**-ku-tsi [ 〃 ] 이곳저곳 말을 옮기는 사람

**불**다 [한국어] 지은 죄를 사실대로 말하다

도치키(栃木) 방언 hu-re-ru는 이곳저곳 말을 전하거나 옮기다는 의미이다. 고대에는 pu-re-ru였다.

어근 pu-re는 '불다'와 그 발음과 의미가 흡사하다.

hu-re-ku-tsi는 말을 옮기는 사람을 뜻한다. hu-re는 고대에 pu-re였고 역시 '불다'이다. ku-tsi(口 구)는 물론 입을 뜻하는 일본어이다. '부는 입'이라는 의미가 된다. 이웃이나 세간의 온갖 일들을 여기저기 지인들에게 '불면서' 돌아다니는 사람은 세상 어느 곳에나 존재하기 마련이다.

## **꼬꾸라**지다

'꼬꾸라지다'는 앞으로 고부라져 쓰러지다는 뜻이다. 어근은 '**꼬꾸라**'이다.

ko-ku-ru 倒 도 [미야자키, 오이타, 구마모토, 나가사키, 와카야마 방언] 넘어지다
**꼬꾸라**지다 [한국어]

미야자키(宮岐)에서 와카야마(和歌山)까지 분포한 방언 ko-ku-ru는 넘어지다 혹은 쓰러지다는 뜻이다. 발음과 의미가 '꼬꾸라지다'의 어근 '**꼬꾸라**'와 아주 닮았다. 백제 시대에는 '고구라다'였을 것으로 추정된다.

일본어로는 ta-o-re-ru(倒 도)라 한다.

ko-ke-ru 倒 도 [일본어] 넘어지다
**꼬꾸라**지다 [한국어]

중앙어 ko-ke-ru 또한 같은 의미이다. ko-ku-ru가 변한 말이다.

## 까불다

'까불다'는 위아래로 흔들거나 흔들리다는 뜻이다. 키를 위아래로 흔들어 검불을 날려 버릴 때에는 곡식을 '까부르다'라고 하는데, '까불다'에서 파생된 말이다. '까불다'는 의미가 발전하여 사람이 경박하거나 조심성 없이 함부로 행동하는 것을 뜻하기도 한다.

**ga-bu-ru** [구마모토, 야마구치 방언] 배가 흔들리다
**까불**다 [한국어] 위아래로 흔들리다

구마모토(熊本) 등지의 방언 ga-bu-ru는 배가 파도에 흔들리다는 뜻이다. '까불다'와 의미와 발음이 일치하고 있다. 이 방언에서는 그 의미가 아주 좁아져 배가 파도에 흔들리는 것만을 의미하고 있다.

**ka-bu-ru** 顚覆 전복 [아이치 방언] 뒤집히다
**kan-bu-ru** 〃 [아이치, 시마네, 니이가타 방언] 〃
**까불**다 [한국어]

아이치(愛知) 방언 ka-bu-ru는 전복하다 즉 뒤집히다는 뜻이다. 심하게 흔들리면 뒤집어진다. 의미가 약간 다른 것 같지만, 결국 같은 뿌리에서 나온 말일 것이다.

kan-bu-ru라 하기도 한다.

## 까부라지다

'까부라지다'라는 말은 방언으로 보이지만 중앙어이다. 기운이 빠져 몸이 고부라지거나 나른해지다는 의미이다. 어근은 '까부라'이다.

**ka-bu-re**-ru 死 사 [니이가타 방언] 죽다
**까부라**지다 [한국어]

니이가타(新瀉) 방언 ka-bu-re-ru는 죽다는 뜻이다.

어근 ka-bu-re는 '까부라'와 발음이 거의 일치하지만, 의미에서 좀 차이가 있다. 그러나 '까부라지다'도 몸이 조금 아픈 것을 뜻하는 것이 아니고, 중병에 걸리거나 하여 생명이 위독할 때, 즉 거의 죽음 직전의 단계에 이르렀을 때 사용되는 말이므로, 고대에는 두 말이 같은 의미였을 것이다.

## 토끼다

속어인 '토끼다'는 피하여 도망가다는 뜻이다. 이 말은 '토끼'라는 동물에서 유래한 것으로 보는 학자들이 많으나, 원래 도망가다는 의미를 가진 '도기다'라는 말이 있었던 것으로 보인다.

**du-gi**-na-yun 避 피 [오키나와 방언] 피하다
**토끼**다 [한국어] 피하여 도망가다

오키나와(沖繩) 방언 du-gi-na-yun은 피하다는 뜻이다. 어근은 du-gi이고, na-yun은 동사를 만드는 접미사이다.

어근 du-gi는 원래 do-gi였을 것이다. 오키나와에서 대부분의 모음 o가 u로 변하면서 이 말도 같은 변화를 겪은 것으로서, 고대에는 do-gi-na-pu였던 것으로 추정된다.

이 do-gi는 '토끼다'의 고형 '도기다'와 정확하게 일치하고 있다.

**do-ke**-ru [히로시마, 시마네, 아이치, 야마나시, 니이가타, 치바, 후쿠시마, 아키타 방언] 피하다

**토끼**다 [한국어] 피하여 도망가다

히로시마(廣島) 등지의 to-ke-ru 또한 같은 의미이다. 이 말은 '토끼다'와 같은 뜻을 가진 일본어 sa-ke-ru(避 피)의 합성어이다.

'토끼다'의 '**토끼**'와 sa-ke-ru의 ke-ru를 결합한 형태이다. 절묘하게 말을 이어 붙였다는 느낌이 든다.

## 빼다

"자꾸 빼지 말고 한 곡 불러 보게"의 '빼다'는 피하다는 뜻으로서, 고대에는 '배다'였을 것이다. '내빼다'는 피하여 달아나다는 의미이다.

**he**-ru 避 피 [나라, 기후 방언] 피하다
**he**-re-ru 〃 [에히메 방언] 〃
**빼**다 [한국어] 〃

나라(奈良) 방언 he-ru 또한 피하다는 뜻이고, 고어는 pe-ru였다.

어근 pe는 '빼다'와 그 발음과 의미가 정확하게 일치하고 있다.

에히메(愛媛) 방언 he-re-ru의 고어는 pe-re-ru였다. pe-ru가 변형된 형태이다.

## 다물다

'입을 다물다'의 '다물다'는 중세에 '다믈다'라 하였다.

**da-ma**-ru 黙 묵 [일본어] 다물다

**다믈**다 [중세 한국어] 〃

일본어 da-ma-ru는 말하지 않고 입을 다물다는 뜻이다.

일견 '**다물다**'와 흡사한 발음이다. '다물다'는 백제 시대에는 '다말다'였을 가능성이 크다. da-ma-ru의 첫 음절이 맑은소리인 ta가 아닌 흐린소리 da로 시작되는 점으로 보아도, 백제어인 것이 분명하다.

## 데끼다

제주방언 '**데끼다**'는 던지다는 의미이다.

te-ku 投 투 [야마구치, 돗토리 방언] 던지다
**데끼**다 [제주방언] 〃

야마구치(山口) 등지의 방언 te-ku 또한 같은 뜻이다. 이 말은 동사의 원형이고, 가장 기본적인 동사의 활용형인 연용형은 te-ki이다.

'**데끼다**'와 발음과 의미가 완벽하게 일치하고 있다. 이 방언은 현재는 제주도에서만 사용되고 있지만, 고대에는 전국적으로 널리 통용된 말이었을 가능성이 크다.

## 담박굴

전라방언 '**담박굴**'은 달리기를 뜻한다. 이 말은 명사이지만, 백제 시대에는 '**다박구러다**'와 같은 형태의 동사로 사용되었을 것으로 보인다.

to-ba-ku-ru 走 주 [고치 방언] 달리다

**담박굴** [전라방언] 달리기

고치(高知) 방언 to-ba-ku-ru는 달리다는 뜻의 동사이다. '**담박굴**'과 의미는 동일하고 발음은 흡사하다.

**to-ba-ku-ra**-ka-su [오카야마 방언] 달리다
**to-ba-ke-ru** [효고 방언] 〃
**담박굴** [전라방언] 달리기

위의 두 방언은 to-ba-ku-ru가 변한 말이다,

## **약** 오르다

"나를 무시하는 듯한 그의 말을 듣고는 **약**이 올랐다"에서 보는 '**약** 오르다'라는 말은 화가 나다는 의미이다. 이 '**약**'은 고유의 한국어이고, 병을 치료하는 물질인 '약(藥)'과는 다른 말이다. '고추가 약이 올랐다'의 '약'은 자극적인 성분을 말하는데, 화를 뜻하는 '약'과 같은 말이다.

**ya-ke**-o-ko-su 入腹 입복 [후쿠시마 방언] 화내다
o-ko-su 起 기 [일본어] 일으키다
**약** 오르다 [한국어]

후쿠시마(福島) 방언 ya-ke-o-ko-su는 화내다는 뜻이다. ya-ke는 '**약**'이고, o-ko-su는 일으키다는 의미이다.
이 방언은 '**약** 일으키다'가 원래의 의미이다.

**ya-ke**-o-ki-ru [도치키 방언] 화 내다

o-ki-ru 起 기 [일본어] 일어나다
**약** 오르다 [한국어]

도치키(栃木)에서는 ya-ke-o-ki-ru라 한다. ya-ke는 '약'이고, o-ki-ru는 일어나다는 뜻의 일본어이니, '약 일어나다'라는 의미가 된다.

두 방언은 '약 오르다'와 그 의미와 구조가 완벽하게 일치하고 있다. 백제 사람들도 현대의 한국인과 아무런 차이없이 '약 오르다'라고 하였던 사실을 짐작할 수 있다.

## 앵돌아지다

'앵돌아지다'는 노여워서 토라지다는 뜻이다. '앵'과 '돌아지다'의 복합어로 보인다.

'돌아지다'는 '토라지다'와 같은 말이 아닌가 싶다. 고대에는 '도라지다'였는데, 격음화된 어형이 '토라지다'이고, 복합어 '앵돌아지다'에서는 원형이 그대로 보존된 것으로 추정할 수 있다.

in-bu-ri-tsu-ru 拗 요 [니이가타 방언] 토라지다
bu-ri-tsu-ru [시마네, 후쿠이 방언] 〃
**앵**돌아지다 [한국어] 〃

니이가타(新瀉) 방언 in-bu-ri-tsu-ru 역시 토라지다는 의미이다. in과 bu-ri-tsu-ru의 복합어로서, 시마네(島根) 방언 bu-ri-tsu-ru 또한 토라지다는 뜻이다.

이 방언의 in은 토라지다는 의미를 강조하는 말, 혹은 그 자체로 토라지다는 뜻을 가진 말로 추정된다. '앵돌아지다'의 '앵'과 그 발음과 의미, 용법이 흡사하다. '앵'도 고대에는 '잉'이었을 가능성이 있다.

in-bu-ri-ka-ku [아이치, 시즈오카, 나가노 방언] 토라지다
in-gu-ri-ka-ku [미야기 방언] 〃
앵돌아지다 [한국어]

위 두 방언의 in 역시 '앵'이다.

## 꼬디질하다

함북방언 '꼬디질하다'는 토라지다는 뜻이다. 어근은 '꼬디'이다. 일본어에서는 su-ne-ru(拗 요)라 한다.

ko-tsi-ke-ru 拗 요 [아키타 방언] 토라지다
ko$_t$-tsi-ne-ru 〃 [야마가타 방언] 〃
꼬디질하다 [함북방언] 〃

아키타(秋田) 방언 ko-tsi-ke-ru도 같은 의미이다. 어근 ko-tsi는 고대에 ko-ti였다.

'꼬디질'의 '꼬디'와 발음이 일치하고 있다. 고대에는 '고디'였을 것이다.

야마가타(山形)에서는 ko$_t$-tsi-ne-ru라 한다. 어근 ko$_t$-tsi 또한 고대에는 ko-ti였다.

역시 '꼬디'이고, 여기에다 중앙어 su-ne-ru의 ne-ru를 붙인 모습이다.

ko-zi-ru 拗 요 [니이가타, 이와테 방언] 토라지다
꼬디질하다 [함북방언] 〃

니이가타(新瀉)에서는 ko-zi-ru라 한다. 어근 ko-ti가 ko-zi로 바뀌었다.

go-zi-gu-ru 拗 요 [아키타 방언] 토라지다
ko-zi-ke-ru 〃 [오카야마, 야마가타, 아키타, 이와테, 아오모리 방언] 〃
**꼬디**질하다 [함북방언] 〃

아키타(秋田)에서는 go-zi-gu-ru라 한다. 어근 go-zi에 하다는 의미의 동사 gu-ru가 첨가되었다. '꼬디하다'는 의미이다.

오카야마(岡山) 등지에서는 ko-zi-ke-ru라 한다. 앞의 아키타 방언이 변형된 모습이다.

'**꼬디**질하다'는 함북 이외의 지역에서는 보이지 않는다. 일본에서 이 방언이 분포하는 지역도 주로 동북지방이다. 고구려 유민들이 가져간 말일 것이다.

## **꾸중**하다

잘못을 꾸짖다는 의미의 '꾸중하다'는 중세에 '**구숑**하다' 혹은 '**구죵**하다'라 하였다. '**구숑**'이나 '**구죵**'은 명사이고, 여기에 '하다'가 붙었다. 다음의 일본 방언을 보면, 백제 시대에도 거의 비슷한 발음이었을 것이다.

ku-ziyo-ku-ru [야마구치, 시마네 방언] 꾸중하다
**구숑**하다 [중세 한국어] 〃

야마구치(山口)와 시마네(島根) 방언 ku-ziyo-ku-ru 역시 꾸중하다는 의미이다. 어근은 ku-ziyo이다. ku-ru는 앞서 본 '하다'의 고형 '구다'가 일본으로 건너간 것이다(252쪽).

어근 ku-ziyo는 중세 한국어 '**구죵**'과 거의 완벽하게 일치하고 있다. 뒤에 '하다'를 붙여 동사를 만드는 점 또한 동일하다.

**go-siya**-ke-ru [니이가타, 야마가타, 이와테, 아키타 방언] 꾸중하다
**go-siya**-ru [야마가타 방언] 〃
**구숑**하다 [중세 한국어] 〃

두 방언의 어근 go-siya는 gu-siyo가 변한 형태이다.

일본 방언으로 미루어 보면, 백제 시대에도 '**구죵**'과 '**구숑**'이라는 두 어형이 병존하고 있었던 모양이다.

### 새다

'물이 **새다**'의 '**새다**'는 중세에 'ᄉᆡ다'라 하였다. 일본어에서는 mo-ru(漏누)라 한다.

**sa**-su 漏 누 [야마나시 방언] 새다
**새**다 [한국어]

'**새다**'를 야마나시(山梨)에서는 sa-su라 한다. 어근 sa는 '**새다**'와 흡사하다.

**su**-mo-ru 漏 누 [기후 방언] 새다
mo-ru 〃 [일본어] 〃
**새**다 [중세 한국어]

기후(岐阜)에서는 su-mo-ru라 한다. mo-ru는 새다는 뜻의 일본어이다.

앞의 su는 역시 '**새다**'인 것이 분명하다. 중세어 'ᄉᆡ다'를 연상케 한다. 이 방언은 동어반복이다.

## 굳다

'밀가루 반죽이 굳다'의 '굳다'는 응고하다 즉 무른 것이 단단하게 되다는 의미이다.

ko-to-ru [니이가타 방언] 응결(凝結)하다
굳다 [한국어] 응고(凝固)하다

니이가타(新瀉) 방언 ko-to-ru는 응결하다, 즉 액체 상태의 물질이 한데 엉기어 굳어지다는 뜻이다. 어근은 ko-to이다.

'굳다'가 일본으로 건너가 모음이 바뀐 형태이다. 발음과 의미가 흡사하다.

## 붇다

물에 젖어 부피가 커지는 것을 '붇다'라 한다. 가령 '삶은 라면이 붇다'는 라면이 물에 젖어 부풀다는 뜻이다. 중세에도 같은 발음이었다. 백제 시대에도 거의 비슷한 발음이었던 모양이다.

po-to-bu 潤 윤 [고대 일본어] 붇다
bo-te-ru [히로시마 오카야마] 〃
붇다 [한국어]

고대 일본어 po-to-bu는 붇다는 뜻이다. 어근 po-to는 '붇다'와 발음과 의미가 일치하고 있다.

히로시마(廣島) 방언 bo-te-ru는 같은 의미이다.

어근 bo-te는 역시 '붇다'이다. '붇다'가 고대에 일본으로 건너가 지방에 따라 조금씩 다른 형태로 변한 것을 볼 수 있다. 앞의 고대 일본어는 사어가 되었지만, 이 방언은 지금도 사용되고 있다.

## 담다

'술을 담그다'라는 의미의 '**담다**'가 일본으로 건너간 것은 졸저 『일본 천황과 귀족의 백제어』에서 상세하게 본 바 있다(95쪽). 원래 '담다'라는 말은 '사과를 쟁반에 **담다**'에서 보듯이 물건을 그릇 따위에 넣다는 뜻이다. '술을 담다'의 '담다'도 술의 원료를 액체 속에 담다는 의미에서 비롯된 것이 아닐까?

**ta-mo**-a-mi 攩網 당망 [일본어] 뜰채
a-mi 網 망 [ 〃 ] 그물
**담**다 [한국어]

일본어 ta-mo-a-mi는 물고기 따위를 뜰 때에 사용하는 뜰채이다. 작은 그물에 작대기로 된 손잡이가 달린 모습이다. a-mi는 그물이지만, ta-mo는 일본어로는 알 수가 없다.

'**담**다'의 어근 '**담**'이 변한 말이다. '담(는) 그물'이라는 의미가 된다. 뜰채의 기능과 모양을 잘 묘사한 말이다.

**ta-ma** [가고시마, 오카야마, 시마네 방언] 뜰채
te-**ta-ma** [오카야마 방언] 〃
**담**다 [한국어]

가고시마(鹿兒島) 등지에서는 ta-ma라 한다. '**담**다'의 어근 '**담**'을 그대로 명사로 만들고 있다.

오카야마(岡山)에서는 ta-ma의 앞에 손을 뜻하는 te(手 수)를 붙여, teta-ma라 한다.

## 골다

경상도 방언에서 '못 먹었어서 비쩍 골았네'라 할 때의 '골다'는 몸이 야위다는 뜻이다.

**ko-ra**-gu 乾 건 [가고시마, 미야자키 방언] 마르다
**골**다 [경상방언] 야위다

가고시마(鹿兒島) 방언 ko-ra-gu는 마르다 혹은 건조하다는 뜻이다. 어근 ko-ra는 '골다'와 발음이 흡사하다.

경상방언 '골다'는 사람의 신체가 야윈 것을 뜻하지만, 원래는 이 말도 건조하다는 의미였을 것이다. 중앙어 '마르다'도 원래 건조하다는 의미였으나, 나아가 사람이 야윈 것도 뜻하는 것과 같은 맥락이다. 이 '골다'는 경상도 이외의 방언에서는 보이지 않는다. 가야 사람들이 가져간 말일까?

## 다히다

지금은 사어가 된 중세 한국어 '다히다'는 소 따위 동물을 잡다, 즉 죽이다는 뜻이었다.

**ta-gi**-ru 死 사 [가고시마 방언] 죽다
**다히**다 [한국어] 죽이다

가고시마(鹿兒島) 방언 ta-gi-ru는 죽다는 뜻이다.

어근 ta-gi는 '다히다'의 어근 '다히'와 흡사하다. 의미도 본동사와 사동사의 차이가 있을 뿐 완벽하게 일치하고 있다. '다히다'도 고대에는 '다기다'였던 것이 분명하다.

## 패다

'패다'는 때리다는 뜻으로서, 중앙어이다. 고대에는 '배다'였을 것이다.

**he**-ru 叩 고 [후쿠이 방언] 때리다
**패**다 [한국어] 때리다

후쿠이(福井) 방언 he-ru의 고어는 pe-ru였고, 때리다는 뜻이다.
어근 pe는 '패다'와 정확하게 일치하고 있다.

te-**be**-su 打 타 [에히메, 야마구치, 히로시마, 오카야마, 시마네 방언] 손으로 때리다
**패**다 [한국어]

에히메(愛媛) 등지의 te-be-su는 손으로 때리다는 뜻이다. te(手 수)는 손을 뜻하는 일본어이고, be-su가 때리다는 의미이다.
어근 be는 역시 '패다'이다. '손(으로) 패다'가 원래의 의미이다.

## 조지다

'조지다'는 호되게 때리다는 뜻의 동사이다. 속어나 방언처럼 보이지만, 『표준국어대사전』에는 아무런 언급이 없으니 표준어인 모양이다.

**so-su** 叩 고 [와카야마, 미에 방언] 때리다
**조지**다 [한국어] 호되게 때리다

와카야마(和歌山) 등의 방언 so-su는 때리다는 뜻이다.

이 형태는 동사의 기본형이고, 일상생활에서 가장 많이 사용되는 활용형인 연용형은 so-si이므로, '조지다'의 어근 '조지'와 발음이 흡사함을 알 수 있다.

**so-si**-ki-ru 叩 고 [와카야마 방언] 때리다
**so-si**-ko-mu 〃 [미에 방언] 〃
**조지**다 [한국어]

와카야마에서는 so-si-ki-ru라 하고, 미에(三重)에서는 so-si-ko-mu라 한다. 뒤에 붙은 ki-ru나 ko-mu가 무슨 의미인지는 분명치 않다.

앞의 so-si가 '조지다'인 것은 의심의 여지가 없다.

## 탁하다

전라, 평안방언 '탁하다'는 닮다는 뜻이다. 그런데 방언이 아닌 중앙어 '친탁(親-)'은 자식이 아버지 쪽 즉 친가(親家)를 닮은 것을 뜻하고, '외탁(外-)'은 어머니 쪽 즉 외가(外家)를 닮은 것을 의미한다. 따라서 '탁'은 방언이라고만 볼 수는 없고 전국에서 통용되는 말로 보아야 할 것이다.

siyo-**ta-ku** 似 사 [미에 방언] 닮음
siyo 〃 [가고시마, 가가와, 도쿠시마, 가나카와 방언] 〃
**탁**하다 [전라, 평안방언] 닮다

미에(三重) 방언 siyo-ta-ku는 닮음이라는 뜻의 명사로서, siyo와 ta-ku의 합성어이다. siyo라는 방언 역시 닮음이라는 의미이다.

ta-ku는 전라방언 '탁'이 건너간 것으로서, 이 또한 같은 의미인 것이 분명하다. 앞서 본 바와 같이 '탁'은 명사이고, 미에의 ta-ku 또한 명사이다. 발음과 의미, 용법이 완벽하게 일치하고 있다. 이 방언은 '닮음'이라는 말이 중복된 동어반복이다.

## 보골

다른 지역에서는 전혀 들을 수 없고, 오직 경남에서만 통용되는 특이한 방언 '보골'이 있다. 화내다는 의미인데, '보골' 단독으로는 사용되지 않고, '보골 차다' 혹은 '보골 채우다'라는 형태로 쓰이고 있다. '보골 차다'는 화를 내다는 뜻이고, '보골 채우다'는 화를 돋우다는 의미이다.

'보골'은 무엇인가? 경남방언에서 '보골'은 허파를 뜻하는데, 이 '보골'도 원래는 허파를 의미하는 말일 가능성이 있으나 확실치는 않다.

**hu-ku-ru** [시마네 방언] 화내다
**보골** [경남방언] 화

시마네(島根) 방언 hu-ku-ru의 고어는 pu-ku-ru였으며, 화를 내다는 뜻을 가진 동사이다. '보골'과 의미는 동일하고 음상은 아주 비슷하다. '보골'이 일본으로 건너가 pu-ku-ru가 된 것이 분명하다.

'보골'은 경남 이외에는 전혀 사용되지 않는 말이다. 시마네의 이 방언은 가야 사람들이 가져간 말일 것이다.

## 에수

이기갑 선생의 『전남방언사전』에 의하면, 전남방언 '에수'는 속임수라는 뜻이며, '에수허다'나 '에수치다'는 속이다는 의미라 한다.

e-zo-ka-su 騙 편 [오카야마 방언] 속이다
e-zo-ka-su 愚弄 우롱 [오카야마, 히로시마 방언] 우롱하다
에수허다 [전남방언] 속이다

오카야마(岡山)의 독특한 방언 e-zo-ka-su는 속이다는 뜻이며, 우롱하다는 의미로도 사용된다.

어근은 e-zo인데, 전라방언 '에수'와 의미는 동일하고 발음은 흡사하다. 둘 다 명사라는 점도 일치하고 있다. 백제 사람들이 '에수'라는 말을 가지고 이곳으로 건너간 것이 분명하다. 그 후에 e-zo로 변하였으리라. ka-su는 동사를 만드는 접미사로서, '적극적으로 ~하다'라는 의미를 가지고 있다.

## 까다

'콩을 까다'의 '까다'는 껍질을 벗기다는 뜻이다. 그런데 머리가 벗겨진 대머리에 대하여도 '머리가 까졌다'라고 말한다. 머리가 벗겨진 것도 역시 '까다'라는 동사로 표현하고 있다. 중세에는 'ᄭᅡ다'였으나, 백제 시대에는 '가다'였던 모양이다.

kan-bo 禿頭 독두 [이바라키, 니이가타 방언] 대머리
kan-ba 〃 [나가노, 니이가타, 이바라키, 미야기 방언] 〃
kan-ba-tsi 〃 [오키나와 방언] 〃
까다 [한국어] 벗기다

이바라키(茨城) 등의 방언 kan-bo는 대머리를 뜻한다.

kan은 '까다'의 어근 '까'에다 동사를 형용사로 만드는 'ㄴ'이 첨가된 형태이다. bo는 '꾀보'의 '보'로서 사람을 뜻하는 말이다(20쪽). 이 방언은 '깐보' 즉 머리가 까진 사람이라는 의미이다. 백제 시대에는 '간보'라는 어형이 있었고, 그것이 일본으로 건너갔던 모양이다.

나가노(長野) 등지에서는 kan-ba라 한다. ba는 전라방언 '바'로서, 아이라는 뜻이다(50쪽). '깐 바' 즉 '까진 아이'라는 의미가 된다.

오키나와(沖縄)에서는 kan-ba-tsi라 한다. ba-tsi는 사람을 뜻하는 한국어 '바치'이다(29쪽). '깐 바치'이다.

**kan-kan**-a-ta-ma 禿頭 독두 [가가와 방언] 대머리
a-ta-ma 頭 두 [일본어] 머리
**까**다 [한국어]

가가와(香川) 방언에서는 kan-kan-a-ta-ma이다. a-ta-ma는 머리를 뜻하므로, 이 방언은 '깐 깐 머리'라는 의미가 된다.

## 싸다

똥이나 오줌을 참지 못하고 함부로 누는 것을 '싸다'라 한다. 경음이 없던 고대에는 '사다'였을 것이다.

**sa**-gu-ru 下痢 하리 [오이타 방언] 설사하다
**싸**다 [한국어] 똥이나 오줌을 함부로 누다

오이타(大分) 방언 sa-gu-ru는 설사하다는 뜻으로서, sa와 gu-ru의 합성어이다. 어근 sa는 '싸다'와 발음과 의미가 일치하고 있다.

gu-ru는 하다는 의미의 ku-ru(爲 위)가 흐린소리로 된 말(252쪽)이니, 이 방언은 '싸(기) 하다'가 원래의 의미이다.

설사를 일본에서는 ge-ri(下痢 하리)라 한다. 고유어가 아니고 한자어이다. 한국어 '설사(泄瀉)' 역시 한자어이다. 고대에서부터 한국어나 일본어에는 설사에 해당하는 고유어가 없었던 것으로 보인다.

**sa**-ge-ru [오이타, 에히메, 오카야마, 야마가타 방언] 설사하다
**sa**-ga-ru [에히메, 히로시마, 와카야마 방언] 〃
**싸**다 [한국어]

위 두 방언은 sa-gu-ru가 변한 말들이다.

## 쓸다

'놀란 가슴을 쓸어 내렸다'의 '쓸다'는 가볍게 문지르다는 뜻이다.

**su-ru** 擦 찰 [일본어] 문지르다
**쓸**다 [한국어] 가볍게 문지르다

문지르다 혹은 비비다를 일본어에서 su-ru(擦 찰)라 한다.

'쓸다'와 음상과 의미가 흡사하다. '쓸다'는 백제 시대에는 어떠하였을까? 당시에는 경음도 없었고, '으' 모음도 존재하지 않았다. '쓸다'의 앞선 형은 '설다'였을 것으로 짐작되지만, 백제 시대에는 '술다'였을 가능성도 있다.

**su-ru** 擦 찰 [일본어] 줄질하다
**쓸**다 [한국어] 〃

일본어 su-ru에는 쇠붙이를 자르거나 연마하는 연장인 줄을 가지고 작업하다 즉 줄질하다는 의미도 있다.

한국에서는 '줄로 쓸다'라 한다. su-ru와 의미는 동일하고 발음은 흡사하다.

**su-ru** 擦 찰 [일본어] 벼 따위를 빻다
**쓿**다 [한국어] 〃

일본어 su-ru는 벼 따위 곡식을 빻거나 찧다는 의미도 있다.

한국어 '쓿다'도 같은 뜻이다.

**su-ru** 刷 쇄 [일본어] 인쇄하다
**스란** [한국어] 치마에 금박을 박아 선을 두른 것

일본어 su-ru는 인쇄하다는 의미도 있다.

'스란'은 치맛단에 금박을 박아 선을 두른 것을 뜻하는 명사이다. 옛날 궁중이나 세도가의 부녀 치마를 장식하던 것으로서, 용이나 봉 따위의 무늬를 둘렀다. 그러한 치마를 '스란치마', 무늬를 '스란문'이라 하였다.

'스란'은 무엇인가? 일본어와 대조하여 살펴보면, 과거에는 금박하거나 혹은 인쇄하다는 뜻을 가진 '슬하다'라는 동사가 있었던 모양이다. 그래서 '스란치마'는 '슬한 치마', '스란문'은 '슬한 문(紋)'이 변한 형태인 것이 분명하다. 금박도 넓은 의미의 인쇄에 포함되기 때문이다. 백제의 장인들이 일본으로 가져간 말일 것이다.

## 푸다

변소의 인분을 떠내는 것을 '**푸다**'라 한다. 우물에서 물을 떠내는 등 널

리 액체나 가루 따위를 떠내는 것을 의미한다. 백제 시대에는 '**부다**'였을 것이다.

> **ho**-ri [교토 방언] 변소의 인분을 퍼내는 것
> **푸**다 [한국어] 변소의 인분을 떠내다

교토(京都) 방언 ho-ri는 변소의 인분을 퍼 내는 것을 뜻하는 명사이다. 고대에는 po-ri였는데, 아마도 po-ru라는 동사의 명사형으로 추정된다. 동사형은 소멸되고 명사형만 남아 있다.

어근 po는 '**푸다**'와 발음과 의미가 일치하고 있다.

## 시루다

경상방언 '**시루다**'는 다투다는 의미이지만, 사생결단의 큰 싸움과 같은 경우는 여기에 해당되지 않고, 그저 밀고 당기고 하는 정도의 작은 다툼을 뜻한다. 중앙어 '**실랑이**' 역시 거의 비슷한 어감을 가지고 있으므로, '시루다'의 명사형이 '실랑이'가 아닌가 싶다. 경상방언 '시루다'는 명사형이 없고, 중앙어 '실랑이'는 동사형이 존재하지 않기 때문이다.

> ko-mo-**si-ri** [시마네 방언] 작은 다툼
> **고모**도적 [중세 한국어] 좀도둑
> **시루**다 [경상방언] 다투다

시마네(島根) 방언 ko-mo-si-ri는 주로 가족이나 친척 사이의 소소한 다툼을 뜻하는 말이다. ko-mo는 작다는 의미이다. 뒤에서 자세히 살펴보자 (360쪽).

si-ri가 바로 '**시루다**'이다. 격렬하지 않게 밀고 당기고 하면서 다투는 것

을 의미하는 말이다. si-ri는 동사의 명사형이므로, 동사의 기본형은 si-ru인 것이 분명하다. '시루다'의 어근 '**시루**'와 발음이 일치하고 있다.

> ko-mo-**si-ri-a-i** [시마네 방언] 작은 다툼
> **시루**다 [경상방언] 다투다

ko-mo-si-ri-a-i 역시 같은 의미이다. a-i(相 상)는 '서로'라는 뜻으로서, 고대에는 a-pi였다. 이 방언의 si-ri-a-i는 고대에는 si-ri-a-pi였고, '서로 시루기'라는 의미가 된다.

'실랑이'도 원래는 '**시라비**'였을 가능성이 크다. 어쨌든 한일 양국의 현재 어형 '**실랑이**'와 si-ri-a-i는 의미가 동일하고 발음은 흡사하다. 이 '시루다'는 경상도에서 사용되는 방언이고, 일본에서도 시마네 방언 이외에는 다른 곳에서는 사용되지 않고 있는 점으로 보아, 이 말은 백제가 아닌 가야 사람들이 가져간 말이 아닌가 싶다.

## 코를 골다

밤에 잠을 자면서 유난히도 코를 고는 사람이 있다. 이런 사람과 같이 잠을 자는 것은 고역이 아닐 수 없다. 코 고는 소리를 일본어에서는 i-bi-ki(鼾 한)라 한다.

> **go-ro** 鼾 한 [에히메, 도야마 방언] 코를 고는 소리
> **골**다 [한국어]

에히메(愛媛)와 도야마(富山) 방언 go-ro는 코를 고는 소리라는 뜻의 명사이다.

'골다'의 '**골**'이 일본으로 건너가 두 음절로 변한 형태이다. 일본어로는 전

혀 알 수 없는 말이지만, 한국 사람들은 금방 이해할 수 있을 것이다.

**go-ro** [후쿠이 방언] 고양이의 코 골이
**골**다 [한국어]

후쿠이(福井) 방언 go-ro는 고양이의 코 골이를 뜻한다. 역시 '골'이 변한 말이다.

i-**go-ro** [하치죠우지마 방언] 코를 고는 소리
ha-na-**gu-ra** [이바라키, 도치키, 후쿠시마, 미야기 방언] 〃
**골**다 [한국어]

하치죠우지마(八丈島)는 도쿄(東京) 앞바다에서 멀리 떨어진 섬이다. 이곳의 방언 i-go-ro는 코를 고는 소리를 의미한다. 앞의 i(寢 침)는 잠 자다는 뜻의 고대 일본어이다.

go-ro는 '골다'의 명사형이다. '잠 골이'라는 의미가 된다.

이바라키(茨城) 방언 ha-na-gu-ra 역시 같은 뜻이다. ha-na(鼻 비)는 코를 뜻하는 일본어이고, gu-ra는 '골다'이다.

## 수수다

지금은 사어가 되었으나 중세에는 활발하게 사용되었던 '수수다'는 떠들다는 의미였다. '수스다' 혹은 '수스워리다'라 하기도 하였다.

**so-zu**-gu 騷 소 [시마네 방언] 떠들다
**수수**다 [중세 한국어] 〃

시마네(島根)에서는 so-zu-gu라 한다.

어근 so-zu는 '수수다'와 흡사하다. 이 시마네 방언도 고대에는 su-su-gu 혹은 so-so-gu였을 가능성이 높다.

## 수츠다

중세 한국어 '수츠다'는 어루만지다 혹은 비비다는 의미이다. 현대어에서는 사용되지 않고 있다.

**su-zu**-ru 擦 찰 [시마네 방언] 문지르다
**수츠**다 [중세 한국어] 어루만지다

시마네(島根) 방언 su-zu-ru는 문지르다는 뜻이다.

어근 su-zu는 '수츠다'와 발음이 거의 동일하고, 의미도 흡사하다. '수츠다'도 고대에는 '수주다'였을 가능성이 크다.

## 메기다

민요를 부를 때에 사용되는 '메기다'라는 말이 있다. 『표준국어대사전』에 의하면 두 편이 노래를 주고받을 때에, 한 편이 먼저 부르다는 의미라 한다. '앞소리를 메기다'라는 예문이 이 말의 의미를 잘 설명해 주고 있다.

**me-gi**-ri 先 선 [이와테 방언] 앞
**메기**다 [한국어] 한편이 노래를 **먼저** 부르다

이와테(岩手) 방언 me-gi-ri는 앞, 선두, 먼저 등의 의미를 지닌 명사로

서, 어근은 me-gi이다.

'메기다'와 발음과 의미가 완벽하게 일치하고 있다. '메기다'는 원래 '앞에서 하다' 즉 '먼저 하다'라는 의미였던 것을 알 수 있다.

me-gi-ri는 명사이지만 말음 ri를 보면, me-gi-ru라는 동사의 명사형으로 보인다. 즉 백제 사람들이 일본으로 건너가 '메기다'를 me-gi-ru라는 동사로 만들었고, 그 명사형이 위의 방언으로 짐작되는 것이다. 백제 사람들도 앞소리를 '메기면서' 노래를 불렀던 모양이다.

## 떼떼거리다

평안방언 '떼떼거리다'는 말을 더듬거리다는 뜻이다. 어근은 '떼떼'이다.

ze-ze-ru 吃 흘 [교토, 효고 방언] 말을 더듬다
ze-ze-ku-ru 〃 [교토 방언] 〃
**떼떼**거리다 [평안방언] 〃

교토(京都)의 ze-ze-ru와 ze-ze-ku-ru는 모두 말을 더듬다는 뜻이다.

어근 ze-ze는 평안방언 '떼떼거리다'의 '떼떼'와 흡사하다. '떼떼'는 고대에 '대대'였을 것이고, 이 말이 일본으로 건너가 위의 두 방언으로 변하였다.

ze-ze-ku-ru의 ku-ru는 앞서 본 '하다'의 일본어판 ku-ru이다(252쪽). 이 방언은 '떼떼하다'가 원래의 의미이다.

## ~쌌다

전라방언 '~쌌다'는 동사의 뒤에 붙는 보조동사로서 '~해 대다'는 뜻이다.

경상방언에서는 '**~샀다**'인데, 역시 같은 의미이다. 두 방언 모두 비하 혹은 비아냥의 의미를 담고 있다. 전라도 사람들이 '묵어 **쌌다**'라 하는 것은 '먹어 대다'는 뜻이고, 경상도의 '**주깨** 샀다'는 '지껄여 대다'는 의미이다.

**sa**-ru [교토 방언] ~해 대다
**~쌌**다, **샀**다 [전라, 경상방언] 〃

교토(京都) 방언 sa-ru는 일본의 문법체계에서는 조동사(助動詞)라 하며, 매도(罵倒)의 의미를 나타낸다고 한다.

sa-ru는 기본형이고, sa$_{t}$-ta로 활용되는데, 『경도부방언사전』에 나오는 예문 u-so-tsu-ki-sa$_{t}$-ta가 이 말을 잘 설명해 주고 있다. u-so-tsu-ki는 '거짓말을 함'이라는 의미이고, sa$_{t}$-ta는 '쌌다'이다. '거짓말 해쌌다'라는 의미가 된다.

'쌌다'나 '샀다'도 백제 시대에는 '삳다'였고, 비하, 매도, 비아냥의 의미였다는 사실을 알 수 있다.

百濟語

# 10. 형용사

## 길다

식용하는 참마를 일본어에서는 na-ga-i-mo(長芋)라 한다. na-ga(長 장)는 길다는 의미, i-mo(芋 우)는 마를 뜻한다. 일본어에서 마와 토란, 감자 등 식용하는 뿌리와 땅속줄기를 총칭하는 말이 i-mo인데, 그 중에서도 참마는 다른 것에 비하여 길죽하게 생겼기에 붙은 이름일 것이다.

**ki-ri**-i-mo 長芋 장우 [니이가타 방언] 참마
**길**다 [한국어]

니이가타(新潟) 방언 ki-ri-i-mo는 역시 참마를 뜻한다.

ki-ri는 중앙어의 na-ga(長 장)에 대응되고 있다. 길다는 의미를 가진 이 ki-ri는 '길다'의 어근 '길'과 발음과 의미가 완벽하게 일치하고 있다.

**ki-ri**-si-a-me 梅雨 매우 [니이가타 방언] 장마

zi-a-me [오카야마 방언] 〃
**길**다 [한국어]

니이가타(新瀉)의 ki-ri-si-a-me는 초여름 길게 내리는 장마를 뜻한다.

ki-ri는 얼핏 보기에도 '길다'이다. si-a-me는 무엇인가? 오카야마(岡山) 방언 zi-a-me가 장마를 의미하니, 같은 말인 것을 알 수 있다. 이 방언은 '긴 장마' 혹은 '긴 비'가 원래의 의미이다.

**ki-ri**-ku-tsi 岩魚 암어 [나라 방언] 곤들매기
ku-tsi 口 구 [일본어] 입
**길**다 [한국어]

나라(奈良) 방언 ki-ri-ku-tsi는 연어과의 민물고기인 곤들매기를 의미한다. ku-tsi(口 구)는 물론 입을 뜻하는 일본어이지만, ki-ri는 무엇인가? 『두산백과사전』에 의하면 이 곤들매기라는 물고기는 몸이 가늘고 길며 입이 크다고 한다.

나라 방언의 ki-ri는 바로 입이 크다는 의미로서, 이것은 '길'인 것이 분명하다. '긴 입'이 원래의 의미이다.

**kin**-tsu-ba 饒舌者 요설자 [구마모토, 나가사키 방언] 쓸데없이 말을 길게 늘어놓는 사람
tsu-ba 脣 순 [〃 〃] 입술
tsu-ba 舌 설 [야마구치 방언] 혀
**긴** [한국어]

구마모토(熊本) 방언 kin-tsu-ba는 쓸데없이 말을 장황하고 길게 늘어놓는 사람을 뜻하지만, 일본어로는 전혀 이해할 수 없는 말이다.

kin은 '길다'이다. 원형은 '길다'이지만 '긴 막대기'에서 보듯이 명사의 앞

에서는 '긴'으로 활용된다. 이러한 현상은 고대에도 아무런 차이가 없었던 모양이다.

tsu-ba에는 두 가지 의미가 있다. 구마모토 방언으로는 입술을 의미하고, 규슈(九州)와 인접한 야마구치(山口)에서는 혀를 뜻한다. 발음은 같은 tsu-ba이지만 두 지방에서 서로 다른 의미로 사용되고 있다. 따라서 kin-tsu-ba는 '긴 입술' 혹은 '긴 혀'라는 의미이다. 말을 많이 하고 길게 늘어놓는 사람은 혀나 입술이 길다고 본 것인데, 그 발상이 재미있다.

**永**同郡 本 **吉**同郡 영동군 본 길동군
(**영**동군은 본래 **길**동군이었다)

'길다'라는 말은 신라 사람들도 사용하던 말이다. 삼국사기 지리지의 위 지명을 살펴보자.

충북 영동군은 통일신라시대의 경덕왕이 지은 이름이 지금까지도 그대로 사용되고 있으므로, 참으로 오래된 것이다. 이 영동군은 원래 '길동군'이었다. 경덕왕이 고유어 '길'을 길다는 뜻의 한자어 '**영**(永)'으로 바꾸었던 것이다. 여기에서 신라에서도 '**길다**'라는 말이 현대어와 아무런 차이가 없이 사용되었던 사실을 알 수 있다.

## 높다

'높다'는 중세에 '놉다'라고 하였고, '놉픈' '높흔' '놉흘'과 같이 활용되었다. 백제 시대에도 거의 비슷하였던 모양이다. 다만 유기음인 'ㅎ'이나 'ㅍ'과 같은 자음이 존재하지 아니하였으므로, '놉븐'이나 '놉블' 등으로 발음되었을 것아다.

**no$_t$-po**-i [교토 방언] 키가 크다

**놉**다 [중세 한국어]

교토(京都) 방언 no$_t$-po-i는 키가 크다는 의미의 형용사이다.

어근 no$_t$-po는 '놉다'의 '놉'이다. 발음과 의미가 일치하고 있다.

no$_t$-po [일본 속어] 키가 큰 사람
**놉**다 [중세 한국어]

일본의 속어 no$_t$-po 역시 키가 큰 사람을 의미한다.

'놉다'의 '놉'과 사람을 뜻하는 말 '보'의 합성어이다(20쪽). 즉 nop-po가 세월이 흐르면서 no$_t$-po로 바뀌었다. 이 속어는 순수한 백제어이다.

no$_t$-po-ri [후쿠이 방언] 키가 큰 사람
no$_t$-po-su [나가사키 방언] 〃
**놉**다 [중세 한국어]

후쿠이(福井) 방언 no$_t$-po-ri 역시 키 큰 사람을 뜻한다.

no$_t$-po는 역시 '놉'이고, ri는 사람을 뜻하는 '이'가 변한 말이 아닌가 싶다(40쪽). 원래 no$_t$-po-i였던 것이, po-i가 모음충돌을 회피하기 위하여 po-ri로 바뀐 것으로 추정할 수 있다.

나가사키(長岐) 방언 no$_t$-po-su 또한 키 큰 사람이다. no$_t$-po는 역시 '놉'이고, su는 사람을 뜻하는 '수'이다(12쪽).

no$_t$-pon-po [나라 방언] 키가 큰 사람
**놉**다 [중세 한국어]

나라(奈良)에서는 키가 큰 사람을 no$_t$-pon-po라 한다. po는 앞서도 본 바와 같이 사람을 뜻한다.

not-pon은 '놉은' 즉 '높은'인 것이 분명하다. 발음과 의미가 완벽하게 일치하고 있다. '높다'가 명사를 수식할 경우에는 '높은'이 된다. 이러한 변화가 백제 시대에도 마찬가지였던 사실을 알 수 있다. 이 방언은 '높은 보' 즉 '높은 사람'이라는 뜻이다.

이 방언이 not-bon-bo가 아닌 not-pon-po인 점을 주목해 보면, 백제 시대에도 '놉본'이 강하게 발음되었던 것으로 추정할 수 있다. 즉 '놉'의 받침 'ㅂ'과 '본'의 초성 'ㅂ'이 모두 제대로 음가를 가지고 발음되었을 것으로 보인다. 그래서 고대에 유기음 'ㅍ'이 존재하지 않았으나, 이 경우에는 마치 유기음처럼 강하게 발음되었을 것이다.

## **꼬막** 점방

전라방언 '꼬막 점방'은 작은 가게라는 뜻으로서, '꼬막'은 작다는 의미이다. '꼬마'는 자그마한 사물 혹은 어린이를 귀엽게 이르는 말이다.

ko-ma-i [규슈, 시고쿠, 교토, 오사카, 효고, 미에, 미야기, 아키타 방언] 작다
ko-ma-ka-i 細 세 [일본어] 작다, 꼼꼼하다
**꼬막** 점방 [전라방언] 작은 가게

규슈(九州) 등지의 방언 ko-ma-i는 작다는 뜻이다. 어근 ko-ma는 '꼬마'와 발음과 의미가 일치하고 있다.

중앙어 ko-ma-ka-i 또한 같은 의미이다. 고대에는 ko-ma-ka였다. 전라 방언 '꼬막'을 연상케 한다.

ko-ma-go [에히메 방언] 아이
**꼬마** [한국어] 어린이를 귀엽게 이르는 말

에히메(愛媛) 방언 ko-ma-go는 아이를 뜻한다. 작다는 의미의 ko-ma와 아이를 의미하는 ko(兒 아)의 합성어이다.

어린이를 귀엽게 이르는 말 '**꼬마**'와 의미와 발음이 완벽하게 일치한다.

**ko-mo**-si-ri-ai [시마네 방언] 작은 다툼
**고모**도적 [중세 한국어] 좀도둑
**꼼**지다 [평북방언] 옹졸하다

중세 한국어 '**고모도적**'과 경상방언 '**고무도둑**'은 모두 좀도둑이라는 뜻으로서, '작은 도둑'이 원래의 의미이다. '꼬막', '꼬마', '고무', '고모', 이러한 말들은 모두 같은 뿌리에서 나온 말이고, 작다는 뜻이다.

평북방언 '**꼼지다**'는 옹졸하다는 뜻이다. 중앙어 '**꼼꼼하다**'는 '꼼'이 중복되어 있는데, 빈틈이 없고 조심스럽다는 의미이다. 이 두 말에 사용된 '꼼'은 원래는 작다는 의미였던 것으로 보인다.

앞서 본 작은 다툼을 뜻하는 시마네(島根) 방언 ko-mo-si-ri-a-i의 ko-mo는 이 '고모'가 건너간 것이다(350쪽). si-ri-a-i는 실랑이라는 뜻이므로, 이 방언은 작은 실랑이가 원래의 의미가 된다.

이러한 일본의 방언과 고어로 미루어보면, 백제 시대에는 작다는 의미를 가진 '**고마**'와 '**고모**'가 방언형으로 병존하고 있었던 것으로 보이고, 그것이 각각 일본으로 건너간 것으로 추정된다. 한국에서도 두 말이 뜻은 동일하지만 다른 방향으로 진화하여 온 것을 알 수 있다.

## 밝다

충청 등지의 방언에서는 날이 '밝다'를 '**박다**'라 한다. 다음의 일본 방언으로 미루어 보면 백제 사람들도 마찬가지 발음이었을 것이다. 현대어 '밝다'는 '박다'가 변한 음으로 짐작된다.

**ha-ge**-ru [에히메, 이바라키 방언] 날이 밝아지다
**박**다 [충청, 황해, 평남방언] 밝다

에히메(愛媛) 방언 ha-ge-ru는 날이 밝아지다는 뜻을 가진 동사이다. 고대에는 pa-ge-ru였다. 어근은 pa-ge이고, '박다'가 변한 발음이다.

**ba-ke**-a-me 天氣雨 천기우 [시마네 방언] 여우비
a-me 雨 우 [일본어] 비
**박**다 [충청, 황해, 평남방언]

시마네(島根) 방언 ba-ke-a-me는 해가 밝게 빛나고 있음에도 내리는 비, 즉 여우비를 의미한다.

ba-ke는 역시 '박다'이고, a-me는 비를 뜻하는 일본어이다. '밝은(때에 내리는) 비'가 원래의 의미가 된다.

**ha-ga**-ri 明 명 [아마미쇼토 방언] 빛
a-ka-ri 〃 [일본어] 밝은 빛
**박**다 [충청, 황해, 평남방언]

가고시마(鹿兒島) 앞바다의 섬 아마미쇼토(奄美諸島) 방언 ha-ga-ri는 빛을 뜻하는데, 이 방언도 흥미롭다. 고어는 pa-ga-ri였다.

이 말은 한국어 '박'과 밝은 빛을 뜻하는 일본어 a-ka-ri(明 명)의 합성어이다. 백제어와 일본어를 연결한 모습이 아주 자연스럽다.

## 달다

'맛이 달다'의 '달다'는 중세에 '둘다'라 하였으나, 고대에는 오히려 현대

어와 마찬가지 발음이었던 모양이다.

a-ma$_t$-**ta-ru**-i 甘 감 [일본어] 달다
a-ma-**ta-ra**-i [오사카 방언] 〃
a-ma 甘 감 [일본어] 〃
**달**다 [한국어]

일본의 중앙어 a-ma$_t$-ta-ru-i는 맛이 달다는 뜻이다. a-ma(甘 감)라는 말 또한 달다는 뜻이다.

그런데 ta-ru-i라는 또 무슨 의미인가? 이 ta-ru-i는 일본어가 아니다. '달다'가 건너간 것이다.

오사카(大阪) 방언 a-ma-ta-ra-i 또한 같은 의미이다. 이 말의 ta-ra-i 역시 '달다'의 어근 '달'을 일본어화한 것이다. 백제 사람들도 현대의 한국인과 마찬가지로 '달다'라고 하였던 것이다.

일본어 a-ma가 달다는 의미이고 그것으로도 충분함에도, 일본으로 건너간 백제 사람들이 굳이 ta-ra-i나 ta-ru-i를 덧붙였던 것은 어떤 이유일까? 언어의 유희인가? 백제어가 일본어보다 더 품위있고 고급스럽다는 인식이 널리 퍼져있었기 때문이었을 것이다.

si-ta-**ta-ru**-i [교토 방언] 달다
si-ta 舌 설 [일본어] 혀
**달**다 [한국어]

교토(京都) 방언 si-ta-ta-ru-i 또한 달다는 뜻이다. si-ta는 혀이니, '혀 달다'가 원래의 의미이다.

**tan**-ki-ri 飴 이 [에히메, 시마네, 시즈오카, 야마나시, 도야마 방언] 엿
**단** [한국어]

현대에는 주로 설탕으로서 단 맛을 내지만, 설탕이 존재하지 않았던 고대에는 단 것의 대명사가 엿이었다. 엿을 일본에서는 a-me(飴 이)라 한다. 에히메(愛媛)에서 도야마(富山)까지 분포한 방언 tan-ki-ri는 엿을 뜻한다.

tan은 무엇인가? '달다'가 명사의 앞에 오게 되면 '단'으로 활용된다. '단호박'이나 '단술'에서 보는 바와 같다. 백제 시대에도 이러한 현상은 아무런 차이가 없었던 모양이다.

tan-ki-ri의 ki-ri는 무슨 의미일까? 엿은 길고 가늘게 생겼으니, '길다'의 어근 '길'이 아닐까? '길다'의 어근 '길'에 명사를 만드는 접미사 '이'를 첨가한 어형이다.

## 맛나다

'맛'은 중세에도 같은 발음이었다. '맛나다'는 맛이 좋다는 의미이고 중세에도 같은 모습이었다. 백제 시대에도 아무런 차이가 없었던 모양이다.

**man**-na-i 不味 불미 [시마네 방언] 맛없다
na-i 無 무 [일본어] 없다
**맛** [한국어]

시마네(島根) 방언 man-na-i는 맛이 없다는 뜻인데, 흥미 있는 말이다. man과 없다는 뜻의 na-i(無 무)의 합성어이다.

man은 바로 '맛'이다. '맛'이 na-i와 결합하다 보니 발음이 '만'으로 바뀌었다. 한국어에서도 가령 '맛나는'은 '만나는'으로 발음 되는데, 고대에도 마찬가지였던 모양이다. 이 방언은 '맛 없다'가 원래의 의미이다. '맛'은 백제어 그대로 두고 '없다'는 일본어로 번역하였다.

u-ma-mo-**man-na**-mo-na-i [시마네 방언] 맛없다

u-ma-i 甘 감 [일본어] 맛있다
na-i 無 무 [ 〃 ] 없다
**맛나**다 [한국어]

역시 시마네 방언 u-ma-mo-man-na-mo-na-i는 일상적으로 사용되는 관용구로서, 맛이 없다는 의미이다.

앞의 u-ma는 맛있다는 뜻의 형용사 u-ma-i의 어근인데, 여기서는 '맛'이라는 의미의 명사로 사용되고 있다. mo는 '~도'라는 의미의 조사이다.

man-na는 '맛나다'의 어근 '**맛나**'이고, na-i는 없다는 뜻이다. 이 방언은 원래의 의미가 'u-ma도 **맛나**도 없다'가 된다. 같은 의미를 가진 일본어와 한국어를 절묘하게 결합하여 놓았다.

살아 숨쉬는 듯한 백제어의 모습을 이 두 방언에서 느낄 수 있다. 백제인들이 '**맛나다**'라는 말을 사용하였던 것이다. 그리고 실제 발음은 '**만나다**'로서 현대 한국인의 발음과 아무런 차이가 없었던 사실을 확인할 수 있다.

이 방언은 같은 의미를 가진 일본어와 한국어를 중복한 언어의 유희이다. 8세기 무렵 일본에 살던 백제의 후예들이 이러한 언어의 유희를 일상적으로 주고받았던 사실을 이 방언에서 확인할 수 있다. 일본서기나 고사기에 보이는 이와 비슷한 수많은 언어의 유희들은, 책의 저자가 새로이 창안한 것도 있겠지만, 널리 통용되던 언어유희를 채록한 것도 많았을 것으로 짐작된다. 당시 일본의 지배층이던 백제 사람들은, 백제어와 일본어를 이용한 언어의 유희를 일상적으로 재미삼아 하였던 모양이다.

## 크다

'**크다**'는 중세에도 같은 발음이었고, 명사의 앞에서는 '**큰**'으로 활용되었다. 현대어와 별 차이가 없었다. 고대에도 비슷하였던 것으로 보이나, 격음이 없었으므로, '그다'였을까? 고대에 '으' 모음이 존재하지 않았으니 '거다' 였을 것이다. 일본어에서는 o-o-ki-i라 한다.

go-gi 大 대 [히로시마, 돗토리, 시가 방언] 크다
o-o-ki-i 〃 [일본어] 〃
크다 [한국어]

히로시마(廣島) 등지의 방언 go-gi는 크다는 의미이다. 우선 첫 음절에서 맑은소리 ko가 아닌 흐린소리 go로 시작하는 점이 심상치 않다. 백제에서 건너간 말인 것을 시사하여 준다. go는 '크다'의 고형으로 추정한 '거다'의 어근 '거'이다. go는 고대에는 gə라는 발음이었을 것이다.

이 방언은 일본어 o-o-ki-i(大 대)에서, 어근 o-o를 빼고 그 자리에 같은 의미의 백제어 '거'를 넣은 형태이다. go-gi의 go와 gi, 모두 장음으로서 길게 발음되는 점이 이러한 추론을 뒷받침하여 준다.

ko-bi-ru [아이치, 시즈오카, 야마가타 방언] 어른스러워지다
o-to-na-bi-ru [일본어] 〃
크다 [한국어]

일본어 o-to-na(大人 대인)는 어른을 뜻하는데, 여기에다 '~처럼 보이다' 라는 의미를 더하는 동사어미 bi-ru를 덧붙인 o-to-na-bi-ru는 어른스러워지다는 의미이다. 원래의 의미는 '어른스러워 보이다'가 된다( 쪽).

아이치(愛知) 일원의 방언 ko-bi-ru 역시 같은 의미이므로, ko라는 말이 o-to-na와 대응되고 있다. 이 또한 '거다'의 어근 '거'이며, 고대에는 kə였을 것이다. 이 방언의 원래 의미는 '커 보이다'이다.

ko-se-ru [교토 방언] 어른스러워지다
ma-se-ru 老成 노성 [일본어] 〃

**크**다 [한국어]

교토(京都)에서는 ko-se-ru라 한다.

일본어 ma-se-ru 또한 어른스러워지다는 의미이다. ko-se-ru는 크다는 의미의 ko와 ma-se-ru의 se-ru가 복합된 형태이다.

**ku-ne**t-po-i [나가노, 야마나시, 니이가타 방언] 어른스러워지다
**ku-ne**-ru [나가노 방언] 〃
**큰** [한국어]

나가노(長野) 방언 ku-net-po-i 또한 어른스러워지다는 뜻이다.

'보다'가 일본으로 건너간 것은 졸저 『일본 천황과 귀족의 언어』에서 본 바 있다(164쪽). 이 방언의 po-i는 '~처럼 보이다'라는 의미로서, '보이다'의 어근 '보이'를 그대로 일본어화한 형태이다. ku-net은 ku-ne의 촉음인데, 큰'의 고형 '건'이 변한 말이다.

나가노에서는 ku-ne-ru라 한다. 어근 ku-ne는 역시 '건'이다. '크다'가 '큰'으로 활용되는 음운현상은 백제 시대에도 마찬가지였던 모양이다.

## 하다

'하고 많은 사람 중에 왜 당신을 만났을까'라는 말이 있다. 여기서의 '하고 많은'은 '많고 많은'이라는 뜻이다. 중세어 '하다'는 많다는 의미였고, 그 잔영이 '하고 많은'이라는 표현에 남아 있다. 고대에는 어떻게 발음되었을까? 앞서 여러 차례 본 바와 같이 현대 한국어의 'ㅎ' 자음은 고대에는 대부분 'ㄱ'이었으므로, '하다'도 고대에는 '가다'였을 것이다.

o-**ka** 多 다 [구마모토, 기후, 군마, 이와테, 아오모리 방언] 많다
o-o 〃 [일본어] 〃
**하**다 [중세 한국어]

구마모토(熊本) 등지에서는 o-ka라 한다.

o는 장음으로서 많다는 의미의 일본어 o-o(多 다)이고, ka는 '하다'의 고형 '가다'이다. 동어반복이다.

**ga**-i [거의 일본 전역의 방언] 아주 많은 모습
**하**다 [중세 한국어] 많다

오이타(大分)에서 아오모리(青森)까지 거의 일본 전역에 분포한 방언 ga-i는 아주 많은 모습을 뜻하는 부사이다.

'하다'의 고형 '가다'의 어근 '가'에다 형용사를 만드는 접미사 i가 첨가된 형태이다.

**ga**-to 多 다 [오이타, 아이치, 시즈오카, 나가노, 야마나시, 니이가타, 가나카와 방언] 많은 모습
**하**다 [중세 한국어] 많다

넓은 지역에 분포한 방언 ga-to는 많은 모습을 뜻한다.

어근 ga는 하다의 역시 고형 '가다'이다. 이 말이 고대의 일본 전국에서 널리 사용되었던 사실을 짐작할 수 있다.

## 하다

지금은 사어가 된 중세어 '하다'는 크다는 의미였다. '황소'는 누른(黃 황)

소라는 뜻이 아니고, 큰 소라는 의미의 '한쇼'가 변한 말이다. 두루미를 뜻하는 '황새' 역시 누른 새라는 의미가 아니라, 큰 새를 뜻하는 '한새'가 변한 말이다. 앞서 본 많다는 의미의 '하다'와는 동음이의어이다.

한국어의 'ㅎ' 자음은 대부분 'ㄱ'에서 유래한 것이므로, '하다' 역시 고대에는 '가다'였을 것이다. 많다는 의미의 '하다'가 고대에 '가다'였던 것과 마찬가지이다.

**ga-i** 大 대 [에히메, 히로시마, 시마네, 돗토리, 와카야마, 미에, 도야마, 치바 방언] 크다
**ga-u** 〃 [나가노 방언] 〃
**하**다 [중세 한국어] 〃

에히메(愛媛)에서 치바(千葉)까지 분포한 방언 ga-i는 크다는 뜻이다.

어근 ga는 '하다'의 고형인 '가다'의 '가'와 완벽하게 일치하고 있다. 백제 사람들은 '하다'를 '가다'라 하였고, 그 말을 그대로 일본으로 가져간 것이다.

단어의 첫 음절에 맑은소리인 ka가 아닌 흐린 소리 ga인 점으로 보아도 백제어라는 사실을 짐작할 수 있다.

나가노(長野)에서는 ga-u라 한다.

## 조금

분량이나 정도가 적은 것을 '조금'이라 한다. 중세에는 '됴곰'이었다.

**tsiyot-kon** 小 소 [도야마, 이시카와 방언] 작다, 조금
**됴곰** [중세 한국어] 조금

도야마(富山) 방언 tsi$_{yot}$-kon은 작다는 뜻이며, 고어는 ti$_{yot}$-kon이었다. '됴곰'과 그 발음이나 의미가 거의 일치하고 있다. 원래는 ti$_{yo}$-kom이었을것이다.

tsi$_{yo}$-ko-ma-i 小 소 [에히메, 가가와, 도쿠시마 방언] 작다
**조그마**하다 [한국어] 〃

'조그마하다'는 역시 작다는 뜻이다. 이 말은 '됴곰'에서 보듯이 고대에는 '됴그마하다'였을 것이다.

에히메(愛媛)를 비롯한 시고쿠(四國) 일대의 방언 tsi$_{yo}$-ko-ma-i는 작다는 의미이다. 고대에는 ti$_{yo}$-ko-ma-i였다. 어근 ti$_{yo}$-ko-ma는 '됴그마'와 발음과 의미가 일치하고 있다.

tsi$_{yo}$-ko-man [쓰시마, 이키 방언] 키가 작은 사람
**조그마**하다 [한국어]

쓰시마(對馬島) 방언 tsi$_{yo}$-ko-man은 키가 아주 작은 사람을 뜻한다. 고대에는 물론 ti$_{yo}$-ko-man이었다.

한국어에서도 '조그마하다'가 원칙이지만 '**조그만**하다'라고 발음하는 사람도 많아서, "**쪼끄만**한 녀석이 까불고 있어!"라는 말을 흔히 들을 수 있다. 중세에는 '**됴고마**ᄂᆞᆫ'이라 하였다. 쓰시마의 이 방언은 '쪼끄만'과 그 발음과 의미가 흡사하다.

tsi$_{yo}$-ko-to [와카야마 방언] 키가 작은 사람
**됴곰** [중세 한국어] 조금

와카야마(和歌山)의 tsi$_{yo}$-ko-to는 키가 작은 사람이다.

tsi$_{yo}$-ko와 사람을 뜻하는 hi-to(人 인)의 합성어로서, hi가 탈락한 형

태이다. 여기서는 tsiyo-ko라는 발음으로 축약되었다.

## 쪼깨

전라도와 경남 사람들이 애용하는 '쪼깨'는 '조금'이라는 의미이다.

tsiyot-ke [홋카이도 방언] 작다
**쪼깨** [전라, 경남방언] 조금

홋카이도(北海道) 방언 tsiyot-ke는 작다는 뜻이다. 발음과 의미가 전라방언 '쪼깨'와 완벽하게 일치하고 있다.

tsiyot-ke는 고대에 tiyo-ke였을 것으로 보이고, 앞의 '조금'이나 '조그만'과 같은 뿌리의 말이다. 이 말은 현재에는 홋카이도에 남아있으나, 원래는 본섬의 어느 지방 방언이었을 것이다. 어디에서 홋카이도로 건너갔을까? 고대에는 본토의 많은 지방에서 사용되었을 가능성이 크다. '쪼깨'도 백제시대에는 '됴개'였을 것이다.

일본의 최북단 홋카이도에는 옛날부터 본토의 일본인과는 다른 아이누인들이 살던 곳이었다. 19세기 명치유신 이후 본격적인 개발이 시작되면서 일본의 각지에서 많은 사람들이 몰려들었으므로, 홋카이도의 방언에는 여러 지방의 방언이 혼재되어 있다 한다.

## 쪼매

전남과 경상방언 '쪼매'는 '조금'이라는 뜻이며, 경상방언 '쪼맨하다'는 작다는 의미이다.

**tsiyo-me** 小 소 [시마네 방언] 작다
**쪼매** [전남, 경상방언] 조금

시마네(島根) 방언 tsiyo-me는 작다는 뜻인데, 그 발음이 '**쪼매**'와 거의 동일하다.

고대에는 tiyo-me였고, '쪼매'도 '**됴매**'였을 것이다. 일본어에서의 이러한 음운변화는 구개음화 현상이다. 한국어에서도 같은 변화가 일어났다.

**tsiyo-ma**-ka-i [미에 방언] 작다
**쪼매** [전남, 경상방언] 조금

미에(三重) 방언 tsiyo-ma-ka-i도 같은 뜻이다.

어근 tsiyo-ma는 '**쪼매**'의 고형이 '됴마'였을 가능성을 말해주고 있다. ka-i는 작다는 의미의 ko-ma-ka-i(細 세)의 접미사 ka-i일 것이다. 한일복합어이다.

## 시다

강하다는 의미의 '세다'를 전라, 경상방언에서는 '**시다**'라 한다. 이 지방에서는 '세다'라는 말은 거의 사용되지 않고, '시다'가 널리 통용되고 있다.

**si**-na-i 强 강 [이와테, 아키타, 아오모리 방언] 강하다
**시**다 [전라, 경상방언] 〃

일본어로는 tsu-yo-i(强 강)라 하지만, 동북지방의 이와테(岩手) 일원에서는 si-na-i라 한다. na-i는 형용사를 만드는 접미사이다.

어근 si는 전라방언 '**시다**'와 발음과 의미가 완벽하게 일치하고 있다.

**si**-na-ko-i 强 강 [니이가타 방언] 강하다
**시**다 [전라, 경상방언] 〃

니이가타(新潟)에서는 si-na-ko-i라 한다.

## 좋다

'좋은 사람' 또는 '기분이 좋다'라고 할 때의 '좋다'는 중세 한국어에서 '됴하다' 혹은 '됴타'라고 하였다.

**to-i**-ti [교토 방언] 좋아하는 사람
**됴**하다 [중세 한국어] 좋다

교토(京都)의 to-i-ti는 좋아하는 사람 혹은 애인을 뜻한다.

앞서 본 바와 같이 ti는 사람을 뜻하는 고대의 한국어 '디'이다(22쪽). to-i는 '됴하다'의 어근 '됴'이다. '좋은 사람'이라는 의미가 된다. 발음과 의미가 일치하고 있다. '됴'가 여기서는 to-i로 되었다.

u-ma-i-**tsiyo** 上手 상수 [가가와 방언] 어떤 일에 능숙함
u-ma-i 〃 [일본어] 어떤 일에 뛰어나다
**됴**하다 [중세 한국어]

가가와(香川)의 u-ma-i-tsiyo는 어떤 일에 능숙함 혹은 그런 사람을 뜻한다. 고대에는 u-ma-i-tiyo였다.

u-ma-i(上手 상수) 어떤 일에 뛰어나다는 뜻의 형용사이다. tiyo는 사람을 뜻하는 말이 아니고, 바로 '됴하다'의 어근 '됴'이다. 발음과 의미가 완벽하게 일치하고 있다. 이 방언은 동어반복이다.

Ziyo-nin 御人好 어인호 [가가와 방언] 호인(好人)
Ziyo-zin 〃 [ 〃 ] 〃
됴하다 [중세 한국어]

가가와(香川) 방언 ziyo-nin과 ziyo-zin은 모두 호인(好人) 즉 성품이 좋은 사람이라는 뜻이다.

뒤의 nin(人 인)과 zin(人 인)은 모두 사람을 뜻하는 한자 '인(人)'의 각각 다른 일본식 발음이다. ziyo는 고대에 diyo였을 것이다. '됴하다'의 '됴'이다. 이 방언은 '좋은 사람'이 원래의 의미이다.

diyo→ziyo로 변한 것은 '됴하다'가 '좋다'로 바뀐 것과 동일한 변화이다.

Ziyo-mon 美女 미녀 [오이타, 구마모토, 후쿠오카 방언] 미녀
mo-no 者 자 [일본어] 사람
됴하다 [중세 한국어]

오이타(大分) 등지의 방언 ziyo-mon은 미녀를 뜻한다.

ziyo는 '됴하다'의 어근 '됴'가 변한 말이고, mon은 사람을 뜻하는 일본어 mo-no가 축약된 모습이다. 이 또한 '좋은 사람'이다.

Ziyo-ko [시가 방언] 어린이를 칭찬하는 말
ko 子 자 [일본어] 어린이
됴하다 [중세 한국어]

시가(慈賀) 방언 ziyo-ko는 어린이를 칭찬하는 말이다.

ziyo는 '됴하다'의 어근 '됴', ko는 어린이를 뜻하는 일본어이다. '좋은 어린이'가 원래의 의미이다.

Ziyon-ko [치바, 이바라키 방언] 어린이를 칭찬하는 말

**됴**하다 [중세 한국어]

치바(千葉) 등지의 ziyon-ko는 앞의 ziyo-ko와 같은 의미이다.

'좋은 사람'의 '좋은'은 중세에 '됴흔'이라 하였으나, 고대에는 '됴언' 혹은 '됴온' 정도로 발음되었을 것이다. ziyon은 바로 '됴온'과 같은 말이 변한 모습이 아닐까?

mi-**ziyo**-ra-si 體裁 체재 [가가와 방언] 겉모습이 좋다
mi 見 견 [일본어] 보다, 보기
ra-si-i [ 〃 ] ~인 듯 하다
**됴**하다 [중세 한국어]

가가와(香川) 방언 mi-ziyo-ra-si는 겉모습이 좋다는 의미이다. mi는 보다는 뜻이다.

ziyo는 '됴'가 변한 말, ra-si는 '~인 듯하다'라는 의미이다. '보기에 좋은 듯 하다'가 원래의 의미가 된다. '좋다'가 고대에 일본으로 건너가 곳곳에서 널리 사용된 사실을 알 수 있다.

## 곱다

'곱다'가 고대에 일본으로 건너간 것은 졸저 『일본 천황과 귀족의 백제어』에서 상세하게 본 바 있다(150쪽). 방언에도 이 말이 나오고 있다.

**go-pon**-so 可愛子 가애자 [도쿠시마 방언] 귀여운 아이
**곱**다 [한국어]
~소 [ 〃 ] 사람

도쿠시마(德島)의 go-pon-so는 귀여운 아이라는 의미이다.

'귀엽다'를 일본어에서 ka-wa-i-i(可愛 가애)라 하며, 아이를 ko(子 자)라 한다. 귀여운 아이는 이 두 말을 연결하여 ka-wa-i-i-ko라 하지만, 이 방언은 전혀 다르다.

go-pon은 '고운'이다. 백제 시대에는 '고본'이었던 것을 이 방언이 증언해 주고 있다. 명사의 앞에서 활용되는 모습이 여실하게 드러나 있다. 경상 방언에서 '고븐'이라 하는 것과 흡사하다.

so는 물론 사람을 뜻하는 말로서, 앞에서 본 바 있다(12쪽). 이 방언은 '고본 소' 즉 '고운 사람'이 원래의 의미이다.

## 궂다

'궂다'에는 두 가지 의미가 있다. 첫째는 나쁘다는 뜻이다. '궂은 일'이라고 할 때의 '궂다'이다. 둘째는 비나 눈이 내려 날씨가 좋지 않다는 뜻이다. 중세에는 '궂다'라고 하였다. 백제 시대에도 아무런 차이가 없었을 것이다.

**ku-tu**-wa-ru-i [시고쿠, 야마구치, 히로시마, 시마네, 와카야마, 나라, 교토, 오사카, 효고, 시가, 후쿠이 방언] 좋지않다
**궂**다 [중세 한국어] 궂다

나라(奈良), 교토(京都) 등지의 방언 ku-tu-wa-ru-i는 좋지 않다는 뜻이다.

wa-ru-i(惡 악)는 나쁘다는 뜻의 일본어이지만, 앞의 ku-tu는 무엇인가? '궂다'인데, 여기서는 나쁘다는 의미가 된다. 중세 한국어 '궂다'의 음가 그대로이다. 이 방언은 동어반복이다.

**go-tu**-i [나라 방언] 좋지않다

**굳**다 [중세 한국어] 궂다

나라(奈良) 방언 go-tu-i 역시 나쁘다는 의미이다. 역시 '굳다'가 건너가 모음이 바뀌었다.

**ko-tsi**-ru [센다이 방언] 날씨가 나쁘다
**굳**다 [중세 한국어] 궂다
**구지**다 [전라, 경상방언] 〃

센다이(仙台)의 ko-tsi-ru는 날씨가 좋지 않다는 뜻이다. 고어는 ko-ti-ru였고, ku-ti-ru가 변한 형태이다.

전라, 경상방언에서는 '궂다'를 '**구지다**'라 한다. 고대에는 '**구디다**'였을 것인데, 이 말이 일본으로 건너간 것이다.

## 뎌르다

'짧다'는 중세에 '**뎌르다**'라 하였다. 다음의 일본 방언으로 미루어 보면 고대에도 같은 발음이었을 것이다.

**tsiyo-ro**-i 小 소 [나라, 효고 방언] 작다
**뎌르**다 [중세 한국어] 짧다

나라(奈良) 방언 tsiyo-ro-i는 작다는 뜻이다. 고대에는 tiyo-ro-si였다.

어근 tiyo-ro는 '**뎌르**'와 발음이 흡사하지만, 의미에서 약간 차이가 있다. 그러나 짧다와 작다는 다르기는 하지만 의미상 서로 통하는 말이다. 세월이 지나면서 일본에서 의미가 약간 바뀐 것이 아닌가 싶다.

tsiyo-ro-to 小 소 [후쿠오카, 오이타, 히로시마, 시마네, 효고, 기후 방언] 작게
**뎌르**다 [중세 한국어] 짧다

후쿠오카(福岡) 등지의 tsiyo-ro-to는 작게라는 의미의 부사이다. 어근 tsiyo-ro는 고대에는 역시 tiyo-ro였다.

이 또한 '뎌르다'가 변한 말이다. 두 방언의 고대 어근 tiyo-ro는 원래 tiyə-rə였을 것이다.

## 춥다

중세의 문헌에는 '춥다'를 '칩다'라 하였다. '칩다→춥다'로 변한 것으로 학계에서는 보고 있으나, '춥다'라는 형도 중세에 각 지방에서는 흔하게 사용되었던 것이 아닌가 싶다. 일본어에서는 sa-mu-i(寒 한)라 한다.

su-bu-i 寒 한 [니이가타 방언] 춥다
**춥**다 [한국어]

춥다를 니이가타(新潟)에서는 su-bu-i라 한다.

어근 su-bu는 '춥다'와 발음이 흡사하다. '춥다'도 고대에는 '숩다'였을 가능성이 있다.

## 덥다

'덥다'는 중세에도 같은 발음이었다. 고대에도 마찬가지였을 것이다.

**do-e-ru** [나가노 방언] 매우 덥다
**덥**다 [한국어]

나가노(長野) 방언 do-e-ru는 매우 덥다는 의미의 동사이다.

어근은 do-e로서, 고대에는 do-pe였을 것이다. 이러한 변화는 일본어에서는 일상적으로 일어나고 있다. 고대 일본어의 모든 p 자음이 중세에 h 자음으로 변하였는데, 단어의 중간에서는 h 자음마저도 생략된 경우도 많았다. 변하다는 의미의 고대 일본어 ka-pe-ru(變 변)가 ka-he-ru를 거쳐 ka-e-ru로 변화한 것이 좋은 실례이다. 이 방언도 doperu→doheru→doeru의 변화과정을 거쳤을 것이다.

고형의 어근 do-pe는 '덥'이 일본어화한 형태이다. 또한 이 방언의 첫 음절이 맑은 소리인 to가 아닌 흐린소리 do로 시작하는 점으로 보아도, 고대에 한국에서 건너갔다는 것을 알려 주고 있다.

'춥다'와 '덥다'의 원형이 백제 시대에도 존재하고 있었으며, 발음도 현대어와 크게 다르지 않았다는 사실을 알 수 수 있다.

## 겁나

'**겁나다**'는 전라도 사람들이 애용하는 방언 중의 하나인데, 매우 많다는 뜻이다. 이 말은 고유의 한국어로서, 무섭다는 뜻의 한자어 '겁(怯)나다'와는 전혀 다른 말이다. 어근은 '겁나'가 아니고 '**겁**'이다.

경남 사람들은 '술에 **가뿍** 취했다'라는 표현을 즐겨 쓰는데, 많이 취했다는 의미이다. 이 '가뿍'은 많이 혹은 매우라는 뜻의 부사로서, '겁나다'의 '겁'과 같은 뿌리인 것으로 보인다.

**go-ho** [후쿠오카, 사가, 오이타, 아와지시마 방언] 많이, 매우
**go$_t$-po** [오이타, 후쿠오카, 야마구치, 시마네 방언] 〃 〃

겁나다 [전라방언] 무척, 매우

후쿠오카(福岡) 방언 go-ho는 '많이' 혹은 '매우'라는 의미의 부사로서, 고어는 go-po였으나, gə-pə였을 가능성이 크다.

전라방언 '겁나'의 어근 '겁'이다.

'겁나'의 '나'는 무엇인가? 일본어의 형용사에는 na-i라는 어미가 붙어있는 말이 여럿 있다. 작다는 의미의 su-ku-na-i(小 소)에서 보는 바와 같다. 여기에 나오는 na는 전라방언 '겁나'의 어미 '나'와 같다. 대단하다 혹은 많다는 의미의 전라방언 '허벌나다'의 '나' 역시 마찬가지이다. 백제에서 건너간 접미사이다.

오이타(大分) 방언 got-po 역시 같은 의미이지만, 발음이 약간 변하였다.

ka-bu [나가사키 방언] 많이
가뿍 [경남방언] 많이, 매우

나가사키(長岐)의 ka-bu 역시 많다는 의미인데, 이것은 경남방언 '가뿍'과 그 발음이나 의미가 흡사하다. '가뿍'도 고대에는 '가부'였을 가능성이 크다.

## 재다

흔히 사용되는 '재빠르다'는 '빠르다'보다 좀 더 강한 느낌이 든다. 이 말은 '재다'와 '빠르다'의 합성어이다. 중세에는 '재다'가 빠르다는 의미로 흔히 사용되었으나, 현대에는 단독으로는 사용되지 않고, '재빠르다' 혹은 '잽싸다'에서와 같이 접두사처럼 사용되고 있다.

te-ba-si-ko-i 素早 소조 [오사카, 와카야마, 기후, 이바라키 방언] 재빠르다

ha-si-ko-i 捷 첩 [일본어] 빠르다
**재**다 [중세 한국어] 〃

오사카(大阪) 일원의 방언 te-ba-si-ko-i는 재빠르다는 의미이다. 이 말은 te와 ba-si-ko-i의 합성어로서, ba-si-ko-i는 빠르다 혹은 민첩하다는 의미의 일본어 ha-si-ko-i가 흐린소리로 된 것이다.

접두사처럼 앞에 붙어있는 te는 '재다'가 건너간 것이다.

'재다'는 고대에는 어떻게 발음되었을까? 많은 수의 'ㅈ' 자음이 고대에는 'ㄷ'이었던 점을 감안하면, 백제 시대에는 '대다'였다고 추정할 수 있다. 또한 te-ba-si-ko-i의 te도 '재빠르다'에서 보는 바와 같이 어두에 사용된 것을 보면, 그 용법마저도 일치한다는 사실을 알 수 있다.

## 딴

중세 한국어 'ᄠᅡ다'는 다르다는 의미의 형용사이다. '따로'는 이 동사에서 파생된 말이다. 고대에는 '다다'였을 것이다.

**ta**-ya [아이치 방언] 여성이 월경시에 사용하는 작은 집
**따**다 [중세 한국어] 다르다

아이치(愛知)에서는 여성이 월경(月經)을 하는 기간 동안 가족과 떨어져 살기 위해 만든 작은 집을 ta-ya라 한다. 이 지방에는 여성이 월경을 할 때에는 다른 가족과 불을 공동으로 사용하는 것을 꺼리는 터부가 있었다 한다. ta는 '따다'의 고형 '다다'와 그 발음과 의미가 완벽하게 일치하고 있다.

ya(屋 옥)는 물론 집을 뜻하는 일본어이다. '딴 집'이 원래의 의미이다.

a-**ta**-si [고대 일본어] 다르다

**따**다 [중세 한국어] 〃

고대 일본어 a-ta-si는 다르다는 의미의 형용사이다. a는 의미가 없는 조음(調音)이며, 어근 ta는 '따다'의 고형 '**다다**'이다.

## 둥글다

'둥글다'를 중세에는 '**둥굴다**'라 하였다. 백제 시대에도 같았을 것이다.

**tsun-gu-ri** [쓰시마 방언] 실을 둥글게 감은 것
**둥굴**다 [중세 한국어] 둥글다

쓰시마(對馬島) 방언 tsun-gu-ri는 실을 둥글게 감은 것을 의미한다. 고어는 tun-gu-ri였다.

'둥굴다'의 어근 '**둥굴**'과 발음과 의미가 흡사하다. 이 쓰시마 방언으로 미루어 보면, 고대에는 '둥굴다'의 명사형이 '**둥구리**'였을 것이다. 어근 '둥굴'에 명사를 만드는 접미사 '이'를 붙인 모습이다.

부산에서 불과 50킬로미터 정도 떨어진 곳에 쓰시마 섬이 있다. 맑은 날이면 부산은 물론, 경남 남해안의 웬만한 산봉우리에서도 이 쓰시마를 볼 수 있다. 한국에서 가장 가까운 쓰시마의 방언에는 일본의 다른 어떤 지역보다도 한국어의 영향이 농후하게 남아있을 것으로 생각되지만, 막상 그런 것 같지는 않다. 한국과의 거리가 훨씬 더 먼 나라나 교토, 오사카 등 근기(近畿)지방에 백제어의 흔적이 가장 진하게 남아 있다.

**tsun-gu-ri** [도야마 방언] 팽이
**둥굴**다 [중세 한국어]

도야마(富山) 방언 tsun-gu-ri는 팽이를 뜻한다. 고대에는 tun-gu-ri였다. 팽이를 위에서 보면 원형이다. 역시 '**둥굴다**'의 명사형이다.

**zun-gu-ri** [나가노, 야마나시, 니이가타, 군마, 야마나시, 아키타, 이와테, 아오모리 방언] 팽이
**don-gu-ri** [미야기, 이와테 방언] 〃
**둥굴**다 [중세 한국어]

방언에 따라 zun-gu-ri, 혹은 don-gu-ri라 한다. 두 방언은 모두 고형 tun-gu-ri가 변한 모습이다.

**tsun-gu-ri**-ma-ke [구마모토 방언] 머리모양의 하나
**둥굴**다 [중세 한국어]

구마모토(熊本) 방언 tsun-gu-ri-ma-ke는 머리형의 한가지이다. 머리를 끈으로 묶지 않고 빗으로 감아 틀어 올리는 간편한 방법을 뜻한다.

ma-ke는 감다는 뜻의 동사 ma-ku(券 권)의 명사형 ma-ki의 방언이다. tsun-gu-ri는 고대에 tun-gu-ri였고, 역시 '**둥구리**'이다. 이 방언은 '(머리를 빗으로 틀어 올려) 둥글게 감기'가 본래의 의미이다.

## 왼쪽

오른쪽과 왼쪽은 방향을 표시하는 말이지만, 한국 사람들은 오른쪽은 '바른쪽'이라고 하여 정당하다는 의미를 부여하고 있다. 또한 왼쪽과 같은 뿌리인 '**외다**'라는 말은 바르지 않다 혹은 그릇되다, 나쁘다는 의미를 가지고 있었다. 중세에는 '**오이다**'라 하였다. 백제 시대에도 마찬가지였을 것이다.

**o-i**-na-i [간토, 야마가타 방언] 나쁘다
**오이**다 [중세 한국어] 〃

일본에서 간토(關東) 지방이라 함은 수도인 도쿄(東京) 일대의 치바(千葉), 이바라키(茨城), 사이타마(琦玉), 군마(群馬) 등 여러 현을 가리킨다. 이곳의 방언 o-i-na-i는 나쁘다 혹은 형편없다는 의미이이다.

어근 o-i는 중세한국어 '오이다'와 발음과 의미가 완벽하게 일치하고 있다.

도죠(東條修) 선생의 『전국방언사전』을 보면, 이 말이 관용어구라고 되어 있으나, 형용사인 것이 분명하다.

**o-e**-na-i [치바 방언] 나쁘다
**o-e**-ne [치바, 사이타마, 야마가타 방언] 〃
**오이**다 [중세 한국어] 〃

위 두 방언의 어근 o-e는 o-i가 변한 음이다.

**o-i**-si **o-i**-si [오카야마 방언] 소를 왼쪽으로 가라고 하는 말
**왼**쪽 [한국어]

오카야마(岡山)에서는 소를 왼쪽으로 가라고 할 때 o-i-si-o-i-si라고 한다.

이 o-i 역시 왼쪽을 뜻하는 한국어 '오이'에서 나온 말인 것은 물론이다.

## 질다

물기가 많은 것을 '질다'라 한다. 백제 시대에도 마찬가지였을 것이다.

**zi-ru**-i [히로시마, 오카야마, 와카야마, 나라, 교토, 효고, 미에, 기후 방언] 질다
**zi-ri**-i [구마모토, 오이타, 오카야마, 시즈오카 방언] 〃
**질**다 [한국어]

히로시마(廣島) 등지의 방언 zi-ru-i와 구마모토(熊本) 등지의 방언 zi-ri-i는 모두 질다는 뜻이다. 어근 zi-ru와 zi-ri는 '질다'와 발음은 흡사하고 의미는 동일하다.

**zi-ru**-ta 濕田 습전 [교토 방언] 물이 많은 논
**질**다 [한국어]

교토(京都) 방언 zi-ru-ta는 물이 많은 논을 뜻한다. 이 방언은 zi-ru와 논을 뜻하는 일본어 ta(田 전)의 복합어이다. si-ru-ta라고도 한다.
'질(진) 논'이 원래의 의미이다.

## 시끄럽다

듣기싫게 떠들썩한 것을 '시끄럽다'라 한다. 어근은 '시끌'이다.

**si-ko-ru** [나라, 오사카 방언] 떠들다
**si-ka-ra**-si [가고시마, 구마모토 방언] 시끄럽다
**시끄럽**다 [한국어]

나라(奈良)와 오사카(大阪) 방언 si-ko-ru는 떠들다 혹은 시끄럽게 하다는 뜻의 동사이다.
가고시마(鹿兒島) 방언 si-ka-ra-si는 시끄럽다는 의미의 형용사이고, 어

근은 si-ka-ra이다.

이 두 방언은 그 음상에서 한국어 '**시끄럽다**'를 연상케 한다. '**시끌**'은 백제 시대에는 '**시걸**'이었을 것이다. 이것이 일본으로 건너가 동사로는 si-ko-ru로 되었고, 형용사로는 si-ka-ra-si가 되었다.

## **고단**하다

'**고단**하다'는 피곤하다는 의미로서, 어근 '**고단**'은 피로를 뜻하는 말이다.

**ku-dan**-di 疲勞 피로 [오키나와 방언] 피로
**ku-dan**-ri [ 〃 ] 〃
**고단**하다 [한국어] 몸이 지쳐서 느른하다

오키나와(沖繩) 방언 ku-dan-di와 ku-dan-ri는 모두 육체의 피로를 의미하는 명사이다. ku-dan이 어근이고 di나 ri는 접미사로 보인다.

'**고단**'과 발음과 의미가 흡사하다. ku-dan도 고대에는 ko-dan이었을 것이다. 오키나와의 o 모음은 대부분 u 모음으로 변하였기 때문이다.

## **나른**하다

맥이 풀리거나 고단하여 기운이 없을 때 '**나른**하다'라고 한다. 전남방언에서는 '**나리**지근하다'라 하는데, '지근'은 '뻑적지근하다'에서도 보이는 접미사이고, 어근은 '**나리**'이다.

**na-ri** 疲勞 피로 [쓰시마 방언] 피로
**na-ru** [고치 방언] 〃

**나른**하다 [한국어] 고단하여 기운이 없다
**나리**지근하다 [전남방언] 〃

쓰시마(對馬島) 방언 na-ri는 육체의 피로를 뜻하는 명사이다.

전남방언 '**나리**지근하다'의 어근 '**나리**'와 의미와 발음이 완벽하게 일치하고 있다. '나른'도 백제 시대에는 '나리'였을 것이다. '나리→나르→나른'으로 변화한 것으로 짐작된다.

고치(高知)에서는 na-ru라 한다. na-ri가 변한 말일 것이다.

## **가난**하다

'**가난**하다'라는 말은 현대 한국어에서는 부유하다의 반대어로서, 살림살이가 어렵다(貧 빈)는 뜻으로 사용되고 있다. 그런데 조선시대 초기에는 이 말이 그런 의미가 아니고, 곤란하다는 뜻이었다.

이 말은 고유어가 아닌 한자어 '**간난**(艱難)하다'에 그 기원이 있다고 알려져 있다. 지금도 사용되는 '간난신고(艱難辛苦)'라는 숙어는 몹시 힘들고 어려우며 고생스러움이라는 뜻이다. '빈곤하다'가 아닌 '곤란하고 힘들다'라는 의미였던 것이다. 세월이 흐르면서 빈곤하다는 뜻으로 의미가 변화한 모양이다.

**ka-nan** [교토 방언] 곤란하다
**가난**(艱難)하다 [중세 한국어] 〃

교토(京都) 방언 ka-nan은 곤란하다는 뜻이다.

조선조 초기의 '**가난**하다'와 발음과 의미가 동일하다. 백제 사람들도 '가난'이라는 말을 사용하였고, 그것을 일본으로 가져간 것이다.

그런데 그 어원에는 조금 의문이 있다. 이 말이 '간난(艱難)'이라는 한자어에서 유래하였을 수도 있으나, 원래 곤란하다는 의미를 가진 고유의 한국어 '가난'이라는 말이 있었는데, 중세의 어느 시기에 발음이 비슷한 '간난(艱難)'이라는 한자어를 이 말에 붙였을 가능성도 배제할 수는 없다.

## **발가**벗다

'발가벗다'는 옷을 모두 벗고 알몸이 되다는 뜻이다. 중세에는 '븕아벗다'라 하였는데, '븕아'와 '벗다'의 합성어이다. '븕아'는 '붉다'의 고형 '븕다'의 사동형이다. '빨갛게 벗다'라는 의미이다.

**a-ka**-ha-da-ka 赤裸 적라 [일본어] 알몸
**a-ka** 赤 적 [ 〃 ] 붉다
ha-da-ka 裸 나 [ 〃 ] 알몸
**발가**벗다 [한국어]

일본의 중앙어 a-ka-ha-da-ka(赤裸 적라)는 완전하게 벗은 알몸을 뜻한다.

a-ka는 붉다는 의미, ha-da-ka(赤裸 적라)는 벗은 알몸이다. ha-da-ka만으로도 알몸이라는 뜻이 충분하므로, 붉다는 의미의 a-ka는 전혀 필요없는 사족이다.

이 a-ka는 '발가벗다'의 '발가'를 일본어로 번역한 말이다. 백제인들이 이렇듯 일본어로 번역하였을 것이다.

## **빨간** 거짓말

'빨간 거짓말'은 거짓말을 강조할 때 사용하는 관용구이다. 거짓말을 강조

하기 위하여 왜 '빨간'이라는 형용사를 붙이는지, 그 이유는 알 수 없다.

**a-ka**-ha-ra 虛言 허언 [이바라키, 치바, 미야기, 이와테, 아오모리 방언] 거짓말

**a-ka** 赤 적 [일본어] 붉다

u-so$_t$-ba-ra [이바라키, 치바, 후쿠시마 방언] 거짓말

**빨간** 거짓말 [한국어]

거짓말을 일본어에서는 u-so(嘘 허)라 하지만, 이바라키(茨城) 등지에서는 a-ka-ha-ra라 한다. 이 방언은 a-ka와 ha-ra의 합성어이다.

a-ka는 붉다는 뜻이지만, ha-ra의 의미는 불분명하다. 그런데 이바라키 방언 u-so$_t$-ba-ra가 거짓말을 뜻하므로, a-ka-ha-ra의 ha-ra는 고어가 pa-ra였고, 말을 뜻한다는 사실을 짐작할 수 있다. '붉은 말'이라는 의미가 된다.

그런데 거짓말에 왜 붉다는 의미의 a-ka라는 말이 사용되고 있는가? 바로 '빨간 거짓말'의 '빨간'을 일본어로 번역한 모습이다. 백제 사람들도 '빨간 말' 혹은 '빨간 거짓말'이라는 표현을 관용적으로 사용하였던 모양이다. 일본으로 건너가서는 '빨간'을 일본어로 번역하여 그대로 사용하였던 것이다.

앞서 본 '발가벗다'의 '발가'를 일본어로 번역한 것과 같은 맥락이다.

## **빤**하다

'빤하다'는 밝다는 뜻이다. 중세에는 '반하다'였는데, '환하다'도 이 '반하다'가 변한 말로 짐작된다. '반하다'와 비슷한 말인 '번하다'가 있고, 이 말이 변하여 '훤하다'가 된 것으로 보인다. 가령 '인물이 훤하다'라고 하면 잘 생겼다는 의미가 된다. 원래는 밝고 빛난다는 뜻일 것이다.

**pan**-na-ri 派手 파수 [나라, 오사카, 교토 방언] 화려하다
na-ri 形 형 [일본어] 모양
**반**하다 [한국어] 밝다

나라(奈良) 등지의 방언 pan-na-ri는 화려하다는 의미의 형용사이다. na-ri는 모양 혹은 꼴이라는 뜻을 가진 일본어이지만, pan은 무엇인가?

'반하다'의 '반'이 일본으로 건너간 것이다. 발음이 완벽하게 일치하고 있다.

화려하게 보이려면 어둠침침하여서는 곤란하다. 밝고 빛나야 한다. 따라서 이 나라 방언은 '빤한 모양' 즉 '밝은 모양'이 원래의 뜻이 된다. 여기에서 발전하여 화려하다는 의미에까지 이른 것으로 짐작된다. '훤하다'가 원래는 밝다는 뜻이지만, 잘 생긴 인물을 뜻하기도 하는 것과 마찬가지이다.

## 다시없다

'다시없다'는 더 나은 것이 없다는 의미이다. 『표준국어대사전』에 나오는 '다시없는 영광'이 이 말의 의미를 잘 나타내고 있다. 이 말은 '다시'와 '없다'의 복합어이다. '다시'는 '하던 것을 되풀이해서'라는 뜻이고, 여기에 '없다'가 결합하여, 되풀이하는 것이 없다 즉 최고라는 의미가 된 것이다.

**ta-si**-na-i [교토 방언] 귀중하다, 드물다
na-i 無 무 [일본어] 없다
**다시**없다 [한국어] 더 나은 것이 없다

교토(京都)의 ta-si-na-i는 귀중하다 혹은 드물다는 뜻이다. ta-si와 na-i의 복합어이다.

ta-si는 '다시없다'의 '다시'이다. 발음은 동일하고, 의미도 흡사하다.

na-i(無 무)는 없다는 뜻의 일본어이다. '다시없다'의 '다시'는 발음 그대로 ta-si로 표기하였고, '없다'를 일본어 로 번역한 모습이다. '다시없는' 것은 귀중한 것이기도 하고, 또한 드문 것이기도 하다.

## **쑥**스럽다

'쑥스럽다'는 어색하여 부끄럽다는 뜻이다. 어근은 물론 '쑥'이다. 고대에는 '숙'이었을 것이다.

**su-ke**-ru [가가와 방언] 부끄러워하다
**쑥**스럽다 [한국어] 어색하고 부끄럽다

가가와(香川) 방언 su-ke-ru는 부끄러워하다는 뜻의 동사이다. 이 말은 어근 '숙'에다 동사를 만드는 접미사 ru를 붙인 형태이다. 음상과 의미가 일치하고 있다.

## **방방**하다

전라방언 '방방하다'는 저수지나 연못 따위에 물이 가득 찬 것을 뜻한다. 중앙어 '빵빵하다'도 속이 가득 찬 것을 뜻한다. '빵빵'은 전라방언에서 보듯이 원래는 '방방'이었을 것이다.

**ha-ba**-ka-ru [이와테 방언] 충만하다
**ha-ba**-mu [기후 방언] 〃
**방방**하다 [전라방언] 연못 따위에 물이 가득 차 있다

이와테(岩手) 방언 ha-ba-ka-ru는 가득 찰 정도로 충만하다는 뜻의 동사이다. 고대에는 pa-ba-ka-ru였다.

기후(岐阜) 방언 ha-ba-mu도 같은 의미이고, 고대에는 pa-ba-mu였다. 같은 뜻을 가진 이 두 방언의 어근은 pa-ba로서, 이 말이 충만하다는 의미를 나타내고 있다.

전라방언 '**방방**'과 그 의미와 발음이 거의 비슷하다. '방방'도 고대에는 '바바'였을 가능성이 크다.

**pan-pan**-gu-ri [니이가타 방언] 큰 밤
ku-ri 栗 율 [일본어] 밤
**방방**하다 [전라방언] 연못 따위에 물이 가득 차 있다

니이가타 방언 pan-pan-gu-ri는 재미있는 말이다. 크고 굵은 밤(栗 율)을 뜻하는데, 주로 밤송이 속에 한 개의 알만 들어 있어 일반적인 밤보다 둥글고 굵은 녀석을 일컫는다. gu-ri는 밤을 뜻하는 ku-ri가 흐린소리로 된 말이고, pan-pan이 크고 굵다는 의미가 된다.

'**방방**'과 발음이 완벽하게 일치하고 있다. 생각건대 원래 백제 시대의 중기쯤에는 '**바바**'였던 것이, 후기에는 '**방방**'으로 바뀐 것이 아닌가 싶다. pa-ba는 중기형이고, pan-pan은 후기형으로 생각된다. 백제어가 통시적으로 일본으로 건너간 또 하나의 사례일 것이다.

## **깡깡**하다

전남방언 '**깡깡하다**'는 단단하다는 의미의 형용사이다. 중앙어 '**깡깡**'은 단단하게 얼어붙거나 굳은 모양을 뜻하는 부사이다.

**kan-kan** [아이치, 기후 방언] 단단한 모양

**깡깡** [한국어] 〃

아이치(愛知)와 기후(岐埠) 방언 kan-kan은 단단한 모습을 뜻하는 부사이다. '깡깡'과 그 발음과 의미가 완벽하게 일치하고 있다.

## 변변찮다

"대접이 변변찮아서 죄송합니다"의 '변변찮다'는 '변변하지 않다'의 준말이며, 제대로 갖추지 못하여 부족한 점이 있다는 말이다. 전라도나 경상도 사람들은 '벤벤찮다'라 한다.

**hen**-na-si [나가노, 사이타마, 야마가타 방언] 변변찮다
na-si 無 무 [고대 일본어] 없다
**벤벤**찮다 [전라, 경상방언] 변변찮다

나가노(長野) 등지의 방언 hen-na-si 역시 변변찮다는 의미이다.

hen은 고대에는 pen이었다. na-si는 아니다는 의미를 가진 na-i(無 무)의 고어이다. 따라서 pen-na-si는 'pen 아니다'라는 의미가 되는데, 이 pen은 무엇인가?

전라방언 '벤벤찮다'의 '벤'과 발음과 의미가 동일하다. 이 방언은 '벤 아니다'라는 의미가 된다. 일본의 이 방언으로 미루어 보면, 백제 사람들은 '벤 아니다'라는 투로 이야기 하였던 것으로 보인다.

일본으로 건너간 백제 사람들이, 백제어 '벤'은 발음 그대로 두고, '아니다'를 번역한 na-si를 결합하여, 이 방언을 만들어 내었던 것이다. 한국에서는 '벤'을 중복하여 '벤벤하지 않다'로 되었다가, 중앙어에서는 '변변치 않다'로 바뀌었던 것으로 생각된다. '벤'이 '벤벤'으로 된 것은 강조의 의미일 것이다.

hen-mo-na-i [교토, 기후, 후쿠이 방언] 변변찮다
mo [일본어] ~도
**벤벤치도** 않다 [전라, 경상방언] 〃

'변변치 않다'라는 말의 중간에, 조사 '도'를 추가하여 '**변변치도** 않다'라 하기도 한다.

교토(京都) 일원의 방언 hen-mo-na-i의 mo는 '~도'라는 의미의 조사이다. 그리하여 이 방언은 '벤도 않다'라는 의미가 된다. '변변치도 않다'와 동일한 구조이다.

## 뚱뚱하다

살이 찐 상태를 '**뚱뚱**하다'라 한다. '뚱'이 중복된 형태이다. 작은 말은 '똥똥하다'이다.

**don**-bu-to-i 太 태 [미에 방언] 뚱뚱하다
hu-to-i 〃 [일본어] 〃
**뚱뚱**하다 [한국어]

미에(三重) 방언 don-bu-to-i는 뚱뚱하다는 뜻이다. bu-to-i는 같은 뜻을 가진 일본어 hu-to-i가 흐린소리로 된 말이다.

don은 무슨 말인가? 일본어로는 전혀 해석할 수 없지만, 한국어로는 아주 쉽다. '**뚱뚱**하다'의 '뚱'이다. 이 방언은 동어반복이다. 백제 사람들은 '둥하다'라 하였을 것이다.

**don**-ko [이시카와 방언] 뚱뚱하고 키 작은 사람
**don**-do [ 〃 ] 〃

**뚱뚱**하다 [한국어]

이시카와(石川)에서는 뚱보를 don-ko라 한다.

don은 '뚱'이고, ko(子 자)는 사람을 뜻한다.

don-do라고도 하는데, do는 사람을 의미하는 hi-to(人 인)에서 hi가 생략된 형태이다.

## 파이다

경북방언 '파이다'는 좋지 않다는 뜻이다. 이곳 사람들이 '이거는 **파이다**'라 하는 것은 '이것은 좋지 않다'는 의미이다.

**ha-i-na** 醜 추 [고치 방언] 보기 흉하다
**파이**다 [경북방언] 좋지 않다

고치(高知) 방언 ha-i-na의 고어는 pa-i-na였으며, 보기 흉하다 혹은 못생기다는 의미이다.

어근 pa-i는 경북방언 '**파이**다'의 어근 '**파이**'와 발음이 완벽하게 일치할 뿐 만 아니라, 의미도 상당히 비슷하다. '파이다'는 고대에 '바이다'였을 것이다. 아마도 가야 사람들이 가져간 것으로 짐작된다.

## 빡빡하다

'**빡빡**하다'는 물기가 적고 진하다는 의미이고, '**빽빽**하다'는 사이가 촘촘하다는 뜻이다. 이 두 말은 원래 같은 어원에서 나온 말로 보인다.

**ba-ka-ba-ka** [기후 방언] 색이 짙다
**빡빡**하다 [한국어] 물기가 적다

기후(岐埠) 방언 ba-ka-ba-ka는 색이 짙다는 의미이다. '**빡빡**하다'나 '**빽빽**하다'와 그 의미나 발음이 일맥상통하고 있다. 어근 '**빡빡**'이나 '**빽빽**'은 백제 시대에는 '**박박**'이었던 모양이다.

## **텁텁**하다

음식의 맛이 시원하거나 깨끗하지 못할 때에 '**텁텁**하다'라고 표현한다. 막걸리의 맛도 역시 '텁텁하다'라 한다. '텁텁'은 '**텁**'이 중복된 형태이다. '텁지근하다'라는 말은 시원하거나 깨끗하지 않다는 의미이다.

**do-bu**-za-ke 濁酒 탁주 [구마모토, 나가사키, 에히메, 가가와, 야마구치, 시가, 미에, 아이치, 기후, 후쿠이, 이시카와, 니이가타 방언] 탁주
**텁**텁하다 [한국어] 음식맛 따위가 시원하거나 깨끗하지 않다

일본사람들은 맑은 술인 청주(淸酒)를 좋아한다. 한국에서는 '청주'라고 하지만 일본사람들은 이것을 일본 고유의 술이라고 여겨 일본주(日本酒)라 부르고 있다. 그러나 일본에도 한국의 막걸리와 비슷한 탁주가 없는 것은 아니고, 중앙어에서는 탁주를 do-bu-ro-ku(濁酒 탁주)라 한다.

do-bu-za-ke는 탁주를 뜻하는 방언으로서 일본의 넓은 지역에 분포하고 있다. za-ke는 물론 술을 뜻하는 일본어 sa-ke(酒 주)의 흐린소리이지만, do-bu는 무엇인가? 일본어에는 그러한 단어가 존재하지 않는다.

깨끗하지 않다는 의미의 '**텁**'이 일본으로 건너간 것이다. '텁'은 백제 시대에는 '덥'이었을 것이다.

**do-bu**-sa [나라, 교토, 효고, 나가노 방언] 탁주
**텁**텁하다 [한국어]

나라(奈良)와 교토(京都) 일원에서는 do-bu-sa라 한다. sa는 sa-ke에서 ke가 생략된 형태인 것 같기도 하지만 불분명하다. do-bu는 역시 '텁'이다.

두 방언의 do-bu는 고대에는 də-bu였을 것이다.

## 싹싹하다

『동아새국어사전』에 의하면, '싹싹하다'라는 말은 상냥하고 눈치가 빠르며, 남의 뜻을 잘 받들어 좇는 태도가 있다는 의미라고 되어 있다. '싹'이 중복된 형태이다. 백제 시대에는 '삭다'였을 것이다.

ki-**sa-ku** [일본어] 싹싹함
**sa-ku**-i [니이가타 방언] 담백하다
**싹**싹하다 [한국어]

일본어 ki-sa-ku는 '담백하고 상냥함' 혹은 싹싹함'이라는 의미의 명사이다. '싹싹하다'와 의미상으로 완벽하게 일치하고 있다. sa-ku는 '싹싹하다'의 '싹'이다. ki는 기운 혹은 마음을 의미하는 한자어 ki(氣)인 것으로 짐작된다.

니이가타(新瀉) 방언 sa-ku-i는 담백하다는 의미이다.

이 또한 '싹싹하다'의 '싹'이다.

## 썩썩하다

전라방언 '썩썩하다'는 마음이 아프다는 뜻이다.

sa-ku-sa-ku [도쿠시마 방언] 이빨이나 상처가 아픈 모습
$za_t$-ku-$za_t$-ku [오카야마 방언] 〃
**썩썩**하다 [전라방언] 마음이 아프다

도쿠시마(德島) 방언 sa-ku-sa-ku는 이빨이나 상처 따위가 심하게 아픈 모습을 표현하는 말이다.

오카야마(岡山)에서는 $za_t$-ku-$za_t$-ku라 하는데, 고대에는 도쿠시마 방언처럼 sa-ku-sa-ku였을 것이다.

두 일본 방언과 전라방언의 어근 '썩썩'은 비슷한 발음이지만, 의미가 약간은 다른 것 같다. 그러나 공통적으로 아픈 것을 나타내고 있으므로 같은 뿌리에서 나온 것이 분명하다.

## 비리다

『표준국어대사전』에 의하면 '비리다'는 날콩이나 물고기, 동물의 피 따위에서 나는 냄새가 있다는 뜻이라고 되어 있다. 중세에도 같은 발음이었고, 백제 시대에도 마찬가지였을 것이다.

일본에서는 이러한 경우 na-ma-gu-sa-i라 한다. na-ma(生 생)는 날것이라는 의미이며, gu-sa-i는 악취가 나다는 뜻인 ku-sa-i(臭 취)가 흐린소리로 된 말이다. 그래서 이 일본어는 '날것의 악취가 나다'라는 의미가 된다.

**hi-ri**-gu-san 生臭 생취 [오키나와 방언] 비린내 나다

na-ma-gu-sa-i 〃 [일본어] 〃
**비리**다 [한국어]

오키나와(沖繩)에서는 hi-ri-gu-san이라 한다. gu-san은 일본어 gu-sa-i가 변한 말이지만, hi-ri는 무엇인가? 고대에는 pi-ri였다.

'**비리**다'와 발음과 의미가 완벽하게 일치하고 있다. 이 방언은 '비린 악취가 나다'라는 의미이다.

**hi-ri**-gu-sa-ri-mun [오키나와 방언] 비린내 나는 것
**비리**다 [한국어]

오키나와 방언 hi-ri-gu-sa-ri-mun은 비린내 나는 것을 뜻한다. gu-sa-ri는 gu-sa-i가 변한 말이고, mun은 물건을 뜻하는 일본어 mo-no(物 물)의 방언이다. hi-ri는 고대에는 pi-ri였으므로, 이 또한 '비리'이다. '비린 악취 나는 물건'이라는 의미가 된다.

## **멍**하다

'**멍**하다'는 정신이 나간 것처럼 반응이 없다 혹은 정신을 차리지 못하고 얼떨떨하다는 의미이다. 일본어에서는 ho-re-ru(惚 홀)라 한다.

**mon**-bo-re-ru 惚 홀 [야마가타 방언] 멍청해지다
ho-re-ru 惚 홀 [일본어] 넋을 잃고 무엇을 하다
**멍**하다 [한국어]

야마가타(山形) 방언 mon-bo-re-ru는 멍청해지다는 의미이다. bo-re-ru는 ho-re-ru(惚 홀)가 흐린소리로 된 말이다. 정신이 몽롱하여 정상적인

판단력을 상실하다는 것이 원래의 의미였다.

mon은 무슨 말인가? 일본어가 아니고, '멍하다'의 어근 '멍'이다. 따라서 mon과 bo-re-ru는 같은 의미이다. mon도 고대에는 mən이었을 것이다.

**mo**-bo-re-ru [사이타마, 군마, 도치키 방언] 멍청해지다
**멍**하다 [한국어]

사이타마(埼玉) 일원의 방언 mo-bo-re-ru도 역시 같은 뜻이지만, 여기서는 mo라는 발음이다. 이 mo라는 어형이 고형이고, 그것이 변하여 mon으로 되었을 가능성이 크다.

백제 사람들도 '멍'이라는 말을 현대의 우리들과 아무런 차이가 없이 사용하였다는 사실을 확인할 수 있다.

## 돌머리

『표준국어대사전』에 의하면 둔하고 미련한 것을 '둘하다'라 한다. 방언처럼 보이지만 중앙어이다. 거의 사용되지 않고 있으나, 이 사전에 등재되어 있으니 사어는 아닌 모양이다. 그러고 보면 몹시 어리석은 사람을 일컫는 말 '돌머리'의 '돌'은 광물인 '돌(石 석)'을 뜻하는 말이 아니고, 이 '둘하다'의 '둘'이 변한 말일 것이다.

**to-ro**-i [일본어] 우둔하다
**둘**하다 [한국어] 둔하고 미련하다

일본의 중앙어 to-ro-i는 우둔하고 느리다는 뜻이다. '둘하다'와 같은 의미이고, 발음도 거의 동일하다.

tsu-ru-to 馬鹿 마록 [시마네 방언] 바보
**둘**하다 [한국어] 둔하고 미련하다

시마네(島根) 방언 tsu-ru-to는 바보를 뜻한다. 고형은 tu-ru-pi-to였을 것이다.

tu-ru는 '둘하다'의 '둘'이고, pi-to(人 인)는 사람이다. '둘한 사람'이 원래의 의미이다. '돌 사람'으로 번역할 수 있을 것이다.

## 얼간이

'얼간'이라는 말은 생선이나 채소에 소금을 적게 뿌려 '간'이 덜 되었다는 뜻이다. 좀 모자라는 사람을 '얼간이'라고 하지만, 그 어원이 여기에 있다. '얼요기'는 충분하지 않고 대충 하는 요기라는 뜻이다. 이러한 '얼'은 모자라다는 의미의 접두사이다.

o-ro [규슈 방언] 충분하지 않다는 의미의 접두사
**얼** [한국어] 〃

규슈(九州)에서는 o-ro라는 말이 충분하지 않다는 의미의 접두사로 사용되고 있다. '얼'과 의미나 용법이 완전히 일치한다. 고대에는 ə-rə였을 것이다.

## 티껍다

평북방언 '티껍다'는 더럽다는 뜻이다. 일부 지방에서 '아니꼽다'는 의미로 이 말을 쓰는 경우가 있지만, '더럽다'라는 원래의 의미에서 변화한 것이다. 어근은 '티'이고, '껍다'는 형용사를 만드는 접미사이다.

**ti**-nan 汚 오 [오키나와 방언] 더럽다
**티**껍다 [평북방언] 〃

오키나와(沖縄) 방언 ti-nan은 더럽다는 뜻이다. 어근은 ti이고, nan은 일본어에서 형용사를 만드는 접미사 na-i가 변한 말이다.

이 ti는 '티껍다'의 '티'와 그 발음과 의미가 일치하고 있다.

**tsiya**-na-i [효고 방언] 더럽다
**티**껍다 [평북방언] 〃

효고(兵庫) 방언에서는 tsiya-na-i라 한다. 어근 tsiya는 ti가 변한 발음이다.

'티껍다'의 '티'는 고대에 '디'였을 것이다.

## 오존하다

중세 한국어 '오존하다'는 똑똑하다 혹은 영리하다는 뜻이었다. 현대어에서는 전혀 사용되지 않고, 사어가 된 말이다.

**o-zo**-i 利口 이구 [거의 혼슈 전역의 방언] 영리하다
**오존**하다 [중세 한국어] 〃

일본 본섬(本洲)의 대부분 지역에 분포한 방언 o-zo-i 역시 같은 의미이다.

어근 o-zo는 '오존'과 흡사한 발음이다. '오존'도 고대에는 '오조'였을 가능성이 높다. 'ㄴ'은 발음을 편하게 하기 위하여 삽입된 것으로 보인다.

## 자린고비

'꼽꼽하다'는 전남지방의 독특한 방언으로서 인색하다는 뜻이다. 경음이 없던 고대에는 '곱곱하다'였을 것이다. 어근 '곱곱'은 '곱'이 중복된 형태이다. '곱다'라는 말이 인색하다는 의미였을 것이다.

'자린고비'는 인색한 사람을 뜻한다. 이 말은 '자린'과 '고비'의 합성어로서, '고비'는 인색한 사람을 뜻한다. '곱'에 사람을 뜻하는 '이'가 붙은 말일 것이다. '자린'은 '절인'이 변한 말로 보인다. '절이다'는 소금 따위가 배어들다는 의미이고, 그 활용형 '절인'이 '자린'으로 바뀐 것이다. 따라서 '자린고비'는 '(소금에) 절인 고비'라는 의미가 된다. '고비'도 인색한 사람이지만, 소금에 절인 고비는 더더욱 '짠 고비'일 것이다.

ko-bu-i [야마구치, 히로시마, 돗토리, 오카야마, 교토, 효고, 시가 방언] 인색하다
**꼽꼽**하다 [전남방언] 〃
자린**고비** [한국어] 인색한 사람

야마구치(山口) 등지의방언 ko-bu-i는 인색하다는 의미이다.

'꼽꼽하다'나 '고비'의 어근 '곱'이 건너간 것이다. 발음과 의미가 완벽하게 일치하고 있다,

ko-bi-ko-bi [교토 방언] 인색한 모양
**꼽꼽**하다 [전남방언] 〃
자린**고비** [한국어]

교토(京都) 방언 ko-bi-ko-bi는 인색한 모양을 나타내는 부사로서, ko-bi가 중복된 형태이다.

ko-bi는 '자린고비'의 '고비'와 발음과 의미가 일치하고 있다. 그리고 전

남방언 '꼽꼽하다'는 교토 방언과 마찬가지로 중복형이다. 기본형인 '곱다'가 먼저 일본으로 건너가 ko-bu-i가 되고, 나중에 생긴 '곱곱하다'라는 어형이 다시 일본으로 건너가 교토의 ko-bi-ko-bi가 된 것으로 추정된다.

**ko-bu**-tsin [시가 방언] 인색한 사람
**ko-bu**-ya [오카야마 방언] 〃
**ko-bu**-yan [효고 방언] 〃
자린**고비** [한국어]

세 일본 방언은 모두 인색한 사람 즉 자린고비를 뜻한다. 어근 ko-bu는 고대 한국어 '곱다'가 건너간 것이 분명하다.

ne-tsi-bo [니이가타 방언] 인색한 사람
ne-tsi-**ko-bi** [아키타 방언] 〃
자린**고비** [한국어]

니이가타(新瀉) 방언 ne-tsi-bo는 자란고비이다. ne-tsi가 인색하다는 의미이고, bo는 사람이다.

아키타(秋田)에서는 ne-tsi-ko-bi라 한다. ko-bi는 역시 '고비'이니 이 방언은 인색한 고비라는 뜻이 된다.

## **동동**하다

다른 지방에서는 찾을 수 없는 전라도의 독특한 방언 '**동동**하다'는 높다는 의미이다.

**don-don**-ga-wa 大洪水 대홍수 [니이가타 방언] 대홍수

**동동**하다 [전라방언] 높다

니이가타(新瀉) 방언 don-don-ga-wa는 비가 많이 와서 강에 큰 홍수가 난 것을 의미한다. ga-wa는 강을 뜻하는 ka-wa(江 강)가 흐린소리로 된 말이다.

don-don은 전라방언 '**동동**'이다. '동동 강' 즉 '높은 강'이 원래의 의미이다. 강의 수위가 높아진 것을 니이가타 사람들은 don-don이라 하였다.

**to-do**-no-mi [나라 방언] 가장 높은 장소
**동동**하다 [전라방언] 높다

나라(奈良) 방언 to-do-no-mi는 가장 높은 장소를 의미한다.

no-mi가 무슨 말인지는 알 수 없지만, to-do가 전라방언 '**동동**'과 같은 뿌리라는 사실을 짐작하기에는 어려움이 없다.

## 배다

"모를 배게 심었어"라는 말은 모와 모 사이의 간격이 좁다는 뜻이다. '배다'는 사이가 좁고 촘촘하다는 의미이다.

ho-so-**be**-na-ga-i 細長 세장 [기후 방언] 가늘고 길다
ho-so-na-ga-i 〃 [일본어] 〃
**배**다 [한국어] 좁다

기후(岐埠) 방언 ho-so-be-na-ga-i는 가늘고 길다는 뜻이다. 일본어에서는 ho-so-na-ga-i라 하는데, 가늘다 혹은 좁다는 의미의 ho-so(細 세)와 길다는 뜻의 na-ga-i(長 장)의 합성어이다. 그런데 같은 뜻을 가진 기후

방언에서는 중간에 be가 끼어 있다.

바로 좁다는 뜻을 가진 '배다'이다. 발음과 의미가 완벽하게 일치하고 있다. 앞의 ho-so와 동어반복이다

## 소물다

경상방언 '소물다'는 간격이 좁다 또는 촘촘하다는 뜻으로서, 주로 벼 따위의 농작물의 간격이 좁고 촘촘하다는 의미로 사용되고 있다.

**siyo-mu** [효고 방언] 초목이 밀집해 있다
**소물**다 [경상방언] 간격이 좁다

효고(兵庫) 방언 siyo-mu는 초목이 밀집해 있다 혹은 혼잡하다는 의미이다.

'소물다'와 의미는 동일하고 발음은 흡사하다. '소물다'는 고대에 '소무다'였을 것으로 보이지만, '쇼무다'였을 가능성도 배제할 수 없다.

'촘촘하다'의 '촘촘'은 '촘'이 중복된 모습인데, 고형은 '솜'으로 보이고, 그보다 앞선 형태가 '소무'인 것으로 짐작된다.

## 대끼다

많이 사용되는 말은 아니지만, '대끼다'라는 형용사가 있다. 두렵고 마음이 불안하다는 의미이다. 아마도 어느 지방의 방언에서 중앙어로 편입된 말이 아닌가 싶다.

**te-ki**-na-i 恐 공 [니이가타 방언] 두렵다

**대끼**다 [한국어] 두렵고 불안하다

니이가타(新潟) 방언 te-ki-na-i는 두렵다 혹은 걱정스럽다는 뜻이다. 어근은 te-ki이고, na-i는 형용사를 만드는 접미사이다.

'대끼다'와 발음과 의미가 완벽하게 일치하고 있다. 일본어에서는 o-so-ro-si-i(恐 공)라 한다.

## **마치**맞다

전남과 경북의 방언 '**마치**맞다'는 어떤 경우나 기회에 꼭 알맞다는 뜻이다. 중앙어는 '마침맞다'이다. 『표준국어대사전』에 실려있는 '시누이에게 마침맞은 남편감'이라는 예문이 이 말의 의미를 잘 드러내 주고 있다.

일본어에서는 ni-a-u(似合 사합)라 한다. ni는 닮다는 의미의 일본어 ni-ru(似 사)의 고어이며, a-u(合 합)는 만나다는 뜻이지만 여기서는 어울리다는 의미이다. 이 일본어는 '닮고 어울리다'라는 의미가 된다.

**ma-tsi**-a-u 似合 사합 [시마네 방언] 마침맞다
**마치**맞다 [전남, 경북방언] 〃

시마네(島根)에서는 ma-tsi-a-u라 한다. a-u(合 합)는 앞서 본 바와 같이 어울리다는 의미이다.

ma-tsi는 전남방언 '마치맞다'의 '**마치**'와 그 발음이 완벽하게 일치한다. 이 방언은 '마침맞고 어울리다'라는 의미가 된다. ma-tsi는 고대에는 ma-ti였고, '마치맞다'도 고대에는 '**마디**맏다'였을 것이다. 고음뿐 아니라 현대에 와서 변한 음 마저도 일치하고 있다. 백제 사람들도 '마디맞다'라는 말을 현대 한국인과 같은 의미로 사용하였던 것이다.

## 또이또이다

경북방언 '또이또이다'는 같다는 뜻이다. 이 지방 사람들은 '이기나 그기나 또이또이다'라는 말을 즐겨 사용하는데, '이것이나 그것이나 같다'는 의미가 된다. 이 방언은 사전에도 나오지 않지만 지금도 대구 일원의 노, 장년층에서는 널리 사용되고 있다.

do-si-do-si [시마네 방언] 전부 동일하다
**또이또이**다 [경북방언] 〃

시마네(島根) 방언 do-si-do-si 또한 같은 의미를 가지고 있다. 초성이 맑은소리인 to가 아닌 흐린소리 do인 점만 보더라도 이 방언이 한국에서 건너갔다는 사실을 알려 주고 있다.

'또이또이'와 의미는 동일하고 발음은 흡사하다. 다만 do-si-do-si의 si가 경북방언에서는 '이'로 바뀐 것이 눈에 뜨이는데, 이러한 변화는 한국어에서 흔하게 일어나고 있다. 처음을 뜻하는 '아시'가 '아이'로 되었다가 '애'로 바뀐 것이 그 일례이다. '또이또이'도 원래는 '**도시도시**'였던 것이 분명하다. 이 방언은 경북지방 이외에는 전혀 사용되지 않고 있다. 가야 사람들이 이 말을 시마네로 가져간 것으로 보인다.

## 바ᄎᆞ다

중세 한국어 '**바ᄎᆞ**다'는 바빠하다, '**바차**'는 바빠하여라는 뜻이었다.

**ba-ta**-ba-ta [교토 방언] 바빠하는 모습
**바ᄎᆞ**다 [중세 한국어] 바빠하다

교토(京都) 방언 ba-ta-ba-ta는 바빠하는 모습을 의미하며, ba-ta가 중복된 형태이다.

'바츠다'의 어근 '바츠'와 의미는 동일하고 발음은 흡사하다. '바츠다'도 고대에는 '바다다'였을 것이다.

## 깨방정

고요하고 엄숙하여야 할 자리에서 방정을 떠는 것을 전라도에서는 '깨방정'이라고 표현한다. 이 '깨'는 심하다는 의미이고, 고대에는 '개'였던 것으로 보인다. '개지랄'의 '개' 역시 심하다는 의미일 것이다.

**ge** [도치키, 후쿠시마, 야마나시 방언] 심하다
**깨**방정 [전라방언] 심한 방정

도치키(栃木) 일원의 방언 ge는 형용사로서 심하다 혹은 과도하다는 뜻이다. 전라방언 '깨'의 고형 '개'가 건너간 것이다. 그 발음과 의미가 완벽하게 일치하고 있다.

**ke**-gi-ra-i [교토 방언] 매우 싫어하는 것
**깨**방정 [전라방언]

교토 방언 ke-gi-ra-i는 매우 싫어하는 것을 뜻한다. gi-ra-i는 싫어하다는 의미의 동사 ki-ra-u(嫌 혐)의 명사형 ki-ra-i가 흐린소리로 된 말이고, ke는 '개'이다.

百濟語

# 11. 부사

## 아조

'아주 예쁜 얼굴'은 예쁜 정도가 심하다는 의미로서, 보통보다 정도가 훨씬 더 심한 것을 '아주'라고 한다. 중세에는 '**아조**'라 하였고, 드물게는 '**아죠**'라고도 하였다.

**at-ziyo** 大變 대변 [효고 방언] 아주
**아조, 아죠** [중세 한국어] 〃

효고(兵庫) 방언 at-ziyo는 아주 혹은 온통이라는 뜻이다. 첫 음절 at은 a가 촉음화된 것으로서, 원래는 a-ziyo였을 것이다. 강조하는 의미로 발음을 강하게 하다보니 촉음화된 것이 아닌가 싶다.

발음이나 의미가 중세어 '**아죠**'와 완벽하게 일치하고 있다.

**an-ziyo** [가가와, 나라, 효고 방언] 아주

**아조, 아죠** [중세 한국어] 〃

나라(奈良) 등지에서는 an-ziyo라 한다. a-ziyo가 변한 음이다.
백제 사람들도 중세어와 별 차이가 없이 '아죠'라 하였을 것이다.

## 매우

'매우 많다'의 '매우'는 보통보다 정도가 훨씬 더하다는 뜻이다. 중세에는 'ᄆᆡ이' 혹은 'ᄆᆡ비'라 하였다.

**ma-i**-ni [고치 방언] 매우
**ma-i**-na [ 〃 ] 〃
**ᄆᆡ이** [중세 한국어] 〃

고치(高知) 방언 ma-i-ni와 ma-i-na는 모두 '매우'라는 의미로서, 공통된 어근은 ma-i이다.

개음절어인 일본어에서 ma-i와 같이 모음이 연속되는 발음은 이례적이다. 이런 경우는 두 번째 모음 앞에 있던 p 자음이 탈락한 경우가 대부분이다. 중세 일본어에서 모든 단어에 있던 p 자음이 h 자음으로 변하였는데, 그러면서 두번째 음절의 h 자음은 소멸된 경우가 많았다.

따라서 이 두 방언의 어근도 고대에는 ma-pi였을 것으로 보아도 무리가 없다. 이 방언으로 미루어 보면, '매우'를 백제 사람들은 '마비'라 하였을 것으로 추정된다.

## 퍽

'퍽 많다'는 매우 많다는 뜻으로서, '퍽'은 매우 혹은 대단히라는 의미이다.

**ba-ka** [니이가타 방언] 매우, 대단히
**퍽** [한국어] 〃 〃

니이가타(新瀉) 방언 ba-ka 역시 같은 뜻이다.

'퍽'과 발음은 아주 비슷하고, 의미는 동일하다. '퍽'은 중세에도 같은 발음이었다. 백제 시대에는 '벅'으로 발음되었을 것이다.

## 깡그리

'잡초를 깡그리 없애자'의 '깡그리'는 전부 혹은 하나도 남김없이라는 뜻이다. 이 말의 뒤에는 반드시 '없다' 혹은 '아니다'와 같은 부정어가 뒤따른다.

**ga-i-ku-ri** [미야기 방언] 전혀
**ka-i-ku-re** [와카야마, 시가, 기후, 나가노, 도야마, 야마가타 방언] 〃
**깡그리** [한국어] 전부

미야기(宮城) 방언 ga-i-ku-ri는 전혀 혹은 완전히라는 뜻의 부사이다. 이 말 뒤에도 '없다' 혹은 '아니다'와 같은 부정하는 말이 동반된다.

와카야마(和歌山)를 비롯한 여러 지방에서 사용되는 방언 ka-i-ku-re 역시 같은 의미이고, 부정하는 말을 동반한다.

이 두 방언은 '깡그리'와 그 의미와 용법이 완전히 동일하며, 발음도 거의 비슷하다. '깡그리'도 고대에는 '가구리'였을 것이다. 앞의 '가'는 장음으로 발음되었던 것이 일본으로 건너가서는 ga-i로 변한 것이 아닌가 싶다. '깡그리'의 '깡'은 장음이다.

## 말짱

'**말짱** 거짓말' 혹은 '**말짱** 소용없어'의 '**말짱**'은 전부 혹은 전혀라는 뜻으로서, 뒤에는 부정의 의미를 나타내는 서술어를 수반한다. '말짱 좋은 일'이라 하여서는 안된다.

**ma-ru-ta**-ki [고치 방언] 전혀
**ma-ru-de** [일본어] 〃
**말짱** [한국어]

고치(高知) 방언 ma-ru-ta-ki와 일본어 ma-ru-de는 전혀라는 뜻으로서, 뒤에는 반드시 부정의 서술어를 수반한다.

'**말짱**'과 발음은 흡사하고, 의미, 용법은 동일하다.

**ma-ru-ta** 全部 전부 [시고쿠, 야마구치, 시마네 방언] 전부
**ma-ru-da**-si 總 총 [나가사키 방언] 〃
**말짱** [한국어]

시고쿠(四國) 등지의 방언 ma-ru-ta와 나가사키(長岐)의 ma-ru-da-si는 둘 다 전부를 뜻하는 부사이다.

뒤에 부정의 의미를 나타내는 서술어를 요하지 않는 점을 제외하면, '**말짱**'과 발음과 의미가 흡사하다. 이러한 일본어로 미루어 보아, '말짱'은 고대에 '말다'였을 것으로 짐작된다. '말다→말자→말장→말짱'의 변화가 아닌가 싶다.

## 꼭

'약속은 꼭 지켜라'의 '꼭'은 어떤 일이 있어도 틀림없이라는 뜻이다.

sa-tsi-**ko-ku** [에히메 방언] 반드시
sa-tsi [돗토리, 효고 방언] 〃
**꼭** [한국어]

에히메(愛媛) 방언 sa-tsi-ko-ku는 반드시 혹은 꼭이라는 의미이다. 이 말은 sa-tsi와 ko-ku의 합성어인데, sa-tsi는 돗토리(鳥取) 방언으로서 반드시라는 뜻이다.

ko-ku는 무엇인가? '꼭'이다. 그 의미와 발음이 완벽하게 일치하고 있다. 이 방언은 동어반복이다.

sa-tsu-**ko-go**-ri [이와테 방언] 꼭
**꼭** [한국어]

이와테(岩手)에서는 sa-tsu-ko-go-ri라 한다.

sa-tsu는 앞서 본 sa-tsi가 변한 말이고, ko-go-ri는 ko-go에다 접미사 ri가 첨가된 형태이다. 어근 ko-go는 '꼭'이다.

i-**ko-ku** [시마네 방언] 꼭
**꼭** [한국어]

시마네(島根) 방언 i-ko-ku 또한 꼭이라는 뜻이다. 앞의 i는 의미가 없는 조음이고, 뒤의 ko-ku는 '꼭'이다. 백제 사람들은 '곡'이라 하였을 것이다.

## 꼭

앞서 본 '꼭'은 반드시라는 뜻이지만, '이 옷은 내 몸에 꼭 맞는다'의 '꼭'은 정확하게 혹은 조금도 틀림없다는 의미가 된다.

**$ko_t$-ki**-ri 丁度 정도 [도야마 방언] 정확하게
**꼭** [한국어] 〃

도야마(富山) 방언 $ko_t$-ki-ri는 정확하게라는 의미이다.

어근 $ko_t$-ki는 '꼭'이 건너간 것이다. 접미사 ri는 ni가 변한 것으로 보인다.

**$ka_t$-ku**-ri [구마모토, 나가사키 방언] 정확하게
**$ka_t$-ki**-ri [시즈오카 방언] 〃
꼭 [한국어] 〃

위 두 방언의 어근 $ka_t$-ku와 $ka_t$-ki는 모두 '꼭'이 변한 말이다.

백제 시대에는 '곡'이었던 것으로 추정된다.

## 똑바르다

'길이 똑바르다'는 길이 어느 쪽으로도 기울지 않고 곧고 바르다는 뜻이고, '똑바로 해라'는 어느 쪽으로도 기울지 않도록 올바르게 해라는 의미이다. 이 '똑'은 '바르다'는 의미이다. 따라서 '똑바르다'는 동어반복이다.

**$tsi_{yot}$**-ko-i 直 직 [가고시마 방언] 바르다
**똑**바르다 [한국어] 곧다, 올바르다

가고시마(鹿兒島) 방언 tsiyot-ko-i는 바르다는 의미이다. 고대에는 to-ko-i였을 것이다. 어근 to-ko는 '똑'과 그 발음과 의미가 일치하고 있다.

**tsiyot-ko**-ra [니이가타, 후쿠시마 방언] 바르다
**tsiyot-ko**-ri [니이가타 방언] 〃
**똑**바르다 [한국어] 곧다, 올바르다

니이가타(新潟) 방언 tsiyot-ko-ra나 tsiyot-ko-ri는 역시 바르다는 뜻이다. 고대에는 tot-ko-ra와 tot-ko-ri였을 것이다.

공통 어근 tot-ko는 '똑'이다. '똑'은 백제 시대에 '독'이었을 것이다.

## 다

'다 된 밥' 혹은 '시간이 다 되었다'의 '다'는 어떤 상태가 한도에 이르렀다는 의미이다. 백제 시대에도 전혀 다를 바 없었던 모양이다.

**ta**-na-ru [와카야마 방언] 과일 따위가 익다
na-ru 成 성 [일본어] 되다
**다** [한국어] 한도에 이르다

와카야마(和歌山) 방언 ta-na-ru는 과일 따위가 익다는 의미이다. 이 말은 ta와 na-ru의 합성어이다. na-ru는 되다는 뜻의 동사이지만, ta는 무슨 말인가?

바로 '다'가 건너간 것이다. 이 방언은 '다 되다'가 원래의 의미이다. 과일 따위가 '다 되다'는 다 익었다는 뜻인 것이 분명하다.

## 이미

'그 때는 이미 늦었어'의 '이미'는 벌써라는 뜻이다. 중세에는 주로 '이믜'라고 하였으나, '이므'로 표기된 문헌도 있다.

**i-mo** 最早 최조 [야마구치, 효고, 니이가타 방언] 이미, 벌써
**이믜** [중세 한국어] 이미

'이미'를 야마구치(山口)와 효고(兵庫) 등지에서는 i-mo라 한다.

중세 한국어 '이므'와 그 음상이 아주 비슷하다. 야마구치 방언으로 미루어 볼 때, 백제에서도 '이무'가 아니었나 싶다. 원산지인 한국에서 더욱 심하게 변한 경우이다.

## 자주

여러 번을 뜻하는 '자주'는 중세에 'ᄌᆞ조'라 하였다.

**Ziyo-Ziyu** 度度 도도 [거의 일본 전역의 방언] 자주
**Ziyo-Ziyo** 〃 [ 〃 ] 〃
**ᄌᆞ조** [중세 한국어] 〃

ziyo-ziyu는 교토(京都) 등 일본의 거의 전역에서 사용되는 방언으로서, '자주' 혹은 '여러 번'이라는 뜻이다. 중세 한국어 'ᄌᆞ조'와 그 음상이 아주 비슷하고 의미는 동일하다.

ziyo-ziyu라고도 하는데, 역시 일본의 전역에서 사용되고 있다. 백제 사람들은 '조주'라 하였을 것으로 생각된다.

## 자꾸

'자꾸'는 여러번 반복하여 라는 뜻이다.

**ziya-ku** 度度 도도 [야마구치 방언] 여러번, 자주
**자꾸** [한국어] 여러 번 반복하여

야마구치(山口) 방언 ziya-ku는 앞의 ziyo-ziyu와 같은 의미이다. 자주 혹은 여러 번이라는 뜻이다.

한국 사람은 이 방언을 아주 쉽게 이해할 수 있을 것이다. '**자꾸**'와 발음이나 의미가 거의 흡사하기 때문이다. '자꾸'가 중세에 어떤 모습이었는지는 알 수 없다. 그렇지만 야마구치 방언으로 미루어 보면, 고대에도 거의 차이가 없었을 것이다.

## 지즐다

중세 한국어 '**지즐다**'는 거듭 그대로 잇달아 하다는 뜻을 가진 동사이다. '지즈ᄂᆞ다'라고도 하였다. 지금은 사어가 되어 쓰이지 않고 있다.

**zi-zi-ra**-ni 頻 빈 [시마네 방언] 자주
**zu-zu-ra**-ni 〃 [시마네, 돗토리 방언] 〃
**지즐**다 [중세 한국어]

시마네(島根) 방언 zi-zi-ra-ni는 자주라는 뜻을 가진 부사이다.

'**지즐다**'와 발음과 의미가 거의 일치하고 있다. '**지즐다**'도 고대에는 '지질다'였을 가능성이 크다.

zu-zu-ra-ni라고도 한다.

## 되게

'되게 어렵네'는 매우 어렵다는 뜻이다. '**되게**'는 무척 혹은 매우라는 의미이다. 이 말은 심하다 혹은 세다는 의미의 형용사 '되다'의 부사형이다. 경상방언에서는 '데기'라 한다.

**de-ge** [미야자키, 오이타 방언] 무척, 매우
**되게** [한국어] 〃 〃

미야자키(宮岐)현은 규슈(九州)의 남동쪽에 자리잡고 있다. 이곳의 방언 de-ge는 무척 혹은 매우라는 뜻이다. de와 ge 모두 장음으로서 길게 발음된다.

'**되게**'와 의미는 동일하고, 음상은 아주 비슷하다. '되게'의 '되'는 장음이다. 백제 사람들은 '대개'라 하였던 것이 아닌가 싶다. 그러면 형용사 '되다'를 백제 사람들은 '대다'라 하였을까? 그렇지는 않고, 고대에도 '되다'가 올바른 발음이었을 것이다. 그러나 고대의 한국 사람이나 현대의 한국인을 불문하고, '되다'는 쉽게 '대다'로 발음이 바뀔 수 있다. 고대에도 '대다'와 '대개'라는 방언형이 존재하였고, 그 말이 건너간 것으로 짐작된다.

## 가득

꽉 차거나 많은 모양을 뜻하는 '**가득**'은 중세에 'ᄀᆞ득'이라 하였다.

mi-zu-**ga-tu-ku** [에히메, 도야마, 이와테, 미야기 방언] 홍수
mi-zu 水 수 [일본어] 물
**가득** [한국어]

에히메(愛媛) 등지의 방언 mi-zu-ga-du-ku는 홍수(洪水) 즉 비가 많이 와 강이나 내의 물이 갑자기 불어난 것을 뜻한다. mi-zu는 물이지만 ga-du-ku는 무엇인가? 일본어로는 전혀 이해가 되지 않는다.

한국어 '가득'이다. 이 방언은 '물 가득'이 원래의 의미이다. 홍수를 의미하는 멋진 말이다. 이 방언으로 미루어보면, '가득'은 고대에는 '가둑'이 었을 것이다. 살아 숨쉬는 듯한 백제어의 모습이다.

## 굳이

'굳이 그럴 필요가 있을까?'의 '굳이'는 무리하게 혹은 억지로라는 뜻이다. 중세에는 '구디'라고 하였으니, 고대에도 별 차이가 없었을 것이다.

ko-zi-a-ke-ru [교토 방언] 무리하게 열다
a-ke-ru 開 개 [일본어] 열다
굳이 [한국어] 억지로

교토(京都) 방언 ko-zi-a-ke-ru는 잠겨 있는 문 따위를 무리하게 열다는 의미이다. 이 말은 ko-zi와 열다는 뜻의 동사 a-ke-ru의 합성어이다. ko-zi가 무리하다는 의미이지만 일본어에는 그러한 말이 존재하지 않는다. 고대에는 ko-di였을 것이다.

'구디'와 발음은 흡사하고 의미는 동일하다. 이 방언은 원래의 의미가 '굳이 열다'이다.

ko-zi-tsu-ke-ru 故事付 고사부 [일본어] 억지로 갖다 붙이다
tsu-ke-ru 付 부 [일본어] 붙이다
굳이 [한국어]

일본 중앙어 ko-zi-tsu-ke-ru는 말을 할 때에 억지로 갖다 붙이다는 뜻이다. 견강부회(牽强附會)와 같은 의미이다. ko-zi는 '굳이'이다. 고대에는 ko-di였을 것이다. tsu-ke-ru는 붙이다는 뜻이므로, '굳이 붙이다'라는 의미가 된다.

## 제발

"**제발** 합격해야 할텐데……"의 '**제발**'은 간절히 바라건대라는 뜻이다.

**se-pa-ru** [고대 일본어] 강하게 요구하다
**제발** [한국어]

고대 일본어 se-pa-ru는 강하게 요구하다 혹은 졸라대다는 의미를 가진 동사이다.

간절히 바라다는 뜻인 '**제발**'과 의미상으로 완벽하게 일치하고 있고, 발음은 흡사하다. '제발'도 고대에는 '**세발**'이었을까?

## 어찌

"**어찌** 하면 좋을까?"의 '**어찌**'는 어떻게라는 의미이다. 중세에는 '**엇뎨**' 혹은 '**엇디**'였다.

**$a_t$-de** [하치죠우지마 방언] 어찌
**an-de** [가나카와, 기후, 군마 방언] 〃
**엇뎨** [중세 한국어] 〃

도쿄(東京) 앞바다의 섬 하치죠우지마(八丈島) 방언 at-de는 어찌라는 뜻이다. 발음과 의미가 중세어 '엇뎨'와 일치하고 있다.

가나카와(神奈川) 등지에서는 an-de인데, at-de가 변한 음이다.

a-zi-si-te [치바 방언] 어찌
do-u-si-te [일본어] 〃
**엇디** [중세 한국어] 〃

일본어에서는 어찌를 do-u(如何 여하) 혹은 do-u-si-te라 한다.

치바(千葉) 방언 a-zi-si-te는 a-zi와 si-te의 복합어이다. a-zi는 고대에는 a-di였던 것으로 보이고, '엇디'가 변한 음이다. si-te는 일본어 do-u-si-te의 si-te이다. 한일합성어이다.

'엇디'와 '엇뎨'는 백제 시대에 '어디'와 '어대'가 아니었을까?

## 역부러

충청도와 전라도 사람들은 "바쁘신데 역부러 찾아와 주셔서 감사합니다"라는 인사말을 즐겨 사용한다. '역부러'는 특별하게 마음을 내다는 뜻이다. 중앙어의 '일부러'에 해당하는데, '역'과 '부러'의 합성어이다.

전남에서는 '역실로'라고도 한다. '역'과 '실로'의 합성어이다.

**ya-ku**-to [아이치, 기후, 나가노, 이시카와, 도후쿠 방언] 일부러, 특별히
**역**부러 [충남, 전라, 경남, 강원 방언] 〃 〃
**역**실로 [전남방언] 〃 〃

아이치(愛知)와 그 동쪽 대부분의 지역에서 사용되는 방언 ya-ku-to는 '역부러'와 의미가 동일하다. 어근은 ya-ku인데, '역부러'와 '역실로'에 공

통된 '역'과 그 발음이나 의미가 일치하고 있다.

> **ya-ku**-wa-za [야마가타 방언] 일부러, 특별히
> wa-za-wa-za 態態 태태 [일본어] 〃 〃
> **역**부러 [충남, 전라, 경남, 강원 방언] 〃 〃

야마가타(山形)에서는 ya-ku-wa-za라 한다. 원래 일본어에서 '일부러'에 해당하는 말은 wa-za-wa-za로서, wa-za가 중복된 형태이다.

ya-ku-wa-za는 전라방언 '역'과 일본어 wa-za의 합성어이다.

이러한 일본의 방언으로 보면 '역'이라는 말이 고대에 '일부러'라는 의미로 사용되었던 사실을 짐작할 수 있다. 현대어에는 '역부러'나 '역실로'와 같은 복합어에만 살아있다.

## 사요나라

일본에서 헤어질 때의 인사말은 '사요나라'이다. 원래는 sa-yo-u-na-ra였다. 이 말은 순수한 일본어로 알려져 있으나, 뜻밖에도 그 기원은 한국어에 있다. 현대의 한국인들이 흔히 사용하는 작별 인사 '자, **그럼**' 혹은 '그럼 이만'에 나오는 '그럼'을 일본어로 번역한 말이 '사요나라'이다.

> sa 然 연 [고대 일본어] 그
> sa-yo-u [ 〃 ] 그렇게
> na-ra [일본어] ~면
> **sa-yo-u-na-ra** [ 〃 ] 그러면, 그럼

고대 일본어 sa는 삼인칭인 '그'라는 뜻이었고, sa-yo-u-na-ra는 위에서 보듯이 원래 '그러면' 혹은 '**그럼**'이라는 의미였다.

한국의 작별 인사말 '그럼'과 의미가 완벽하게 일치하고 있다. '그럼'을 일본어로 번역한 말인 것이 분명하다. '그럼'은 '그러면'의 준말이다.

**sa-ra-ba** [일본어] 그러면(헤어질 때의 인사말)
sa 然 연 [고대 일본어] 그
a-ra-ba [일본어] 있으면

요즘 젊은 사람들은 잘 사용하지 않지만, 과거 흔하게 사용되던 sa-ra-ba라는 작별 인사말이 있다. sa-a-ra-ba가 축약된 말로서, 이 또한 '그러면'이 원래의 의미이다. 한국의 작별 인사말 '그럼'을 일본어로 번역한 형태이다. 백제 사람들이 이렇듯 일본어로 번역하였을 것이다.

## 곧

'곧 오너라'의 '곧'은 지체없이라는 뜻이다. 경기방언에서는 '고두'라 한다.

**go$_{t}$-to**-o-ki-i [가고시마 방언]
o-ki-ru 起 기 [일본어] 일어나다
**고두** [경기방언] 곧

가고시마(鹿兒島)의 go$_{t}$-to-o-ki-i는 아침에 일어나자 말자 무슨 일인가 하는 것, 혹은 아침에 일찍 일어나는 것을 뜻한다. 이 말은 go$_{t}$-to와 o-ki-i의 합성어이다.

o-ki-i는 아침에 일어나다는 의미를 가진 동사 o-ki-ru의 어근 o-ki에 한국어의 명사를 만드는 접미사 '이'가 붙은 형태이다. o-ki-ru라는 동사의 고대 연용형은 o-ki였으므로, 이 자체로 명사형이 된다. 그러나 굳이 한국어의 접미사 '이'를 뒤에 붙이고 있다. 이와 같이 동사의 뒤에 접미사 '이'

를 붙여 명사를 만드는 용법은 일본어에는 존재하지 않는다. 그렇다면 앞의 got-to의 정체는 쉽게 드러난다.

지체없이라는 의미의 '곧'인 것이 분명하다. 경기방언 '고두'를 연상케 한다. 고대에는 go-to였을 것이다. 첫 음절에 맑은 소리 ko가 아닌 흐린소리 go로 시작하는 것이 벌써 한국어라는 느낌을 주고 있다. 이 방언은 '곧 일어나기'라는 의미가 된다. '곧'도 고대에는 '고도'였을 것이다.

## 팽허니

전라방언 '팽허니'는 빨리라는 뜻으로서, 어근은 '팽'이다. 경상도에서는 '패나케'라 하는데, 어근은 '패'인 것으로 짐작된다. 두 방언은 원래 같은 뿌리에서 갈라진 말일 것이다.

**hen**-de 速 속 [나가노, 야마나시 방언] 빨리
**han**-de 〃 [ 〃 〃 ] 〃
**팽**허니 [전라방언] 〃

나가노(長野) 방언 hen-de의 고어는 pen-de였고, 빨리라는 의미이다. 어근 pen은 전라방언 '팽'과 발음과 의미가 일치하고 있다.

han-de라고도 하는데, 고형은 pan-de였다.

**pe**-sa-i [가고시마 방언] 빨리
**pe**-siya-n [오키나와 방언] 〃
**패**나케 [경상방언] 〃

가고시마(鹿兒島) 방언 pe-sa-i, 오키나와(沖繩)의 pe-siya-n 또한 같은 의미이다. 어근 pe는 경상방언 '패나케'의 '패'와 완벽하게 일치하고 있다.

## 이내, 내나

'이내'라는 말은 몇가지 의미가 있지만 '어느 때부터 달라진 것 없이 내처'라는 뜻도 있다. 『표준국어대사전』에 나오는 '그는 간밤 그때부터 이내, 조금도 달라진 것이 없이 같은 그 생각이었다'라는 예문이 이러한 의미를 명확하게 나타내고 있다.

**i-ne**-i-ne [에히메, 도쿠시마 방언] 손해도 이익도 없다
**이내** [한국어] 달라진 것 없이 내처

에히메(愛媛) 등의 방언 i-ne-i-ne는 손해도 이익도 없다는 뜻이다.

i-ne를 반복하고 있는데, 무슨 말인가? 일본어에는 이러한 말이 존재하지 않는다. '이내'가 건너간 것이다. 달라진 것이 없다는 의미의 '이내'가 일본의 방언에서는 손해도 이익도 없다는 뜻으로 사용되고 있다. '이내'가 일본으로 건너간 후 의미에서 조금의 변화가 일어난 모습이다.

**ne**t-ko [사이타마 방언] 손해도 이익도 없다(유아어)
**내**나 [경상방언] 한가지로 동일하다

경상방언에서 활발하게 사용되는 '내나'라는 부사는 몇가지 조금씩 다른 의미로 쓰이고 있는데, 한가지로 동일하다는 의미도 있다. 이상규 선생의 『경북방언사전』에 나오는 '내나 한가지라카이 자꾸 그케쌓노'라는 예문에서 이러한 의미를 분명하게 감지할 수 있다.

사이타마(埼玉) 방언 net-ko 또한 앞의 i-ne-i-ne와 마찬가지로 손해도 이익도 없다는 뜻으로서, 유아어이다.

ko는 접미사이고, 어근은 ne이다. '내나'의 어근 '내'와 발음은 동일하고, 의미도 흡사하다. 손해도 이익도 없는 것과 한가지로 동일한 것은 결국은 같은 의미로 보아야 하지 않을까?

## 내

'그는 떠나간 이후로 **내** 소식이 없다'의 '내'는 처음부터 끝까지 계속하여라는 뜻이다. '내내'라고도 한다. 중세에도 같은 발음이었다.

**ne**-yu-ki [후쿠시마 방언] 많이 쌓여 일년내 녹지 않는 눈
yu-ki 雪 설 [일본어] 눈
**내** [한국어] 처음부터 끝까지 계속하여

후쿠시마(福島) 방언 ne-yu-ki는 많이 내리고 쌓여 일년 내내 녹지 않는 눈을 뜻한다.

yu-ki는 눈이지만, 앞의 ne는 무엇인가? 바로 '내'이다. '내(녹지 않고 쌓여있는) 눈'이 이 방언의 원래 의미이다.

## 마구

'**마구**'라는 말에는 두 가지 뜻이 있다. '**마구** 때린다'의 '마구'는 심하게라는 의미이고, '**마구** 어질러 놓았다'의 '마구'는 아무렇게나라는 뜻이다. 중세에도 같은 발음이었다. 백제 시대에도 변함이 없었을 것이다.

o-**ma-ku** [아와지시마 방언] 매우, 심하게
o-**ma-ku** [후쿠시마 방언] 아무렇게나 되는 대로 함
**마구** [한국어] 아주 심하게, 아무렇게나

아와지시마(淡路島) 방언 o-ma-ku는 심하게라는 의미이다. 앞의 o는 장음(長音)으로서 원래는 o-o(大 대)였고, 크다는 뜻이다.

ma-ku는 '**마구**'이다. 발음과 의미가 완벽하게 일치하고 있다. 이 방언은

'크게 마구'라는 뜻이다.

후쿠시마(福島)방언 o-ma-ku는 아무렇게나 되는대로 함이라는 의미로서 '**마구**'의 두 번째 의미와 동일하다.

de-**ma-ku**-re 出任 출임 [후쿠시마 방언] 입에서 나오는 대 로 아무렇게나 말함
**마구** [한국어] 아주 심하게, 아무렇게나

후쿠시마 방언 de-ma-ku-re는 입에서 나오는 대로 마구 지껄이는 것을 뜻하는 명사이다. de는 나오다는 의미의 동사 de-ru(出 출)의 어근이고, ma-ku-re는 '**마구**'가 변한 말이다. 따라서 이 방언은 '나오는 대로 마구'가 원래의 의미이다. 일본어로는 그 진정한 의미를 알기 어려우나 한국어로는 별 어려움이 없이 진의를 파악할 수 있다.

## **무다**이

전라, 경상방언 '**무다**이'는 괜히, 쓸데없이, 아무런 이유없이 등의 의미를 가진 부사이다. 이상규 선생의 『경북방언사전』에 나오는 '망할 것들, **무다**이 자는 범을 찔벅거려 이 난리를 치게 하네'라는 예문에 이 말의 의미가 잘 나타나 있다. '**무단**히'라고도 한다.

**mu-da** 無駄 무타 [일본어] 쓸데없음, 헛됨
**무다**이 [전라, 경상방언]

일본의 중앙어 mu-da는 쓸데없음 혹은 헛됨이라는 뜻을 가진 명사이다.

가령 '時間(시간)의 mu-da'는 시간의 허비라는 의미이다. 이 말에 접미사 na를 붙이면 형용사가 되고, ni를 연결하면 부사가 된다. mu-da-ni-na-ru는 헛되이 되다라는 의미이다.

부사 mu-da-ni는 '**무다이**'와 발음과 의미가 흡사하다.

이 일본어를 볼 때 '무다이'의 어근은 '**무다**'이고, 고대에는 부사로 될 때 '무다니'라 하였던 것을 짐작할 수 있다. '무다니'가 변하여 '무다이' 혹은 '무단히'로 된 것이다.

한국에서는 일본과는 달리 오로지 부사형 '무다이'라는 형태로만 사용되고 있지만, 고대에는 일본과 마찬가지로 명사로도 사용되었을 것으로 보인다. 말의 원산지인 한국에서 용법상의 변화가 일어났던 것을 알 수 있다.

'무다이'가 한자어 '무단(無斷)히'에서 온 것으로 보는 견해가 있다. 이 말은 사전에 허락없이라는 의미이다. '무단결근(無斷缺勤)'에서 보는 바와 같다. 그러나 '무다이'는 쓸데없이라는 뜻이므로, 의미에서 차이가 있다. 앞에서 본 예문 '**무다이** 자는 범을 찔벅거려……'를 다시 한번 살펴보자. 범의 사전허락을 받지 않았다는 의미가 아닌 것을 알 수 있다.

평북방언에서는 '무산시리'라 한다. '시리'는 접미사이고, 어근은 '무산'인데, 이 또한 '무다니'가 변한 형태이다. '무단시리→무산시리'의 변화이다.

## 바싹

'**바싹** 마른 장작'의 '**바싹**'은 물기가 다 마른 모양을 뜻한다.

**ha-siya-gu** 燥 조 [일본어] 마르다
**ha-sa-gu** [아이치 방언] 〃
**바싹** [한국어] 물기가 다 말라버리는 모양

일본어 ha-siya-gu는 건조하여 마르다는 뜻의 동사이고, 고어는 pa-siya-gu였다.

아이치(愛知) 사람들은 ha-sa-gu라 하는데, 고대에는 pa-sa-gu였다.

'바싹'과 거의 같은 발음이고, 의미는 동일하다. 백제 시대에는 '바삭'이었을 것이다. 원래 부사였는데, 일본으로 건너가서는 동사로 바뀌었을 것이다.

## 발칵

'발칵'은 갑자기 화를 내는 모양이다.

ha-ra-ka-ku [규슈 방언] 화를 내다
**발칵** [한국어] 갑자기 화를 내는 모양

규슈(九州)의 거의 전역에서 사용되는 방언 ha-ra-ka-ku는 화를 내다는 뜻의 동사이다. 고대에는 pa-ra-ka-ku였다. '발칵'과 발음과 의미가 일치하고 있다. 이 또한 일본으로 건너간 이후 동사로 전성하였을 것이다.

## 그저

'그저'는 별로 신기할 것 없다 혹은 변함없다는 의미이다. 『표준국어대사전』에 나오는 '그저 그런 보통 사람'이나 '그저 잠만 자고 있다'라는 예문이 이 말의 의미를 잘 말해 주고 있다. 중세에는 '그져'라 하였으나, 백제 시대에는 '거더'였을 것이다.

ko-to 地味 지미 [교토, 오사카, 나라, 미에, 시가, 후쿠이, 기후, 나가노, 아이치, 야마가타 방언] 화려하지 않고 수수하다
go-tsu [미에, 기후 방언] 〃
**그저** [한국어] 별로 신기할 것 없다

일본어 zi-mi(地味 지미)는 복장이나 빛깔이 화려하지 않고 수수하다 혹은 선명하지 않다 등의 뜻을 지닌 말로서, 화려하다는 의미를 가진 ha-de(波手 파수)의 반의어이다. 별로 신기할 것 없고 보통이라는 뜻을 가진 '그저'와 의미상으로 일맥상통하고 있다.

나가사키(長岐)에서 야마가타(山形)까지 넓은 지역에 분포한 방언 ko-to 역시 화려하지 않고 수수하다는 의미이다.

고대에는 kə-tə였을 것으로 보이므로, '거더'와 그 발음이 일치하고 있다.

미에(三重) 등지에서는 go-tsu라 하는데, go-to가 변한 음이다.

## 퉅퉅거리다

'퉅퉅거리면서도 그 일을 끝까지 다 했다'라고 할 때의 '퉅퉅'은 몹시 불만족한 모습 혹은 불평하는 모습을 뜻한다.

**tsu-ra-tsu-ra** [에히메 방언] 싫으면서도 어쩔 수 없이
**퉅퉅**거리다 [한국어] 마음에 차지 않아 불평하다

에히메(愛媛) 방언 tsu-ra-tsu-ra의 고어는 tu-ra-tu-ra였고, '싫으면서도 어쩔 수 없이'라는 의미이다.

불평하는 모습인 '퉅퉅'과 발음이나 의미가 일맥상통하고 있다. '퉅퉅'이 백제시대에 까지 소급한다는 점이 흥미로운데, 당시에는 '둘둘'이었을 것이다.

## 구시렁구시렁

'구시렁구시렁'은 못마땅하여 군소리를 자꾸 하는 모양을 뜻하는데, 경북

방언에서는 '**군지렁군지렁**'이라 한다. 불평을 늘어놓는 모습을 뜻하는 '투덜투덜'과 비슷한 의미이다.

gu-zu-ra-gu-zu-ra [나가노, 가나카와, 야마가타, 미야기, 이와테 방언] 투덜투덜
**구시렁구시렁** [한국어] 못마땅하여 군소리를 자꾸 하는 모양
**군지렁군지렁** [경북방언] 〃

나가노(長野)에서 이와테(岩手)에 까지 분포한 방언 gu-zu-ra-gu-zu-ra는 투덜투덜이라는 의미이다. 그 발음과 의미가 '**구시렁구시렁**'과 닮았다.

gun-zu-ra-gun-zu-ra [아키타 방언] 투덜투덜
**군지렁군지렁** [경북방언] 〃

아키타(秋田)에서는 gun-zu-ra-gun-zu-ra라 하는데, 경북방언 '**군지렁군지렁**'과 흡사하다.

## 통

'**통** 모른다'는 전혀 모른다는 뜻이다. '**통**'은 전혀라는 의미로서, 이 말의 뒤에는 모른다, 아니다, 없다와 같은 부정어가 수반되어야 한다. '모두 안다'를 '통 안다'라고 해서는 안 된다.

ton-to [일본어] 전혀
**통** [한국어] 〃

일본어 ton-to 또한 전혀라는 뜻이고, 말의 뒤에는 부정어가 수반된다.

어근은 ton인데, '통'과 발음과 의미, 용법이 완벽하게 일치하고 있다.

## 영

'듣던 소문과는 **영** 딴판이다'의 '**영**'은 아주 혹은 완전히라는 의미를 나타내는 부사이다.

**yon** [시마네 방언] 아주, 완전히
**영** [한국어] 〃

시마네(島根) 방언 yon도 같은 의미이다. 발음과 의미가 완전히 일치하고 있다. 고대에는 yən이었을 것이다.

**yon**-no [교토 방언] 아주, 완전히
**yon**-no-to [미에 방언] 〃 〃
**영** [한국어] 〃 〃

위 두 방언은 yon이 변한 형태이다. 뒤의 no나 no-to는 접미사이다.

## 만딱

제주방언 '**만딱**'은 모두라는 뜻이다. '**메딱**'이라고도 한다.

**man-ta-ki** 全部 전부 [오키나와 방언] 전부
**man-de-ki** [가가와 방언] 〃
**man-de** [가가와, 도쿠시마, 후쿠시마 방언] 〃

**만딱** [제주방언] 〃

오키나와(沖縄) 방언 man-ta-ki는 전부라는 의미이다.
'만딱'과 발음과 의미가 완벽하게 일치하고 있다.
가가와(香川)에서는 man-de-ki라 한다. man-ta-ki가 변한 모습이다. man-de라는 방언도 있다. man-de-ki에서 ki가 탈락한 형태이다.

ma$_t$-ta-ki [오키나와 방언] 전부
**메딱** [제주방언] 〃

ma$_t$-ta-ki라고도 하는데, 이는 제주방언 '메딱'과 흡사하다. '메딱'의 앞선 형은 '마딱'이었을 것이다.
'만딱'이나 '메딱'은 현재 제주방언에만 남아 있지만, 고대에는 한국의 전역에서 널리 사용된 말이 아니었을까?

## 모조리

'모조리 먹어 치웠다'의 '모조리'는 전부라는 뜻이다. 황해방언에서는 '몽둥으루'라 하는데, 어근은 '몽둥'이다.

mo$_t$-tsu-ri 全部 전부 [니이가타 방언] 전부
**모조리** [한국어] 〃

니이가타(新潟)의 mo$_t$-tsu-ri도 같은 의미이다. 고대에는 mo-tu-ri였을 것이다.
황해방언 '몽둥으루' 및 이 니이가타 방언과 대조하여 보면, '모조리'도 고대에는 '모두리'였다는 사실을 알 수 있다. '모두'에서 파생된 어형으로 보

인다.
니이가타 방언의 고형 mo-tu-ri와 발음과 의미가 일치하고 있다.

## 가지

경북방언 '**가지**'는 전부라는 뜻이다. 이상규 선생의 『경북방언사전』에 나오는 '형님, 짐이 이기 **가지**껴? 이삿짐 한번 단출해 좋니더'라는 예문에 이 말의 의미가 잘 드러나 있다. '가지껴?'는 '가지입니까?' 즉 '전부입니까?'라는 뜻이다.

> **ga-si**-te 總 총 [오키나와 방언] 전부
> su-be-te 〃 [일본어] 〃
> **가지** [경북방언] 〃

오키나와(沖繩) 방언 ga-si-te는 전부라는 뜻이다. 어근 ga-si와 접미사 te의 합성어이다. te는 같은 의미를 가진 일본어 su-be-te의 접미사 te로 추정된다.
ga-si는 경북방언 '**가지**'와 발음은 흡사하고, 의미는 동일하다.

> a-ri-**ga-zi** 總 총 [오키나와 방언] 전부
> a-ri 有 유 [일본어] 있는 것
> **가지** [경북방언] 전부

다른 오키나와 방언에서는 전부를 a-ri-ga-zi라 한다. a-ri는 있음 혹은 있는 것이라는 뜻이니, 이 방언은 '있는 것 **가지**' 즉 '있는 것 전부'라는 의미가 된다.
이 ga-zi는 경북의 '**가지**'와 발음과 의미가 완벽하게 일치하고 있다. '가

지'라는 방언은 경북 지방 이외에는 보이지 아니한다. 가야 사람들이 가져간 말일 것이다.

## 애야라

'겨우 약속시간에 도착했다'의 '겨우'는 어렵게 힘들여라는 뜻이다. 중세 한국어 **'애야라'**는 '겨우'와 같은 의미를 가진 말이었다. '애야로시' 혹은 '애야ᄅᆞ시'라고도 하였으며, 현대어 '애오라지'의 고형이다. 일본어에서는 $ya_t$-to라 한다.

**e-ya-ra**-$ya_t$-to 漸 점 [오이타, 후쿠오카, 야마구치, 히로시마, 시마네 방언] 겨우
$ya_t$-to [일본어] 〃
**애야라** [중세 한국어] 〃

오이타(大分)에서 시마네(島根) 까지 분포한 방언 e-ya-ra-$ya_t$-to 또한 같은 의미이다. 일견 방언 e-ya-ra와 중앙어 $ya_t$-to의 합성어라는 사실을 알 수 있다.

e-ya-ra는 중세 한국어 **'애야라'**와 발음과 의미가 완벽하게 일치하고 있다. '겨우'라는 뜻이다. 이 방언은 한일합성어이고, 동어반복이다.

'애야라'는 백제 시대에도 같은 발음이었던 모양이다. 백제 사람들이 일본으로 가져간 것이지만, 세 음절로 이루어진 말이 천3백년이 넘는 세월 동안 전혀 변하지 않고 고형을 그대로 유지하고 있는 것이 신기하게 느껴진다.

**en-ya-ra**-$ya_t$-to [오이타, 후쿠오카, 야마구치, 히로시마, 시마네, 시가, 나가노 방언] 겨우
**en-ya-ra**-sa [시가 방언] 〃

애야라 [중세 한국어] 〃

위 두 방언의 어근 en-ya-ra는 e-ye-ra의 변형이다.

## 지지리

'지지리'를 『표준국어대사전』에서 찾아보면, 아주 혹은 몹시라는 뜻으로서 주로 부정적인 의미로 사용된다고 되어 있다.

그러나 '지지리 못난 사람' 혹은 '지지리도 가난한 처지'와 같은 용례에서 보듯이, 이 말은 주로 못나거나 가난한 것을 강조하는 말인 것으로 보인다. 요즘 젊은 층에서 유행하는 '찌질이'는, 또래들과 잘 어울리지 못하거나 왕따를 당하는 아이를 뜻하는데, 이 말 또한 '지지리'에 뿌리를 두고 있는 것으로 생각된다. 어근은 '지지'이고 '리'는 접미사로 보인다.

**zi-zi**-na-si [나가노 방언] 무능한 사람
**지지**리 [한국어]
**찌질**이 [비속어] 하찮고 변변치 않은 사람

나가노(長野) 방언 zi-zi-na-si는 무능한 사람이라는 의미이다. na-si는 접미사이고, 어근 zi-zi가 무능하다는 뜻이다.

'지지리'의 '**지지**'와 이 zi-zi는 발음과 의미가 완벽하게 일치하고 있다. 백제 시대에도 '지지'라는 말이 무능하다는 의미로 사용되었던 것이다.

## 살살

배가 쓰리고 아픈 모습은 '**살살**'이라 한다.

**si-ri-si-ri** [오카야마 방언] 배가 아픈 모습
**살살** [한국어] 〃

오카야마(岡山)에서는 si-ri-si-ri라 한다. 그다지 심하지는 않지만 찌르듯이 아픈 모습을 의미한다.

'살살'과 의미가 흡사하다. si-ri-si-ri와 대조하여 보면 '살살'도 고대에는 '실실'이었을 가능성이 크다. 고대에 '시'로 발음되는 말들은 현대어에서는 '사'로 바뀐 것이 많은데, 이때 '실실'도 '살살'로 변하였던 것이 아닌가 싶다.

## 뱅뱅

'뱅뱅'은 좁은 범위를 자꾸 돌거나, 요리조리 도는 모습을 뜻한다. '고양이가 실꾸리를 뱅뱅 돌고 있다'에서 보는 바와 같다.

**hen-be**-mi-tsi [기후 방언] 심하게 구부러진 산길
mi-tsi 道 도 [일본어] 길
**뱅뱅** [한국어] 좁은 범위를 자꾸 도는 모양

기후(岐阜) 방언 hen-be-mi-tsi는 심하게 구부러진 산길을 뜻하는데, 고어는 pen-be-mi-tsi였다. mi-tsi는 물론 길을 뜻하는 일본어이지만, pen-be는 무슨 의미인가?

바로 '뱅뱅'이다. 이 방언은 '뱅뱅 (도는) 길'이 원래의 의미이다. 구부러진 산길을 돌아 정상에까지 오르려면 여러 번 '뱅뱅' 돌아야 한다.

**he-be**-mi-tsi [야마나시 방언] 심하게 구부러진 산길
**배배** [한국어] 여러번 꼬이거나 비틀린 모양

야마나시(山梨) 방언 he-be-mi-tsi 역시 같은 의미이다. he-be의 고어는 pe-be였다.

'배배 꼬인 실타래'에서 보듯이 여러 번 꼬이거나 비틀린 모양을 '**배배**'라 한다. pe-be는 이 '배배'와 발음과 의미가 일치하고 있다. '뱅뱅'보다 이 '배배'가 더욱 고형일 가능성이 크다.

## 술술

'어려운 문제를 술술 풀다' 혹은 '일이 술술 풀리고 있지'의 '**술술**'은 문제나 실타래, 일 따위가 잘 풀리거나 진척되어가다는 의미이다.

**su-ra-su-ra** [일본어] 막힘없이 원활하게 진행되는 모양
**술술** [한국어] 〃

일본어 su-ra-su-ra 또한 '술술'과 같은 의미이다.

어려운 문제를 쉽게 풀거나, 일이 순조롭게 진행되거나 할 때에 이 말을 쓴다. 발음과 의미가 완벽하게 일치하고 있다.

## 왁자

'**왁자**'는 아주 시끄러운 모습, '**왜자하다**'는 아주 시끄럽다는 의미이다.

**wa-sa**-wa-sa 騷 소 [오키나와 방언] 시끄러운 모습
**왁자** [한국어] 〃
**왜자**하다 [ 〃 ] 시끄럽다

오키나와(沖繩) 방언 wa-sa-wa-sa는 여럿이 모여 시끄러운 모습을 뜻한다. wa-sa가 중첩되어 이루어진 말이다.

'왁자'나 '왜사'와 발음과 의미가 흡사하다. 백제 사람들도 '**와자**'라 하였을 것으로 보인다. 그것이 일본으로 건너가 오키나와 방언에서 그대로 보존되고 있고, 한국에서는 몇 차례의 변화를 거쳐 '왁자'나 '왜자'로 바뀌었을 것이다.

## 과골이

지금은 사어가 된 중세 한국어 '**과골이**'는 갑자기라는 뜻이다.

go$_{t}$-ka-ri 突然 돌연 [와카야마 방언] 갑자기
go$_{t}$-ko-ri 〃 [이와테 방언] 〃
ko-ku-ri 〃 [야마가타 방언] 〃
**과골이** [중세 한국어] 〃

와카야마(和歌山) 방언 go$_{t}$-ka-ri, 이와테(岩手) 방언 go$_{t}$-ko-ri, 야마카타(山形) 방언 ko-ku-ri 모두 갑자기라는 의미이다.

'과골이'와 의미는 동일하고 발음은 흡사하다. 이와 같은 일본의 방언들과 대조하여 보면, '과골이'는 고대에는 '고가리' 혹은 '고구리'가 아니었을까? '고가리'는 쉽게 '과가리'로 바뀔 수 있을 것으로 보인다.

## 데굴데굴

'공이 **데굴데굴** 굴러 간다'의 '**데굴데굴**'은 구르는 모양을 나타내는 말이다. 이와 비슷한 '**뒹굴다**'는 누워서 이리저리 구르다는 뜻이다.

**den-ku-ru** 轉 전 [후쿠시마 방언] 구르다
**te-ku-ru** 倒 도 [기후 방언] 넘어지다
**데굴**데굴 [한국어] 구르는 모양
**뒹굴**다 [ 〃 ] 누워서 이리저리 구르다

후쿠시마(福島) 방언 den-ku-ru는 구르다는 의미이다. '데굴데굴'의 '데굴'과 '뒹굴다'에 나오는 '**뒹굴**'의 중간 쯤 되는 발음이다.

기후(岐埠) 방언 te-ku-ru는 넘어지다는 의미이다. 구르는 것과 넘어지는 것은 의미상 완전히 동일하지는 않지만, 아주 비슷하다. 아마 '데굴'이 기후로 건너간 후에 의미가 약간 변화하였을 것으로 보인다.

## 고리고리

'반찬을 **고루고루** 먹어라'의 '**고루고루**'는 두루두루 빼놓지 않고라는 뜻이다. 경상방언에서는 '**고리고리**'라 하고, 전라방언에서는 '**골고리**'라 한다. 중앙어 '고루고루'보다는 '고리고리'가 고형이다.

**ku-ri-ku-ri** 全部 전부 [나가노 방언] 전부
**고리고리** [경상방언] 〃

나가노(長野) 방언 ku-ri-ku-ri는 전부라는 뜻이다. '**고리고리**'와 발음이나 의미가 거의 비슷하다. 백제 사람들도 '고리고리'라 하였던 모양이다.

## 꼬질꼬질

'**꼬질꼬질**'은 몹시 뒤틀리고 꼬불꼬불한 모양이다. 어근 '**꼬질**'이 반복된

형태이다.

ko-zi-re-ru 拗 요 [일본어] 뒤틀리다
**꼬질**꼬질 [한국어]

일본의 중앙어 ko-zi-re-ru는 마음 따위가 뒤틀리거나 비꼬이다는 뜻을 가진 동사이다. ru는 동사를 만드는 접미사이고, 어근이 ko-zi-re인데, '꼬찔꼬질'의 '**꼬질**'과 발음과 의미가 흡사하다.

## **다락**다락

'**다락**다락'은 흔하게 사용되는 말은 아니지만, 물방울 따위가 많이 매달려 있는 모습을 의미한다. '**다락**'이 중복된 형태이고, 주로 전라도에서 많이 사용되는 것으로 보인다.

da-ra-ku [미에, 치바 방언] 많이
**다락**다락 [한국어] 물방울 따위가 많이 매달려 있는 모습

미에(三重)방언 da-ra-ku는 많이라는 뜻이다. '다락다락'의 '**다락**'과 그 발음과 의미가 동일하다. '다락다락'도 백제 시대에는 같은 의미가 아니었을까?

## 어영부영

'어영부영 세월이나 축내고 있다'의 '**어영부영**'은 뚜렷하거나 적극적인 의지가 없이 되는대로 행동하는 모양을 뜻하는 말이다.

**a-ya-hu-ya** [일본어] 분명하지 아니한 모양
**어영부영** [한국어] 되는대로 행동하는 모양

일본어 a-ya-hu-ya의 고어는 a-ya-pu-ya였고, 애매하거나 분명하지 아니한 모양을 뜻하는 말이다.

'**어영부영**'과 의미와 발음이 상당히 비슷하다. '어영부영'도 고대에는 '**어여부여**'였던 모양이다.

## 꾸역꾸역

'장사치들이 시장으로 **꾸역꾸역** 모여들고 있다'의 '**꾸역꾸역**'은 한군데로 사람들이 많이 모여드는 모습을 뜻한다.

**gu-ya-gu-ya** [나가노 방언] 많이 모여드는 모습
**꾸역꾸역** [한국어] 〃

나가노(長野)방언 gu-ya-gu-ya 역시 무엇이 많이 모여드는 모습이다.

'**꾸역꾸역**'과 그 발음과 의미가 거의 동일하다. '꾸역꾸역'도 고대에는 '구여구여' 혹은 '구야구야'였을 가능성이 크다.

## 터덜터덜

미야기(宮城)방언 to-to-ra-to-to-ra도 흥미있는 말이다. 도죠(東條操) 선생의 『전국방언사전』에는 이 말이 '노인 등이 걷는 모습'이라고 만 되어 있고 구체적인 설명은 나타나 있지 않다. 아마도 노인이나 병약자, 지친 사람 등이 걷는 모습을 뜻하는 말일 것이다.

to-to-ra-to-to-ra [미야기 방언] 노인 등이 걷는 모습
**터덜터덜** [한국어] 무거운 발걸음으로 힘없이 걷는 모양

이러한 사람들이 걷는 모습을 한국에서는 **'터덜터덜'**이라 한다. 백제 시대에는 '더덜더덜'이었을 것이고, 미야기 방언도 고대에는 tə-tə-ra-tə-tə-ra였을 것이다. 발음이 일치하고 있다.

## 터벅터벅

**'터벅터벅'**은 힘없이 느리게 걷는 모습을 뜻한다. 앞의 '터덜터덜'과 비슷한 의미이다.

to-bo-to-bo [일본어] 힘없이 걷는 모습
**터벅터벅** [한국어] 〃

일본 중앙어 to-bo-to-bo 역시 같은 뜻이다. '터벅터벅'과 음상이 거의 일치한다. 고대에는 tə-bə-tə-bə였을 것이다.

'터벅터벅'도 백제 시대에는 **'더버더버'**였을 것으로 추정된다.

## 뒤뚱뒤뚱

『표준국어대사전』을 보면, '뒤뚱뒤뚱'은 크고 묵직한 물체나 몸이 중심을 잃고 이리저리 기울어지며 흔들리는 모양이라고 되어있다. 그런데 예문을 보면 '아기가 엄마에게 웃으면서 **뒤뚱뒤뚱** 걸어갔다'라는 것이 있어, 걸음을 배우는 아기가 위태롭게 걷는 것도 **'뒤뚱뒤뚱'**이라 한다는 사실을 알 수 있다.

북한방언에서는 '**디뚱디뚱**'이라 한다.

**tsi-do-tsi-do** [시마네 방언] 아이가 위태롭게 걷는 모양
**디뚱디뚱** [북한방언] 아이가 걷는 모양

시마네(島根) 방언 tsi-do-tsi-do의 고어는 ti-do-ti-do였으며, 어린 아이가 위태롭게 걷는 모양을 뜻한다. 북한방언 '**디뚱디뚱**'과 흡사하다. '뒤뚱뒤뚱'도 고대에는 '**디두디두**'였을 것이다.

## 어푸어푸

'**어푸어푸**'는 『표준국어대사전』에 의하면, 물에 빠져서 괴롭게 물을 켜며 내는 소리 또는 그 모양이라고 되어있다. 그러나 이 정의는 좀 문제가 있는 것 같다. 물을 켜는 소리가 아니고, 물에 빠져 허우적거리는 모양일 것이다.

**$a_t$-pu-$a_t$-pu** [일본어] 물에 빠져서 허우적거리는 모양
**어푸어푸** [한국어]

일본어 $a_t$-pu-$a_t$-pu는 물에 빠져서 헤어나려고 허우적거리는 모양이다. '**어푸어푸**'와 발음과 의미가 일치하고 있다.

## 퍽퍽

'**퍽퍽**'은 때리거나 내 지르는 모습, 혹은 그 소리를 뜻한다.

**bo-ko-bo-ko** [도치키 방언] 구타하는 모습

**퍽퍽** [한국어] 〃

도치키(栃木) 방언 bo-ko-bo-ko는 구타하는 모습이다. 고대에는 bə-kə-bə-kə였을 것이다. '**퍽퍽**'과 발음과 의미가 완벽하게 일치하고 있다.

## 고만고만

'선수들의 실력이 모두 **고만고만**하다'의 '고만고만'은 대단하지는 않지만 여럿이 다 비슷한 모습을 하고 있다는 뜻이고, '**고만고만**한 아이들'은 작은 아이들이 여럿 있다는 의미이다.

**go-ma-go-ma** [센다이 방언] 작은 것이 여럿 있는 모습
**고만고만** [한국어] 여럿이 다 비슷한 모양

센다이(仙台) 방언 go-ma-go-ma는 작은 것이 여럿 있는 모습이라는 의미이다. 그 의미나 발음이 '**고만고만**'을 연상케 한다. 거의 차이가 없다. '고만고만'도 백제 시대에는 '고마고마'였을 것이다.

## 좔좔

'어려운 한문책을 **좔좔** 읽는다'의 '**좔좔**'은 거침없이 말을 잘 하는 모습을 표현하는 말이다.

**ziya-ra-ziya-ra** [오사카 방언] 말을 많이 하는 모습
**좔좔** [한국어] 거침없이 말하거나 읽는 모습

오사카(大阪) 방언 ziya-ra-ziya-ra는 말을 많이 하는 모습을 뜻한다.

말을 잘 하는 사람은 아무래도 말을 많이 할 수 밖에 없을 것이다. 오사카의 이 방언은 '좔좔'에 뿌리를 두고 있는 말이 분명하다. '좔좔'은 백제 시대에는 '잘잘'이었을 가능성이 크다.

## 지깍지깍

전라방언 '지깍지깍'은 일을 시원스럽고 빨리 해치우는 모양을 뜻한다. 중앙어의 '제꺽제꺽'과 같은 말이다.

**si-ka-si-ka** [에히메, 시즈오카, 미야기 방언] 빨리
**si-ka-si-ka** [아와지시마 방언] 시원시원하게
**지깍지깍** [전라방언] 일을 시원스럽게 빨리 해치우는 모양

si-ka-si-ka는 에히메(愛媛)에서는 빨리라는 뜻이며, 아와지시마(淡路島)에서는 시원시원하게라는 뜻이다. '지깍지깍'과 발음은 흡사하고, 의미는 동일하다. '지깍지깍'도 고대에는 '지가지가' 혹은 '시가시가'였을 가능성이 크다.

**zi-ka-ni** [교토 방언] 빨리
**지깍지깍** [전라방언]

교토(京都)에서는 zi-ka-ni라 한다. 어근은 zi-ka이므로, '지깍'과 아주 닮았다.

## 콩콩

'콩콩'은 작고 가벼운 물건이 바닥이나 다른 물체에 자꾸 떨어지거나 부딪쳐 나는 소리이다.

kon-kon-u-su [야마가타 방언] 작은 절구
**콩콩** [한국어] 작은 물건이 자꾸 부딪쳐 나는 소리

야마가타(山形) 방언 kon-kon-u-su는 가루를 찧을 때에 사용하는 작은 절구를 뜻한다. u-su(臼 구)는 물론 절구를 뜻하는 일본어이다.

kon-kon은 '콩콩'이다. 절구로 무엇을 찧을 때에 나는 소리를 형용한 말이다. '콩콩 (찧는) 절구'가 원래의 의미이다.

a-si-kon-kon 片足跳 편족도 [가나카와, 치바, 사이타마, 이바라키 방언] 앙감질
a-si 足 족 [일본어] 발
**콩콩** [한국어]

가나카와(神奈川) 등지의 방언 a-si-kon-kon은 앙감질 즉 한쪽 발만으로 뛰는 아이들의 놀이를 뜻한다. a-si는 발이다.

kon-kon은 '콩콩'이니, '발 콩콩'이 원래의 의미가 된다. 한 발로 뛰는 소리를 kon-kon이라 하였다. 한국어에도 '발을 콩콩 구른다'라는 관용구가 있다.

## 뻥

일본의 중앙어 po-on은 재미있는 말이다. 무엇을 세차게 차거나 치는 소

리라 하는데, 두산동아출판사의 『프라임 일한사전』에 나온 이 말에 대한 예문을 보면, 공을 차는 소리를 표현하고 있다.

po-on [일본어] 세차게 차거나 치는 소리
**뻥** [한국어] 공 따위를 세차게 차는 소리 혹은 그 모양

한국에서 공을 차는 소리는 '뻥'이다. 이 '뻥'은 장음으로서 길게 발음된다. 경음이 없던 고대에는 '벙-' 혹은 '버엉'이었을 것이다. 원래 의성어이다 보니 격음으로 소리가 강해졌다.

po-on도 고대에는 pə-ən이었을 것으로 보인다. 발음과 의미가 완벽하게 일치하고 있다.

## 뽕

'뽕'은 방귀 뀌는 소리이다.

pon 屁 비 [오카야마, 시마네 방언] 방귀
**뽕** [한국어] 방귀 뀌는 소리

오카야마(岡山)와 시마네(島根) 방언 pon은 방귀를 뜻하는 유아어이다. 한국의 '뽕'과 발음과 의미가 거의 일치하고 있다. 백제 사람들은 방귀 소리마저도 일본으로 가져갔던 사실을 알 수 있다.

百濟語

# 12. 시간, 장소, 방위에 관한 말

## 때

시간을 '때'라 한다. 중세에는 'ᄣᅢ'라 표기하였으나, 백제 시대에는 '다' 혹은 '대'였던 모양이다.

sa-ki-**ta** 先刻 선각 [야마가타, 아키타, 미야기, 이와테, 아오모리 방언] 아까

**때** [한국어] 시간

야마가타(山形) 방언 sa-ki-ta는 아까 혹은 조금 전이라는 뜻이다. sa-ki(先 선)는 앞을 뜻하는 일본어이지만 ta는 무엇인가? 시간을 의미하는 말인 것이 분명하지만, 일본어에는 그러한 말이 존재하지 않는다.

한국어 '때'이다. 발음이 흡사하다.

i-tsi$_{yu}$-**ta** 一時 일시 [오키나와 방언] 한때

때 [한국어]

오키나와(沖繩) 방언 i-tsiyu-ta는 '한때'를 뜻한다. i-tsiyu는 하나를 의미하는 i-tsi(一 일)가 변한 말이고, ta는 '때'이다. '하나 때'가 원래의 의미이다.

a-si-**ta** 朝 조 [일본어] 아침
a-sa 〃 [ 〃 ] 〃
**때** [한국어]

일본어 a-si-ta는 아침을 의미한다. 이 말은 a-si와 ta의 합성어이다. a-si는 역시 아침을 뜻하는 일본어 a-sa의 변형일 것이다.

ta는 '때'이다. 이 말은 '아침 때'라는 의미가 된다.

그런데 asata→asita와 같은 변화는 쉽게 일어나기 어렵다. a-si-ta의 a-si는 맨처음을 뜻하는 중세 한국어 '아시'일 가능성이 있다. 이 '아시'가 일본으로 건너간 것은 졸저 『일본 천황과 귀족의 백제어』에서 보았다(28쪽). 그렇다면 a-si-ta는 '첫 때'라는 의미일 것이다.

i-tsu-no-**da-i** 何時 하시 [시즈오카 방언] 언제
**때** [한국어]

시즈오카(靜岡) 방언 i-tsu-no-da-i는 언제라는 의미이다.

i-tsu(何時 하시)는 언제라는 뜻의 일본어이고, no는 '~의'라는 의미의 조사, da-i가 '때'이다. '언제의 때'가 본래의 의미가 된다. i-tsu라는 말로도 충분한데 굳이 da-i 즉 '때'를 덧붙이고 있다.

hi-**te** 一日 일일 [야마구치, 가가와, 에히메, 미에, 아이치, 시즈오카, 야마가타 방언] 하루
**때** [한국어]

야마구치(山口) 등지의 방언 hi-te는 하루를 뜻한다.

hi(日 일)는 하늘의 해를 의미하고, te는 역시 '때'이다. '해 때'가 원래의 의미이다. 아마도 해는 하루 동안 하늘에 떠 있다는 의미에서 이러한 말이 생겼을 것이다.

a-sa-**de** 朝 조 [시즈오카, 나가노, 야마나시, 치바 방언] 아침
**때** [한국어]

시즈오카(靜岡) 일원의 방언 a-sa-de는 아침을 뜻한다.

a-sa(朝 조)만으로도 충분하지만, 때를 뜻하는 de를 붙이고 있다.

$\mathrm{si_{yo}}$-**te** 最初 최초 [교토 방언] 처음
**때** [한국어]

교토(京都) 방언 $\mathrm{si_{yo}}$-te는 처음을 의미한다. $\mathrm{si_{yo}}$는 한자 '初(초)'의 일본식 발음이며, te는 '때'이다.

a-$\mathrm{sa_{t}}$-**te** 明後日 명후일 [일본어] 모레
**때** [한국어]

a-$\mathrm{sa_{t}}$-te는 중앙어로서 모레를 뜻한다. a-sa와 te의 합성어이다.

te는 물론 '때'이다. a-sa는 내일을 의미하는 a-su(明日 명일)가 변한 말이다. 따라서 a-$\mathrm{sa_{t}}$-te는 '내일 때'가 원래의 의미인데, 모레로 의미가 변하였다.

sa-ki-ta와 a-si-ta, 그리고 i-$\mathrm{tsi_{yu}}$-ta에서는 ta였는데, 다른 방언에서는 da-i 혹은 de, te 등으로 바뀐 것에 주목하여 보자. 백제에서는 '때'를 원래는 '다'라고 하였던 것으로 짐작된다. 그러다 주격조사 '~이'와 결합하면서 '다이'로 발음되다가, 그것이 다시 '대'로 바뀐 것으로 추정할 수 있

다. 이러한 현상은 앞에서도 여러 차례 본 바 있다. 백제어 혹은 고대의 한국어가 통시적으로 일본으로 건너간 또 하나의 사례이다.

국어학계의 통설은 중세의 문헌어 'ᄣᅢ'의 'ㅂ' 자음이 고대에는 실제로 발음되었다고 보고 있다. 그 증거로서 '이 때, 저 때'를 '입때, 접때'라고도 하는데, 바로 '입'이나 '접'의 'ㅂ' 받침이 'ᄣᅢ'의 'ㅂ'이라는 것이다. 일견 그럴듯하지만 문제가 많다. 우선 '입때, 접때'라는 말은 『표준국어대사전』에는 표준어로 등재되어 있으나, 실제 이 말이 사용되고 있는 곳은 서울이나 경기 일원에 한정되어 있는 것으로 보인다.

그리고 통설의 견해대로라면, '그 때'나 '어느 때' 혹은 '제 때'도 '급때', '어늡때', '젭때'가 되어야 마땅하지만, 어느 지역의 방언에도 그런 말은 존재하지 않는다. 오직 '이 때, 저 때'에만 'ㅂ' 받침이 붙는다. 마치 작물의 씨를 말할 때, 오직 '볍씨'에만 'ㅂ' 받침이 첨가되고, 가령 보리나 깨, 무, 파 등 다른 작물의 씨에는 이 받침이 붙지 않는 것과 흡사한 현상이다.

또한 '이맘때'의 '맘'에는 'ㅂ'이 아닌 'ㅁ' 받침이 붙어있다.

무엇보다도 어느 방언도 '때'를 '부때'나 '버때' 혹은 '브때' 따위로 말하지 않는다는 점이다. 즉 'ㅂ' 자음의 흔적은 전혀 보이지 않고 있는 것이다. 만일 고대어에서 'ᄣᅢ'의 'ㅂ' 자음이 발음되었다면, 그 흔적이 어느 지역의 방언에라도 남아있어야 마땅하다. 그러나 전혀 그런 흔적이 없다는 것은 고대에 'ㅂ' 자음이 발음되지 않았다는 확고한 증거이다.

'입때'의 'ㅂ' 받침은 발음을 부드럽게 하기 위한 사잇소리로 짐작된다. 많은 지역의 언중들은 'ㅂ' 자음을 넣지 않고 있으며, 또한 '이맘때'에서는 'ㅁ' 받침을 붙이고 있는 점으로 보아도 이는 명백하다.

## 머리

'그 **머리**에는 비가 자주 왔었지'에 나오는 '**머리**'는 사람의 머리가 아니라 무렵 혹은 즈음이라는 뜻이다.

**ma-ri** 傾 경 [기후, 이와테 방언] 무렵
**머리** [전라방언] 〃

기후(岐埠) 방언 ma-ri 역시 같은 의미이다.
전라방언 '머리'와 발음과 의미가 그대로 일치하고 있다.

a-sa-**ma-ri** 朝 조 [오카야마, 돗토리 방언] 아침
a-sa 朝 조 [일본어] 〃
**머리** [전라방언]

아침을 오카야마(岡山)에서는 a-sa-ma-ri라 한다.
a-sa는 물론 아침을 뜻하는 일본어이고, ma-ri는 전라방언 '머리'이다. 이 방언은 '아침 머리' 즉 '아침 무렵'이 원래의 의미이다.

hi-ru-**ma-ri** 晝間 주간 [기후 방언] 낮
hi-ru 晝 주 [일본어] 〃
**머리** [전라방언]

기후(岐埠) 방언 hi-ru-ma-ri는 낮 혹은 낮 동안을 뜻한다.
hi-ru(晝 주)는 낮을 뜻하며, ma-ri는 역시 '머리'이다. '낮 머리' 즉 '낮 무렵'이다.

ko-no-**ma-ri** 此傾 차경 [나가사키 방언] 요즘
ko-no 此 차 [일본어] 이, 요
**머리** [전라방언]

나가사키(長岐) 방언 ko-no-ma-ri는 요즘이라는 뜻이다. ko-no는 '이' 혹은 '요'라는 의미이다.

ma-ri는 무렵이다. '이 무렵'이라는 의미가 된다. 전라방언 '**머리**'는 고대에는 어떻게 발음되었을까? 사람의 머리(頭 두)를 중세에는 '마리'라고도 하였던 것을 보면, 이 '머리' 또한 고대에는 '**마리**'가 아니었나 싶다.

## 갓

충북방언에서는 '갓난 아이'를 '깐난아'라 한다. '깐난'은 '갓난'이 변한 말이다. 경북방언 '깐얼라'는 갓난 얼라라는 의미이며, '얼라'는 아이의 방언이다. 이와 같이 방언에서는 '갓'을 '깐'이라 발음한다는 사실을 알 수 있다. 이 '깐'은 이제 막이라는 의미의 '갓'이 변한 말이다. 고대에도 '갓'이란 말이 영아와 결합하게 되면 '간'으로 발음이 바뀌었던 모양이다.

**ka-ni**-to-ri 産衣 산의 [나라 방언] 배내옷
**깐**난아 [충북방언] 갓난 아기

앞서 갓난아기의 옷을 의미하는 나라(奈良) 방언 ka-ni-to-ri를 본 바 있다(234쪽). to-ri는 '윗도리'의 '도리'이지만, ka-ni는 무슨 말인가?

바로 이 '간'이 변한 말이다. 따라서 이 방언은 '갓(난 아이가 입는) 도리'가 원래의 의미이다.

**ka-ni**-ba-ba [교토, 니이가타 방언] 태아의 똥
ba-ba 屎 시 [일본어] 똥
**깐**난아 [충북방언] 갓난 아기

교토(京都)에서는 태아의 똥을 ka-ni-ba-ba라 한다.

ka-ni는 '**간**' 즉 '갓'이고, ba-ba는 똥을 뜻하는 일본어이다. '갓 똥'이다.

## 밀물

밀물은 중세에 '밀믈'이라 하였다. '밀'은 백제 시대에도 별 차이가 없었을 것이다.

mi-ru 滿潮 만조 [구마모토 방언] 밀물
u-mi-ru [ 〃 ] 밀물이 되다
**밀**물 [한국어]

구마모토(熊本)에서는 mi-ru라 한다. '밀물'의 '밀'인 것이 분명하다. 발음과 의미가 완벽하게 일치하고 있다.

구마모토 방언 u-mi-ru는 밀물이 되다는 뜻의 동사이다. 앞의 u는 의미가 없는 조음이고, 어근은 mi-ru이다. 일본어로는 mi-tsi-si-o(滿朝 만조)라 한다.

## 께

'열시께 만나자'의 '께'는 대략적인 시간을 의미하는 말이다. 백제 시대에는 '개'였을 것이다.

a-sa-ge 朝 조 [효고, 나가노, 야마나시, 후쿠이, 니이가타, 군마, 후쿠시마, 야마가타 방언] 아침
a-sa 朝 조 [일본어] 〃
**께** [한국어] 무렵

효고(兵庫)에서 야마가타(山形)에 까지 분포한 방언 a-sa-ge는 아침을 뜻한다. a-sa만으로도 아침이라는 의미가 충분한데, 뒤에 붙은 ge는 시간을

의미하는 '께'인 것이 분명하다. 그 의미와 발음이 완벽하게 일치하고 있다.

ban-ge 夕刻 석각 [혼슈(本洲) 거의 전역의 방언] 저녁 무렵
ban 晩 만 [일본어] 저녁
**께** [한국어]

일본 본섬 거의 대부분의 지역에 분포하는 방언 ban-ke는 저녁 무렵을 뜻한다.

ban은 저녁이고 ke는 '께'이다 이 방언은 '저녁 께'라는 의미가 된다.

## 띠

"나는 범띠인데, 너는 무슨 띠야?"의 '띠'는 태어난 해를 십이지(十二支) 상의 동물 이름으로 일컫는 말이다.

일본에서도 이 십이지를 일상적으로 사용하고 있다. 가령 소띠이면 "u-si-do-si에 났어"라는 식으로 말한다. u-si(牛 우)는 소, do-si는 해를 뜻하는 to-si(年 년)가 흐린소리로 된 말이니, '소 해'라는 뜻이다. 그러나 십이지를 총칭하는 '띠'에 해당하는 말은 중앙어에는 존재하지 않는다.

ma-ri$_t$-ti [오키나와 방언] 태어난 해의 띠
ma-ri-du-si [ 〃 ] 〃
ma-ra-sin 生 생 [ 〃 ] 태어나다
**띠** [한국어] 태어난 해를 십이지의 동물 이름으로 이르는 말

그렇지만 오키나와(沖繩) 방언 ma-ri$_t$-ti는 태어난 해의 십이지상의 띠를 의미한다. ma-ri와 ti의 복합어이다.

하나하나 살펴보자. 오키나와 방언 ma-ri-du-si 역시 '띠'를 뜻한다.

du-si는 해를 의미하는 to-si(年 년)가 변한 말이고, ma-ri는 태어나다는 뜻이다. 이 방언은 '태어난 해'라는 의미가 된다. 같은 오키나와 방언 ma-ra-sin은 태어나다는 의미이므로, ma-ri라는 말이 태어나다는 의미라는 것을 확인할 수 있다.

ma-ri$_{t}$-ti의 ti가 바로 '띠'이다. 발음과 의미가 완벽하게 일치하고 있다. 그래서 이 방언은 '태어난 띠'가 원래의 의미이다. '띠'는 백제 시대에는 '디'였을 것이다. 이 ti는 오키나와를 제외한 일본의 다른 지방 방언에서는 찾아볼 수 없다. 아마도 본섬 등지에서는 진작 소멸하였던 모양이다.

## 올

'벼가 올되었다' 혹은 '올밤'의 '올'은 빠르다는 의미를 나타내는 접두사이다.

o-ri-do-ki 晝寢 주침 [교토 방언] 낮잠
o-ru-do-ki [ 〃 ] 〃
to-ki 時 시 [일본어] 시간
올 [한국어] 빠르다는 의미의 접두사

교토(京都) 방언 o-ri-do-ki는 낮잠을 뜻한다. do-ki는 시간을 뜻하는 to-ki가 흐린소리로 된 말이다.

o-ri는 무엇인가? 빠르다는 의미의 '올'이 일본으로 건너간 것이다. 이 방언은 '올 시간' 즉 '빠른 시간'이 그 원래의 의미가 된다. 잠은 밤에 자는 것이므로 낮에 자는 것은 '빠른 시간'이라고 본 것이다.

o-ru-do-ki라고도 한다. '올'이 여기서는 o-ru로 되었다.

## **그**모레

모레의 다음날을 '글피'라 하며, 일본어에서는 si-a-sa$_t$-te라 한다.

**si**-a-sa$_t$-te 明明後日 명명후일 [일본어] 글피
**si** 其 기 [고대 일본어] 그
**그**모레 [경상방언] 글피
**그**글피 [한국어] 글피의 다음날

si-a-sa$_t$-te의 si는 삼인칭인 '그'를 뜻하는 고대 일본어이다. a-sa$_t$-te(明後日 명후일)는 모레이니, 이 말은 '그 모레'가 원래의 의미이다.

경상방언 '그모레'는 모레의 다음날 즉 글피를 뜻한다. 중앙어 '그글피'는 글피의 다음날이다. 한국어에서는 날을 뜻하는 말의 앞에 삼인칭 '그'를 붙여, 그 다음날을 뜻하는 말로 만들고 있다.

si-a-sa$_t$-te와 의미상으로 완벽하게 일치하고 있다. 앞의 si는 바로 '그모레', '그글피'의 '그'를 번역한 말이다. 때를 의미하는 말 앞에 '그'를 붙여, 그 앞의 날을 뜻하는 것으로 만드는 수법이 완벽하게 일치하고 있다. 백제 사람들이 이렇게 번역하였을 것이다.

## **우**

'위'는 중세에 '우'라 하였다. 지금도 대부분의 방언에서는 '우'라 한다.

ya-nu-**u-i** [오키나와 방언] 지붕
ya 屋 옥 [일본어] 집
**위** [한국어]

오키나와(沖繩) 방언에서는 지붕을 ya-nu-u-i라 한다. ya는 집이고, nu는 '~의'라는 의미의 조사 no의 방언이다.

u-i는 '우'이다. '집의 우'라는 의미가 된다. 지붕은 집의 위 쪽에 존재하는 물건이다. 오키나와에서도 원래는 u였던 것이, 세월이 흐르면서 u-i로 변하였을 것이다. 현대 한국어 '위'와 흡사한 것이 이채롭다.

지역에 따라서는 ya-na-ui라 하는데, 이 발음은 현대 한국어 '위'와 완벽하게 일치하고 있다.

u-i의 i는 무엇일까? 고대의 주격조사 '~이'일 것이다. '위'도 원래는 '우'였는데, 여기에다 주격조사 '이'가 고정적으로 첨가된 어형이다.

u-gu-zu [도쿄 방언] 지붕의 꼭대기
ku-zu-ya-ne 屋根 옥근 [본섬 대부분의 방언] 지붕
우 [중세 한국어]

도쿄(東京) 앞바다의 삼택도(三宅島)에서는 지붕의 가장 높은 꼭대기를 u-gu-zu라 한다.

gu-zu는 지붕이다. 방언 ku-zu-ya-ne는 지붕을 뜻하는데, ya-ne(屋根 옥근)는 지붕이고, ku-zu 또한 같은 의미로서, 동어반복이다.

u는 위를 뜻하는 '우'이다. u-gu-zu는 '우 지붕'이다.

u-ne [히로시마, 돗토리, 도야마 방언] 지붕의 꼭대기
ya-ne 屋根 옥근 [일본어] 지붕
우 [중세 한국어]

히로시마(廣島) 등의 u-ne 역시 지붕에서 가장 높은 꼭대기이다.

이 방언은 '우'와 지붕을 뜻하는 일본어 ya-ne의 합성어인 u-ya-ne에서 중간의 ya가 탈락한 형태이다. 역시 '우 지붕'이다.

졸저 『일본 천황과 귀족의 백제어』에서 아스카(飛鳥)의 대화삼산(大和三山)

중 하나인 u-ne-bi 산(畝傍山)의 u가 바로 '우'인 것을 본 바 있다(315쪽).

## 곁

옆을 '곁'이라고도 하는데, 중세에도 같은 발음이었다. 부수적인 것을 뜻하는 '곁다리'를 전라방언에서는 '갓다리'라 한다. 곁을 '갓'이라 하고 있는데, 고대에는 '갇'이었을 것이다.

경상방언에서는 곁을 '잩'이라 한다. 이 '잩'은 '곁'과 대조하여 보면 원래는 '갇'이었을 것이다. 따라서 고대에는 곁을 '갇'이라 하였던 것을 알 수 있다. 앞에서 본 '겉'의 고형 '갇'과 동음이의어였을 것이다.

**ka-te** 側 측 [오사카, 와카야마 방언] 곁, 옆
**곁** [한국어]

오사카(大阪)에서는 곁을 ka-te라 한다.
백제의 '갇'이 건너간 것이다. 일본어에서는 옆을 so-ba(側 측)라 한다.

## 곳

'이곳저곳'의 '곳'은 장소라는 뜻이다. 중세에는 '곧'이었다.

**ko-to** [야마가타 방언] 장소
**곧** [중세 한국어] 곳

동북지방의 야마가타(山形)에서는 장소를 ko-to라 한다.
'곧'이 건너간 것이 분명하다. 백제 사람들도 같은 발음이었을 것이다.

i-si-go-to [시즈오카 방언] 돌이 많은 곳
i-si 石 석 [일본어] 돌
**곧** [중세 한국어]

시즈오카(靜岡) 방언 i-si-go-to는 돌이 많은 장소를 뜻한다.
i-si는 돌이고, go-to는 '곧'이다. '돌 곳'이라는 의미가 된다.

## 켠

평북방언 '켄'은 방향을 뜻한다. '데켄'은 저쪽, '동(東)켄'은 동쪽이라는 뜻이 된다. '켄'은 '켠'의 방언이다. 『표준국어대사전』에는 '켠'이라는 말은 '쪽'의 오류이니 '쪽'만 표준어로 삼는다고 되어 있다. 그러나 '켠'도 오래 전부터 통용되어 오던 말인 것이 분명하므로, 굳이 이 말을 배척하는 이유를 알기 어렵다.

ken [이키시마 방언] 방향
**켄** [평북방언] 〃

이키시마(壹岐島) 방언 ken 역시 방향을 의미한다.
평북방언 '켄'과 발음이나 의미가 완전히 동일하다. 백제 사람들은 '갠'이라고 하였을 것이다.

## 갈바람

도치키(栃木) 현은 관동(關東)지방에 속해 있고, 그 바로 북쪽에 대지진으로 인한 원자력발전소 사고로 피해를 입은 후쿠시마(福島) 현이 있다. 이곳 방언 ka-rat-ka-ze는 서쪽에서 불어오는 바람 즉 서풍을 의미한다. 이 방언은 ka-rat과 ka-ze의 합성어로서, ka-ze(風 풍)가 바람을 뜻하는 일본어이니, ka-rat이 서쪽인 것이 분명하다. ka-rat은 ka-ra에 '사이 ㅅ'이 첨가된 형태이다. '사이 ㅅ'은 고대에는 '사이 ㄷ'이었을 것이다.

**ka-rat**-ka-ze [도치키 방언] 서풍
**갈**바람 [한국어] 〃

서풍을 '**갈**바람'이라 하는데 뱃사람들이 사용하는 은어라 한다. '**갈**'이 서쪽을 의미하는 것은 물론이다. 도치키의 ka-ra는 이 '**갈**'이 건너간 것이다. 발음과 의미가 완벽하게 일치하고 있다.

## **마**파람

남쪽에서 불어오는 바람 즉 남풍을 '**마**파람'이라 한다. '파람'은 '바람'이 변한 말이므로, '**마**'가 남쪽을 의미하는 말이 된다.

함경방언 '**마**물'은 남쪽에서 밀려오는 바닷물을 뜻하고, 경남방언 '**맙**풍' 역시 남풍이라는 의미이다. 이러한 '마'는 남쪽을 의미하는 한국의 고유어이다.

**ma**-zi 眞風 진풍 [일본어] 남풍
si 風 풍 [고대 일본어] 바람
**마**파람 [한국어] 남풍

일본의 중앙어 ma-zi 또한 남풍을 의미한다.

zi는 바람을 의미하는 고대 일본어 si가 흐린소리로 된 말이고, ma가 남쪽을 뜻한다. '**마**'와 발음과 의미가 완벽하게 일치하고 있다.

## 끝, 끈티

'끝'은 중세에는 '긑'이었다. 백제 시대에는 '걷'이었을 것이다.

get-to [도쿠시마, 가나카와, 이시카와, 나가노, 니이가타, 후쿠시마 방언] 최후, 맨끝
ge-tsu [도쿠시마, 에히메, 교토, 나고야, 기후, 니이가타, 치바 방언] 〃 〃
**끝** [한국어]

도쿠시마(德島) 등지의 방언 get-to는 최후(最後) 혹은 맨끝을 뜻한다. 끝의 고형으로 추정되는 '걷'과 의미는 동일하고 발음이 흡사하다. 방언 ge-tsu는 고대에는 ge-tu였다. 역시 '걷'이다.

ko-te-yu-bi 小指 소지 [이시카와 방언] 새끼손가락
yu-bi 指 지 [일본어] 손가락
**끝** [한국어]

이시카와(石川) 방언 ko-te-yu-bi는 새끼손가락을 뜻한다. yu-bi는 손가락이다.

ko-te는 끝이다. 새끼손가락은 손가락 중에서 맨 끝에 붙어있다. 고대에는 kə-te였을 것이다. 역시 '걷'이다. 앞의 get-to나 ge-tsu보다 이 kə-te가 더욱 고형이다.

kon-ti-bi 小指 소지 [이시카와 방언] 새끼손가락
yu-bi 指 지 [일본어] 손가락
**끈티** [경상방언] 끝

이시카와에서는 새끼손가락을 kon-ti-bi라고도 한다. kon-ti는 고대에 kən-ti였을 가능성이 크다. bi는 손가락을 뜻하는 yu-bi의 yu가 생략된 형태이다.

kon-ti는 끝을 의미하는 경상방언 '끈티'와 발음이 일치하고 있다. '끈티'도 고대에는 '건디'였을 것이다. 따라서 이 방언은 '끈티 손가락' 즉 '끝 손가락'이라는 의미가 된다. 당시에도 '걷'과 '건디'가 방언형으로 공존하고 있었던 모양이다.

## 그지

'그리운 마음 **그지**없다'의 '**그지**'는 끝을 뜻하는 중세어이다. 현대어에서는 단독으로는 사용되지 않고 '그지없다'에만 화석처럼 남아있다.

**ki-si** 端 단 [구마모토 방언] 끝
**그지** [중세 한국어] 〃

구마모토(熊本)에서는 끝을 ki-si라 한다.

'**그지**'와 비슷한 발음이다. 구마모토 방언과 대조하여 보면, '그지'도 또한 '**그시**'가 변한 것으로 짐작되고, 보다 고형은 '**기시**'였을 것이다.

**ki**$_t$-pa-si [나가사키, 교토 방언] 끝
pa-si 端 단 [고대 일본어] 〃
**그지** [중세 한국어]

교토(京都) 등지에서는 ki$_t$-pa-si라 한다.

끝을 일본어에서는 ha-si라 하는데, 고어는 pa-si였다. ki$_t$-pa-si는 ki-si와 pa-si의 합성어로서 동어반복이다. ki$_t$은 ki-si가 축약된 형태

이다.

## 사이

일본어 na-ka(中 중)는 중간 또는 한복판이라는 뜻이다.

기후(岐埠) 방언 na-ka-sa-i 역시 같은 의미이다. na-ka라고 만 하여도 충분한데, 기후 사람들은 굳이 sa-i라는 말을 덧붙였을까?

na-ka-**sa-i** [기후, 후쿠이, 도야마, 니이가타 방언] 중간
na-ka 中 중 [일본어] 〃
**사이** [한국어]

이 sa-i는 한국어 '사이'이다. '너와 나 **사이**'의 '사이'와 같은 말이다. 이 방언은 일본어 na-ka(中 중)와 한국어 '사이'의 합성어이고 동어반복이다.

na-ka-**se** [니이가타, 야마가타 방언] 중간
na-ka-**sa-i** [후쿠오카 방언] 삼형제의 중간
na-ka 中 중 [일본어] 중간
**사이** [한국어]

니이가타(新瀉) 등지에서는 na-ka-se라 한다. sa-i가 se로 축약되었다.

후쿠오카(福岡) 방언 na-ka-sa-i는 삼형제 중에서 차남을 일컫는 말이다. 차남은 장남과 삼남의 사이에 있으니, 이 sa-i 역시 '**사이**'이다. 같은 말이 지방에 따라 의미하는 대상이 달라졌다.

**sa-i**-me 境目 경목 [나라, 와카야마 방언] 경계선
me 目 목 [일본어] 〃

**사이** [한국어]

나라(奈良) 방언 sa-i-me는 두 물건 사이의 경계선 혹은 갈림길을 뜻한다. sa-i는 물론 한국어 '**사이**'이다. me(目 목)는 원래 일본어에서 눈을 뜻하지만, 여기서는 두 물체 사이의 경계선을 뜻한다. 두 물체를 이은 자리를 뜻하는 한국어 '이음매'의 '매'가 건너간 말이다. 따라서 일본어 me만으로도 충분하지만, 굳이 '사이'를 앞에 넣어 의미를 분명하게 하고 있다.

a-mat-**sa-i** [야마나시 방언] 우기의 잠시 맑은 때
a-ma 雨 우 [고대 일본어] 비
**사이** [한국어]

야마나시(山梨) 방언 a-mat-sa-i는 비가 자주 내리는 우기의 잠시 맑은 때를 의미한다. a-ma는 비를 뜻하는 a-me의 고어이므로, 이 방언은 '비 **사이**'라는 의미가 된다.

**sa-i-sa-i** 度度 도도 [교토 방언] 자주
**사이사이** [한국어]

'**사이**'는 두 물체 사이의 공간만을 의미하는 것이 아니고, '1시에서 2시 **사이**'에서 보듯이 시간적인 간격을 의미하기도 한다.

교토(京都) 방언 sa-i-sa-i는 자주라는 뜻이다. 이것은 '**사이사이**'로서, 틈틈이라는 의미이다. '사이사이 놀러 오너라'에서 보는 바와 같다.

**sa-si** 途中 도중 [교토 방언] 길을 가는 중간
**ᄉᆞ시** [중세 한국어] 사이

'사이'는 중세에는 'ᄉᆞ시'라 하였으나, 백제 시대에는 '**사시**'였던 것으로

보인다. 이것이 일본으로 건너간 후 언제부터인가 sa-i로 바뀐 것으로 짐작된다. 이와 같은 변화는 일본어에서 드문 것이 아니다. 일본어의 형용사는 고대에는 모두 si라는 어미를 가지고 있었는데, 그것이 자음 s가 사라진 i로 바뀌었다. 가령 높다는 의미의 ta-ka-i(高 고)는 고대에는 ta-ka-si였다.

교토(京都) 방언 sa-si는 길을 가는 중간이라는 뜻이다.

역시 '사이'이다. '(길을 가는) 사이'라는 것이 이 방언의 원래 의미가 된다.

이 sa-si가 고대의 한국어 '**사시**'의 음가를 정확하게 보존하고 있다.

## **새**참

농사일을 하는 일꾼들이 일 하다가 잠깐 쉬는 사이 먹는 음식을 '**새**참'이라 한다. '새참'의 '**새**'는 '사이'의 준말일 것이다.

그런데 『표준국어대사전』에서 '**사이**'를 찾아보면, '곁두리 즉 농사꾼이나 일꾼들이 끼니 외에 참참이 먹는 음식의 잘못'이라고 되어 있어, '사이'라는 말이 새참을 의미하기도 한다는 사실을 알 수 있다.

yo-**sa-i**-me-si 夜食 야식 [나가사키 방언] 밤참
yu-**sa-i**-me-si 〃 [가고시마 방언] 〃
yo 夜 야 [일본어] 밤
me-si 飯 반 [ 〃 ] 밥
**새**참 [한국어] 일 하다가 잠깐 쉬는 사이 먹는 음식
**사이** [ 〃 ] 농사꾼이나 일꾼이 식사 외에 먹는 음식

나가사키(長崎) 방언 yo-sa-i-me-si는 밤에 먹는 야식 즉 밤참을 뜻한다. yo는 밤, me-si는 밥 혹은 식사를 의미하는 일본어이다. sa-i는 무엇인가? 일본어가 아니라 '새참'을 뜻하는 '**사이**'와 같은 말인 것이 분명하다.

'새'도 원래 '사이'였던 사실을 알 수 있다.

가고시마(鹿兒島)에서는 밤을 뜻하는 yo가 yu로 변하여 yu-sa-i-me-si라 한다.

백제 사람들도 역시 일을 하면서 간식을 먹었으며, 그것을 '사이'라고 하였다는 사실을 짐작할 수 있다. 일의 '사이' 혹은 정규 식사의 '사이'에 먹는다고 생각하였기에 이러한 이름을 붙였을 것이다.

## 가

경계에 가까운 바깥 부분을 '가'라 한다 '중세에는 'ᄀ'라고 하였으나, 백제 사람들은 오히려 현대의 우리들과 마찬가지로 '가'라고 하였을 것이다.

**ga** 周圍 주위 [시즈오카 방언] 가
**가** [한국어]

시즈오카(靜岡)에서는 '가'를 ga라 한다. 두 말이 완벽하게 일치하고 있다.

**ka** [교토 방언] 주위, 주변
**가** [한국어]

주위 혹은 주변을 일본어에서 a-ta-ri(邊 변)라 하지만, 교토(京都)에서는 ka라 한다. '가'가 건너간 것이 분명하다.

**ka**-i-gi [도야마 방언] 집 주위의 나무
ki 木 목 [일본어] 나무
**가** [한국어]

도야마(富山) 방언 ka-i-gi는 집 주위에 심은 나무를 뜻한다.

ka는 물론 '가'이다. 중간의 i는 조사 '의'가 변한 말일 가능성도 있으나 확실하지 않다. gi는 나무를 뜻하는 일본어 ki가 흐린소리로 변한 말이다. 이 방언은 '가(의) 나무'라는 의미가 된다.

> **ka**-i-ma-wa-ri 周圍 주위 [야마가타 방언] 가
> ma-wa-ri 回 회 [일본어] 〃
> **가** [한국어]

야마가타(山形) 방언 ka-i-ma-wa-ri 또한 '가'를 뜻한다.

ma-wa-ri는 가 혹은 주위라는 의미이므로, 이 방언은 동어반복이다.

## 갓

전라방언 '갯갓'은 바닷가, 북한방언 '물갓'은 '물가'라는 뜻이다. '갓'은 앞서 본 '가'와 의미는 동일하지만, 그 뿌리가 다른 말이 아닌가 싶다. '갯갓'이라는 말에서 보듯이, 주로 바다나 물의 가장자리를 의미하고 있다. '가'는 중세에 'ᄀᆞ'였고, '갓'은 'ᄀᆞᆺ'이라 하였다. 현대어 '가장자리'의 '가장'이 'ᄀᆞᆺ'과 같은 계통으로 보인다.

> **ka**-se 川端 천단 [와카야마 방언] 냇가
> **갓** [전라, 충청, 경남방언] 가

와카야마(和歌山) 방언 ka-se는 냇가를 의미한다.

'갓'이 건너간 것이 분명한데, 백제 사람들 또한 현대의 우리들과 마찬가지로 '갓'이라고 하였을 것으로 생각된다. 중세어 'ᄀᆞᆺ'은 '갓'의 변형이다.

## 우리**게**

고치(高知) 등지의 방언 zi-ge는 자기가 살고 있는 마을을 뜻하며, 여기서의 zi는 자기 자신을 뜻하는 전라방언 '지'라는 사실을 본 바 있다(42쪽). 그러면 ge는 무슨 말인가?

zi-**ge** [고치, 시마네, 효고, 나라, 교토, 기후, 아이치, 이시카와, 후쿠이 방언] 자기가 살고 있는 마을
지 [전라, 경상방언] 자기 자신
우리**게** [충청방언] 우리가 살고 있는 곳

충청방언 '우리게'는 우리가 살고 있는 장소 즉 고향이라는 뜻, '어디게'는 어느 곳이라는 의미이다. 제주방언 '알케'는 아래쪽, 함북방언 '부수캐'는 부엌, 전라방언 '숭캐'는 흉터를 각각 뜻한다. 이러한 방언들의 '게' 혹은 '케'는 장소를 의미하는 말이다.

zi-ge의 ge는 바로 이 '게'이다. 따라서 이 방언은 '지 게' 즉 '자기 자신의 장소'라는 의미가 된다.

ko-**ge** 此方 차방 [오이타 방언] 이곳
son-**ge** 其方 기방 [ 〃 ] 그곳
a-**ge** 彼方 피방 [ 〃 ] 저곳
우리**게** [충청방언]

오이타(大分) 방언에서는 이곳, 그곳, 저곳을 ko-ge, son-ge, a-ge라 한다.

일본어에서 지시대명사인 이, 그, 저를 각각 ko(此 차), so(其 기), a(彼 피)라 하므로, 뒤의 ge가 장소를 뜻한다는 사실을 알 수 있다.

'우리게'의 '게'와 발음과 의미가 완벽하게 일치하고 있다.

so-**ga** [시마네 방언] 저곳
a-**ga** [ 〃 ] 그곳

시마네(島根)에서는 저곳과 그곳을 so-ga와 a-ga라 한다. 여기서는 장소를 뜻하는 말이 ge가 아닌 ga이다. 이 ga가 고형이다.

**ka** 處 처 [고대 일본어] 장소
장**갓** [제주방언] 장터

고대 일본어 ka는 장소를 뜻한다. 독립적으로는 사용되지 않고, 다른 말의 뒤에 붙어 접미사처럼 사용되었다. 시마네의 ga는 바로 이 고대 일본어와 같은 말이다. 그런데 ka라는 고어 또한 고대에 한국에서 건너갔다.

제주방언 '장갓'은 장터라는 뜻이다. '갓'이 장소를 뜻하고 있는데, 고대에는 '가'였을 것이다. 이것이 일본으로 건너가 ka로 되었다. 한국어가 통시적으로 건너간 또 하나의 사례이다.

## 녘

'북녘 땅'은 북쪽에 있는 땅이라는 의미이다. '녘'은 쪽 혹은 방향을 뜻하는 말이다. 평안방언에서는 '녴'이라 한다. 이 말은 또한 시간을 의미하는 무렵이라는 뜻으로 쓰이기도 한다. '아침 녘'에서 보는 바와 같다.

**ne-ki** 側 측, 傍 방 [교토 방언] 부근, 무렵
**녘** [한국어

교토(京都)의 ne-ki는 공간적으로 어디의 부근, 근방, 쪽이라는 의미로 사용되기도 하고, 시간적으로 무렵이라는 뜻으로도 사용되고 있다.

'녘'과 발음과 의미, 용법이 흡사하다. 단독으로는 사용되지 않고, 접미사처럼 다른 말의 뒤에 붙은 형태로만 쓰이고 있는 점도 동일하다.

**ne-ki** 邊 변 [가고시마. 후쿠오카, 에히메, 가가와, 히로시마, 오카야마, 돗토리, 와카야마, 나라, 미에 방언] 부근
**녘** [한국어

일본의 넓은 지역에서 사용되는 **ne-ki**는 공간적으로 부근을 뜻한다.

바로 '녘'이다. 평안방언 '녘'은 일본의 방언들과 흡사한 형태인 것이 흥미롭다. 백제 시대에는 '넉'이었을 것으로 짐작된다.

## 산마루

산등성이의 가장 높은 곳을 '산**마루**'라 하며, 지붕의 가운데에 있는 가장 높은 곳을 '용**마루**'라 한다. '**마루**'는 산이나 지붕의 꼭대기를 의미한다.

ta-ka-**ma-ru** 高所 고소 [구마모토 방언] 높은 곳
ta-ka 高 고 [일본어] 높다
**마루** [한국어] 산이나 지붕의 꼭대기

구마모토(熊本) 방언 ta-ka-ma-ru는 높은 곳을 뜻한다.

ta-ka는 높다는 의미, ma-ru는 '마루'가 건너간 것이다. 이 방언은 '높은 마루'라는 의미이다.

## 뜸

농어촌의 마을에도 집들이 밀집되어 있는 곳이 있는 반면, 외따로 떨어져 두서너집 사는 곳도 있다. 이렇듯 마을의 중심부에서 벗어나 불과 몇 집만 사는 곳을 '뜸'이라 하며, 전라방언에서는 '똠'이라 한다.

**tsu-bo** [도치키, 니이가타 방언] 마을의 일부
**뜸** [한국어] 한 마을 안에서 몇 집만 모여 사는 구역
**똠** [전라방언] 〃

도치키(栃木)에서는 마을의 일부를 tsu-bo라 한다. 고어는 tu-bo였다. 마을의 일부라는 것은 마을의 중심부가 아닌 주변부라는 의미일 것이다. 이 방언은 전라방언 '똠'과 그 발음과 의미가 거의 일치하고 있다.

'뜸'은 '듬'이 경음화된 말이고, tu-bo와 대조하여 보면 고대에는 '돕'이었을 것으로 추정된다. '돕'은 쉽게 '돔'으로 바뀔 수 있다.

## 진주라 천리길

1950년대의 대중가요에 '진주라 천리길'이라는 유명한 가사가 있었다. 그런데 '진주라'의 '라'는 무엇인가? 방향을 뜻하는 말이다.

'살어리 살어리랏다'로 시작되는 고려가요(高麗歌謠), 청산별곡(青山別曲)에 '어듸라 더디던 돌코'라는 가사가 있다. '어느 쪽으로 던지던 돌인고?'라는 의미이지만, '어듸라'의 '라'는 무슨 말인가? '진주라'의 '라'와 마찬가지로 방향을 의미하고 있다. 방향을 뜻하는 이 '라'는 어느 국어사전에도 등재되어 있지 아니하다.

그런데 이기갑 선생의 『국어방언문법(2003). 태학사』에 의하면, 충남 태안 지역의 방언에는 '라'가 처격 조사로 쓰이고 있다 한다(73쪽). 즉 '바다라 가

면'은 '바다에 가면'이라는 의미라 한다. 고대 한국어에서는 널리 사용되던 '~라'가 태안 지역의 방언에 남은 모양이다.

**ra** 方 방, 側 측 [고치, 가가와, 와카야마, 시가 방언] 방향
**~라** [한국어] 방향을 나타내는 말

와카야마(和歌山) 일원의 방언 ra 역시 방향을 뜻하는 접미사이다. 동쪽을 뜻하는 hi-ga-si(東 동)에 ra를 붙여 hi-ga-si-ra라 하고, 서쪽을 의미하는 ni-si(西 서)에 ra를 붙여 ni-si-ra라 하는 식이다.

'진주라'의 '**라**'와 그 발음과 의미, 용법이 완전히 동일하다. 신라의 향가에도 이 '라'가 나오고 있다. 제망매가(祭亡妹歌)의 다음 구절을 보자.

一等隱 枝**良** 出古 일등은 지량 출고
(같은 가지라 나고)

국어학계의 통설에 의하면 '一等隱(일등은)'은 '같은'의 이두식 표기이고, '出古(출고)'는 '나고'의 표기라 한다.

'枝**良**(지량)'은 '가지에'라는 의미인 것은 분명하지만, '**良**(량)'이 무슨 말인지에 관하여는 견해가 엇갈린다. 처격조사 '아' 혹은 '애'로 보는 견해가 있으나, '良'이라는 한자는 고대의 한국이나 일본에서 ra 혹은 rang을 표기하는 한자였으므로, 이 견해는 전혀 설득력이 없다.

'라'로 보는 견해도 있지만, 그것이 과연 어떤 성격의 말인지에 관하여는 아무런 설명이 없다. 바로 이 '**라**'이다. 따라서 '枝**良**(지량)'은 '가지**라**'로 읽으며, '가지에'라는 의미가 된다.

彌陀刹**良** 逢乎 吾 미타찰량 봉호 오
(미타찰라 맞보올 나)

같은 노래의 '彌陀剎良'의 '良(량)' 역시 마찬가지로 '라'이다. '彌陀剎良(미타찰량)'은 '미타찰라'로 읽으며, '미타찰에'라는 의미이다.

# 13. 유아어와 어린이들의 놀이에 관한 말

## 짜구

'짜구'는 『표준국어대사전』에 나오지 않는 방언이지만, 필자도 어린 시절 일상적으로 사용하던 말로서, 공기놀이를 뜻한다. 경주, 영천 등 경북의 동남부 지방에서 사용되는 말인 것으로 보인다. 일본에서는 o-te-da-ma(御手玉 어수옥)라 한다. 손구슬이라는 의미이다.

> za-ku [야마가타, 니이가타 방언] 공기놀이
> zat-ku [니이가타, 후쿠시마, 야마가타 방언] 〃
> **짜구** [경북방언] 〃

야마가타(山形)와 니이가타(新潟) 방언 za-ku 역시 공기놀이를 뜻한다. '짜구'와 발음이 거의 동일하다. 쌍둥이라고 하여도 과언이 아닐 것 같다. '짜구'는 경기, 충청, 전라 등의 방언에서는 전혀 보이지 않고 있으니 이 말은 가야 사람들이 가져간 것이리라.

니이가타 등에서는 za<sub>t</sub>-ku라 한다.

**ziyat-ku** [아키타 방언] 공기놀이
**ziya-ko** [야마구치 방언] 〃
**siya-go** [시마네 방언] 〃
짜구 [경북방언] 〃

아키타(秋田)에서는 ziyat-ku라 하고, 야마구치에서는 ziya-ko, 시마네(島根)에서는 siya-go라 한다. za-ku가 조금씩 변형된 모습이지만, 역시 '**짜구**'이다

za$_t$-ku-to-ri [야마가타 방언] 공기놀이
**짜구** [경북방언] 〃

야마가타(山形)에서는 '**짜구**'에다 '돌'을 붙여 za$_t$-ku-to-ri라 한다(103쪽). 경북에서는 공기놀이 하는 돌을 지금도 '짜구돌'이라 하고 있다.

za-ku-wa-ra [니이가타 방언] 돌이 많은 곳
**짜구** [경북방언] 〃

니이가타(新瀉) 방언 za-ku-wa-ra는 돌 많은 곳을 뜻한다.

wa-ra는 벌판을 뜻하는 ha-ra(原 원)가 변한 말이고, za-ku는 돌이다. '**짜구**'는 결국 돌이라는 의미인 것을 알 수 있다.

## 강께

공기놀이를 황해방언에서는 '강께'라 한다.

ga$_t$-ke [군마 방언] 공기놀이
o-ka$_t$-ke [이바라키 방언] 〃
강께 [황해방언] 〃

군마(群馬) 방언 ga$_t$-ke 또한 공기놀이를 뜻한다. '강께'와 거의 같은 발음이다. '강께'도 고대에는 '갇개'였을까?

이바라키(茨城)에서는 앞에 의미가 없는 조음 o를 붙여 o-ka$_t$-ke라 한다.

'강께'라는 방언은 황해도 이외의 다른 지역에서는 전혀 보이지 않는다. 이 방언은 고구려 유민들이 가져간 것으로 짐작된다.

## 깔래

김정대 선생의 『경남 창녕지역의 언어와 생활(2009). 태학사』에 의하면, 창녕에서는 공기놀이를 '깔래'라 한다(364쪽).

o-ka-ra [효고 방언] 공기놀이
깔래 [경남 창녕방언] 〃

효고(兵庫)에서는 공기놀이를 o-ka-ra라 한다. 앞의 o는 의미가 없는 조음이고, 어근은 ka-ra이다.

창녕의 '깔래'와 흡사하다. '깔래'도 원래는 '가라'였을 가능성이 크다. '가라→가래→까래→깔래'의 순으로 변한 것으로 추정할 수 있다. 효고의 이 방언 또한 가야 사람들이 가져갔을 것이다.

## 팽이

팽이는 일본에서 ko-ma라 하며, 한자표기는 '독락(獨樂)'이다. 그런데 ko-ma는 고대 일본어에서 고구려(高句麗)를 일컫는 말이기도 하다. 어찌 된 연유로 팽이를 일본에서 ko-ma라고 하는지 알 수는 없으나, 원래 고구려에서 팽이가 전해졌기 때문에 이러한 이름이 붙었을 것으로 짐작할 수 있다.

ba-i 獨樂 독락 [나라, 교토, 오사카, 효고, 시가, 미에 방언] 팽이
ba-i-ma [나라 방언] 〃
**파이** [평북방언] 〃
**배이** [함북방언] 〃
**패이, 빼이** [경남방언] 〃

나라(奈良)와 교토(京都) 등지에서는 팽이를 ba-i라 한다.

원래는 ba-i-go-ma였던 것이 go-ma가 생략되었다 한다.

나라 방언에서는 ba-i-ma라 한다.

팽이를 평북방언에서는 '파이'라 하는데, 고형이 '바이'인 것을 짐작하기에 어렵지 않다. 나라 등지의 ba-i와 발음과 의미가 완벽하게 일치하고 있다.

함경북도에서는 '배이', 경남에서는 '패이' 혹은 '빼이'라 하는데, 이 말이 '팽이'보다 오래된 어형이다. 백제 사람들도 '바이'라 하였을 것이다.

be-i 獨樂 독락 [교토 방언] 팽이
**배이** [함북방언] 〃

교토의 be-i는 함북방언 '배이'나 경남의 '패이' 혹은 '빼이'와 흡사하다.

백제나 고구려에서도 중기에는 '바이'였다가, 후기에는 '배이'로 발음이

바뀌었던 것이 아닌가 싶다. 백제어가 통시적으로 일본으로 건너간 또 하나의 사례이다.

ka-ra-**ha** [오키나와 방언] 팽이
**파이** [평북방언] 〃

오키나와(沖縄)에서는 팽이를 ka-ra-ha라 한다. 고어는 ka-ra-pa였다. ka-ra(韓 한)는 한국을 뜻하며, pa가 바로 '팽이'이다. 이 방언으로 미루어 보면, '바이'보다 앞선 형태가 '바'였다는 사실을 알 수 있다.

팽이는 바→바이→배이→패이→팽이의 순으로 변화하였다는 것을 일본의 방언을 통하여 확인할 수 있다. 오키나와의 고어 pa가 가장 오래된 형태이고, 그 다음이 나라 일원의 방언 ba-i이며, 그것이 변한 형태가 교토 방언 be-i이다. 이렇게 말이 변화된 것은 고대의 주격조사 '~이'가 결합하였기 때문으로 짐작된다. 이러한 현상은 여러 차례 본 바 있다. 백제어가 통시적으로 건너간 또 하나의 사례이다.

원래 팽이는 고구려의 놀이였을 것이다. 그것이 백제나 신라뿐 만 아니라, 일본 본토를 거쳐 멀리 오키나와까지 건너간 것이다. 국립 김해박물관에 가면 가야 시대의 팽이가 전시된 것을 볼 수 있다.

## 핑비

팽이의 방언형은 한국어나 일본어, 양쪽 모두 다양하다. 경남에서는 '핑비'라 한다.

**pin-pa** [이시카와 방언] 팽이
**핑비** [경남방언] 〃

이시카와(石川)에서는 pin-pa라 한다. pin과 팽이를 뜻하는 pa의 합성어일 것이다.

pin의 의미를 알 수 없으나, 경남방언 '**핑비**'와 아주 닮은 형태이다. '핑비'도 원래는 '빙바'가 아니었을까? 가야 사람들이 가져간 말일 것이다.

## 골

함남방언 '골' 또한 팽이를 의미한다.

**ko-ro** [오키나와 방언] 팽이
**ku-ru** [오키나와, 가고시마 방언] 〃
**골** [함남방언] 〃

오키나와(沖繩) 등지의 방언 ko-ro와 ku-ru, 역시 팽이를 뜻한다.

함남의 '골'이 일본어화한 모습이다.

이 '골'은 다른 지역에서는 전혀 찾아볼 수 없는 함남지방의 독특한 방언이다. 따라서 이 말은 고구려어의 전통을 이은 것으로 보인다. 이것이 일본의 최남단 오키나와로 건너간 것인데, 고구려어가 오직 오키나와에만 남아있는 경우는 아주 드물다. 일본의 본섬에서는 이른 시기에 사라진 모양이다.

## **개따**놀이

경남에서는 숨바꼭질을 '개따놀이'라 한다. 어근은 '개따'이다.

**ke$_t$-ta** [나가사키, 고치, 가가와, 미에, 니이가타 방언] 숨바꼭질
**ke$_t$-tan** [돗토리 방언] 〃

**개따**놀이 [경남방언] 〃

나가사키(長岐) 등지에서는 숨바꼭질을 ket-ta라 한다. '개따'가 일본으로 건너간 것이다. '개따'도 고대에는 '개다'였을 것이다.

돗토리(鳥取)에서는 ket-tan이라 한다. ket-ta가 변한 음이다.

'개따놀이'는 경남 이외의 지역에서는 전혀 사용되지 않는다. 가야 사람들이 가져간 것으로 짐작된다.

## **고방**질

전남에서는 어린이들의 소꿉장난을 '고방질'이라 한다. 어근은 '고방'이지만, 그 의미를 알기는 어렵다. 일본어에서는 ma-ma-go-to(飯事 반사)라 한다.

ko-ban 飯事 반사 [시즈오카 방언] 소꿉장난
**고방**질 [전남방언] 〃

시즈오카(靜岡)에서는 소꿉장난을 ko-ban이라 한다. '고방'과 발음과 의미가 완벽하게 일치하고 있다.

**ko-ba**-ko-to 飯事 반사 [기후 방언] 소꿉장난
ko-to 事 사 [일본어] 일
**고방**질 [전남방언] 소꿉장난

기후(岐埠) 방언에서는 ko-ba-ko-to이다. ko-to는 일을 뜻하며, 어근은 ko-ba이다.

전남방언 '고방질'의 '고방'과 의미는 동일하고 발음은 흡사하다. 백제에

서도 중기에는 '고바'였고, 후기에는 '고방'으로 바뀌었던 것으로 추정할 수 있다. 백제어가 통시적으로 일본으로 건너가 위와 같은 두 방언에 남은 것으로 짐작된다.

## 세감질

함북방언에서는 소꿉장난을 '세감질'이라 한다.

sa-ka-ma-ko 飯事 반사 [아오모리 방언] 소꿉장난
세감질 [함북방언] 〃

아오모리(青森) 방언 sa-ka-ma-ko 역시 소꿉장난을 뜻한다. 말음 ko는 접미사로 보이고, 어간은 sa-ka-ma이다.

함북의 '세감'과 발음이 아주 비슷하다. 아오모리는 일본 본섬의 최북단에 위치하고 있다. 이 말은 고구려 사람들이 가져 갔을 것이다.

## 빼빼놀이

소꿉장난을 함경방언에서는 '빼빼놀이'라 한다.

ba-e-ba-e-go-ku 飯事 반사 [오카야마 방언] 소꿉장난
빼빼놀이 [함경방언] 〃

소꿉장난을 오카야마(岡山)에서는 ba-e-ba-e-go-ku라 한다.

어근은 ba-e-ba-e이고, go-ku는 접미사로 보인다. 이 go-ku는 역시 소꿉장난을 뜻하는 나가사키(長崎) 방언 ma-ma-got-ko, 시즈오카(静岡)

방언 on-ba-go$_{t}$-ko의 go$_{t}$-ko와 같은 뿌리이지만, 의미는 불명이다.

어근 ba-e-ba-e는 '빼빼'와 발음이 흡사하다. '빼빼'나 ba-e-ba-e, 모두 무언가 의미가 있는 말인 것으로 보이지만, 그것을 알 수 없는 점이 아쉽다.

## 빵줄

김정대 선생의 『경남 창원 지역의 언어와 생활(2007). 태학사』을 보면, 경남 창원에서는 하늘에 날리는 연의 줄을 '빵줄'이라 하고, 참연을 '빵연'이라 한다고 한다(274쪽). 따라서 연을 '빵'이라 한다는 것을 알 수 있다. '빵연'은 동어반복이다.

**ban** [시즈오카 방언] 연
**빵** [경남 창원방언] 〃

시즈오카(静岡)에서는 연을 ban이라 한다.

창원의 '빵'과 발음과 의미가 완벽하게 일치하고 있다. 연을 '빵'이라 하는 것은 창원 이외의 지역에서는 전혀 찾을 수 없다. 가야 사람들이 가져간 말일 것이다. 일본어에서는 ta-ko라 한다.

## 동구리

경북방언 '**동구리**'는 목말 즉 목에 아이를 태우는 것을 의미한다. 일본어에서는 ka-ta-gu-ru-ma(肩車 견차)라 하는데, '어깨 차'라는 뜻이다.

**don-gu-ri**-ma 肩車 견차 [미에 방언] 목말

**동구리** [경북방언] 〃

미에(三重) 방언 don-gu-ri-ma 역시 목말을 뜻한다. ma는 아마도 말을 뜻하는 한자어 '馬(마)'인 것 같지만 확실치는 않다.

don-gu-ri는 경북방언 '**동구리**'와 발음과 의미가 완벽하게 일치하고 있다. 이 방언은 한국에서는 경북 이외에는 보이지 않는다. 가야 사람들이 가져간 말일 것이다.

ten-gu-ri 肩車 견차 [군마 방언] 목말
ten-gu-ri-ma 〃 [시마네 방언] 〃
**동구리** [경북방언] 〃

군마(群馬)에서는 ten-gu-ri라 하고, 시마네(島根)에서는 ten-gu-ri-ma라 한다. don-gu-ri가 변한 형태이다.

## 동개

제주방언 '**동개**'는 그네를 뜻한다.

ton-ka-i 鞦韆 추천 [이바라키 방언] 그네
**동개** [제주 방언] 〃

그네를 일본에서는 bu-ran-ko(鞦韆 추천)라 하지만, 이바라키(茨城)에서는 ton-ka-i라 한다.

'**동개**'와 발음이 흡사하다. '동개'도 원래는 '**동가**'였을까? '동개'라는 말은 제주방언 이외에는 보이지 않는다. 그러나 고대에는 한국의 전역에서 널리 사용되었을 가능성을 배제할 수는 없다.

## **깽깽**이 걸음

'깽깽이 걸음'은 한쪽 발은 들고 한쪽 발로만 걷는 걸음을 의미한다.

**ken-ken** 片足跳 편족도 [일본 속어] 앙감질
**깽깽**이 걸음 [한국어]

일본의 속어로서 전국에 널리 사용되고 있는 ken-ken은 어린이들의 놀이인 앙감질, 즉 한쪽 발은 들고 한쪽 발로만 뛰는 놀이를 뜻한다.

'깽깽이 걸음'의 어근 '깽깽'과 발음과 의미가 완벽하게 일치하고 있다. 백제 사람들은 '갱갱'이라 하였을 것이다.

**gen-ge-ma-ta** [히로시마 방언] 앙감질
**깽깨막**질 [황해방언] 〃

앙감질을 히로시마(廣島)에서는 gen-ge-ma-ta라 한다. gen-ge는 '깽깽'과 같은 말이지만, ma-ta는 무슨 말인지 알 수 없다.

황해방언에서는 '깽깨막질'이라 한다. 어근 '깽깨막'과 gen-ge-ma-ta는 발음은 흡사하고 의미는 동일하다. '깽깨막질'의 '막'은 의미불명이다.

## **딱딱**걸음

앙감질을 함남방언에서는 **딱딱**걸음이라 한다. 이 방언에서는 앙감질이 '딱딱'이다.

**te-tet-bo** 片足跳 편족도 [시마네 방언] 앙감질
**딱딱**걸음 [함남방언] 〃

시마네(島根)에서는 앙감질을 te-te$_t$-bo라 한다. 말음 bo는 걸음을 의미하는 한자 '보(步)'인 것으로 추정되지만 확실치는 않다. 어근은 te-te인데, 함남방언의 '땍땍'과 흡사하다.

te-gi-te-gi 片足跳 편족도 [아키타 방언] 앙감질
te-ge-te-ge 〃 [이와테 방언] 〃

아키타(秋田)에서는 te-gi-te-gi, 이와테(岩手)에서는 te-ge-te-ge라 한다. 역시 '땍땍'과 흡사하다.

## 부라부라

'부라부라'는 젖먹이 어린이에게 두 다리를 번갈아 오르내리도록 하라는 뜻으로 내는 소리이며, '부라질'은 아기의 양쪽 겨드랑이를 껴서 두손을 잡고, 좌우를 흔들면서 두 다리를 번갈아 오르내리게 하는 일이다.

bu-ra-bu-ra [오키나와 방언] 어린이가 걷는 모습
**부라부라** [한국어]

오키나와(沖繩) 방언 bu-ra-bu-ra는 어린이가 귀엽게 아장아장 걷는 모습을 뜻하는 말이다.

'부라부라'와 발음은 동일하고, 의미는 흡사하다. 백제 사람들도 걸음을 배우는 아기에게 걷기를 권하는 의미로 '부라부라'라 하였을 것으로 보이지만, 일본의 이 방언과 마찬가지로 아기의 걷는 모습을 뜻하는 말이었을 가능성도 배제할 수는 없다.

## 지지

어린 아이에게 "지지야, 만지면 안돼!"라고 한다. 이 '지지'는 더러운 것을 뜻하는 유아어이다.

**zi-zi** [야마구치, 시마네, 돗토리, 아키타 방언] 더러운 것
**zi-zi** 汚 오 [히로시마, 오카야마, 시마네, 교토 방언] 더럽다
**zi-zi**-ku-ro-i 黑 흑 [나라, 오사카 방언] 더럽고 검다
**지지** [한국어] 더러운 것(유아어)

야마구치(山口) 등지의 방언 zi-zi는 더러운 것을 뜻하는 유아어이다.

히로시마(廣島)의 zi-zi는 더럽다는 의미의 형용사로서, 역시 유아어이다.

나라(奈良)와 오사카(大阪)의 방언 zi-zi-ku-ro-i는 더럽고 검은 것을 의미하는 유아어이다. ku-ro-i(黑 흑)는 검다는 뜻이다.

세 zi-zi는 '지지'와 발음과 의미가 완벽하게 일치하고 있다. 백제 사람들은 이러한 유아어까지도 일본으로 가져갔던 것을 알 수 있다.

## 까꿍

도야마(富山) 사람들은 아기를 어를 때 ga-gon이라 한다.

**ga-gon** [도야마 방언] 아기를 어르는 소리
**까꿍** [한국어] 〃

한국에서도 마찬가지로 '까꿍'이라 한다.

어떻게 이런 말 까지도 백제에서 일본으로 건너간 것인지, 또한 지금까지도 없어지지 않고 남아있는 것인지 신기한 느낌마저 들게 한다. 백제 사

람들도 현대의 한국인과 거의 비슷하게 아기에게 '가궁'이라고 하였던 것이다.

ga-gon의 첫 번째와 두 번째의 자음이 모두 맑은소리인 k가 아니고, 흐린소리 g라는 점을 주목하여 보자. 일본어에서 첫 자음이 흐린소리로 시작되는 경우는 아주 드물게 나타나므로, 이 ga-gon이라는 발음은 일본어에서는 보기 드문 형태이다. 백제에서 건너간 말이다.

## 잉잉

'잉잉'은 어린이가 밉살스럽게 우는 모습 혹은 그 소리를 뜻한다.

**in-in** [도쿠시마 방언] 우는 것(유아어)
**en-en** [교토 방언] 소리높여 우는 것( 〃 )
**잉잉** [한국어] 어린이가 밉살스럽게 우는 모습, 그 소리
**앵앵** [ 〃 ] 〃

도쿠시마(德島) 방언 in-in은 우는 것을 뜻하는 유아어이다.

바로 '잉잉'이다. 이런 울음소리의 형용마저 한국에서 건너갔다는 사실이 흥미롭다.

교토(京都)에서는 en-en이라 한다. 한국의 '앵앵' 역시 같은 의미이다.

# 14. 기타

## 말

'말(言語)'은 중세에도 같은 발음이었다. 백제 사람들도 역시 마찬가지였을 것이다.

ko-**ma-ri** [아오모리 방언] 인사말
ko 小 소 [일본어] 작다는 의미의 접두사
**말** [한국어]

아오모리(青森)에서는 인사말을 ko-ma-ri라 한다. 무슨 의미일까?

ko(小 소)는 작다는 뜻의 일본어이고, ma-ri는 '말'이다. 이 방언은 '작은 말'이 원래의 의미이다. '안녕하세요'나 '고맙습니다'와 같은 인사말은 큰 말이 아니라, '작은 말'인 것이 분명하다. 사람 사이의 관계를 원만하게 만들어 주는 효과는 크지만, 말 자체는 작고 간단한 것이다.

일본어에서는 a-i-sa-tsu라 한다.

so-da-**ma-ri** [니이가타 방언] 맞장구치는 말
so-u-da [일본어] 그렇다
**말** [한국어]

니이가타(新潟) 사람들은 상대방의 이야기에 호응하여 맞장구칠 때에 so-da-ma-ri라 한다.

so-da는 '그렇다'는 뜻을 가진 일본어 so-u-da의 방언, ma-ri는 '말'이다. 이 방언은 '그렇다 **말이야**' 정도로 번역할 수 있을 것이다. 백제 사람들도 '~**말이**(야)'라는 말을 즐겨 사용하였던 사실을 알 수 있다.

yo-ko-na-**ma-ri** 訛 와 [고대 일본어] 사투리
yo-ko 横 횡 [일본어] 바르지 않다
**말** [한국어]

고대 일본어 yo-ko-na-ma-ri는 사투리를 뜻한다. yo-ko는 원래 가로 혹은 옆이라는 의미이지만, 여기서는 바르지 않다는 의미이다.

na는 형용사를 만드는 접미사이며, ma-ri가 바로 '말'이다. '바르지 아니한 말'이라는 의미가 된다. 현대어에서는 앞의 yo-ko가 생략되어 na-ma-ri(訛 와)로 되었다.

## 길

사람이 다니는 '길'은 중세에도 같은 발음이었다. 백제 시대에도 마찬가지였을 것이다.

**ki-ri**-do-si 切通 절통 [교토 방언] 골목으로 통하는 작은 길
to-o-su 通 통 [일본어] 통하게 하다

**길** [한국어]

뒷골목으로 통하게 하려고 낸 작은 길을 교토 방언에서 ki-ri-do-si라 한다. do-si의 do는 장음(長音)으로 길게 발음되므로, 통하게 하다는 의미를 가진 동사 to-o-su(通 통)의 명사형인 to-o-si가 흐린소리로 된 것이다.

ki-ri는 무엇인가? 일본어로는 전혀 이해할 수가 없으나 한국어를 알면 아주 쉬운 문제이다. '길'이다. 따라서 이 방언은 '길 통하는 것'이라는 의미가 된다. 주된 도로에서 뒷골목으로 통하는 작은 길, 이것을 교토 사람들은 '길 통하는 것'이라 하였다.

한자표기 '절(切)'은 차자표기이다. 이것을 자르다는 의미의 ki-ri(切 절)로 본다면, 의미를 알 수 없게 된다. '길'인 것이 분명하다.

## 종이

'종이'는 중세에 '죠히'라 하였으나, 문헌에 따라 '됴희'나 '죠희'라고 된 곳도 있다. 방언에는 '조오', '조이' 등 다양한 어형이 있다. 일본어에서는 ka-mi(紙 지)라 한다.

**to-i** 油紙 유지 [교토 방언] 기름종이
**됴희** [중세 한국어] 종이
**조이** [충청, 전북, 경상, 강원방언] 〃

교토(京都)에서는 종이에 기름을 바른 기름종이를 to-i라 한다.

일본어에서는 a-bu-ra-ka-mi(油紙 유지)라 하므로, 이 교토 방언은 일본어가 아니다. 중세어 '됴희'를 연상케 한다. '됴희'도 원래는 '됴이'였을 가능성이 크다. 방언 '조이'는 '됴이'의 직계 후손이고, 그것이 '종이'로 변하였을 것이다. '됴이'가 일본으로 건너간 뒤 교토에서는 기름종이로 의미가 바

꿔었다.

ko-ziyo 手紙 수지 [미야기 방언] 편지
ko 小 소 [일본어] 작다는 의미의 접두사
**죠히** [중세 한국어] 종이

미야기(宮城)에서는 편지를 ko-ziyo라 한다. ko는 작다는 의미의 접두사이고, ziyo는 종이이다. 이 방언에서는 편지를 '작은 종이'라 하고 있다. 아주 그럴 듯한 작명이다.

교토 방언과 대조하여 보면, ziyo는 고대에 tiyo 혹은 tiyo-i였을 것이다.

**ziyo-wa** 紙 지 [시마네 방언] 종이
**tsiya**-ga-mi 〃 [시즈오카 방언] 〃
**죠히** [중세 한국어] 〃

시마네(島根)에서는 종이를 ziyo-wa라 한다. 위의 두 방언과 대조하여 보면, 이 방언은 tiyo-wa가 변한 발음인 것을 알 수 있다.

시즈오카(靜岡)에서는 종이를 tsiya-ga-mi라 한다. 뒤의 ga-mi는 종이를 뜻하는 일본어이므로, 앞의 tsiya 역시 종이이다. 흔치 않은 발음인 tsiya는 tiyo-wa가 변한 음으로 짐작된다. 동어반복이다.

이러한 일본의 여러 방언으로 미루어 보면, 종이를 백제 시대에는 '됴이'라 하기도 하였고, '됴와'라고 하였던 것이 아닐까? 두가지 어형이 병존하고 있었을 가능성이 크다. '됴이'는 중세어 '됴희'로 되었고, '됴와'는 중세어 '죠히'로 바뀐 것으로 짐작해 본다.

## 돈

삼국사기를 보아도 백제나 신라, 고구려에서 화폐가 발행되었다는 기록은 없다. 그러나 삼국사기의 기록은 워낙 소략하므로, 그 당시에도 화폐가 존재하였을 가능성을 배제할 수는 없다. 무령왕릉(武寧王陵) 묘지석에, 돈 1만문(一萬文)으로 토지신으로부터 묘터를 매입한다는 내용이 적혀 있고, 왕비의 묘지에는 중국의 화폐인 오수전(五銖錢) 꾸러미가 놓여 있었다. 이런 점으로 보더라도 백제 시대에 화폐가 통용되었을 가능성은 충분하다.

일본에서 인정되고 있는 최초의 화폐는 서기 708년 발행된 동전과 은전이라 한다. 이 해에 일본에서 처음으로 구리가 발견되어 그 기념으로 연호를 '일본산 구리'라는 의미의 화동(和銅)으로 바꾸기까지 하고는, 이때 채취한 구리로서 동전을 만들었던 것이다.

그런데 1999년 일본의 고도(古都) 아스카(明日香)에서 **부본전(富本錢)**이라는 화폐가 발견되었다. 시대로는 이 부본전이 708년 보다 이른 시기에 발행된 것으로 보이기는 하지만, 주술적인 용도에 불과할 뿐이고 유통용이 아니라는 견해도 있다고 한다. 그렇지만 일본서기를 보면 683년 왜왕 천무(天武)가 "지금부터 반드시 동전을 사용하라, 은전을 쓰지 말라"라는 지시를 내렸다는 기록이 있으므로, 그 이전에 벌써 동전과 은전이 있었다는 사실을 짐작할 수 있다.

또한 오사카(大阪)에 소재한 여승들의 절인 **백제니사(百濟尼寺)**라는 절터에서 **화동개진(和同開珍)**이라는 동전이 발견된 바 있다. 이 동전은 주형에서 갓 떼어낸 덩어리로서, 여러 개의 동전이 아직 분리되지도 아니한 상태였다. 따라서 백제니사에서 동전을 주조하였던 것은 의심의 여지가 없는 사실로 확인되고 있다. **『大阪遺蹟**(대판유적). **大阪市文化財協會**(2008) **創元社』**

절 이름 '백제니사'는 '백제 여승의 절'이라는 의미이다. 백제인들이 아스카와 나라 등 일본의 곳곳에 여러 절을 세웠던 것은 주지의 사실이지만, 이렇듯 여승을 위한 절도 세웠던 것이다.

don-bu-ri 財布 재포 [도야마 방언] 돈지갑
**돈** [한국어]

돈을 넣는 지갑을 일본어에서는 sa-i-hu(財布 재포)라 하지만, 도야마(富山)에서는 don-bu-ri라 한다. don과 bu-ri의 합성어인 것은 분명하나, 과연 무슨 의미인지 일본어로는 전혀 알 수 없다.

돈지갑을 뜻하는 말의 앞에 붙은 don은 한국어 '돈'이 아니라면 달리 해석할 수가 없다. 우연의 일치라고 보기는 너무나 공교롭다. bu-ri는 의미를 알 수 없다.

don-bu-ku-ro [가가와 방언] 호주머니
hu-ku-ro 袋 대 [일본어] 주머니, 봉지
**돈** [한국어]

가가와(香川) 방언 don-bu-ku-ro는 호주머니를 뜻한다. bu-ku-ro는 주머니 혹은 자루를 뜻하는 일본어 hu-ku-ro(袋 대)가 변한 말이다.

따라서 bu-ku-ro 단독으로도 주머니를 뜻하는 말이 되는데 굳이 앞에 don을 붙인 것은, 돈을 넣는 주머니라는 것을 강조하기 위한 것으로 보인다. 옷에 붙은 주머니의 가장 중요한 기능은 돈을 넣는 것이 아닐까? 한국에서도 지갑은 '돈 주머니'라 한다.

두 방언에 나오는 '돈'이 과연 백제에서 건너간 '돈'인지 단언할 수는 없다. 그러나 다른 곳이 아닌 백제 비구니의 절인 백제니사에서 동전을 주조하고 있었으니, '돈'이라는 것도 불교나 학문, 각종 기술과 마찬가지로, 백제 사람들이 일본으로 가져갔을 가능성이 농후하다. '돈'은 중세에도 같은 발음이었다. 백제 시대에도 마찬가지였던 모양이다.

## 구리

고대의 동전은 구리로 만든 것이었다. '돈'이라는 말과 함께 '**구리**'도 같이 건너갔을까?

**ku-ri**-ke [교토 방언] 수돗물 등의 금속 냄새
**ku-ri** [ 〃 ] 〃
ke 氣 기 [일본어] 기미, 기운
**구리** [한국어]

교토(京都) 방언 ku-ri-ke는 샘물 등 물에서 나는 금기(金氣)를 뜻한다. '금기(金氣)'라는 한자어는 금속의 기운이라는 뜻으로서, 간혹 물에서 나는 금속 냄새를 뜻하는 말이다.

이 방언의 ke는 한자어 '기(氣)'의 일본식 음으로서, 기미, 기분, 기운, 조짐 등을 뜻한다. 한국어 '소금기'나 '물기'의 '기(氣)'와 같다. ku-ri는 무엇인가? '**구리**'인 것이 분명하다. 따라서 이 방언은 '구리 기(氣)'가 원래의 의미이다. 이 금속 냄새를 단순히 ku-ri라고도 한다.

'구리'는 일본어에서는 ka-ne(金 금)인데, 구리뿐만 아니라 철 등 금속에 대한 총칭으로서, 나아가 돈을 의미하기도 한다. 백제 사람들이 가져간 '구리'가 다른 지방에서는 사라지고 오직 교토에만 남아있었던 모양이다.

## 바리바리

돈이 많은 사람 즉 부자를 일본어에서는 ka-ne-mo-tsi(金持 금지)라 하지만, 도쿠시마(德島)와 이바라키(茨城)에서는 ba-ri-ba-ri라 한다.

**ba-ri-ba-ri** 金持 금지 [도쿠시마, 이바라키 방언] 부자

**바리바리** [한국어] 여러 바리

부자를 왜 ba-ri-ba-ri라 하는가? 일본 사람들에게는 지극히 어려운 문제이겠지만, 한국 사람들로서는 아주 쉽다.

『표준국어대사전』에 나오는 예문, '신부가 혼수를 바리바리 해왔다'에서 보듯이 '바리'는 마소의 등에 잔뜩 실은 짐을 뜻하며, '**바리바리**'는 여러 바리라는 뜻이다. 부자는 자신이 직접 농사를 짓지 아니하고 소작인들에게 맡겼는데, 가을이 되면 소작인들이 소작료로 지급할 곡식을 '**바리바리**' 마소의 등에 싣고, 부자의 집으로 모여들었다.

부자는 자녀 혼사에도 혼수를 '**바리바리**'해 주었다. 이렇듯 '바리바리'라는 말은 부자에게 해당되는 말이고, 가난한 사람에게는 이 말이 전혀 어울리지 않는다. 백제 사람들도 '바리바리'라는 말을 사용하였을 뿐만 아니라, 이 말을 일본으로까지 가져가 보존하여 왔다는 사실이 흥미롭다.

## 배

강과 바다를 건너는 '배'를 중세에는 'ᄇᆡ'라 하였다.

san-**ba** 小舟 소주 [교토 방언] 작은 배
san-**ba** [돗토리, 가나카와 방언] 작은 어선
**배** [한국어]

교토(京都)에서는 작은 배를 san-ba라 하고, 돗토리(鳥取) 등지의 방언에서는 작은 어선을 san-ba라 한다.

san이 무슨 의미인지는 분명치 않지만, 화로의 부지깽이를 의미하는 기후(岐阜) 방언 sa-ma가 참고가 된다. 기다란 장대 즉 배의 노를 뜻하는 sa-ma가 축약되어 san으로 바뀐 것이 아닌가 싶다.

ba는 무엇인가? '배'의 고형이다. 뒤에서 보듯이 배를 일본의 방언에서 ba-i라 하였는데, 이것은 ba에 모음 i가 추가된 형태이다. ba-i보다 앞선 형태가 ba이다. 이 방언은 돛이 없고 노만 있는 배라는 의미일 것이다.

**ba-i**-sen 和船 화선 [나가사키, 히로시마, 도야마 방언] 일본 전통 양식의 배

**ba-i**-sen [와카야마 방언] 노젓는 배

**ba-i**-sen [가나카와 방언] 오십석 이하의 화물선

**배** [한국어]

나가사키(長岐) 방언 ba-i-sen은 일본 전통 양식의 배를 뜻한다.

뒤의 sen은 배를 의미하는 한자 '선(船)'의 일본식 발음이지만, 앞의 ba-i는 무엇인가? '배'가 아니면 달리 해석할 길이 없다.

ba-i-sen이 와카야마(和歌山)에서는 노 젓는 배, 가나카와(神奈川)에서는 소형 화물선을 각각 의미한다.

교토방언에서는 배를 ba라 하였으나, 여기에는 ba-i인 것을 주목하여 보자.

**ha$_{t}$-sa**-ki 軸先 축선 [구마모토, 시즈오카 방언] 뱃머리

**pe**-sa-ki 〃 [고대 일본어] 〃

sa-ki 先 선 [일본어] 앞

**배** [한국어]

구마모토(熊本) 방언 ha$_{t}$-sa-ki의 고어는 pa$_{t}$-sa-ki였으며, 뱃머리 즉 배의 앞부분을 뜻하였다. sa-ki(先 선)는 앞부분을 뜻하는 일본어, pa$_{t}$은 pa의 촉음으로서, 앞서 본 '배'의 고형이다. '배 앞'이 원래의 의미이다. 이 방언은 san-ba의 ba와 같은 발음이며, 고형이다.

고대 일본어 pe-sa-ki 또한 같은 뜻이다. 앞의 방언에서는 pa였는데,

여기서는 pe로 바뀌었다.

일본의 방언으로 볼 때, 백제 시대에 배는 '바→바이→배' 순으로 변화한 것을 알 수 있다. **'바'**는 백제 중기, **'바이'**나 **'배'**는 백제 후기의 발음으로 추정된다. 바→바이로 변한 것은 고대의 주격조사 '이'가 '바'의 뒤에 고정적으로 결합되었기 때문일 것이다. 백제에서 일어난 위와같은 음운변화가 통시적으로 일본으로 건너갔던 모양이다. 위에서 보듯이 일본에서도, ba→bai→pe 순으로 발음이 변한 것은, 변화한 발음을 백제인들이 그때 그때 일본으로 가져갔기 때문일 것이다.

## **에이야노** 야노야

옛날의 배는 돛을 달아 바람의 힘을 이용하기도 하였지만, 기본적으로는 뱃사람들이 노를 저어 그 힘으로 움직였다. 노를 젓는 것은 중노동이므로, 뱃사람들은 노래를 합창하여 피로를 이겨내었다. 뱃노래는 지방마다 다르지만, 그 후렴으로서 가장 흔한 것이 '**에이야노** 야노야' 혹은 '**에야**디야'일 것이다.

'에야디야'도 원래는 '**에이야**디야'가 아니었을까?

**e-i-ya** 船 선 [에히메 방언] 배의 유아어
**ya-i-ya** [이바라키 방언] 〃
**에야**디야 [한국어] 뱃노래의 후렴

에히메(愛媛) 방언 e-i-ya는 유아어로서 배를 뜻한다. '에야디야'의 앞구절 '**에야**'와 흡사하다.

이바라키(茨城)에서는 ya-i-ya라 한다. e-i-ya가 변형된 형태이다.

**e-i-yan**-ko [미야자키 방언] 배의 유아어

**에이야노** 야노야 [한국어] 뱃노래의 후렴

미야자키(宮岐)의 e-i-yan-ko 역시 배를 뜻하는 유아어이다.

ko는 접미사로 보이고, 어간 e-i-yan은 원래 e-i-ya-no였던 것이 마지막 음절 no가 축약된 것으로 짐작된다.

'에이야노'와 흡사하다. 백제의 사공들은 뱃노래까지도 일본으로 가져갔던 것이다.

## 수라

북한방언 '수라'는 댐에서 뗏목이 빠지는 길을 의미한다.

**su-ra** [나라, 야마나시 방언] 산에서 재목을 내리는 길
**수라** [북한방언] 댐에서 뗏목이 빠지는 길

나라(奈良) 등지의 방언 su-ra는 산에서 벌채한 재목을 던져 내리는 길을 뜻한다.

북한방언 '수라'와 발음은 동일하고, 의미도 일맥상통하고 있다. 두 방언은 요컨대 베어낸 나무나 뗏목을 내리는 길이라는 뜻이므로, 같은 말이라 할 수 있다. '수라'는 북한방언이지만, 고대에는 전국에서 사용되던 말이었을 것이고, 이 나라 방언은 백제에서 건너간 말일 것이다. 그리고 백제 시대에는 이 말이 나라 방언이나 북한방언의 두 가지 의미를 모두 가지고 있었던 것이 아닐까?

su-ra는 지역에 따라 조금씩 다른 의미를 가지고 있다. 즉 나가사키(長岐)와 미야기(宮城)에서는 무거운 물건을 움직일 때 밑에 까는 통나무를 의미하며, 시즈오카(靜岡)에서는 그렇게 통나무를 까는 것이라는 뜻이 된다. 백제어가 건너가 일본의 지역에 따라 조금씩 다른 의미로 변한 좋은 실례를 보

는 느낌이다.

## 바

굵게 꼰 새끼줄을 '바'라 한다. 중세에도 같은 발음이었다. 고대에도 마찬가지였을 것이다.

**ha**-na-wa 繩 승 [가고시마, 시마네 방언] 새끼줄
**바** [한국어] 굵은 새끼줄

새끼줄을 일본어에서 na-wa(繩 승)라 하지만, 가고시마(鹿兒島)와 시마네(島根)에서는 na-wa의 앞에 ha를 덧붙여 ha-na-wa라 한다. ha는 고대에 pa였다. 바로 '바'이다. 이 방언은 동어반복이다.

**ha**-tsu-na [동북 방언] 말 고삐
tsu-na 綱 강 [일본어] 밧줄
**바** [한국어] 굵은 새끼줄

동북(東北) 방언에서는 말의 고삐를 ha-tsu-na라 한다.
tsu-na는 밧줄이지만, ha는 무엇인가? 고어는 pa였다. 바로 '바'이다. 이 방언은 한국어 '바'와 일본어 tsu-na의 합성어로서, 이 또한 동어반복이다.

## 껍데기

'껍데기'는 속을 둘러싸고 겉에 있는 물건을 뜻한다. '깝데기'라고도 하며,

'껍질'도 같은 의미이다. 어근은 '껍' 혹은 '깝'이고, '데기'와 '질'은 접미사로 보인다. '껍'은 고대에는 '겁'이었을 것이다.

gat-po [나라, 교토 방언] 붓뚜껑
껍데기 [한국어]

나라(奈良)에서는 붓뚜껑을 gat-po라 한다. 첫 음절에 강세가 있어 촉음화된 것으로 보이는데, 고대에는 ga-po였을 것이다. '깝'의 고형 '갑'과 발음이 흡사하다. 붓뚜껑은 붓의 껍데기라 할 수 있다.

## 듀령

'듀령'은 아주 생소하게 들리지만 지팡이를 뜻하는 중세어였다. 현재에도 사용되고 있는 전라방언 '주령'은 그 변화형이다.

tsu-ren 杖 장 [야마가타 방언] 지팡이
**듀령** [중세 한국어] 〃
**주령** [전라방언] 〃

야마가타(山形)에서는 지팡이를 tsu-ren이라 한다. 고어는 tu-ren이었다. '듀령'과 의미는 동일하고 발음은 아주 비슷하다. '듀령'도 고대에는 '두령'이었을 것이다.

## 지팡이

'지팡이'는 '짚다'라는 동사에서 파생된 말이다. '짚다'는 중세에는 '집다',

'지팡이'는 '집팡이'라 하였으나, 발음은 현대어나 별 차이가 없었을 것으로 보인다. 고대에는 어떠하였을까? 상당수의 'ㅈ' 자음은 고대에는 'ㄷ'이었으므로, '딥바이'였을 가능성이 높다.

'딥바이'는 짚다는 의미의 '딥다'와 '바이'의 복합어인데, '바이'는 확실치는 않지만 막대기를 뜻하는 말일 것이다.

tsi-e-ba-i [후쿠이 방언] 지팡이
tsi-en-ba [시마네 방언] 〃
**지팡이** [한국어]

후쿠이(福井)에서는 지팡이를 tsi-e-ba-i라 한다. 고대에는 ti-pe-ba-i였을 것으로 추정된다. '**딥바이**'와 발음이 흡사하다.

ti-pe-ba-i의 ti-pe는 '딥다'의 어근 '딥'이 일본어화한 말이다. tipe→tihe→tsie의 변화일 것이다.

ba-i는 물론 '딥바이'의 '바이'이다. 발음과 의미가 일치하고 있다.

시마네(島根)에서는 tsi-en-ba로 변하였다.

tsin-ba-i [후쿠이 방언] 지팡이
**지팡이** [한국어]

후쿠이(福井)의 tsin-ba-i는 위의 두 방언과는 조금 다른 변화의 길을 걸었다고 추정된다. 원래의 형태는 tip-ba-i였을 것이다. '딥바이'라는 원래의 한국어를 그대로 살린 발음이다. tipbai→timbai→tinbai→tsinbai 순으로 바뀌었을 것이다.

앞의 방언은 '딥→tipe'로 바뀌어 일본어풍으로 변화하였으나, 뒤의 방언은 ' 딥→tip'으로 되어 원음을 보다 충실하게 반영한 형태이다.

## 피리

불어서 소리를 내는 악기 ‘피리’는 중세에도 같은 발음이었다.

pi-ri-pi-ri 笛 적 [일본어] 피리
**피리** [한국어]

피리를 일본어로 hu-e(笛 적)라 하지만, 유아어로는 pi-ri-pi-ri라 한다. pi-ri가 중복된 형태로서, ‘**피리**’와 발음과 의미가 완벽하게 일치하고 있다.

일반적인 한국어가 일본의 유아어로 된 것은 극히 드문데, 이 말은 드문 사례 중의 하나이다. 그리고 이 유아어는 pi(ぴ)라는 음가를 가지고 있는 점을 유의해 보자. 고대의 일본어에는 p 자음이 있었지만, 중세에 h 자음으로 변하여 현대의 일본어에는 p 자음이 존재하지 않는다. 이 pi-ri-pi-ri라는 말에 남은 pi는 예외적인 경우라 할 수 있다.

## 가리

가루를 중세에는 ‘ᄀᆞᄅᆞ’라 하였지만, 전라도와 경상도에서는 ‘가리’라 한다. 백제 시대에도 ‘가리’였던 모양이다. 일본어에서는 ko(粉 분) 혹은 ko-na(粉 분)라 한다.

ga-ri [이키시마 방언] 가루
**가리** [전라, 경상방언] 〃

이키시마(壹岐島) 방언 ga-ri는 바로 가루를 뜻한다. 전라방언 ‘**가리**’와 발음이나 의미가 완벽하게 일치하고 있다.

ga-ri [후쿠오카 방언] 가루로 된 분말차
가리 [전라, 경상방언] 가루

후쿠오카(福岡)에서는 가루로 된 차(茶)를 ga-ri라 한다. 역시 '가리'가 일본으로 건너간 것이다.

ga-ri 雲脂 운지 [오이타 방언] 비듬
가리 [전라, 경상방언] 가루

오이타(大分) 사람들은 머리에 생기는 비듬을 ga-ri라 한다. 비듬 또한 일종의 가루라고 할 수 있다. 이 역시 '가리'이다.

이 세 방언은 모두 맑은소리인 ka가 아닌 흐린소리 ga로 시작되는 점을 주목해 보자. 일본어로서는 아주 이례적이다. 이 점만 보더라도 고대에 한국에서 건너간 말이라는 것을 알 수 있다.

## 살

'창살'은 창의 뼈대가 되는 부분으로서, 거기에다 종이를 발라 창을 완성하게 된다. '살'은 이와 같이 문이나 부채, 바퀴 따위의 뼈대가 되는 부분을 뜻하는 말이다.

sa-ru [후쿠시마 방언] 미닫이문의 살
살 [한국어] 문이나 부채 따위의 뼈대가 되는 부분

후쿠시마(福島) 방언 sa-ru는 미닫이문의 '살'을 뜻한다.
발음과 의미가 일치하고 있다. 백제 사람들이 '살'을 가져간 것이다.

## 금

벽에 난 '금'은 갈라지지 않고 터진 흔적을 뜻한다. 중세에도 같은 발음이었는데, 고대에는 '김'이었을 가능성이 크다.

ki-me 間隙 간극 [아키타 방언] 틈
금 [한국어] 터진 흔적

아키타(秋田) 방언 ki-me는 틈을 의미한다. '금'과 발음과 의미가 흡사하다.

## 가만서방

제주방언 '가만서방'은 남편 있는 여자가 몰래 관계하는 숨겨둔 서방을 뜻한다. '가만'은 '몰래 숨겨둔'이라는 의미인 것이 분명하다.

ka-ma [아키타 방언] 숨겨둔 나쁜 일
**가만**서방 [제주방언] 남편있는 여자가 몰래 관계하는 남자

아키타(秋田) 방언 ka-ma는 숨겨둔 나쁜 일 혹은 부정한 일이라는 뜻이다.

제주방언 '가만'과 그 의미가 완벽하게 일치한다. 샛서방은 바로 숨겨둔 나쁜 일의 좋은 보기가 아니겠는가. '가만'도 고대에는 '가마'였을 가능성이 높다.

## 구라

'**구라**'는 일본어처럼 보이지만 순수 한국어로서, 거짓말을 뜻하는 속어이다. 동사로는 '**구라** 치다'라 한다. '치다'는 하다는 뜻이다.

**gu-ra**-su 欺 기 [시즈오카, 니이가타, 이바라키 방언] 속이다
**gu-ra**-ka-su 〃 [니이가타, 이바라키, 이와테 방언] 〃
**ku-ra**-wa-su 〃 [도쿠시마, 효고 방언] 〃
**구라** [한국어] 거짓말(속어)

위의 세 방언은 모두 속이다는 의미의 동사이다.

어근 gu-ra와 ku-ra는 '**구라**'와 발음과 의미가 완벽하게 일치한다. 거짓말이라는 뜻이다. su나 ka-su는 모두 적극적으로 무엇을 하다는 의미를 나타내는 동사화접미사이다. 세 방언 모두 '**구라** 하다' 즉 속이다는 뜻이 된다.

na-ma-**ku-ra** 嘘 허 [교토 방언] 거짓말
na-ma 生 생 [일본어] 자연 그대로임
**구라** [한국어] 거짓말(속어)

교토(京都)의 na-ma-ku-ra 또한 거짓말을 의미한다. 일본어 na-ma는 가공하지 않은 자연 그대로라는 뜻이고, ku-ra는 '**구라**'이다. '생(生) 거짓말'이라는 의미가 된다.

『표준국어대사전』을 보면, '**생거짓말**'은 억지스러운 공연한 거짓말이라는 뜻이라 한다. 이 '생'은 강조의 의미일 것이다. 이 말로 미루어 짐작컨대, 백제 사람들도 '생거짓말'과 같은 의미를 가진 '생(生) 구라'라는 말을 사용하였을 것이다. '생 구라'의 '생(生)'을 일본어로 번역한 형태가 이 방언이다.

## 날림

'날림 공사'의 '날림'은 정성을 들이지 않고 아무렇게나 해 치우는 일이라는 뜻이다. '겉날리다'는 일을 겉으로만 뻔지르르하게 대충 하다는 의미이다.

> **na-ri**-ki 粗略 조략 [시즈오카 방언] 일을 소홀히 하다
> **날림** [한국어]

시즈오카(靜岡) 방언 na-ri-ki는 일을 성의 없이 대충 소홀히 하다는 뜻을 가진 부사이다.

na-ri는 무슨 의미인가? 바로 '날림'이다. 발음과 의미가 일치하고 있다. ki는 어떠한 성질이라는 뜻을 가진 한자어 ki(氣 기)가 아닐까?

> **na-ri**-a-i 粗略 조략 [나가노, 니이가타 방언] 일을 소홀히 하다
> **날림** [한국어]

나가노(長野) 등지에서는 na-ri-a-i라 한다. na-ri는 '날림'이고, a-i(合 합)는 어떠한 모양 혹은 정도를 의미하는 일본어로 짐작된다.

백제 시대에는 일을 대충 하다는 의미를 가진 '나리다'라는 동사가 있었던 것이 분명하다. 그러다 '(하늘을) 날다'의 사동사 '날리다'에 이끌려, '날리다'로 변한 것으로 보인다. 나중에는 '겉'과 결합하여 '겉날리다'로 변한 것으로 추정할 수 있다.

## 본대

'본디'는 원래(元來)라는 뜻이다. 중세에는 '본ᄃᆡ'라 하였다. 경상방언에서

는 '본대'라 한다. 일본어에서는 한자어 그대로 gen-ra-i(元來 원래) 혹은 hon-ra-i(本來 본래)라 한다.

bon-da-i 元來 원래 [고치 방언] 원래
**본대** [중세 한국어]

고치(高知) 방언에서는 bon-da-i라 한다.

중세 한국어 '본디'나 경상방언 '본대'와 아주 닮은 꼴이다. 의미와 발음이 일치하고 있다. 이 방언의 어근은 bon-da이고, i는 주격조사 '~이'인 것으로 짐작된다. 원래의 의미는 '본디가'일 것이다.

## 약발

'이 약은 약발이 참 좋아'의 '약발'은 약의 효험을 뜻한다. '최선생 말발은 누구도 못 당해'에 나오는 '말발'은 듣는 이로 하여금 그 말을 따르게 할 수 있는 말의 힘이라는 의미이다. 이 '발'은 힘을 뜻하는 말인 것이 분명하다. 종교계에서는 '기돗발'이라는 말을 농담 삼아 쓰고 있는데, 이 역시 기도의 힘이라는 뜻이 된다.

ha-ri 力 역 [야마구치 방언] 힘
**약발** [한국어] 약의 효험

야마구치(山口) 방언 ha-ri의 고어는 pa-ri였는데, 힘을 뜻한다.

이 말은 얼핏 보기에도 '말발'이나 '약발'의 '발'이 건너갔다는 사실을 짐작할 수 있다. 힘을 일본어로는 tsi-ga-ra(力 역)라 하지만, 이와는 전혀 다른 말이다.

**pa-ri-pa-ri** [일본어] 원기왕성하고 외모가 좋은 모양
**팔팔**하다 [한국어] 날듯이 활발하고 생기가 있다

'**팔팔**한 젊은이'는 힘있고 기세가 좋은 젊은 사람을 뜻한다. '팔팔'은 '팔'이 중복된 형태로서, 바로 힘을 뜻하는 '**발**'이 변한 말이다.

중앙어 pa-ri-pa-ri는 원기왕성하고 외모가 좋은 모양을 의미한다. '팔팔'과 의미가 일치한다. '팔팔'의 고형 '**발발**'이 건너가 일본어화한 모습이다.

**ha-ri**-kan [교토 방언] 원기가 좋다
**약발** [한국어]

교토 방언 ha-ri-kan의 고어는 pa-ri-kan이었다. 원기가 좋다 혹은 활발하다는 의미를 가진 말이다.

kan이 무슨 의미인지는 알기 어려우나, pa-ri는 역시 '발'이다.

## 쇠 달리다

다른 지방에서는 사용되지 않고 오직 전라도에서 만 통용되는 방언 '**쇠**'는 힘이나 기력을 뜻한다. 가령 '**쇠**가 좋다'라고 하면 힘이나 기력이 좋다는 의미가 된다.

**si-o**-ta-ra-si [나라 방언] 기운이 없는 모습
**si-o**-ta-ru [도야마 방언] 기운이 없다
**si-o**-ta-re-ru [와카야마 방언] 〃
**쇠** [전라방언] 힘, 기력

위의 세 방언은 모두 기운이 없다는 뜻이다.

공통적으로 사용된 si-o는 기운이라는 의미가 될 수밖에 없다. 바로 전라방언 '쇠'가 건너간 것이다. si-o라는 발음으로 미루어보면, 전라방언 '쇠'도 고대에는 '쇼'였을 가능성이 크다.

그리고 이 세 방언의 뒤에 붙은 ta-ra-si나 ta-ru, ta-re-ru는 '없다' 혹은 '부족하다'라는 의미를 나타내는 말인 것이 분명하지만 일본어에는 그러한 말이 없다. 발음이 비슷한 일본어 ta-ru(足 족)나 ta-ri-ru(足 족)는 충분하다는 뜻이므로, 오히려 정반대의 의미이다.

si-o-**ta-ra**-si [나라 방언] 기운이 없는 모습
si-o-**ta-ru** [도야마 방언] 기운이 없다
si-o-**ta-re**-ru [와카야마 방언] 〃
**달리**다 [한국어] 부족하다

'달리다'라는 말이 있다. 부족하다는 뜻이다. 일상적으로 '**딸리다**'라 하는데, 가령 '내가 학벌이 **딸리나**? 재력이 **딸리나**?'라는 말에서 보듯이 무엇이 부족하거나 모자라는 것을 의미하는 말인 것이다.

ta-ra-si나 ta-ru, ta-re-ru는 모두 이 '달리다'의 어근 '달리'가 일본으로 건너가 변한 말이다. 이 세 방언은 모두 '쇠 달리다' 즉 '힘 달리다'가 그 본래의 의미가 된다. 도야마의 ta-ru가 고형을 가장 잘 간직하고 있다.

**se** [교토 방언] 정력
**se** [오사카 방언] 의욕
**쇠** [전라방언] 힘, 기력

교토(京都) 방언 se는 정력(精力)을 뜻한다.

se는 '쇠'가 변한 음으로 보인다. 앞의 si-o가 고형이고, 이 se는 si-o의 변형이다. 아마도 백제에서 '쇼'가 '쇠'로 변한 뒤에 일본으로 건너간 것이 아닌가 싶다,

오사카(大阪)의 se는 의욕 혹은 보람이라는 뜻이다.

se-i-it-pa-i 精一杯 정일배 [일본어] 힘껏
it-pa-i 一杯 일배 [ 〃 ] 가득
**쇠** [전라방언] 힘, 기력

중앙어 se-i-it-pa-i는 힘껏이라는 의미를 가진 부사이다.

se-i는 한자 '정(精)'의 일본식 음이 아니라, 힘을 뜻하는 고유어 se이다. 이것을 한자로 표기하여 위하여 '정(精)'이라는 차자표기(借字標記)를 붙인 것이다. 그러다 보니 발음도 se-i로 변하였다. 일본어 it-pa-i는 가득이라는 의미이니, 이 말은 '쇠 가득' 즉 '힘 가득'이 그 원래의 의미가 된다.

## 숨

'어젯밤에는 잠을 한숨도 못 잤다'의 '한숨'은 '하나의 숨'이라는 뜻으로서, '숨'은 잠을 세는 단위이다. 『표준국어대사전』을 보면 '한숨'을 '잠깐 동안의 휴식이나 잠'이라고 풀이하고 있으나, 이때의 '숨'은 잠을 세는 단위로 보아야 할 것이다. 고대에는 이 말이 잠을 뜻하였던 것으로 보인다.

ka-ra-**su-me** [도치키 방언] 반(半) 잠
ka-ra 空 [일본어] 헛됨
**숨** [한국어] 잠을 세는 단위

도치키(栃木) 방언 ka-ra-su-me는 반(半)잠 즉 눈을 반쯤 뜨고 자는 잠이라는 뜻이다. 이렇게 자는 것은 일어나서도 전혀 개운하지 않다.

이 말의 ka-ra는 헛됨이라는 의미이며, su-me는 '숨'이다. '헛 숨' 즉 '헛 잠'이라는 의미가 된다. 잠을 뜻하는 고대 한국어 '숨'이 일본으로 건너

가 su-me로 되었다.

## 빽

다른 지방에서 사용되지 않고 전라도에서만 통용되는 '빽'은 성교를 뜻한다.

pe-ko 交合 교합 [시즈오카 방언] 성교
빽 [전라방언] 〃

시즈오카(靜岡) 방언 pe-ko는 성교를 의미한다.

전라방언 '빽'과 의미는 동일하고 발음도 흡사하다. 이 방언의 초성이 pe(ぺ)인 점을 주목하여 보자. 어떤 이유인지 모르지만 옛날부터 이 말의 초성은 강하게 발음되었던 것으로 보이는데, 전라방언에서도 역시 '빽'으로 경음화된 것마저도 양자가 일치하고 있다.

## 턱도 없다

"턱도 없는 소리 하지 마"는 이치에 닿지 않거나 있을 수 없는 이야기, 또는 터무니없는 이야기를 하지 말라는 뜻이다. '턱도 없다'는 관용구로서 전국적으로 많이 사용되고 있다. 그런데 이 '턱'은 오직 위와 같은 관용구의 형태로 만 통용될 뿐, 단독으로는 사용되지 아니한다.

tsu-ga-mo-na-i [일본어] 터무니 없다
mo [ 〃 ] ~도
na-i 無 무 [ 〃 ] 없다

턱도 없다 [한국어]

위 일본어의 고형은 tu-ga-mo-na-i였고, 터무니없다 혹은 하잘것 없다는 뜻을 가진 관용구이다. tuka+mo+nai의 구조이다.

mo는 '~도'라는 뜻의 조사이며, na-i는 '없다'는 뜻이다. 그래서 이 관용구는 'tu-ga도 없다'라는 의미가 된다. tu-ga는 무슨 말인가? 일본어로는 도저히 알 수가 없다. 바로 '턱'이다. '턱도 없다'라는 의미인 것이다. '턱도 없다'의 '턱'은 한국에서의 발음 그대로 tu-ga로 되었고, '~도'와 '없다'를 일본어로 번역한 형태이다. 관용구 형태 그대로 일본으로 건너갔다.

일본어에서도 한국어와 동일하게 tu-ga 단독으로는 사용되지 않는다. '턱'은 백제시대에 '덕'이었을 것으로 보이지만, '둑'이었을 가능성도 있다.

## 어쩔 수가 없다

'어쩔 수가 없다' 혹은 '좋은 수가 있어'의 '수'는 방법이나 수완 따위를 뜻하는 말이다. 손을 뜻하는 한자어 '수(手)'에서 비롯된 말로서, 중세에는 '슈'라 하였다.

siyo-ga-na-i [교토 방언] 방법이 없다
ga [일본어] ~가
na-i 無 무 [ 〃 ] 없다
슈(手) [중세 한국어] 방법

교토(京都) 방언 siyo-ga-na-i는 어떻게 할 방법이 없다는 뜻을 가진 관용구이다. 무슨 의미인가?

일본에서는 '수(手)'라는 한자를 siyu라고 읽고 있는데, 교토의 siyo는 이 siyu(手 수)가 변한 말이다. 중세 한국어에서도 마찬가지로 '슈(手)라 하였으니, 백제의 한자음이 일본으로 건너간 것을 여기서도 알 수 있다.

ga는 '~가'라는 의미의 조사이고, na-i는 없다는 뜻이므로, 이 관용구는 '수(手)가 없다'라는 의미가 된다. 그래서 이 방언이 방법이 없다는 뜻이 되었던 것이다.

어떻게 할 방법이 없을 때, 백제 사람들은 현대의 우리들과 마찬가지로 '수가 없다'라는 관용구를 즐겨 사용하였던 모양이다. 일본으로 건너가서는 이 말을 일부 일본어로 번역하여 그대로 사용하였던 것을 알 수 있다.

## 줄

쇠를 깎을 때에 사용하는 연장이 '줄'이다. '줄칼'이라고도 하는데, 쇠를 깎는 톱이라고 할 만하다. 모양이 톱과 아주 비슷하다. 의학계에서는 뼈를 자르는 톱을 '뼈줄칼'이라 한다. 역시 톱과 비슷하게 생겼다.

**zu-ri** 鋸 거 [군마, 야마가타, 후쿠시마 방언] 톱
**줄** [한국어]

군마(群馬) 방언 zu-ri는 톱을 뜻한다. '줄'과 발음과 의미가 흡사하다.

no-ko-**zu-ri** [이시카와, 니이가타, 치바, 사이타마, 군마, 도치키, 이바라키, 후쿠시마, 야마가타, 미야기 방언] 톱
no-ko-gi-ri 鋸 거 [일본어] 〃
**줄** [한국어]

주로 일본의 동북지방에서 사용되는 방언 no-ko-zu-ri 역시 톱을 의미한다. 톱을 뜻하는 일본어 no-ko-gi-ri(鋸 거)의 no-ko와 '줄'의 합성어이다.

'줄'도 원래는 톱을 의미하였다가, 세월이 흐르면서 의미가 좁아져 쇠를 깎는 톱을 뜻하는 말로 바뀐 것이 아닐까?

## 공

놀이할 때 사용하는 '공'을 미에(三重)에서는 kon-ha-ri-ko라 한다.

**kon**-ha-ri-ko [미에 방언] 공
ha-ri-ko [ 〃 ] 〃
**공** [한국어]

이 방언은 kon과 ha-ri-ko의 복합어로서, 미에 방언 ha-ri-ko는 공을 뜻한다. 그러면 kon은 무엇인가? 한국어 '공'과 발음과 의미가 완벽하게 일치하고 있다. 한일합성어이고 동어반복이다. 백제 사람들도 현대의 우리들과 마찬가지로 '공'이라 하였던 것이 분명하다.

**kon**-bo [구마모토 방언] 공
**공** [한국어]

구마모토(熊本)에서는 kon-bo라 한다.

bo가 무슨 의미인지 알 수는 없으나, kon이 '공'을 뜻한다는 사실은 의심의 여지가 없다. '공'이라는 말은 중세어에서도 그 용례를 찾을 수 없어 고대어의 형태를 짐작조차 하기 어렵지만, 이러한 일본의 방언을 통하여 옛 모습을 알 수 있게 된 것이 다행스럽다. 일본어에서는 ma-ri(毬 구)라 한다.

## 명다리

무속에서 사용되는 '명다리'라는 말이 있다. 『두산백과사전』을 보면, 수명을 짧게 타고 났다는 어린이의 장수(長壽)를 기원하면서, 무당에게 바치는 헝겊을 뜻한다고 한다. 거기에는 어린이의 성명과 생년월일이 적혀 있고, 장수를 의미하는 실타래와 함께 바치는데, 무당은 신굿을 할 때 마다 이 '명다리'를 내어놓고 어린이의 수명장수를 빌어준다는 것이다.

'명다리'는 어떤 의미일까? '명(命)'은 사람의 수명(壽命)을 뜻하는 한자어이지만 '**다리**'는 그 의미를 알기 어렵다. 그러나 다음의 일본 방언들을 보면 그 뜻이 명확하게 드러난다.

**ta-ri** 補 보 [가가와, 효고 방언] 부족한 것을 보완하는 물건
**ta-re**-yun 〃 [오키나와 방언] 보충하다
명**다리** [한국어]

가가와(香川) 방언 ta-ri는 부족한 것을 보완해 주는 물건이라는 의미이다.

오키나와(沖繩) 방언 ta-re-yun은 보충하다는 뜻으로서, yun은 동사를 만드는 접미사이고, ta-re가 어근이다.

'명다리'의 '**다리**'도 가가와 방언에서 보는 바와 같이 부족한 것을 보완하는 물건이라고 해석하여도 별다른 무리가 없을 것이다. 부족한 수명을 보완하는 물건, 이것이 '명다리'이다. 구체적으로는 이름과 생년월일을 적은 헝겊이 그러한 물건일 것이다.

**a-si**-a-ge 補 보 [히로시마 방언] 부족한 것 보완하는 물건
**a-si** 脚 각 [일본어] 다리
명**다리** [한국어] 어린이의 장수를 비는 공물

히로시마(廣島) 방언 a-si-a-ge는 a-si와 a-ge의 합성어로서 역시 부족

한 것을 보완하는 물건이라는 뜻이다.

a-si는 일본어에서 다리(脚 각)라는 의미도 되고, 발(足)을 뜻하기도 하지만, 여기서는 '**다리**'인 것이 분명하다. a-ge(上 상)는 일본어에서 올리다는 뜻이다. 그래서 이 말은 '다리 올림'이라는 의미가 되는데, 여기서의 '올림'이 정확하게 어떤 의미인지는 알기 어렵다.

이 방언에 나오는 한국어 '다리(脚 각)'를 일본어로 번역한 a-si라는 말을 주목하여 보자. 바로 '명다리'의 '**다리**'를 번역한 말인 것이 분명하다. 그래서 이 방언이 부족한 것을 보완하는 물건이라는 의미가 될 수 있었던 것이다. 이러한 일본으로 방언들로 미루어 보면 '**다리**'라는 말은 고대의 한국어로서, '무엇을 보완하여 주는 물건'이라는 의미였다는 사실을 짐작할 수 있다. 그러나 이 말은 한국에서는 사라져 버리고 오직 '명다리'라는 말에만 화석처럼 남아있고, 일본의 몇몇 방언에 그 자취를 남기고 있다.

百濟語

# 15. 부르고 대답하는 말, 감탄사

## 잉

전라방언의 큰 특징 중의 하나가 바로 이 '잉'일 것이다. 대답하는 말 즉 중앙어의 '응'이나 '그래'와 같은 용도로서도 많이 쓰일 뿐 만 아니라, '그려 잉!'과 같이 여러 가지 말의 뒤에 붙어 정감을 나타낸다. 다른 지방보다도 '잉'이라는 말이 훨씬 더 애용되고 있다.

**in** [나라, 교토, 와카야마, 시가 방언] 응, 그래
**i** [오키나와, 가고시마, 나가사키, 고치, 이시카와, 니이가타 방언] 〃 〃
**잉** [전라방언]

나라(奈良)에서도 in은 대답하는 말인 '응' 혹은 '그래'나 '예'와 같은 용도로 사용된다. 전라방언 '잉'과 발음이나 용법이 동일하다.

오키나와(沖繩) 방언 i도 나라 방언의 in과 그 용법이 동일하다.

사실 전라방언의 '잉'도 지역이나 말하는 사람에 따라 '이-'와 같이 들리

기도 한다. in과 i는 방언의 차이라고 볼 수 있다. 백제 사람들이 일본으로 건너간 뒤에도 정감 넘치는 말 '잉'을 그대로 사용하였던 것이 분명하다.

## 응

'응'은 상대방의 물음에 대하여 긍정적으로 대답하는 말이다.

**on** [후쿠오카, 시마네, 시가, 아이치, 기후, 이시카와 방언] 응
**un** [후쿠시마 방언] 〃
**응** [한국어] 대답하는 말

후쿠오카(福岡)에서 이시카와(石川) 까지 분포하는 방언 on 역시 긍정적인 대답이다. 발음과 의미가 완벽하게 일치하고 있다.

후쿠시마(福島)에서는 un이라 한다.

## 오냐

후쿠이(福井)현은 한국의 동해와 접하여 있고, 일본의 지방구분으로는 북륙(北陸)지방에 속해있다. 이곳 방언 o-i-na는 '그렇다' 혹은 '옳다'는 뜻이다.

**o-i-na** [후쿠이 방언] 그렇다, 옳다
**o-na** [미에, 야마나시 방언] 〃 〃
오냐 [한국어]

한국의 '**오냐**' 역시 같은 의미이다. 발음과 의미가 일치하고 있다. '오냐'

의 '오-'는 장음으로서 길게 발음된다. 후쿠이 방언의 o-i는 이러한 장음의 어감을 나타내는 것으로 보인다.

미에(三重)에서는 o-na라 한다. '오냐'가 약간 변형되었다.

**o-i-ya** [후쿠이 방언] 그렇다, 옳다
**o-ya** [니이가타, 야마가타 방언] 〃 〃
**o-yo** [가고시마, 와카야마, 미에, 아이치, 가나카와, 치바, 니이가타 방언] 〃 〃
**오야** [전라, 경상방언] 오냐

'오냐'는 지역과 사람에 따라 '오야'라 하기도 한다.

후쿠이(福井)에서는 o-i-ya, 야마가타(山形)에서는 o-ya라 한다.

가고시마(鹿兒島) 등지의 방언 o-yo는 o-ya가 변한 말이다.

## 네-

윗사람이 부를 때 대답하는 말은 '네'이다. 대체로 이 '네-'는 장음으로 길게 발음된다. 짧게 '네'라고 하는 것은 씩씩한 느낌은 들지만 정중한 맛은 덜하다. 공손하게 하려면 '네-'라고 길게 발음하는 편이 좋다.

**na** [나가사키, 사가, 후쿠오카, 미에, 이와테, 후쿠시마, 이와테, 아키타 방언] 네
**na-i** [이키, 나가사키, 사가, 후쿠오카, 시가, 후쿠시마, 이와테, 아키타 방언] 〃
**ne** [구마모토, 오이타, 나가사키, 미에, 군마, 야마가타 방언] 〃
**ne-i** [구마모토, 오이타, 시가, 군마, 야마가타 방언] 〃
**네** [한국어]

일본의 응답하는 말은 ha-i이지만, 위의 여러 방언에서 보는 바와 같이 na, na-i, ne, ne-i의 형태가 널리 사용되고 있다.

한국어 '네'인 것이 분명하다. na-i와 ne-i는 '네-'가 길게 장음으로 발음되는 것을 표현한 것이다. 백제인들의 숨결이 느껴지는 말이라 하겠다.

## 야

전라도와 경상도 사람들이 좀 거칠게 응답하는 말이 '**야**'이다. '예'는 정중한 말이고, '야'라는 대답은 높임말이기는 하지만 예의가 없어 보인다.

**ya** [고치, 가가와, 도쿠시마, 야마구치, 와카야마, 나라, 미에, 이시카와, 도야마, 야마가타 방언] 예
**ya-i** [니이가타, 미야기 방언] 〃
**ya-ya** [고치, 이시카와, 도야마 방언] 〃
**야** [전라, 경상방언]

나라(奈良) 등지의 ya는 대답하는 말로서, '**야**'와 같은 의미이다.

니이가타(新瀉)에서는 ya-i라 하고, 이시카와(石川)에서는 ya-ya라 한다.

## 언제

경상방언 '**언제**'는 상대방의 물음에 대하여 부정하는 대답 즉 '아니다'라는 뜻이다. 손위 사람에게는 '**언지예**'라 하고, 손아래에는 '**언제**'라 한다. 어느 때인지를 묻는 말인 '언제'와는 전혀 다르다.

**un-ze** [와카야마, 이와테 방언] 아니오

**언제** [경북방언] 〃

와카야마(和歌山)에서는 부정의 대답 즉 '아니오'를 un-ze라 한다. 경상방언 **'언제'**와 아주 비슷하다.

**un-ziya** [고치, 와카야마, 후쿠이 방언] 아니오
**in-ziya** [나라, 교토, 시가, 미에, 이시카와, 나가사키 방언] 〃
**언지예** [경북방언] 〃

고치(高知) 등지에서는 un-ziya라 한다. un-zi-ya가 축약된 것으로 보이는데, **'언지예'**와 흡사하다.

나라(奈良) 등에서는 in-ziya라 한다. un-zi-ya가 변한 말이다.

'언지예'나 '언제'는 중앙어나 충청도 혹은 전라도의 방언에서는 전혀 보이지 않는다. 가야 사람들이 가지고 간 말인 것으로 짐작된다.

## 야

**'야'**는 손아래 사람을 부르는 말이다. **'야!** 이리 좀 와 봐'의 **'야'**는 '너'와 같은 의미가 된다.

**ya** [오키나와 방언] 너
**야** [한국어] 사람을 부르는 말

오키나와 방언 ya는 '너'라는 뜻의 이인칭 대명사이다. **'야'**와 발음과 의미가 일치하고 있다.

## 여

'여, 김군 오랜만일세'의 '여'는 손아래 사람을 부르는 말이다.

**yo** [시마네 방언] 손아래 사람을 부르는 소리, 어이
**여** [한국어] 〃 〃

시마네(島根) 방언에서는 이럴 때 yo라 한다. 한국의 '여'와 의미와 용법이 동일하다. 고대에는 yə였을 것이다.

## 어이

'어이, 자네 나 좀 보게'의 '어이'는 사람을 부르는 말이다. 손위 사람에게는 쓸 수가 없고, 친한 사이나 손아래 사람에게 사용하는 말이다.

**o-i** [일본어] 친한 사이나 손아래 사람을 부르는 말
**어이** [한국어] 〃

현대 일본어에서 애용되는 o-i 역시 같은 의미이며, 친한 사이나 손아래 사람에게 쓰는 말이다. '어이'와 의미와 용법이 완전히 동일하다. 고대에는 ə-i였을 것이다.

## 아따

'아따, 힘드네!' 혹은 '아따, 말도 많네'의 '아따'는 못마땅하거나 빈정거릴 때에 사용하는 감탄사이다. 이 말은 모든 지역에서 사용되지만 특히 전라도

사람들이 애용하고 있다.

**a-ta** [오사카, 아와지시마 방언] 불쾌한 뜻을 나타내는 감탄사
**a-ta** [고대 일본어] 불쾌하다는 의미의 접두사
**아따** [한국어]

오사카(大阪) 방언 a-ta도 한국어 '아따'와 그 쓰임새가 완전히 일치한다. 못마땅할 때에 내는 감탄사인 것이다.

고대 일본어에서는 이 말이 접두사로 사용되었다. 즉 나쁜 상태를 나타내는 형용사나 부사에 붙어 그 정도가 심하다는 의미를 나타내었던 것이다. 현대의 오사카 방언이나 별 다를 바 없었다.

**a-ta**-a-tsu-i [와카야마, 효고 방언] 매우 덥다
a-tsu-i 暑 서 [일본어] 덥다
**아따** [한국어]

와카야마(和歌山) 방언 a-ta-a-tsu-i는 매우 덥다는 뜻으로서, 하나의 단어이다. a-tsu-i는 덥다는 뜻이고, 그 앞에 a-ta가 접두사로 붙어 있다. '아따 더워'라고 번역할 수 있을 것이다.

백제 사람들도 못마땅하거나 언짢은 일을 당하였을 때, '아따'라는 말을 즐겨 사용하였다는 점이 흥미롭다.

## 이야

'이야'는 놀라거나 기쁘거나 화 날 때 내는 소리이다

**i-ya** [일본어] 놀라거나 감탄하였을 때 내는 소리

**이야** [한국어]

일본어 i-ya는 놀라거나 감탄하였을 때 내는 감탄사이다. 만엽집에도 등장하는 오래된 말이다. '**이야**'와 발음이나 의미가 완벽하게 일치하고 있다.

## 아차

『표준국어대사전』을 보면 감탄사 '**아차**'는 무엇이 잘못된 것을 갑자기 깨달았을 때 하는 말이라고 되어 있다.

**a-tsiya** [도치키, 니이가타 방언] 실패하였을 때 하는 말
**at-tsiya** [ 〃 ] 〃
아차 [한국어]

도치키(栃木)와 니이가타(新瀉)의 방언 a-tsiya 혹은 at-tsiya는 실패하였거나, 곤혹스러울 때, 실망하였을 때, 어이가 없을 때 등의 경우에 내는 감탄사이다. '**아차**'와 의미에서 차이가 없으며, 발음도 흡사하다. 고대에는 a-tiya였을 것이다.

백제 사람들도 현대의 우리들과 마찬가지로 '아차!'라는 말을 애용하였고, 일본으로 건너가서도 이 말을 즐겨 썼다는 사실을 알 수 있다. 그런데 백제 시대에는 'ㅊ' 자음이 없었던 것이 분명하다. 도치키 방언의 고형과 대조하여 보면, '아차'는 백제 시대에 '**아다**' 혹은 '**아댜**'였을 것이다. 그것이 '아차'로 변한 것인데, 일본에서도 같은 발음으로 바뀐 것이 흥미롭다.

## 아갸

'애계'라는 감탄사가 있다. 『표준국어대사전』을 보면, 뉘우치거나 탄식할 때 내는 소리라고 되어 있다. '애개, 그릇을 깨트렸네', '애개, 또 틀렸네'와 같이 사용한다고 한다. 그리고 일상적으로 많이 사용되는 '아갸'라는 말은 '애계'의 잘못이므로, '애계' 만을 표준으로 삼는다고 하고 있다.

**a-kiya** [니이가타 방언] 실패, 곤혹 등의 경우에 내는 소리
**a-kiyat-kiya** [ 〃 ] 〃
**아갸, 애계, 애계계** [한국어]

그러나 니이가타(新瀉) 방언 a-kiya를 보면 원래는 '아갸'였다는 사실을 알 수 있다. 발음과 의미가 완벽하게 일치하고 있다. 현대어 '애계'는 '아갸'가 변한 말인 것이 분명하다.

a-kiyat-kiya라고도 한다. '아갸갸'와 완벽하게 일치하고 있다.

## 쉬!

"쉬! 조용히 해"의 '쉬'는 소리를 내지 말라는 의미이다. '쉿'이라고도 한다.

**si-i** [일본어] 제지하는 소리
**쉬** [한국어]

일본의 중앙어 si-i는 제지하거나, 벽제(辟除) 즉 귀인이 행차할 때 잡인의 통행을 금지하는 소리이다. 『프라임 일한사전』에 나오는 'si-i, 사람이 온다'라는 예문이 이 말의 의미를 잘 설명해 주고 있다.

'쉬'와 발음과 의미가 흡사하다. 고대에는 sui-i였을 가능성이 크다.

## 저

"저, 있잖아요……"의 '저'는 말이 생각나지 않거나 혹은 머뭇거릴 때 쓰는 말이다. 이때의 '저-'는 장음으로 길게 발음된다. 그런데 '저'는 원래 '이' '그'와 대비되는 **지시대명사**이다. 원래는 지시대명사였던 것이, 어떤 이유인지는 알 수 없으나 말이 막힐 때에 내는 감탄사로 전성된 것이다.

**a-no** [일본어] 생각이나 말이 막혔을 때 내는 소리
**저** [한국어]

일본인과 대화를 나누어 본 사람은 a-no라는 말을 익히 들었을 것이다. 말이 막힐 때에 사용하는 말인데, 약방의 감초처럼 자주 사용되고 있다. 역시 장음으로 길게 발음된다. 『네이버 일한사전』을 보면, a-no-u라고 길게 빼기도 한다고 되어 있는데, 대부분의 일본 사람들은 장음으로 발음하고 있다. 한국어의 '저-'와 같은 용도로 사용되고 있다.

일본어 a-no(彼 피) 역시 원래는 '저'라는 의미의 **지시대명사**이다. 한국어 '저'를 번역하면 a-no가 된다. 무슨 의미인가? 모국에서 말이 막힐 때에 '저-'라 하던 백제 사람들이, 일본으로 건너가서는 이 말을 일본어로 번역하여 a-no라 하였던 것이다.

## 그제

경북방언 '**그제**'는 말의 끝에 사용되는 감탄사로서, 다짐하거나 확인 혹은 강조의 의미를 나타낸다. "니가 했제, **그제**"의 '그제'는 '니가 했제'라는 말

을 다짐하거나 확인하는 용도이다.

**ko-te** [니이가타 방언] 강조의 의미를 더하는 말
**그제** [경북방언] 다짐, 확인, 강조의 의미를 더하는 말

니이가타(新潟) 방언 ko-te는 '**그제**'와 의미와 용법이 동일하다. 문장의 말미에 사용되어 강조 혹은 안타까움의 의미를 나타낸다고 한다.

"그렇다, ko-te"

"중학생이 되었으니, 그 정도는 당연하지, ko-te"

위의 두 예문은 오오하시(大橋勝男) 선생의 『니이가타현 방언사전(新潟縣方言辭典)』에 나오는 예문을 번역한 것이다. 위 예문의 ko-te 자리에 '**그제**'가 들어가도 전혀 어색함이 없다. '그제'도 고대에는 '**거대**'였을 것이다. 발음과 의미가 완벽하게 일치하고 있다.

## 영차영차

'**영차영차**'는 무거운 물건을 들어 올리는 등 여러 사람이 힘을 합쳐 힘든 일을 할 때, 기운을 북돋우려고 내는 소리이다. 고대에는 어떠한 발음이었을까? 고대에는 'ㅊ' 자음이 존재하지 않았다. 다음의 일본 방언과 대조하여 보면, '영사영사' 혹은 '양사양사'가 아니었을까?

**yan-sa-yan-sa** [시마네 방언] 여럿이 수레 멜 때 내는 소리
**ya$_t$-sa-i-ya$_t$-sa-i** [돗토리 방언] 〃
**영차영차** [한국어]

혼백을 모시는 가마를 일본에서는 '미코시(御輿 어여)'라 한다. 시마네(島根)에서 여럿이 미코시를 멜 때 기운을 북돋우기 위하여 내는 소리가 yan-sa-yan-sa이다. 그 발음이 '영차영차'와 흡사하다.

돗토리(鳥取)에서는 ya$_t$-sa-i-ya$_t$-sa-i인데, yan-sa-yan-sa가 변한 형태로 보인다. 앞서 본 '왓쇼이'와 같은 용도로 사용되는 말이지만, 그 어원은 전혀 다르다.

百濟語

# 16. 조사, 어미, 어말어미, 접미사

## ~올시다

"예, 저 올시다"의 '~올시다'는 사실을 서술하는 의미로서, '~입니다'와 같은 뜻이다.

> o-ri-si-da [센다이 방언] ~입니다
> **~올시다** [한국어] 〃

미야기(宮城) 현의 현청 소재지 센다이 시(仙台市) 에서는 '~입니다'의 뜻으로 o-ri-si-da라는 말을 쓰고 있다. 일본어로는 전혀 이해할 수 없다.

'~올시다'가 건너간 것이다. 발음도 같고 의미도 동일하다. 한국의 서남부 백제와 일본의 동북지방 센다이라는 공간적 거리, 1천4백여 년이라는 시간적 차이에도 불구하고, 이런 정도로 두 말이 동일성을 유지하고 있다는 사실이 신기하게 느껴진다.

## ~수다

'북에서 왔수다'는 '북쪽에서 왔어요'라는 의미이다. 함경도나 평안도 사람들은 '~수다'라는 말을 지금도 많이 쓰는데, '~어요' 혹은 '~입니다'라는 의미이다.

o-ban-na-ri-**su-da** [미야기 방언] 밤에 하는 인사말
ban 晩 만 [일본어] 밤
na-ri 成 성 [ 〃 ] 되다
**~수다** [함경, 평안방언] ~어요

일본 사람들은 밤이 되면 인사말로 '곤방와'라 하지만, 미야기(宮城) 사람들은 o-ban-na-ri-su-da라고 한다.

재미있는 말이다. o(御 어)는 높임의 의미이고, ban은 밤이다. na-ri는 되다는 의미의 동사 na-ru의 연용형이다.

마지막의 su-da는 무엇인가? 이 말을 이해하는 일본 사람은 아무도 없을 것이다. 미야기 사람이라고 하더라도 마찬가지다. 바로 함경방언 '~수다'이다. 이 방언은 '밤이 되었수다'라는 의미가 된다. 이 말은 동북지방인 미야기 이외에는 사용되는 곳이 없고, '~수다'도 북한지역에서만 사용되는 말이다. 고구려 유민들이 가져간 것이 분명하다.

## ~오

'나는 군인이오'의 '오'는 '~이다'의 높임말로서, '~입니다'라는 뜻이다. 일본어로는 de-go-za-i-ma-su이다.

**o**-ma-su [오카야마, 시마네, 나라, 교토, 오사카, 효고, 시가, 기후,

나가노 방언] ~입니다

ma-su [일본어] 〃

**~오** [한국어] 〃

나라(奈良), 교토(京都) 등의 방언 o-ma-su는 '~입니다' 혹은 '~있습니다'라는 의미이다.

ma-su는 '~입니다'라는 의미의 조동사이지만, 앞의 o는 무슨 의미인가? 일본어로는 전혀 알 수 없다. 바로 '군인이오'의 '오'이다. 이 방언은 동어반복이다. ma-su만으로도 '~입니다'라는 의미가 충분하지만, 굳이 모국에서 사용하던 '~오'를 앞에 붙이고 있다.

**o**-su [시가 방언] ~입니다

**~오** [한국어] 〃

시가(慈賀)에서는 o-su라 한다. o는 '~오'이고, su는 ma-su에서 ma가 생략된 형태이다.

a$_t$-tsu-**o** [후쿠시마 방언] ~오

**~오** [한국어]

후쿠시마(福島) 방언 a$_t$-tsu-o는 '있습니다'라는 뜻이다.

a$_t$-tsu는 있다는 의미의 a-ru가 변한 말, o는 다름아닌 '~오'이다.

i$_t$-te-ko-**o** [후쿠시마 방언] 갔다 오오

i$_t$-te-ko-i [일본어] 갔다 오너라

**~오** [한국어]

'빨리 하오'는 빨리 하라는 뜻이다. 여기서의 '~오'는 명령의 의미이다.

일본의 중앙어 it-te-ko-i는 '갔다오너라'라는 뜻으로서, 명령의 의미이다. it-te는 가다는 의미의 i-ku(行 행)와 접속조사 te의 결합형이고, ko-i는 오다는 뜻을 가진 동사 ku-ru(來 내)의 명령형이다.

그런데 후쿠시마에서는 it-te-ko-o라 한다. 중앙어 ko-i는 '오라'는 의미의 명령형인데, 이에 대응되는 ko-o의 o는 일본어가 아니다. 일본어에는 이러한 말이 존재하지 않는다. '하오'의 '오'인 것이 분명하다. 한국어 '~오'에는 설명의 의미 외에 명령의 의미도 있다. 고대에도 마찬가지였던 모양이다.

## ~라

'빨리 해라'의 '~라'는 명령의 의미를 나타내는 어미이다. 높임의 의미는 전혀 없다.

su-**ra** [오카야마 방언] 해라
su-ru 爲 [일본어] 하다
**~라** [한국어] 명령의 의미를 나타내는 종결어미

오카야마(岡山) 방언 su-ra는 '해라'는 뜻이다. su는 하다는 의미의 일본어 su-ru의 어근으로서, 여기에 명령문을 만드는 어미 ra가 붙어있다. 이 ra는 일본어로는 전혀 이해할 수 없다. 일본어에서는 이런 경우, 명령의 의미를 나타내는 조사 yo를 뒤에 붙여 su-ru-yo라 한다.

오카야마 방언 su-ra의 ra는 '해라'의 '~라'와 발음과 의미가 완벽하게 일치하고 있다. 백제 사람들도 현대의 우리들과 마찬가지로 명령문을 만들 때에는 '~라'라 하였던 것을 알 수 있다.

i-**ra** [교토 방언] 살아라

i-ra 居 거 [일본어] 살다
~라 [한국어]

교토(京都) 방언 i-ra는 살아라는 뜻으로서, 명령의 의미이다.

i는 살다는 의미를 가진 동사 i-ru의 어근이고, ra가 명령의 뜻을 가진 어미이다. '해라'의 '~라'와 발음과 의미가 완벽하게 일치하고 있다.

## ~거라

'~거라' 또한 앞의 '~라'와 마찬가지로 명령문을 만드는 어미이다. '가거라' 혹은 '거기 섰거라'에서 보는 바와 같다. 중세에도 같은 모습이었는데, 고대에도 마찬가지였을 것이다.

i-ko-ra [미에 방언] 가거라
i-ku 行 행 [일본어] 가다
~거라 [한국어]

미에(三重) 방언 i-ko-ra는 가거라는 뜻으로서 명령형이다.

앞의 i는 가다는 뜻의 동사 i-ku(行 행)의 어근이고, ko-ra는 '~거라'이다. 고대에는 kə-ra였을 것이다. '가거라'라는 의미가 된다. 발음과 의미가 완벽하게 일치하고 있다.

원래 i-ku라는 동사의 명령형은 i-ke이다. 이 방언은 전혀 다르다.

## ~같다

'~같다'는 원래 동일하다는 뜻이다. 그러나 '비가 내리는 것 같다'의 '같다'

는 동일하다는 의미와는 좀 다르다. 동아출판사의 『새국어사전』에 의하면 이 경우의 '같다'는 불확실한 단정을 뜻하는 말이라고 한다.

i-**go$_t$-ta** [아오모리 방언] 좋은 것 같다
i-i 良 양 [일본어] 좋다
**~같다** [한국어] 불확실한 단정을 나타내는 말

아오모리(青森) 방언 i-go$_t$-ta는 '좋은 것 같다'는 의미이다. i는 좋다는 의미의 형용사 i-i의 어근이다. go$_t$-ta는 '**같다**'인데, 고대에는 gət-ta였을 것이다.

백제 사람들도 역시 '좋은 것 같다' 혹은 '비가 내리는 것 같다'라는 불확실한 단정 표현을 사용하였던 사실을 알 수 있다.

**go-to** 同 동 [고대 일본어] 같다
**같**다 [한국어]

고대 일본어 go-to는 '같다' 즉 동일하다는 의미로서, 고대의 발음은 gə-tə였다. '같다'는 중세에 '**곹다**'라 하였다. 백제 시대에는 '**걷다**'였을 것이다.

## ~네

'나는 잘 있네'의 '있네'는 '있다'는 뜻이고, '그 사람 마음에 드네'의 '드네'는 '들다'라는 의미이다. 이 '~네'는 서술 혹은 설명의 의미이다.

**~ne** [교토 방언] ~다(설명)
**~네** [한국어] 〃

교토(京都)의 ne는 중앙어 no-da의 의미로서, 설명의 뜻을 나타낸다. 발음과 의미가 '~네'와 아무런 차이가 없다. 백제 시대에도 '~네'라는 말이 현대어와 별 차이가 없이 사용되었던 사실을 알 수 있다.

## ~제

전라도 사람들이 '그때는 고생도 많이 했제'의 '했제'는 '했다'는 의미이다. '그 사람 일은 내가 모르제'의 '모르제' 역시 '모른다'는 뜻이다. 이 '~제'는 서술의 의미로서, '~다'라는 뜻을 나타낸다.

**~zi-e** [교토 방언] ~다(서술)
**~제** [전라방언] 〃

교토(京都) 방언 zi-e는 중앙어 da의 의미를 나타낸다. 서술의 의미이다. 전라방언 '~제'와 발음은 흡사하고 의미는 일치하고 있다.

## ~께

전라방언 '그렁께'는 '그러니까'라는 뜻, '있응께'는 '있으니까'라는 의미이다. 전라방언 '~께'는 다른 지역에서는 찾아보기 어려운 독특한 방언으로서, 원인이나 이유를 나타낸다.

**~ke** [오이타, 후쿠오카, 도쿠시마, 시마네, 히로시마, 오카야마, 돗토리, 교토 방언] ~까(원인, 이유)
**~게, ~께** [전라방언] 〃 ( 〃 )

규슈(九州) 북부에서부터 교토(京都)에 이르기 가지 널리 사용되는 ~ke는 역시 원인이나 이유를 뜻하는 조사이다. 전라방언 '~게' 혹은 '~께'와 그 발음이나 의미가 완전히 동일하다.

## ~걸

'그 사람은 아마 떠났을걸'은 그 사람이 떠났을 것으로 추측한다는 뜻이다. '~걸'은 추측의 의미를 나타내고 있다.

**~gu-ro** [도쿠시마 방언] ~걸(추정)
**~걸** [한국어] 추측

도쿠시마(德島) 방언 ~gu-ro 역시 추정의 의미이다. '~걸'이 일본으로 건너간 것이다.

## ~대?

'그 사람, 왜 그렇게 한 대?'의 '~대'는 의문의 뜻을 나타내는 조사이다. '~까?'와 같은 말이다.

**~de** [도쿠시마 방언] ~까?(의문)
**~대** [한국어] 〃 ( 〃 )

도쿠시마(德島) 사람들도 de를 의문의 조사로 사용하고 있다. 가령 a-ru(有 유)-de는 '있을까?'라는 의미가 된다. '~대'와 발음과 의미가 완벽하게 일치하고 있다.

사토(佐藤亮一) 교수의 『전국방언사전』에 의하면, 조사 de는 도쿠시마 방언의 왕(王)이라고 한다. 도쿠시마에서는 아주 활발하게 사용되지만 다른 지역의 사람들이 들으면 이해하기 어렵기 때문이다.

## ~대

'새로 오신 수학 선생님이 무섭대'라는 말은 '(누군가로부터 들은 말로는) 새로 오신 수학 선생님이 무섭다고 하더라'라는 의미이다. '무섭대'의 '~대'는 다른 사람으로부터 들은 말을 전할 때, 즉 전문(傳聞)한 일을 진술할 때에 사용하는 어미이다.

**~te** [교토, 니이가타 방언] ~대(전문)
**~대** [한국어]

교토(京都)와 니이가타(新潟) 방언의 ~te도 '~대'와 마찬가지로 전문의 뜻을 나타내는 말이다. 그 의미와 발음이 완전히 동일하다.

## ~까예?

졸저 『일본 천황과 귀족의 언어』에서 경북방언 '~예?'가 천황이 지은 만엽가에서 사용된 것을 보았다(183쪽). 이와 흡사한 경북방언 '~까예'를 살펴보자. 경북 방언 '머 할까예?'는 '무엇을 할까요?'라는 뜻이다. '~까예?'는 '까요?'와 같은 의미로서, 의문을 나타내는 아주 공손한 표현이다.

**~ka-e** [도치키 방언] ~까(의문)
**~까예** [경북방언] 〃 ( 〃 )

도치키(栃木) 방언 ka-e 또한 경북방언 '~까예'와 의미와 용법이 완전히 동일하다. 의문을 나타내는 말이고, 아주 공손한 표현으로서, 손윗사람에게 쓰는 말이다. 고대에는 ka-ye였을 것이다. '~까예'와 발음과 의미가 일치하고 있다.

## ~게

현대 한국어에서는 '철수에게 가 보자'라고 하지만 중세어에서는 '철수게 가 보자'라고 하였다. '~에게'의 '에'는 어조를 부드럽게 하기 위하여 삽입된 말이고, 원래는 '~게'였다. 지금도 '아버님께 가 보자'라고 한다. 존대어는 '~께'인데, 여기에는 '에'가 들어가지 않는다.

**~ge** [후쿠오카 방언] ~에게
**~게** [중세 한국어] 〃

후쿠오카 방언 ~ge는 '~에게'라는 뜻의 조사이다.

가령 'ta-ro(太郎)-san-ge-i(行 행)-ku'는 '타로상에게 가다'라는 뜻이다. 용법과 의미가 한국어 '~게'와 그대로 일치한다.

## 이렇게

지시대명사 '이, 그, 저, 어느'를 고대 일본어에서는 ko(此 차), so(其 기), a(彼 피), do(何 하)라 하였다. 현대 일본어에서는 ko-no, so-no, a-no, do-no라 한다.

'이렇게'는 ko-no의 뒤에 yo-u-ni(樣 양)를 붙여 ko-no-yo-u-ni라 한다. '그렇게'와 '저렇게' 혹은 '어떻게'도 각각 해당되는 일본어의 뒤에 yo-u-ni를 붙이면 된다. 그렇지만 다음의 일본 방언은 중앙어와는 전혀 다르다.

ko-**ge** [거의 혼슈 전역의 방언] 이렇게
so-**ge** [ 〃 ] 그렇게
a-**ge** [ 〃 ] 저렇게
do-**ge** [ 〃 ] 어떻게
ko, so, a, do [고대 일본어] 이, 그, 저, 어느
이렇**게**, 그렇**게**, 저렇**게**, 어떻**게** [한국어]

일본 본섬의 거의 전역에 분포하는 방언 ko-ge는 '이렇게'라는 의미인데, '이'를 뜻하는 ko의 뒤에 ge가 붙어있다.

'그렇게'는 so-ge로서, 역시 '그'를 의미하는 so의 뒤에 ge가 있다. a-ge와 do-ge, 모두 마찬가지 형태이다. 이 네 가지 말에 붙은 접미사 ge는 무슨 의미인가? '이렇**게**' 혹은 '그렇**게**'에 나오는 어미 '~**게**'인 것이 분명하다. 발음과 의미가 완벽하게 일치하고 있다.

따라서 ko-ge는 '이(렇)게'이고, so-ge는 '그(렇)게', a-ge는 '저(렇)게'라는 의미가 된다. 백제 사람들도 '~게'라는 어미를 현대의 우리들과 마찬가지 의미와 용법으로 사용하였던 사실을 알 수 있다.

## ~사라

전라도 사람들이 '이 일은 너 **사라** 할 수 있다'라고 할 때의 '너 **사라**'는 '너 만이'라는 뜻이다. 전라방언 '~**사라**'는 '~만이'라는 의미이다.

**~sa-ra** [기후 방언] 만이
**~사라** [전라방언] 〃

기후(岐阜) 방언 ~sa-ra 역시 같은 뜻을 가진 조사이다. '~사라'와 발음과 의미가 완벽하게 일치하고 있다.

## ~꼬?

'이 일을 누가 할꼬?'의 '~꼬'는 의문을 나타내는 종결어미이다. 중세에는 '고'였다.

**~ko** [교토, 오사카, 효고 방언] ~까?(의문)
**~꼬** [한국어] 〃 ( 〃 )

교토(京都)와 오사카(大阪) 방언 ko는 의문을 나타내는 어미이다. 오사카와 인접한 효고(兵庫)에서도 널리 사용되는데, 사토(佐藤亮一) 선생의 『전국방언사전』에 의하면 이곳에서는 남성만 이 말을 사용하고 여성은 쓰지 않는다고 한다.

『표준국어대사전』에 의하면 '대체 그것이 무엇일꼬?' 따위의 '~꼬'는 근엄한 말투라고 한다. 나이 든 남성이 권위를 자랑하는 듯 사용하는 말투인 것이다. 발음과 의미뿐만 아니라 어감마저도 완벽하게 일치하고 있다.

## ~나?

'자네, 어디 가나?'의 '~나'는 의문을 나타내는 어미이다.

**~na** [오키나와 방언] ~가(의문)
**~나** [한국어] 〃 ( 〃 )

오키나와(沖縄) 방언 na는 가볍게 묻는 의미를 나타내는 어미이다. 가령 있다는 의미의 a-ri(有 유)에다 na를 붙인 a-ri-na는 '있나?'라는 뜻이 된다.

'어디 가나?' 역시 정중한 말이 아니고, 가벼운 의문문이다. 한국의 '~나'와 오키나와의 na는 발음과 의미, 용법이 완전히 일치한다.

## ~야

'그건 바로 나야'는 '그건 바로 나다'라는 의미이다. 여기서의 '~야'는 '~다'라는 뜻이다.

**~ya** [교토, 니이가타 방언] ~다(단정)
**~야** [한국어] 〃 ( 〃 )

교토(京都)와 니이가타(新潟) 방언의 ya도 마찬가지로 '~이다'라는 의미이다. 백제에서도 '~야'는 '~이다'라는 의미로 사용되었던 것이다.

## ~밖에

'공부밖에 모른다'의 '~밖에'는 '그것 말고는'이라는 의미의 조사이다. 그 뒤에는 반드시 '없다' 혹은 '모른다' 따위의 부정하는 말이 뒤따른다.

**ha-ka** [쓰시마, 교토, 도쿠시마, 가가와, 와카야마 방언] ~밖에
**~밖에** [한국어]

교토(京都) 일원의 방언 ha-ka 역시 '~밖에'와 같은 의미의 조사로서, 그

뒤에는 반드시 부정하는 말이 뒤따라야 한다. 고대에는 pa-ka였다. '~밖에'와 발음과 의미, 용법이 완벽하게 일치한다.

'밖에'는 중세에는 '밧긔'라 하였으므로, 그 표기 방법에서는 차이가 있으나 발음은 현대어와 거의 비슷하다. 백제 시대에도 큰 차이는 없었던 모양이다. 그 당시에는 '박가'였을까?

## ~까지

'서울에서 부산까지 쉬지 않고 달렸다'의 '~까지'는 어떤 일이나 상태의 끝임을 나타내는 조사이다. 중세에는 'ᄭᅡ지'였다. 'ᄭ'는 복자음이 아니고 경음표기이다.

**ga-di** [오키나와 방언] ~까지
**~까지** [한국어]

오키나와의 여론도(與論島)에서는 ga-di라 한다.

오키나와의 이 방언을 보면, '까지'는 고대에는 '가디'였을 것이다. 발음과 의미가 완벽하게 일치하고 있다. 오키나와의 한 섬에 고대의 한국어가 보존되고 있었던 것이다.

**gu-ti** [나라, 오사카, 미에, 시가, 아이치 방언] ~까지 통째로
**gu-zi** [나라, 이바라키, 후쿠시마 방언] 〃
**~까지** [중세 한국어]

'생선을 뼈까지 다 먹어라'의 '~까지'는 '통째로'라는 뜻이다. 앞의 '~까지'에서 의미가 약간 변형된 모습이다.

나라(奈良) 등의 방언 gu-ti와 gu-zi도 같은 의미인데, 일본에서는 접미

사라 한다. 고대 한국어 '가디'에 그 뿌리를 두고 있다. 백제에서도 이 말은 현대 한국어와 완전히 같은 의미로 사용되었던 사실을 알 수 있다.

# 17. 삼국사기 지명과 일본의 방언

## 갑비

삼국사기 지리지에 나오는 다음 두 고구려 지명에 의하면, 고구려 사람들은 구멍을 '갑비' 혹은 '갑'이라 하였던 모양이다.

> **穴**口郡 一云 **甲比**古次 혈구군 일운 갑비고차
> (**혈**구군은 **갑비**고차라고도 한다)
>
> **穴**城 本 **甲**忽 혈성 본 갑홀
> (**혈**성은 본래 **갑**골이었다)

위 두 지명에서는 구멍을 뜻하는 한자 '혈(穴)'이 고유어 '갑비(甲比)' 혹은 '갑(甲)'과 대응되고 있다.

당시 사람들은 구멍을 '갑비' 혹은 '갑'이라 하였던 것을 알 수 있다. 주법고(周法高) 선생의 『漢子古今音彙(한자고금음휘). 1982. 香港中文大學出版社』에

의하면, '甲'의 중고음은 kap 이었다. 고구려 당시에도 '갑'이었을 것이다. '比'는 역시 '비'였다. 따라서 '갑비(甲比)'는 현대의 발음과 아무런 차이가 없었을 것이다. 다음의 일본 방언을 보자.

**ga$_t$-pa**-na 穴 혈 [와카야마 방언] 구멍
a-na 〃 [일본어] 〃
**갑비, 갑** [고구려어] 〃

일본어에서 구멍을 a-na라 하지만, 와카야마(和歌山)에서는 ga$_t$-pa-na라 한다. '갑비' 혹은 '갑'과 대조하여 보면, 이 방언은 ga$_t$-pi와 구멍을 의미하는 일본어 a-na의 합성어인 것을 알 수 있다.

ga$_t$-pi는 무슨 말인가? 구멍을 뜻하는 고구려어 '갑비' 혹은 '갑'인 것이 분명하다. 뒤에 붙은 a-na의 a모음에 이끌려 ga$_t$-pa로 된 것으로 짐작된다. 그리고 첫 음절이 ga$_t$으로 촉음인 것은, '갑' 발음이 반영된 모습이다. 즉 '가'가 아닌 '갑'이므로, 이것을 촉음으로 나타낸 것이다.

구멍을 뜻하는 '갑비'나 '갑'은 고대의 한국어인 것이 분명하지만, 막상 한국에서는 오래 전에 사라지고 사어가 되어 버렸다. 그나마 일본의 방언에 흔적이 남아 있는 것이 천만다행이 아닐 수 없다. 고구려의 혈구군 즉 '갑비고차'는 지금의 강화도이며, 혈성은 압록강 이북이다. 강화도는 본래는 백제의 영토였으므로, 이 '갑비'는 백제어일 가능성이 높다.

**ko$_t$-pa**-a-na 穴 혈 [기후 방언] 구멍
**갑비** [고구려어] 구멍

기후(岐阜)에서는 ko$_t$-pa-a-na라 한다. 이 방언에는 a-na의 음가가 그대로 살아 있다. ko$_t$-pa는 '갑비'가 변한 발음이다.

**go$_t$-po**-ri 穴 혈 [오키, 시마네 방언] 구멍 나 있는 모습

po-ri 掘 굴 [고대 일본어] 구멍 뚫기

시마네(島根) 등지에서는 구멍 나 있는 모습을 got-po-ri라 한다.

이 방언은 구멍을 뜻하는 '갑비'가 변한 got-po와 구멍을 뚫다는 뜻의 고대 일본어 po-ru(현대어 ho-ru)의 명사형 po-ri의 합성어이다.

## 도

삼국사기 지리지의 고구려 지명을 보면, 저수지의 둑을 '도'라 하였던 것을 알 수 있다.

長**堤**郡 本 主夫**吐**郡 장제군 본 주부토군
(장**제**군은 본래 주부**토**군이었다)

奈**隄**郡 本 奈**吐**郡 나제군 본 나토군
(나**제**군은 본래 나**토**군이었다)

위 지명의 '제(堤)'와 '제(隄)', 두 한자는 모두 제방 즉 저수지의 둑을 뜻하는데, 고구려어 '토(吐)'와 대응되어 있다.

주법고(周法高) 선생의 위 책에 의하면, 이 '吐'의 중고음은 to/tuo였다 한다. 격음이 없던 고구려 시대에는 '도'였을 것이다. 따라서 저수지의 둑을 고구려어로 '도'라 하였다는 사실을 알 수 있다.

漆**堤**縣 本 漆**吐**縣 칠제현 본 칠토현
(칠**제**현은 본래 칠**토**현이었다)

이것은 신라의 지명이다. 여기서도 제방을 뜻하는 '제(堤)'라는 한자가 신라어 '토(吐)'와 대응되므로, 신라에서도 마찬가지로 제방을 '도'라 하였던 사실을 알 수 있다. 둑을 의미하는 고대 한국어 '도'는 일본어에 명료하게 나타나 있다.

**do**-te 土手 토수 [일본어] 제방
**도** [고구려어] 〃

일본의 중앙어 do-te는 제방 즉 둑을 의미한다.

앞의 do는 둑을 의미하는 고구려어 '도'이고, te는 '먼 데' 혹은 '가까운 데'의 '데'이다. '데'는 졸저 『일본 천황과 귀족의 백제어』에서 본 바 있다(55쪽 참조). 따라서 이 말은 '도 데' 즉 '둑 데'가 원래의 의미이다. 둑을 뜻하는 '도'가 한국에서는 완전하게 잊혀졌으나, 일본에서는 어엿한 중앙어로 활약하고 있다.

고구려의 '주부토군'은 현재의 부천시이고, '나제군'은 충북 제천군이라 한다. 원래는 백제 영토였다. '도'라는 말은 백제어였을 가능성이 크다. 신라의 '칠제현'은 현재의 경남 창원시 칠원면이다.

앞에서 본 구멍을 뜻하는 방언 $ga_t$-pa-na(穴 혈)나, 이 do-te 모두 맑은 소리인 ka나 to가 아닌 흐린소리 ga와 do인 점을 주목하여 보자. 이 점만 보더라도 이 두 말이 고대에 한국에서 건너갔다는 사실을 암시하고 있다

## 나

고구려 지명 '나토군(奈吐郡)'을 본 바 있다. '나토'의 '토'는 저수지의 둑을 뜻하는 고구려어 '도'이지만, 앞의 '나'는 무슨 말일까?

奈**隄**郡 本 奈**吐**郡 나제군 본 나토군
(나**제**군은 본래 나**토**군이었다)

**奈**吐郡 一云 **大**堤 나토군 일운 대제
(**나**토군은 **대**제라고도 한다)

그런데 삼국사기 지리지에 의하면, '**나**토군'을 '**대제**'라고도 하고 있다.

'대제'는 한자어로서, '큰 둑'이라는 뜻이다. 그러면 고구려어 '**나**'가 크다는 의미가 되어야 마땅하지만, 한국에서는 진작 사라져 버리고 일본의 방언에 남아 있다.

**na**-de-ka-i 大 대 [미에 방언] 크다
de-ga-i 〃 [치바 방언] 〃
**나** [고구려어] 〃

미에(三重) 방언 na-de-ka-i는 크다는 뜻이다.

치바(千葉) 방언에서 de-ga-i가 크다는 의미이므로, 미에 방언의 na는 역시 크다는 뜻으로서, 동어반복인 것을 알 수 있다.

**ran** 大 대 [에히메 방언] 크다
**nen**-ko-i 〃 [나라 방언] 〃
**나** [고구려어] 〃

에히메(愛媛) 방언 ran 또한 크다는 의미인데, 고대에는 na였던 것이 분명하다. na→ra→ran의 변화과정을 밟았을 것이다.

나라(奈良)에서는 nen-ko-i라 한다. ko-i는 형용사를 만드는 접미사이고, 어근은 nen인데, 이 또한 고대에는 na였을 것이다. na→ne→nen의 변화인 것으로 짐작된다.

고구려의 '나토군'은 현재의 충북 제천군이므로, 원래는 백제 영토였다. 앞의 '수보'나 '나' 모두 원래는 백제어였을 가능성이 크다. 한국에서는 완벽하게 잊혀지고, 오직 일본의 방언에 만 화석처럼 남아있다.

## 구시

지금의 경기도 김포시 통진읍 일대 또한 고구려의 영토였다. 이곳을 삼국사기 지리지는 다음과 같은 지명으로 표기하고 있다.

**童子**忽縣 一云 **仇斯**波衣 동자홀현 일운 구사파의
(**동자**골현은 **구사**파의라고도 한다)

통진읍 일대를 고구려에서는 '동자골(童子忽)'이라 하였는데, 다른 이름으로는 '구사파의(仇斯波衣)'라 하였다는 것이다. 그래서 아이를 의미하는 한자어 '동자(童子)'가 고구려의 고유어 '구사(仇斯)'와 대응된다는 사실을 짐작할 수 있다.

주법고(周法高) 선생의 위 책에 의하면, '구(仇)'의 중고음은 giog/giəu였으니, 고구려에서는 현대어와 마찬가지로 '구'였을 것이다. '사(斯)'의 중고음은 sieg/sie/si였으므로, 고구려에서는 '시'였다.

따라서 이 고구려어의 당시 발음은 '**구시**'였다. 그러면 '구시'라는 말이 아이를 의미하는 말이 되어야 마땅하지만, 현대 한국어는 물론 중세어에도 이 말의 흔적을 찾을 수 없다. 오직 일본의 방언에만 남아 있다.

**ko-si** 子供 자공 [기후, 도야마 방언] 아이
**구시**(仇斯) [고구려어] 〃

기후(岐阜)와 도야마(富山) 방언 ko-si는 아이를 뜻하는데, 이 말은 낮추어 부르는 말 즉 비칭이다.

고구려어 '**구시**'와 발음은 흡사하고 의미는 동일하다. 김포 일원은 원래 백제의 영토였으니, 이 말 또한 원래는 백제어였을 가능성이 크다.

**ko-si**-to 子供 자공 [시마네 방언] 아이

**ko-si**t-to 〃 [도쿠시마, 히로시마, 와카야마, 시가 방언] 〃
**구시**(仇斯) [고구려어] 〃

위의 두 방언 역시 아이를 뜻한다. ko-si와 사람을 뜻하는 hi-to(人 인)의 합성어로서, 중간의 hi가 생략된 형태이다. '**구시** 사람'이라는 의미가 된다.

## 고마

'**말**'이 일본으로 건너간 것은 졸저 『천황과 귀족의 백제어』에서 본 바 있다(66쪽). 현대 한국어에서는 '말'이라는 동물을 의미하는 단어는 '말' 하나밖에 없지만, 백제에는 또 다른 말이 있었다. 삼국사기에 나오는 다음의 백제 지명을 보자.

**馬**邑縣 本 **古馬**彌知縣 마읍현 본 고마미지현
(**마**읍현은 본래 **고마**미지현이었다)

백제시대에는 '**고마**미지'로 불리우던 현이, 신라가 통일한 이후에는 '**마**읍현'으로 바뀌었다.

여기에서 '**고마**(古馬)'라는 백제의 고유어가 신라 시대에 바뀐 지명의 한자어 '**마**(馬)' 즉 말과 대응한다는 사실을 알 수 있고, 따라서 백제 사람들이 말을 '**고마**'라 하였다는 사실을 짐작할 수 있다.

**ko-ma** 駒 구 [고대 일본어] 망아지, 말
**ko-ma** 牡馬 모마 [거의 일본 전역의 방언] 숫말
**고마** [백제어] 말

일본의 고어 ko-ma는 망아지 혹은 말을 뜻한다. 그런데 이 말은 숫말이

라는 의미의 방언으로서 지금도 일본의 거의 전국에서 사용되고 있다. 바로 백제의 '**고마**'인 것이 분명하다. 발음과 의미가 완벽하게 일치한다.

**ko-ma**-mu-su-bi 小間結 소간결 [일본어] 옭매듭
**ma-ru**-mu-su-bi 〃 [교토 방언] 〃
**말** [한국어]

일본어 ko-ma-mu-su-bi는 끈을 묶는 매듭의 한 종류인 옭매듭을 뜻한다. ko(小 소)는 작다는 뜻, ma(間 간)는 사이 혹은 틈이며, mu-su-bi(結 결)는 매듭이다. '작은 틈 매듭'이라는 의미가 된다. 틈을 작게 만든 이런 매듭은 잘 풀리지 않는다.

이 매듭을 교토(京都) 사람들은 ma-ru-mu-su-bi라 한다. mu-su-bi(結 결)는 매듭이지만, ma-ru는 무슨 말인가? 일본어 ma-ru(丸 환)는 둥글다는 의미인데, 이 매듭은 틈이 작은 매듭이지 '둥근 매듭'과는 거리가 멀다. 일본어가 아니다. 작은 틈이라는 의미의 ko-ma(小間 소간)에서, 교토 사람들은 같은 발음인 ko-ma(駒 구) 즉 말을 연상하였고, 그것과 같은 의미인 백제어 '**말**'로 바꾼 것이 바로 이 ma-ru이다. 말을 뜻하는 ko-ma(駒 구)와 백제어 '말'을 이용한 언어의 유희이다.

마치 일본서기나 고사기, 만엽집에서 자주 보았던 백제어와 일본어를 이용한 언어의 유희를 보는 느낌이다. 백제가 멸망한 이후 유민들이 대거 도왜한 이후에는, 이러한 언어의 유희가 일본의 지배층 사이에 아주 폭넓게 유행하였던 사실을 증명하여 주고 있다. 고사기와 만엽집 등에 나오는 언어의 유희는 지은이가 창작한 것뿐만 아니라, 이처럼 민간에서 널리 유행하던 것을 채록하여 적재적소에 사용한 것도 적지 않을 것으로 보인다.

'고마미지'의 '미지(彌知)'는 사람이 모여 사는 고을이라는 의미였던 모양이다. 역시 삼국사기의 백제 지명에서 확인할 수 있다.

茂松縣 本 松**彌知**縣 무송현 본 송미지현

(무송현은 본래 송**미지**현이었다)

'송미지'라는 현의 이름에 나오는 '송(松)'은 한자어이며, '미지(彌知)'는 고유의 한국어이다. 이 지명을 백제 사람들이 어떻게 읽었는지는 확실하게 알 수 없으나, '미지'가 고을을 의미하는 고유어인 것은 분명하다. 고대에는 '미디'였다.

백제의 '고마미지'는 현재의 전남 장흥군 장흥읍이고, '송미지'는 전남 고창군 무장면이라 한다.

## 부소산(扶蘇山)

백제의 마지막 수도 부여에는 '부소산(扶蘇山)'이라는 유명한 산이 있다. 이 산의 이름 '부소'는 무슨 의미일까?

삼국사기 지리지에 나오는 고구려의 지명을 살펴보자.

**松**峴縣 本 **夫斯**波衣縣 송현현 본 부사파의현
(**송**현현은 본래 **부사**파의현이었다)

**松**山縣 本 **夫斯**達縣 송산현 본 부사달현
(**송**산현은 본래 **부사**달현이었다)

고구려에서 '부사파의(夫斯波衣)'로 불리던 현을 신라가 통일한 이후 '송현(松峴)'이라고 바꾸었다. 따라서 '**부사**(夫斯)'라는 고구려어가 소나무를 뜻하는 한자어 '**송**(松)'과 대응하는 것을 알 수 있다.

'송산(松山)현'에서도 이와 같은 대응은 동일므로, '**부사**(夫斯)'라는 고구려의 고유어가 소나무를 의미한다는 사실을 짐작할 수 있다.

'부사(夫斯)'는 고구려 당시에는 어떻게 발음되었을까? 주법고 선생에 의

하면, '부(夫)'의 중고음은 piwo/piu/fu였다. 고구려 시대에는 '부'였을 것이다.

'시(斯)'는 앞서 보았듯이 고대에 '시'였다. 이 지명은 고대에 '**부시**'였을 것이다. 삼국사기의 다음 지명은 역시 고구려의 그것이다.

**松**岳郡 本 **扶蘇**岬 송악군 본 부소갑
(**송**악군은 본래 **부소**갑이었다)

송악군의 '송악(松岳)'은 한자어로서, '소나무 산'이라는 의미이다. 이 지명이 고구려의 고유어 '부소'와 대응되고 있으므로, 고구려에서는 소나무를 '부소'라 하였던 것을 알 수 있다.

'부소(扶蘇)'라는 한자음을 고대에 어떻게 읽었을까? 주법고 선생에 따르면, '부(扶)'의 중고음은 앞서 본 '부(夫)'와 동일하므로, 고구려에서는 '부'였을 것이다. '소(蘇)'의 중고음은 sug/səu/sou였다. 당시에는 '소'였을 것이다. 따라서 '부소(扶蘇)'는 '부소'였을 것이다. 앞서 본 '부시'와 같은 뿌리에서 나온 변형으로 보인다.

그리고 소나무를 뜻하는 고구려어 '부소'는 백제 수도 부여(夫餘)의 '**부소산**(扶蘇山)'과도 발음이 일치하고 있다. 이 산의 이름은 한자어가 아닌 고유어인 것이 분명한데, 바로 소나무를 뜻하는 송악군의 고명 '부소'와 같은 말일 것이다. 그렇다면 '부소산'은 '소나무 산'이라는 의미가 된다.

백제가 부여로 천도하기 이전에 수도로 삼았던 공주에는 '**송산리**(松山里)'라는 지명이 지금도 남아있다. 이곳에는 백제 시대의 왕릉이 많이 남아있어 '송산리 고분군'이라 부르며, 유명한 무령왕릉도 여기에 있다. '송산리의 '송산'은 '소나무 산'이라는 의미이다. 종전 수도의 지명 '송산'과 천도한 수도의 산 이름 '부소산'의 의미가 일치하는 것은 우연한 일이 아닐 것이다.

고구려의 송현현은 지금의 황해도 중화군이고, 송산현은 미상이다. 송악군은 현재의 개성시이다.

ma-tsu-**bu-si** [니이가타 방언] 솔방울
ma-tsu 松 송 [일본어] 소나무
**부시** [고구려어] 〃

니이가타(新潟)에서는 솔방울을 ma-tsu-bu-si라 한다.

ma-tsu는 소나무를 뜻하지만, bu-si는 무엇인가? 소나무라는 의미를 가진 고구려어 '부시'와 발음이 흡사하다.

ma-tsu$_t$-ko-**bu-si** [사이타마 방언] 솔방울
ma-tsu-go-**bo-si** [오이타 방언] 〃
**부시** [고구려어] 소나무

사이타마(埼玉)에서는 ma-tsu$_t$-ko-bu-si라 하는데, 중간의 ko는 작다는 의미의 ko(小 소)인 것으로 보인다.

오이타(大分)에서는 발음이 약간 바뀌어 ma-tsu-go-bo-si라 한다.

ma-tsu-**bu-so** [도쿠시마 방언] 솔방울
**부소** [고구려어] 소나무

도쿠시마(德島)에서는 솔방울을 ma-tsu-bu-so라 한다.

ma-tsu는 물론 소나무이므로, bu-so가 솔방울이라는 의미가 된다. 소나무를 뜻하는 고구려어 '부소'와 같은 발음이다. '부시'나 '부소'와 같은 고대 한국어가 일본으로 건너간 뒤 솔방울로 의미가 바뀌었을 것으로 짐작된다. 솔방울을 일본어에서는 ma-tsu-ka-sa(松毬 송구)라 한다.

**松林苑 송림원** [일본 평성경의 정원] 소나무 숲 정원
**扶蘇山 부소산** [부여의 궁전 뒷산] 소나무 산

일본의 나라(奈良)에 있는 평성경(平城京)은 710년부터 794년까지 일본의 수도였다. 계획된 천도였으므로, 도시 전체가 바둑판처럼 정연하게 구획되어 있었고, 왕궁은 도시의 북단 중앙에 자리잡고 있었다. 백제대사(百濟大寺)의 후신인 대안사(大安寺)가 부여의 정림사(定林寺)와 같은 위치에 있었다는 것은, 졸저 『일본 천황과 귀족의 언어』에서 본 바 있다(298쪽).

궁전의 뒤편에는 후원(後園)이 있었는데, 이름을 '송림원(松林苑)'이라 하였다. '**소나무 숲** 정원'이라는 의미이다. 왜 궁전의 정원을 '소나무 숲'이라는 이름으로 지었을까?

백제의 수도 부여의 왕궁은 현재의 부여읍 관북리에 있었다는 것이 학계의 정설이다. 궁전의 바로 뒤에 '**부소산**(扶蘇山)' 즉 '**소나무** 산'이 있다. 이 산에는 외적의 침입을 막기 위한 산성이 지금도 남아있다. 부소산이 왕궁의 뒤편에 연이어 있기 때문에 후원이 따로 없고, 이 산이 후원의 역할을 하였을 것으로 보인다. 필자는 이 산의 산책로를 따라 여러 번 걸어 보았는데, 울창한 숲속 지저귀는 산새의 노래 소리를 들으면서, 굽이쳐 흐르는 백마강을 바라보는 풍광이 아주 수려하다. 백제의 대왕이 공무로 인한 피로를 달래고 심신을 휴양하는 후원으로서 전혀 부족함이 없어 보인다. 인공적으로 가꾼 후원에 비할 바가 아니다.

평성경의 후원 이름 '송림'은 '부소산'의 '부소'를 한자로 번역한 듯한 느낌이다. 모국의 궁전 후원이던 '부소산'을 기념하는 이름일 것이다. 물론 북위(北魏)의 수도 낙양에 '화림원(華林園)'이라는 이름의 궁실 후원이 있었으므로, '송림원'이라는 이름도 그 영향을 받기는 하였겠지만, 하필 소나무를 후원의 이름에 넣은 것은 모국의 부소산에서 따 온 것이리라.

## 다디

삼국사기에 나오는 다음의 고구려 지명을 보면, '**다디**'라는 말이 크다는 의미였던 것을 알 수 있다.

**大**谷郡 一云 **多知**忽 대곡군 일운 다지홀
(**대**곡군은 **다지**골이라고도 한다)

지금의 황해도 평산군(平山郡)을 고구려 사람들은 '다지골(多知忽)'이라 하였는데, 신라가 통일한 이후 '대곡군(大谷郡)'으로 고쳤다.

여기서 고구려어 '**다지**(多知)'가 한자어 '**대**(大)'에 대응된다는 사실을 알 수 있다. 따라서 '다지(多知)'라는 고구려어는 크다는 뜻이 된다. 이 말을 고구려 사람들은 어떻게 발음하였을까?

주법고 선생에 의하면 '다(多)'의 중고음은 ta였고, '지(知)'는 tieg/tie였다 한다. 고구려 사람들은 '**다디**'라 하였을 것이다.

**ta$_t$-ti** 大 대 [오키나와 방언] 크다
**다디**(多知) [고구려어] 〃

오키나와 방언 ta$_t$-ti는 크다는 뜻이다.

크다는 의미의 고구려어 '**다디**'와 그 발음과 의미가 완벽하게 일치하고 있다. '다디'라는 말은 한국에서는 진작 사라져버렸고, 중세어나 방언에서도 전혀 그 흔적을 찾을 수 없다. 일본에서도 오키나와에 만 남아있다. 이 고구려어를 백제 사람들도 같이 사용하였을 것으로 짐작된다.

## **거서**간(**居西**干)

신라의 시조 박혁거세는 '**거서**간(**居西**干)'이라는 왕호를 사용하였다. 이 말은 한자어가 아닌 순수한 한국의 고유어이다. '간(干)'은 귀인에게 붙이는 존칭인 것이 분명하지만(33쪽), '**거서**(巨西)'는 무슨 의미인가?

주법고 선생에 의하면, '거(居)'의 중고음은 kio/kiwo였고, '서(西)'는 sier/siei/si였다. '거서(居西)'는 신라시대에도 현대와 마찬가지로 '거서'였

을 것이다.

**go-se** 大 대 [야마가타 방언] 굵고 큰 모습
**거서**간 [고대 한국어]

야마가타(山形) 현은 일본의 동북지방에 속한다. 대지진이 일어난 후쿠시마(福島) 현의 동북쪽에 접경하여 있다. 이곳의 방언 go-se는 굵고 큰 모습을 뜻한다. 두 음절 모두 장음으로서 길게 발음된다.

'거서간'의 '거(居)'는 장음이고, '서(西)'는 장음이 아니다. 그렇지만 '거서간'의 '**거서**'라는 음상은 야마가타의 go-se와 흡사하다. 따라서 '거서간'의 '거서'는 굵고 크다는 의미일 것이다. '굵고 큰 간'이라는 호칭은 왕호로서 제격이고, 아주 훌륭한 느낌이다.

이 말은 박혁거세의 왕호 이외에는 삼국사기나 삼국유사에도 보이지 않고, 중세어나 방언에서도 전혀 찾아볼 수 없다. 일찍 소멸하였던 모양이다. 이 말이 일본의 중심부에서도 멀리 떨어진 동북지방의 야마가타에 남아 있었던 것은 천만 다행이 아닐 수 없다. 고대에는 한국의 전역에서 널리 사용되던 말이었을 것이다.

# 18. 백제어의 이모저모

지금까지 일본의 방언과 중앙어에 남은 백제어를 살펴 보았다. 졸저『일본 천황과 귀족의 백제어』에 실려있는 백제어를 포함하면, 실로 무수하게 많은 백제어를 본 셈이다. 그러면 백제어는 과연 어떤 언어인가? 중세 한국어와 비교하면 어떨까? 이러한 의문을 풀기 위하여 백제어에 관하여 좀 더 구체적으로 살펴보자.

## 1 어두자음군

중세어에서 어두자음군(語頭子音群)은 현저한 현상이었다. 백제 시대에도 과연 어두자음군이 있었을까? 국어학계의 통설은 고대의 한국어에 어두자음군은 존재하지 않았다고 보고 있다. 통설의 견해는 백제어에도 그대로 타당하다. 어두자음군은 두 음절의 말이 축약되어 어두자음군이 된 진정한 어두자음군과, 그렇지 않고 경음을 표기한 두 종류로 나누어 볼 수 있다.

## 가. 진정한 어두자음군

### ① 빨

**bo-sa-tsu** 米 미 [오이타, 아이치, 기후, 사토시마 방언] 쌀
**부삳** 菩薩 [고려어] 〃

쌀을 뜻하는 중세 한국어 '빨'은 진정한 어두자음군에 속한다. 고려시대에는 이 말은 아직 어두자음군으로 되기 이전인 '부삳'이었던 모양이다. 오이타(大分) 등지의 방언에서는 bo-sa-tsu라 한다(190쪽).

### ② 떡

**si-to-ki** 粢 자 [고대 일본어] 신(神)에게 바치는 떡
o-**si-to-gi** [야마구치, 시마네 방언] 상량식(上梁式)의 떡
**떡** [중세 한국어] 떡
**시더구** [평북방언] 〃

떡을 중세에는 '떡'이라 하였으나, 백제시대에는 '시더기'였던 모양이다(214쪽). 중세의 문헌에는 엄청나게 많은 어두자음군의 표기가 나오고 있으나, 이처럼 두 자음이 축약된 진정한 어두자음군은 그 숫자가 극히 미미하다. 불과 몇 개 되지 않고, 대부분은 경음을 나타내기 위하여 어두자음군 방식으로 표기한 것으로 보인다.

## 나. 경음표기인 어두자음군

### ① 씨

**si**-tsu-ke-ru 蒔 시 [니이가타 등의 방언] 씨 뿌리다
**ᄡᅵ** [중세 한국어] 씨

식물의 씨를 중세 한국어에서는 'ᄡᅵ'라 하였으나, 위의 방언으로 보면 백제 시대에는 '시'였던 것이 분명하다(199쪽). 중세 한국어의 표기 'ᄡᅵ'는 단순한 경음표기일 것이다.

통설은 '볍씨'에 나오는 '볍'의 ㅂ 받침이 'ᄡᅵ'의 증거라고 보고 있다. 그러나 '보리씨' '파씨' '깨씨' '무씨' 등 거의 대부분 작물의 씨 앞에는 ㅂ 받침이 첨가되지 않는다. '보립씨'나 '팝씨' 따위로 말하는 방언도 존재하지 않는다. 이런 점으로 보아 '씨'는 고대에 '시'였던 것이 분명하다.

### ② 따

ki-**ta** 城田 성전 [일본서기] 성을 쌓은 땅
**ᄯᅡ** [중세 한국어] 땅

일본서기와 고사기, 만엽집에서 아주 흔하게 사용된 ta(田 전)는 땅을 뜻하였다. 예를 들어 ki-ta는 성을 쌓은 땅을 의미하고 있다(졸저 『일본 천황과 귀족의 백제어』 132쪽). 땅의 고형인 백제어 '다'가 건너간 것이다.

그러나 중세 한국어에서는 땅을 'ᄯᅡ'라 하였다. 이 'ᄯᅡ'는 진정한 어두자음군이 아니고 경음표기이다.

### ③ 뛰다

tsiyu-ru 走 주 [나가사키 방언] 뛰다
**뛰**다 [한국어]

'뛰다'는 중세에 'ᄠᅱ다'라 하였다. 그러나 위의 나가사키(長岐) 방언에서 보듯이 백제시대에는 '뒤다'였던 것이 분명하다(272쪽). 따라서 중세의 이 어두자음군 표기는 경음표기인 것을 알 수 있다.

### ④ 꾸다

kon 借 차 [오키나와 방언] 빌리다
**꾸**다 [한국어] 〃

오키나와(沖繩) 방언에서는 빌리다를 kon이라 한다. '꾸다'가 건너간 것으로서, 백제시대에는 '구다'였다(300쪽). 중세에는 'ᄣᅮ다'라 하였으나, 이또한 진정한 어두자음군이 아니고, 경음표기였던 것이 분명하다.

이 책에는 수많은 백제어가 나오고 있고, 그 중에는 중세에 어두자음군으로 표기된 말들이 많다. 그러나 백제 시대에는 어두자음군이 아니라, 하나의 자음이었던 말들이 대부분이다. 고대 한국어에는 어두자음군이라는 음운현상이 존재하지 않았던 것이 명백하다. 그러면 고대에는 없던 어두자음군이 중세 한국어에는 어떻게 생겨난 것일까? 필자는 고려 말 몽골의 지배를 받을 때에 들어온 몽골어의 영향이 아닌가 생각하고 있다. 몽골어는 모음을 아주 적게 사용하는 언어로서, 모음 없이 3~4개의 자음 음절로 이루어진 단어도 적지 않다.

## 2 'ㅎ' 종성체언

### 가. 'ㅎ' 종성체언과 그 발생원인

중세에 '돌ㅎ' '나라ㅎ' '고(鼻)ㅎ' '바다ㅎ' 따위의 체언은 뒤에 'ㅎ' 자음을 수반하였다. 어두자음군과 함께 중세어의 현저한 특징이던 'ㅎ' 종성체언이 고대에도 있었을까?

먼저 생각해야 할 것은 고대의 한국어에는 'ㅎ' 자음이 존재하지 않았다는 점이다. 따라서 'ㅎ' 자음을 수반하는 체언이 있었을 리가 만무하다. 필자는 한국어의 'ㅎ' 자음은 거의 대부분 'ㄱ' 자음에 그 유래가 있다고 생각한다. 따라서 'ㅎ' 종성체언의 앞선 형은 'ㄱ' 종성체언이었다고 보는 것이 옳을 것이다.

그런데 한국어에 'ㅎ'이든 'ㄱ'이든 자음을 뒤에 붙이고 다니는 체언이 존재하였던 이유가 무엇일까라는 점을 먼저 생각해 보자. 발음이 희미해지는 것을 막아 의사표현을 명료하게 하기 위한 의도가 아닐까?

고대에서부터 중세에 이르기까지 한국어의 주격조사는 '이'였다. 일상적인 언어생활에서 다른 조사보다 훨씬 많이 사용되는 것이 주격조사이고, 빈번하게 사용된 주격조사가 체언에 까지 영향을 주게 된 것으로 짐작된다. 가령 '나라'에다 주격조사 '이'가 첨가된 '나라이'라는 발음은 명료하지 않다. 왜냐하면 '라'의 '아' 모음과 주격조사 '이'라는 두 모음이 연이어 나오기 때문이 다. 그렇지만 여기에 'ㄱ' 자음을 삽입하여 '나라기'라 하게되면, 발음이 아주 명료하게 되고 모음이 충돌하는 현상도 피할 수 있게 된다. '고(鼻)기'나 '바다(海)기' 또한 마찬가지이다.

그런데 왜 하필 '기'일까? '이'와 '기'는 모두 연구개음으로서 같은 계열의 소리이기 때문에, 가장 비슷한 음가를 가지고 있다. 가령 '나라이'를 '나라디'라 하거나 '나라비'라고 하여서는 뜻이 통하지 않는다. 발음이 전혀 다르기 때문이다. '나라이'라는 말을, 모음이 중복되지 않도록 발음을 명료하게 하면서도, 원래의 음과 가장 비슷하여 쉽게 알아들을 수 있게 하는 말이 바로 '나라기'이다. 'ㅎ' 곡용의 전신인 'ㄱ' 곡용은 이런 이유로 시작되었을 것이다.

그러다 고려시대의 어느 시점에서 'ㅎ' 자음이 생겼다. 그런데 거의 대부분의 'ㅎ' 자음은 'ㄱ' 자음이 이 변한 음이므로, 이 때에 'ㄱ' 곡용도 'ㅎ' 곡용으로 바뀐 것으로 보인다. 그러다 조선시대의 문헌어에서 그 전성기를 맞았을 것으로 짐작된다. 원래는 이러한 이유에서 출발한 'ㅎ' 곡용현상이 유행처럼 번져, 나중에는 '돌'이나 '하늘'과 같이 발음이 명료하여, 굳이 'ㅎ'을 수반할 필요가 없는 말들에까지 사용되게 된 것으로 짐작된다.

### 나. 'ㄱ' 종성의 증거

'ㅎ' 종성은 원래 'ㄱ' 종성이었다는 사실을 증명하여 주는 증거는 많지만, 대표적인 몇가지 말을 살펴보자.

#### ① 바닥

**바다ㅎ** [중세 한국어] 바다
바**닥** [전남, 경남 방언] 〃
바**당** [경상, 제주, 함경방언] 〃

'바다'는 중세에 '바다ㅎ'이었다.

전남과 경남방언에서는 '바닥'이라 한다. '바다에'를 '바다게'라 발음하는 것이다. '바닥'의 '닥'에 붙은 'ㄱ' 받침이 'ㄱ' 곡용이다. 엄밀하게 말하면 '바다ㄱ'인 것이다. 중세어 '바다ㅎ'은 원래 '바다ㄱ'이었다는 사실을 이 방언으로 짐작하기에 부족함이 없다.

경상, 제주, 함경 방언에서는 '바당'이라 한다. 여기서는 'ㄱ' 대신 'ㅇ'을 붙이고 있다. 'ㄱ'과 'ㅇ'은 같은 연구개음으로서, 'ㄱ' 곡용과 발생원리가 전혀 동일하다. 이러한 형태를 'ㅇ' 곡용현상이라 이름 붙일 수 있을 것이다.

뒤에서 보겠지만, '바당'의 형태가 앞선 것으로 짐작되고(570쪽), '바닥'은 '바당'의 후계자일 것이다.

### ② 이막

**니마ㅎ** [중세 한국어] 이마
이**막** [경북방언] 〃
이**망** [경남방언] 〃

얼굴의 이마는 중세에 '니마ㅎ'로서, 'ㅎ' 곡용어였다.

그런데 경북방언에서는 '이막'이라 한다. '이막'은 중세어 '니마ㅎ'이 원래 '니마ㄱ'이었다는 사실을 증명하여 주고 있다.

경남방언에서는 '이망'이라 한다. '바당'과 마찬가지로 이 어형이 '이막'보다 고형이다.

### ③ 우게

**우ㅎ** [중세 한국어] 위
우**게** [충청, 전라, 경상방언] 위에

'위'를 중세에 '우ㅎ'라 하였고, 'ㅎ' 종성체언이었다.

그런데 '위에'를 많은 지방의 방언에서 '우게'라 한다. 분석하면 '우ㄱ+에'인 것이 분명하다. '바닥'의 'ㄱ'과 전혀 동일하다. 이 또한 'ㅎ' 곡용은 원래 'ㄱ' 곡용이었다는 사실을 증명하여 주고 있다.

이 '우'는 일본으로도 건너간 것을 본 바 있다(459쪽). 그러나 일본으로 건너간 '우'에는 'ㄱ' 곡용의 흔적을 전혀 찾아 볼 수 없다. 백제 시대의 언중들은 아직 이 말에다 'ㄱ'을 붙이지 않았던 사실을 알 수 있다.

### ④ 숙게

**숙**게, **숙**꽁 [전남, 경북방언] 수캐, 장끼
**숙**닥, **숙**돌쪼구 [전남방언] 수탉, 수돌쩌구

'암'에 대비되는 '수'도 중세에는 '수ㅎ'이었다. 이 전통을 이어받아 현대의 중앙어에서는 '수'가 개의 앞에 올 때는 '수캐'가 되고, 닭은 '수탉'으로 발음되고 있다.

그러나 전남 등의 방언에서는 '숙게'와 '숙닥'이라 한다.

그리고 '수꿩' 즉 장끼를 '숙꽁'이라 하는데, 여기서도 '숙'이다. '수돌쩌구'는 '숙돌쩌구'라 한다.

'수'는 'ㅎ'곡용어인데, 왜 이러한 방언에서는 'ㅎ'의 흔적은 찾을 수 없고, '숙'으로 되는가? 이는 '수ㄱ'으로서, 'ㄱ'곡용현상을 증언하여 주고 있다.

### ⑤ 늘그막

늙**마** [한국어]
늘그**막** [ 〃 ]

'늙마'는 늙어가는 무렵을 뜻한다.

'마'는 지금을 뜻하는 중세어 '이마'의 '마'와 같은 말로서(졸저 『일본 천황과 귀족의 백제어』 223쪽 참조), 시간적으로나 공간적으로 사이나 틈을 뜻한다. 그런데 같은 의미를 가진 '늘그막'에서는 '막'으로 바뀌었다. 'ㄱ'곡용인 것이 분명하다.

### ⑥ 남(木)ㄱ

**나모** [중세 한국어] 나무
**남ㄱ** [ 〃 ] 〃

'나모(木)'의 축약형인 '남'은 중세에 '남기' '남긘' 등으로 곡용하였다.

통설은 '나모'와 '남ㄱ'의 두 어형이 병존한 것으로 보고 있다. 그러나 별개의 어형이 아니고, '남'은 '나모'의 축약형인 것이 분명하다. 다만 '나모'는 'ㄱ' 곡용을 하지 않았고, '남'은 이 곡용을 하였던 차이가 있을 뿐이다. 두 말은 사용된 환경이 달랐기에 이러한 차이가 생기게 되었을 것이다.

학계에서는 '나막신'의 '나막'이 바로 고형 '나모ㄱ'의 잔존형이라 하면서, '나모ㄱ'와 '남'이라는 별개의 두 어형이 병존하였던 증거로 보고 있다. 그러나 중세의 문헌에 나오는 '나모밑(나무 밑동)' '나모빈혀(나무 비녀)' '나모잔(나무盞)' '나모쥬게(나무 주걱)' '나모진(나무의 진)' '나못닢' 등 어떤 어형에서도 'ㄱ'의 흔적은 보이지 않는다. 현대어에서도 이러한 사정은 전혀 동일하다. 오직 '나막신'에만 ㄱ이 붙어 있는데, 이 한 단어로서 '나모ㄱ'의 증거로 삼기에는 아주 미흡하다.

### ⑦ 굼ㄱ

'구무'의 축약형인 '굼', 다른 사람을 뜻하는 '녀느'의 축약형 '년' 또한 마찬가지였다. 이러한 말들은 'ㅎ' 곡용의 전신인 'ㄱ' 곡용의 고형을 그대로 간직하고 있다.

### ⑧ 가히(犬)

개(犬)를 중세에 '가히'라 한 것도 'ㅎ' 곡용과 전혀 동일한 이유에서 나온 것이 분명하다. 개는 고대에 '가'였는데, 주격조사 '이'가 붙으면 '가이'가 된다. '가히'는 '가이'의 발음을 명료하게 하기 위한 중세의 어형이다.

### 다. 'ㅎ' 곡용현상은 언제 생겼을까?

'ㅎ' 곡용현상이 고대에도 있었을까? 중세 한국어에서는 'ㅎ' 곡용현상이 대유행하였으나, 막상 방언에는 그러한 현상이 잘 보이지 않는다. 중세어에서는 '하늘콰 ᄯᅡ콰'라는 식으로 발음하였던 것으로 되어 있지만, 현대의 어떤 방언에서도 이와 비슷하게 발음하는 곳은 없다. 'ㅎ' 곡용의 흔적이 방언에는 거의 보이지 않고 있는 실정일 뿐만 아니라, 현대 서울 토박이들의 일상어 역시 마찬가지이다.

따라서 중세의 여러 지방에 살던 한국인들이, 'ㅎ' 곡용을 중세의 문헌에 나오는 바와 같이 일상적으로 사용하였다고 보기는 어려울 것 같다. 당시의 문헌에는 절대적 진리처럼 나타나고 있는 'ㅎ' 곡용현상이, 실제는 서울을 중심으로 한 극히 한정된 지방 사람들의 전유물이었을 뿐, 가령 영남, 호남, 북한 등 대부분의 지방 사람들 말에는 이러한 현상이 아주 드물게 나타났을 것으로 짐작된다.

그러면 'ㅎ' 곡용의 전신인 'ㄱ' 곡용현상의 발생에 관하여 살펴보자. 백제시대 말기 쯤에는 'ㄱ' 곡용현상의 맹아가 싹이 텄을 것이다. 먼저 고대 일본의 수도였던 지명 나라(奈良)에 대한 표기를 보자.

#### ① 나라(奈良)

那羅 나라 [일본서기] 지명
奈**良** 나**량** [8세기 일본에서의 통상적인 표기] 〃
나**랑** [함북방언] 나라

고대 일본의 수도 나라(na-ra)는 백제어 '나라(國)'가 건너간 말이다. 일본의 백제인들은 지명 na-ra를 8세기 무렵부터 통상적으로 '奈良'로 표기하였고, 지금도 이 표기를 그대로 사용하고 있다. 그러면 원래부터 이러한 표기였을까? 그렇지 않다. 일본서기 신대기에는 '那羅'라고 하였으니, 이 표기가 고형이고, '奈良'은 보다 새로운 음으로 짐작된다.

무슨 차이가 있을까? '那羅'는 na-ra라는 음을 나타내고, '奈良'은 na-rang 음을 표기한 것이다. 일본에서는 같은 음을 한자표기만 달리 한 것으로 보고 있으나 그렇지 않다. 일본의 학계에서는 '羅'와 '良'의 차이에 대하여 전혀 알지 못하고 있다. 같은 ra 음을 나타내기 위한 목적으로, 고대의 일본인들이 그저 기분 내키는대로 두 한자를 사용한 것으로 보고 있지만 그게 아니다.

고대의 일본에서는 ra라는 음을 표기하기 위하여 '良'이라는 한자를 즐겨 사용하였다. 원래 이 '良'은 rang 혹은 ran 음을 나타내기 위한 표기였고, ra 음을 나타내는 '羅'와는 달랐으나, 세월이 흐르면서 이러한 변별은 사라지고, '良'이라는 한자로서 일반적으로 ra 음을 표기하게 되었다. 이 점에 관하여는 별고에서 다루기로 한다.

'나라'를 함북방언에서는 '나랑'이라 한다. '나라'가 변한 음인데, 중세어 '나라ㅎ'의 원형이 바로 '나랑'이라는 말일 것이다. '나라'에 주격조사 '이'를 붙이면 '나라이'가 되어 발음이 불분명하지만, '나랑이'는 훨씬 발음이 분명하고, 의사소통에도 별다른 문제가 없다. 앞서 본 '바다'의 방언 '바당'을 연상케 한다.

고대 일본의 '奈良'은 na-rang이라는 음을 표기한 것으로서, 바로 '나랑'이라는 발음을 나타내고 있다. 백제 말기에는 벌써 '나라→나랑'으로 변화하였던 모양이다. 그것이 한자 표기의 변화로 반영되었다.

정리하여 보면, 백제인들이 일본을 지배한 초기 무렵에는, 수도 이름을 백제어 '나라(國)'로 정하면서 한자표기를 '那羅'라 하였을 것이다. 일본서기 신대기에 나오는 바로 그 표기이다. 그러다 세월이 흐르면서 '나랑'으로 발음이 바뀌면서 표기를 '奈良'으로 바꾸었다. 백제가 멸망한 이후 아마 7세기 말의 일이었을 것이다.

寧樂 영락 [만엽집 78] 나라(奈良)
乃樂 내락 [일본서기] 〃

그런데 원명천황(元明天皇, 재위 707~715년)이 지은 만엽집 78번 노래에서는 지명 '나라'를 '寧樂'이라 표기하였고, 일본서기 무열(武列) 즉위전기에는 '乃樂'이라 표기하였다. 앞의 '寧'이나 '乃'는 모두 na라는 음을 표기한 것이며(寧은 nan 음을 표기하였을 가능성도 있다), '樂'이라는 한자로서 ra 음을 나타내었다.

'나라'의 '라'를 나타내는 '樂'이라는 한자표기를 주목하여 보자. 통상적인 표기인 '良'과 비교하면 획수가 훨씬 많아 쓰기에 불편하다. 그리고 발음도 ra와는 조금 차이가 있는 rak이다. 현대의 교토(京都) 인근의 고지명 sa-ka-ra-ka를 고대의 일본에서 '相樂'으로 표기하였던 것을 보더라도 이는 명백하다. 이 지명의 ra-ka를 '樂'으로 표기하였던 것이다.

어느모로 보나 '樂'이라는 한자는 na-ra의 ra를 표기하기에는 적당하지 않다. 그럼에도 어찌하여 굳이 '樂'이라는 한자를 사용하였던 것일까?

중세 한국어 '나라ㅎ'가 'ㅎ' 종성체언이었던 점으로 미루어 보면, 이 '락(樂)'이 'ㄱ' 곡용을 표기한 것이 아닌가 싶다. 일본으로 건너간 백제인들도 주격조사 '이'를 흔하게 사용하였는데, 통상적으로 '나라이'라고 하였으나, 좀 더 명료한 발음을 위하여 '나라기'라고도 하였던 모양이다. 그것을 특별한 표기 '락'으로 나타낸 것이 아닐까? 엄밀하게 표기하면 '나라ㄱ'이다.

아마 'ㄱ' 곡용현상의 맹아라고 불러도 좋을 것이다. '나라→나랑→나락'의 변화를 보여주고 있다. 그렇지만 이러한 변화는 이 단계에서는 극히 일부의 단어에서만 예외적으로 나타나는 특별한 음운현상이었을 것이다.

### ② 가라

이러한 현상은 국명 '가야'에서도 볼 수 있다. 삼국사기에는 주로 '가야(加耶)'라 하였고, 삼국유사의 '오가야' 조에도 '가야(伽倻)'로 되어 있다. 일본서기에는 '의부가라(意富加羅)' 혹은 '남가라(南加羅)' 등 주로 '가라(加羅)'라 하였다.

### 임나가**라** 任那加**良** [삼국사기]

그런데 삼국사기 열전 '强首' 조를 보면, 강수 스스로가 '임나가라(任那加良)' 사람이라 하고 있다.

여기에 나오는 '加良'이라는 한자는 '가라'를 표기한 것일까? 그렇지 않다. 이 표기는 '가랑'이라는 한국어를 한자로 나타낸 것으로 보는 것이 옳을 것이다. 이 표기는 고대의 일본에서 지명 '나라'를 '奈良'이라 표기한 것과 전혀 동일하다. 강수는 신라 문무왕 시대에 활동한 인물이므로, 이 당시에 벌써 '가라'에서 변한 '가랑'이라는 말이 사용되었던 것을 알 수 있다. '가라'에다 주격조사 '이'가 붙으면 '가라이'가 되는데, 이 보다는 '가랑이'라는 표현이 좀더 발음이 명확하고, 의미를 보다 분명하게 전달할 수 있다.

삼국사기 신라본기 진흥왕조에는 가야(加耶)와 가라(加良)라는 국명이 나란히 보이고 있다. 그런데 진흥왕 당대에 실제 '가라(加良)'라는 표기가 사용되었는지는 의문이다.

### 가**락** 駕**洛** [삼국유사]

그런데 삼국유사의 '가락국기(駕洛國記)' 조에는 '가락(駕洛)'이라 하고 있고 삼국사기에는 '가락(伽落)'이라 하였다.

'가락국기'는 고려 문종 때에 편찬되었다 한다. 이 지명은 조선시대의 '가락면(駕洛面)'을 거쳐, 현재 부산시 강서구 '가락동(駕洛洞)'으로 그 전통을 이어오고 있다. '가라'나 '가야' 혹은 '가랑' 보다도 '가락'이라는 표기가 가장 후대의 그것이다. 이 '락'이 바로 'ㄱ'곡용일 것이다. 정확하게는 '가라ㄱ'이다.

'가라'가 언제쯤 '가락'으로 바뀌었을까? 문무왕 무렵에 '가랑'이라는 말이 존재하고 있었으니, 통일신라의 어느 시점에는 '가락'이라는 말이 언중들의 입에서 오르내리기 시작하였을 가능성이 충분하다.

중세 국어에서 아주 활발하게 사용되었던 'ㅎ' 종성체언의 기원은 'ㄱ' 종성체언이다. 'ㅎ' 종성체언이 중세에 서울의 문헌어를 중심으로 사용되었던 점으로 미루어보면, 그 발생지는 백제가 아니었을까? 그러다 한국어의 자음체계에 'ㅎ' 자음이 들어오면서, 'ㅎ' 종성으로 바뀌었을 것이다. 이러한 음운현상의 원인은 주격조사 '이'에 있다고 생각된다. 백제에서 일본으로 건너간 주격조사 '이'는 고대 일본어에 엄청난 영향을 주었으니, 바로 상대특수가나(上代特殊假名)이다. 이 점은 뒤에서 자세히 살펴보자.

## 3 백제어의 음운

백제어에는 어떠한 음운이 있었을까? 백제어를 포함한 고대어의 음운에 관하여 국어학자들의 많은 논의가 있었으나, 아직 확고한 정설은 없다. 학자들 사이에 의견의 대립이 없는 부분은 아주 간략하게 기술하고, 논쟁의 소지가 많은 점을 집중적으로 살펴보기로 한다.

### 〈1〉 자음

백제어를 포함한 고대의 한국어에는 어떠한 자음이 있었을까? 고대에 ㄱ, ㄴ, ㄷ, ㄹ, ㅁ, ㅂ, ㅅ과 같은 자음이 있었을 것이라는 점에 대하여는 학자들 사이에 별다른 이견이 없다. 문제는 ㅈ 자음과 ㅎ 자음, 그리고 ㅊ, ㅌ, ㅍ과 같은 유기음의 존재 여부이다.

#### 가. 자음 'ㅈ'

고대 한국어에 ㅈ 자음의 유무에 관하여, 이를 인정하는 학설과 부정하는

설이 맞서고 있고, 아직 정설은 없는 것으로 보인다. ㅈ자음의 존재를 부정하는 학자들은, ㅈ자음은 대체로 ㅅ자음이 변형된 것이라고 보고 있다.

### (1) 일본어 측면에서 본 자음 'ㅈ'

그런데 일본의 고어와 방언에 나타난 백제어의 모습을 보면, ㅈ자음의 존재를 긍정할 수 밖에 없는 듯하다. 다음의 사례를 보자.

#### ① **지**

**zi**-bun 自分 자분 [일본어] 자기자신
**zi**-ge [고치 등의 방언] 자기가 살고 있는 마을
**지** [전라, 경상방언] 저

#### ② **집**

ko-**zi-bo** [사이타마 방언] 중산층의 농가
**집** [한국어]

#### ③ **지지**배배

**zi-zi**-ba-ba [후쿠시마 방언] 굴뚝새
**지지**배배 [한국어] 제비, 종달새 등의 노래 소리

#### ④ **지즐**다

**zi-zi**-ra-ni 頻 빈 [시마네 방언] 자주
**지즐**다 [중세 한국어] 〃

## ⑤ 쥐

**Ziyu-Ziyu** 鼠 서 [구마모토 방언] 쥐
o-**Ziyo**-san [시마네 방언] 〃
**쥐** [한국어]

## ⑥ 자주

**Ziyo-Ziyu** 度度 도도 [가고시마 등의 방언] 자주
**ᄌᆞ조** [중세 한국어] 〃

위의 사례는 일본어의 z 자음과 한국어의 ㅈ 자음이 대응하는 것을 모아 본 것이다. 지면관계상 극히 일부를 나열한 것에 불과하다. 위의 사례에서 백제어의 ㅈ 자음이 일본어의 z와 정연하게 대응되는 것을 볼 수 있다. 이것은 고대의 한국어에 ㅈ 자음이 있었고, 그것을 백제인들이 일본으로 건너가 일본어의 z 자음으로 나타내었던 아닐까? 우연의 일치로 치부하기에는 일치하는 빈도가 너무나 많다.

그런데 고대 일본어의 z 자음은 과연 어떠한 음가였을까? 현대어와 같이 z였을까? 이것은 쉬운 문제가 아니다. z의 맑은 소리인 s음의 고대 음가에 관하여도 아직도 일본에는 정설이 없는 상태이다. sa음을 만엽집이나 고사기 등에서 주로 '佐'라는 한자로 표기하였는데, 그것이 과연 sa라는 음을 나타낸 것인지 의심스럽기 때문이다. 이에 관하여 [sa], [tsa], [ʃa] 등의 견해가 대립하고 있다.

흐린소리인 z의 음가에 관하여도 [dz], [z] 설이 나누어지고 있다(『奈良時代の國語. 白藤禮幸(1987). 東京堂出版』 86쪽).

다시 한국어로 돌아가보면, 고대의 ㅅ 자음이 s음을 나타낸다는 것은 확고한 통설이고 이 점에 의문을 제기하는 학자는 없다. 그렇지만 고대에는 ㅈ 자음이 없었다는 견해에 의한다면, 앞서 필자가 예로 든 바와 같은 정연

한 대응을 도저히 설명할 수가 없다. ㅈ 자음의 존재를 긍정할 수밖에 없을 것이다.

그러면 백제시대에 ㅈ 자음이 현대의 그것과 마찬가지로 일상적으로 사용되었을까? 필자의 생각으로는 현대어에서와 같이 그렇게 광범위하게 사용되지는 아니하였던 것으로 보인다. 아마 ㅈ 자음은 백제 중기 이후에 태어나, 제한적으로 일부의 단어에서만 사용된 것으로 추정된다.

### (2) 향가에 나타난 자음 'ㅈ'

신라시대의 향가에 나오는 자음 ㅈ을 살펴보자.

#### ① 自(자)

**自**矣 心米 자의 심미 〈우적가〉
(저의 마음에)

위 구절은 영재(永才) 화상이 지은 우적가의 첫 구절이다. 대부분의 학자들의 '저의 마음에'라는 뜻이라고 해석하고 있다. 처음에 나오는 '**自**(자)'는 무슨 말인가? 이 한자를 현대어 '자'와 비슷한 음인 '저'로 읽거나 아니면 '제'로 읽는 것이 통설적인 견해이다. 이 견해에 의하면 이 향가 당시에 벌써 ㅈ 자음이 있었던 것이 된다.

주법고 선생의 『한자고금음휘』에 의하면, '自'의 중고음은 ʤi/tsi였다 한다. 백제 시대에는 '지'였을 것이다. 경상방언에서 '저'를 '지'라 하는데, 이 '自'는 바로 저를 의미하는 '지'를 표기한 것이다. 일본어에서도 자기자신을 zi-bun(自分 자분)이라 하며, 이 zi는 고대 한국어 '지'인 것을 본 바 있다 (42쪽). 이 '지'는 통일 이전의 신라시대에까지 소급하는 것이 분명하다.

'心米 (심미)'에 관하여는 뒤에서 살펴보기로 하자.

### ② 齊(제), 制(제)

行齊 행제 〈모죽지랑가〉
(니져, 녈져)

白制 백제 〈광수공양가〉
(사뢰옵고져)

모죽지랑가에 나오는 '行齊(행제)'를 대부분의 학자들은 '니져' 혹은 '녈져'로 읽고, '갔다'라는 의미로 풀이하고 있다. 향가에는 이 '齊(제)'라는 한자가 여러 곳에 사용되고 있는데, '져'라는 음을 표기한 것이라 한다.

또한 광수공양가의 '白制(백제)'는 '숣져'라고 읽고, '사뢰옵고저'라는 의미라 한다. 앞의 '齊(제)'와 차이가 없다는 것이다. 즉 '制(제)'는 신라시대에 '져'였다 한다.

이 통설적 견해에 의하면 당시에 '져'라는 어미가 사용되었다는 것이니, ㅈ 자음의 존재를 긍정할 수밖에 없다. 이외에도 향가에는 ㅈ 자음의 흔적이 여럿 보이고 있으나, 지면관계상 이 정도로 줄인다.

## 나. 자음 ㅎ과 유기음

고대의 한국어에 ㅎ 자음이 존재하였을까? 역시 국어학자들 사이에는 긍정설과 부정설이 대립하고 있고, 아직 정설은 없는 것으로 보인다. 그러나 이 자음은 고대에는 존재하지 않았던 것이 분명하다고 필자는 생각하고 있다.

만일 백제 시대에 ㅎ 자음이 있었다면, 일본어에 어떤 형태로든 영향을 끼쳐야 마땅하다. 그러나 고대 일본어에는 백제어 ㅎ 자음의 어떠한 영향도 찾아 볼 수 없다. 현대 일본어의 자음 ha, hi, hu, he, ho는 고대의 pa, pi, pu, pe, po가 변한 것으로서, 중세에 일어난 변화이다. 고대 일본어에 자음 h가 없었다는 것은 일본 학계의 확고부동한 통설이다.

백제어나 고대 일본어에 ㅎ 자음이 있었다는 어떠한 증거도 찾아 볼 수 없다. 현대 한국어의 ㅎ 자음은 거의 대부분 ㄱ 자음이 변한 것이고, 극히 일부는 zero에서 유래한 것이다.

ㅎ 자음이 없었으니, 이 자음을 기반으로 하는 유기음 ㅋ, ㅊ, ㅌ, ㅍ 도 존재하지 아니하였다. 고대 일본어에는 현대의 일본어와 마찬가지로, 맑은소리인 ka, sa, ta, pa와, 흐린소리 ga, za, da, ba의 구별이 존재하였다. 만일 백제어에 유기음이 존재하였다면, 일본어의 맑은소리인 ka, ta, pa 자음과 잘 대응되었을 터인데, 그러한 흔적은 전혀 찾아볼 수 없다.

백제어의 ㄱ, ㅅ, ㄷ, ㅂ 자음은 일본어의 흐린소리에 해당하므로, 왜국의 백제인들은 백제어의 이러한 자음으로서 왜어의 맑은소리를 표기하는 데에 어려움을 느꼈던 사실을 짐작할 수 있다. 졸저 『천황과 귀족의 백제어』에서 보았듯이 '왁가다기로' 대왕의 '왁가'를 표기하기 위하여, '획가(獲加)'라는 한자를 사용한 것은 바로 그러한 고심의 발로이다(361쪽). 이러한 표기에 관하여는 후고로 미룬다.

### 다. 결론

백제어에는 ㄱ, ㄴ, ㄷ, ㄹ, ㅁ, ㅂ, ㅅ, ㅈ, 8개의 자음이 존재하였다.

## 〈2〉 모음

고대의 한국어에는 아, 어, 오, 우, ᄋᆞ, 으, 이, 7개의 모음이 존재하였다고 보는 것이 학계의 다수설로 보인다. 아, 어, 오, 우, 이, 다섯 모음이 존재하였던 것은 전혀 의문의 여지가 없다. 그러나 ㆍ 모음과 으 모음이 존재하였는지는 의문이다.

## 가. 모음 'ᄋᆞ'와 'ᄋᆖ'

'ᄋᆞ' 와 'ᄋᆖ' 모음은 없었던 것이 분명하다. 일본의 방언이나 고어에 전혀 흔적이 남아있지 않다. 백제어에 이러한 모음이 존재하지 않았기에 일본의 어떠한 말에도 그 흔적을 찾을 수 없다.

고대의 일본어에는 현재의 a, i, u, e, o 라는 5 모음 이외에 모음이 세 가지 더 있었다는게 정설이다. 그것을 일본에서는 상대특수가나(上代特殊假名)라 하는데, ə, ai, ui, 세 모음이다. 일본의 언어학계에서는 만엽집과 일본서기, 고사기 등 고대 문헌의 정밀한 연구를 통하여, 고대 일본어의 자음과 모음체계를 밝혀 놓고 있다. 만일 백제어에 'ᄋᆞ' 나 'ᄋᆖ' 모음이 있었다면, 그것이 일본으로 건너가지 않았을 리가 없고, 일본 학자들이 이를 간과하였을 리가 만무하다. 일본의 학자들과는 다른 시각에서 만엽집 등 고대 문헌과 일본의 방언을 살펴본 필자의 눈에도, 이러한 모음이 있었던 흔적은 보이지 않는다.

김동소 선생은 『한국어의 역사(2007). 정림사』에서, 'ᄋᆖ' 모음은 고대에 존재하지 않았고, '어'와 '이' 모음의 변이형이라고 주장하고 있다(91쪽). 또한 'ᄋᆞ' 모음은 '아' 모음과 구별되지 않는다고 한다. 북한의 저명한 국어학자 김영황 선생도 역시 이 두 모음은 고대에 존재하지 않았다고 하고 있다(『조선어사(1997). 도서출판 역락』 49쪽).

## 나. 단모음 '애'

### (1) 일본어 측면에서 본 단모음 '애'

단모음 '애'는 고대 한국어에 존재하지 않았다고 보는 것이 통설의 견해이다. 필자도 처음에는 통설의 견해에 대하여 전혀 의심을 품지 않았으나, 앞서 나온 졸저 『일본 천황과 귀족의 백제어』를 쓰면서 생각이 달라졌다. 일본의 고어나 방언에 나오는 e 모음과 일치하는 한국어의 '애' 혹은 '에' 모음이 너무나 흔하게 발견되었기 때문이다. 앞의 졸저와 이 책에 나오는 그러한 사례는 족히 수십 단어는 될 것이다.

### ① 애

**e** 腸 장 [기후 방언] 창자
**애** [한국어] 〃

### ② 게우다

**ge** [교토 방언] 구토
**게**우다 [한국어]

### ③ 재

**ze, se** 嶺 영 [가가와 방언] 재
**재** [한국어]

### ④ 대

**de** 竹 죽 [오키나와 방언] 대나무
**대** [한국어]

### ⑤ 번개

han-**ge**-ka-mi-na-ri [시마네 방언] 모심기 무렵의 번개
번**개** [한국어]

## ⑥ 시**게**

si-**ge** [미에 등 방언] 곡식
시**게** [한국어] 시장에서 사고파는 곡식

이러한 현상을 어떻게 설명하여야 할까? 필자로서는 고대 한국어에 단모음 '애'가 있었다는 쪽으로 생각을 바꾸는 것 이외에는, 다른 선택의 여지가 없었다.

일본의 학자들은 고대의 일본어의 모음 e에는 두 가지 종류가 있다는 것을 밝혀낸 바 있다. 즉 종전부터 e였던 모음과, 이전의 a 모음이 변하여 e가 된 것 두 종류로서, 첫 번째를 갑류(甲流)의 e, 두 번째를 을류(乙流)의 e라고 이름붙였다.

가령 ipe(家), pe(邊), kake(鷄) 등은 갑류의 e이다. 반면

ama(雨, 天) → am**e**
kana(金) → kan**e**
upa(上) → up**e**
taka(竹) → tak**e**

에서 보듯이, a 모음이 변한 e 모음이 을류의 e로서, 앞서 본 상대특수가나(上代特殊仮名) 중 하나이다. 야스모토(安本美典) 교수는 을류 e 의 정체는 이중모음이라고 주장하고(「上代特殊仮名の正體は二重母音だ」『邪馬台國(1996年 夏). 梓書院』) 필자도 이 견해가 타당하다고 생각하고 있다.

한국어로 돌아가 보자. 고대 일본어의 을류 e와 마찬가지로, 원래는 '아' 모음이 변하여 '애'로 된 것을 생각할 수 있다. 앞서 예로 들었던 여러 말 중에서도 원래는 '아'였던 모음이 변하여 '에' 혹은 '애'로 변한 것도 있을 것으로 짐작된다. 그런데 모든 '에' 혹은 '애' 모음이 전부 '아'가 변한 것일까? 그렇지는 않을 것이다. 원래부터 '애' 즉 e였던 것도 존재하고 있었을 것이

분명하다. 다만 그 숫자가 그렇게 많지는 아니하였을 것으로 짐작된다.

일본어에서도 e모음은 다른 모음에 비하여 그 출현빈도가 아주 희박하다. 기능부담량이 다른 모음과는 비교도 되지 않을 정도로 적은 형편이다. 그래서 일본의 학자들은 e모음이 가장 늦게 출현하였다고 보고 있다.

필자는 백제 중기 이후, 혹은 후기쯤 탄생한지 얼마 되지 아니한 모음 '애'가 일본으로 건너가, e모음으로 된 것이 아닌가 생각하고 있다. 당시에는 백제에서 모든 문물이 거의 실시간으로 일본으로 건너갔으므로, '애' 모음이 건너갔다고 하여도 전혀 이상할 것이 없다. 백제에서 지배층만 건너간 것이 아니라, 학자나 각종 기술자, 일반 평민까지도 엄청나게 많은 사람들이 도왜하였으니, 그 사람들의 말이 거의 실시간으로 건너간 것은 이해가 되고도 남음이 있다.

### (2) 향가에 보이는 단모음 '애'

#### ① 조사 '矣(의)'

다음은 우적가(遇敵歌)에 나오는 첫 구절이다.

自**矣** 자의 〈우적가〉
(저의)

이 구절은 대부분의 국어학자들이 현대어 '저의'로 해독하고 있다. 그런데 각론으로 보면 많은 견해들이 엇갈리고 있다. '矣(의)'는 무엇인가? 이 한자는 여러 향가에서 많이 사용되고 있는데, 현대의 관형격 조사 '~의' 혹은 처소격 조사 '~에'가 들어갈 자리에 등장하고 있다.

우적가의 이 '矣(의)'에 관하여도 여러 견해가 나뉘고 있으나, 대부분 'ᄋᆡ', '의', '에', '애'로 보고 있다. 그런데 이 노래는 신라의 승려 영재(永材)가 지은 것이므로, 당시 신라 사람의 언어체계를 반영하고 있는 것은 물론이다.

당시에 과연 '의'나 '᷃'와 같은 이중모음이 존재하고 있었을까? 신라 언어 체계의 전통을 잇고 있다고 생각되는 경북방언에는 이러한 모음이 존재하지 않는다. '나의 마음'을 경북 사람들은 '나에 마음' 혹은 '나애 마음'으로 발음하고 있다.

경북에는 '으' 혹은 'ᆞ'라는 모음이 존재한 적이 없었던 것으로 보이므로, 이를 바탕으로 한 '의'나 '᷃'와 같은 모음이 있었을 리는 없다. 경상방언은 이중모음을 아주 싫어하고 있다. 고 김영삼 전대통령이 '경제'를 '갱제'로 발음한 것은 유명한 일화이다. 고대의 경상방언은 이중모음을 좋아하다 중세 이후 변하여 이 모음을 꺼리게 되었을 리는 만무하다.

경북지방에는 지금도 '에'와 '애'가 구별되지 않는다. 따라서 관형격 조사 '~의'는 신라시대에는 단모음 '애'였을 것으로 보인다. 여러 향가에 나오는 '矣(의)'가 관형격의 자리에 있을 경우, 단모음 '애'로 읽는 것이 가장 당시의 발음에 부합하는 것으로 생각된다. 예를 들면

三花**矣** 삼화의 〈혜성가〉
(세 화랑의)

耆郎**矣** 기랑의 〈찬기파랑가〉
(기파랑의)

위 두 '矣(의)' 모두 관형격 '~의'라는 의미인 것이 분명하며, 당시의 발음은 단모음 '애'였을 것이다.

**此矣彼矣** 차의피의 〈제망매가〉
(여기에 저기에)

제망매가에 나오는 '**此矣彼矣**(차의피의)'는 '여기에 저기에'라는 의미인 것이 분명하다. '여기'라는 어형이 신라시대에 존재하였는지는 의문이고, 당

시에는 '여기저기'를 '여, 뎌'라 하였을 것으로 보인다. 따라서 이 구절은 신라 사람들은 '여애 뎌애'라 읽었을 것으로 추정된다. 처소격 조사 '~에'는 신라시대에는 '애'였을 것이다. 여러 향가에서 처소격이 나올 자리에 사용된 '矣'는 '애'일 것이다.

**夜矣** 야의 〈서동요〉
(밤에)

서동요의 '夜矣'는 '밤에'라는 뜻이다. 이 '矣' 또한 당시에는 단모음 '애' 였을 것이다.

**心味** 심미 〈혜성가〉
(마음에)

**風未** 풍미 〈제망매가〉
(바람에)

혜성가의 '心米(심미)'의 '米(미)'는 어떻게 읽는가? 이에 관하여도 견해가 갈라지고 있으나, 다수설은 'ᄆᆞᅀᆞᆷ에' 즉 '마음에'라는 의미로 새기고 있다. '마음'은 신라시대에는 '마삼'이었을 것으로 보이고, 혜성가의 이 구절은 '마삼에'의 연철 '마사매'의 표기인 것으로 추정된다. 이 '米'를 'ᄆᆡ'로 보는 견해도 있으나, 당시에 'ᆞ' 모음이 존재하지 않았으므로, 단모음 '매'로 보는 것이 옳을 것이다.

제망매가에 나오는 '風未(풍미)'는 '바람에'이다. '未(미)'는 연철 '바라메'의 '메'를 표기한 것이다. 이 '메'는 신라시대에는 '매'였을 것이다.

향가의 여러 노래들을 두루 살펴보면, 신라시대에는 관형격 조사인 '~의', 그리고 장소나 시간을 나타내는 '~에'는 모두 같은 발음인 '애'였다고 보는 것이 가장 합리적이다. 또한 신라어의 맥을 이은 현대의 경상방언과도 부합하고 있다. 따라서 삼국통일 이전의 고신라 시기에 벌써 단모음 '애'가 있었던 것이 분명하다. 백제어도 신라어와는 방언 정도의 차이가 있었던 정도에 불과하므로, 백제어에도 '애'가 있었다고 보아도 아무런 무리가 없을 것이다. 오히려 일본어의 e 모음도 백제의 모음이 건너간 것으로 생각된다.

### (3) 일본서기에 보이는 고대 한국어의 단모음 '애'

일본서기에 나오는 역대 왜왕들은 창작된 가공의 인물들이고, 거기에 나오는 일본의 역사 또한 진실된 역사가 아니라 소설과 같은 창작이다. 거기에다 후세의 변작자에 의한 가필과 변조가 혹심하여 고대사를 규명하는 사료로 이용할 수는 없는 책이다. 그렇지만 이 책에 나오는 백제를 비롯한 고대 한국인의 인명과 지명은 실재하였던 백제의 사서에서 인용한 것으로 추정되므로, 대체로 믿을 만하다. 일본서기의 지명과 인명에 등장하는 단모음 '애'를 살펴보자.

牟**弖** 모저 mu-**te** [일본서기 천지(天智) 2년 9월조] 백제의 지명
**弖**禮城 저례성 te-re-no-sa-si [ 〃 ] 〃
幹**弖**利城 간저리성 [광개토대왕 비문] 백제의 성

일본서기에 나오는 위의 두 백제 지명은 백제 부흥군의 거점이지만, 구체적으로 어디인지는 알 수 없다. 일본서기는, 이 두 지명에 나오 '**弖**'를 **te**로 읽고 있다.

옥편이나 어느 책을 보아도 이 '弖'라는 한자는 나오지 않으므로, 필자는 이 글자의 정체를 정확하게 알지 못하고 있었다. 그런데 광개토대왕 비문에는 '간저리(幹弖利)'라는 이름을 가진 백제의 성이 보인다. 북한의 사학자 손영종 선생은 『광개토왕릉비문연구. 2001. 중심』에서 이 '弖'는 '氐(저)'의 이체자라 추정하였으므로(25쪽), 필자도 이에 따른다. 이 특이한 자형의 한자는 원래 백제인들이 즐겨 사용하던 자체가 아닌가 싶다. 고대의 왜국에서

아주 흔하게 사용되었다.

주법고(周法高) 선생의 한자고금음휘(漢子古今音彙)에 의하면, '弖'의 원형인 '氐'는 중고음이 tiər/tiei였다 한다. 백제 사람들은 이 한자로서 '대'라는 음가를 표기하였던 것으로 추정된다.

특히 두 번째 지명인 '저례(弖禮)'를 te-re라 읽은 것을 주목하여 보자. 백제에도 '대'나 '래'라는 발음이 있었다는 분명한 증거이다.

성(城)을 sa-si로 읽은 것도 이 지명의 신빙성을 더하여 준다. 이 sa-si는 백제어가 건너간 것으로서, 중세어 '잣'의 조상이 되는 말이다(졸저 『일본 천황과 귀족의 백제어』 264쪽).

久氐 구저 ku-**te** [일본서기 신공(神功) 46년 3월조] 백제인
奴氐 노저 nu-**te** [ 〃 흠명(欽明) 22년조] 신라인

인명인 '구저(久氐)'와 '노저(奴氐)'의 '저(氐)'를 일본서기는 te로 읽었다. 고대의 한국어에 '대'라는 발음이 있었던 것을 알 수 있다. 만일 이 한자의 발음이 '더'였다면, 일본서기는 to라 읽었을 것이다.

滿**奚** 만해 man-**ke-i** [일본서기 계체(繼體) 8년 3월조] 백제 지명
麻且**奚** 마차해 ma-siyo-**ke-i** [ 〃 흠명(欽明) 8년 3월조] 〃
古殿**奚** 고전해 ko-ten-**ke-i** [ 〃 ] 대가야인
夷呑**奚** 이탄해 i-ton-**ke-i** [ 〃 ] 아라가야인

앞의 둘은 일본서기에 나오는 백제의 지명이며, 뒤의 둘은 일본서기에 나오는 가야인의 인명이다. 이 '해(奚)'를 일본서기는 ke-i라 하였다. '해(奚)'는 당시에 이중모음 ke-i였던 모양이다. 그러나 핵모음 ke가 없었다면 ke-i라는 이중모음도 존재할 수가 없다. ke 즉 '개'라는 발음이 백제 시대에도 있었던 것이 분명하다.

'고전해'의 '전(殿)'을 ten이라 한 점도 주목하여 보자.

**散半奚** 산반해 san-ban-**ke** [일본서기 흠명 8년 3월조] 가야 지명
**奚**奈麻禮 해나마례 ke-na-ma-re [ 〃 ] 신라인

일본서기는 가야 지명 '산반해'의 '**해(奚)**'는 ke-i가 아닌 **ke**로 읽었다.

'해나마례'는 흠명 23년 3월조에 나오는 신라인의 인명이다. '나마례'는 관직명으로서 '나마' 혹은 '나말(奈末)'과 같다. 여기서도 '해'를 ke라 하였다. '해(奚)'는 경우에 따라 ke-i 혹은 ke로도 읽혔던 것을 알 수 있다.

'나마례'의 '**례(禮)**'를 **re**라 한 것도 주목을 요한다.

適**稽**女郎 적개여랑 tiyu-ku-**ke-i**-e-pa-si-to [일본서기 웅략 2년 7월조] 백제인
奴唎斯致**契** 노리사치계 nu-ri-si-ti-**ke-i** [일본서기 흠명 13년 10월조] 〃

일본서기에 등장하는 백제의 여성 이름인 '책계여랑'의 '**계(稽)**'를 **ke-i**라 하였다.

일본서기에 나오는 달솔 '노리사치계'는 성왕의 명을 받고 도왜하여 왜국에 불교를 전파한 바 있다. '**계(契)**'를 역시 **ke-i**라 하였다.

頭霧利耶**陛** 두무리야폐 tu-bu-ri-ya-**pe** [일본서기 흠명(欽明) 26년 5월조] 고구려인

일본서기는 고구려인 '두무리야폐'의 '**폐(陛)**'를 **pe**라 하였다. 고구려에 '배'라는 음이 있었던 것을 알 수 있다.

久遲布**禮** 구지포례 ku-ti-pu-**re** [일본서기 계체 23년 4월조] 신라인
伊叱夫**禮**智 이질부례지 i-si-pu-**re**-ti [ 〃 ] 〃

久禮叱 구례질 ku-re-si [일본서기 흠명 22년조] 〃
久禮牟羅城 구례모라성 ku-re-mu-ra-no-sa-si [〃 개체 24년 9월조] 가야 지명

일본서기는 위의 네 인명과 지명에 나오는 '례(禮)'를 가각 re라 읽었다. 고대 한국어에 '래'라는 발음이 있었던 것을 말해 준다.

위와 같이 고대 한국어에 '대', '개', '배', '래' 음이 있었던 것을 일본서기는 증언하여 준다. 단모음 '애'가 존재하였던 것이 분명하다.

### 다. 결론

백제에는 원래 '아' '어' '오' '우' '이' 5 모음이 있었다가, 중기 혹은 말기에는 '애'가 생겨나 6 모음이 존재하였다.

## 4 백제어가 일본어에 미친 영향

고대 왜국의 지배층은 모두 백제인이었으므로, 토착 왜인에 비해 그 수가 훨씬 적었음에도 불구하고, 왜어에 엄청난 영향을 끼쳤다. 왜국의 백제인들은 여러 대에 걸쳐 왜국에 토착하여 살면서, 왜어에 능통하였으나 백제어를 잊지 않고 일상적으로 사용하였던 것이다. 이 책과 졸저 『일본 천황과 귀족의 백제어』에 나오는 무수한 말들이 바로 그 증거이다.

백제인들은 백제어와 왜어의 비슷한 발음을 이용한 언어의 유희를 즐기면서, 일상대화에서 백제어와 왜어를 섞어 사용하였던 것을 본 바 있다. 당시의 왜어는 백제어로부터 엄청난 영향을 받게 되는데, 대표적인 사례 몇가지를 살펴보자.

### 〈1〉 상대특수가나(上代特殊假名)

앞에서 상대특수가나를 조금 본 바 있다. 일본의 언어학자들이 '상대특수가나'라 이름 붙인 것은, 현대 일본어의 5 모음과는 달리 고대의 일본어에는 8 모음이 있었던 것을 뜻하고 있다. 즉 현대 일본어에는 a, i, u, e, o 라는 5개의 모음이지만, 고대에는 3개의 모음이 더 있었다는 것이다. 그 3개의 모음을 살펴보자.

#### 가. 을류의 e

앞서도 보았지만, 고대 일본의 e 모음에는 두 가지 종류가 있었다 한다. 즉 원래부터 e였던 모음이 있고, 이와 달리 이전의 a 모음이 변하여 e가 된 것 두 종류라는 것이다. 그래서 원래부터 e였던 모음을 갑류(甲流)의 e, a가 변한 e 모음을 을류(乙流)의 e라 한다.

그 구체적인 사례는 앞에서 본 바 있다. 그 외에도 비를 뜻하는 ama(雨 우)나 금을 의미하는 kana(金 금), 손을 뜻하는 ta(手 수), 눈을 의미하는 ma(目) 등의 여러 말들이 각각 ame와 kane, te, me로 바뀌었다. 그 이유가 무엇일까? 이렇듯 모음이 바뀐 단어는 하나같이 일상생활에서 사용되는 빈도가 흔한 단어들이다. 필자는 백제의 주격조사 '이'가 그 원인이라고 생각하고 있다.

ama(雨) + i → amai → ame
kana(金) + i → kanai → kane
ta(手) + i → tai → te
ma(目) + i → mai → me

위에서 보는 변화는 지극히 정상적인 음운현상이다. 일본의 언어학자들이 을류 e 모음의 정체는 이중모음이라 파악하고 있는 것은 타당한 해석이라 할 수 있다.

a→ai→e의 순으로 변화한 것으로서, 중간의 ai는 이중모음으로 볼 수 밖에 없기 때문이다. 그런데 일본어는 고대에도 개음절어였다. 따라서 이중모음이 존재한다는 것은 개음절어에서는 전혀 상식 밖의 일이다. 어찌하여 이런 개음절어답지 아니한 현상이 벌어졌을까? 백제의 주격조사 '이'가 고대 일본의 언중들 사이에서 일상적으로 사용되었기 때문일 것이다. 주격조사 '이'가 일본어에 이중모음이라는 이례적인 음운현상을 일으켰고, 나아가 체언을 변화시키기까지 하였던 것이다. 한국어에서도 이러한 현상은 마찬가지이다.

가(犬) + 이 → **개**
사(鳥) + 이 → **새**
나(我) + 이 → **내**
바(船) + 이 → **배**

'개'는 고대에 '가'였다(127쪽). 중세에는 '가히'라 하였으나 이는 '가이'가 변한 형태이다. '가→가이(가히)→개'의 변화로서, 일본의 을류 e의 변화과정과 전혀 다를 바가 없다.

'새'는 원래 '사'였으나(졸저 『일본 천황과 귀족의 백제어』 154쪽), 용비어천가에도 '새'로 되어 있으니, 변화가 일찍 일어난 것을 알 수 있다. 역시 '사→사이→새'로 변하였을 것이다. '내'나 '배' 역시 마찬가지이다. 주격조사 '이'가 한국어에도 전혀 동일한 영향을 끼친 것을 알 수 있다.

### 나. 을류의 i

고대 일본어의 i 모음에는 원래부터 i였던 모음과, u 모음이 변한 i 모음, 두 종류가 있다 한다. 전자를 갑류, 후자를 을류의 i라 부르고 있다. 을류 i 모음의 예를 들면 다음과 같다.

tuku(月) + i → tukui → tu**ki**
kamu(神) + i → kamui → ka**mi**
mu(身) + i → mui → **mi**

여기서도 역시 주격조사 '이'와 결합하여 체언의 모음이 변하고 있다. 앞에서 본 을류의 e 모음과 아무런 차이가 없다. 한국어에서도 주격조사 '이'가 '우' 혹은 '오' 모음과 결합하여 체언의 모음을 바꾸고 있다.

우(上) + 이 → 우이 → **위**
구(耳) + 이 → 구이 → **귀**(77쪽)
두(後) + 이 → 두이 → **뒤**(위의 졸저 137쪽)
쇼(牛) + 이 → 쇼이 → **쇠**
보(布) + 이 → 보이 → **뵈**

그리고 방언이나 화자에 따라 '귀'를 '기'라 하고, '뒤'를 '디'라 하는데, 이러한 현상은 일본어의 변화양상과 흡사한 것을 알 수 있다. 이것은 '구→구이→귀→기'의 변화일 것이다. 일본어도 실제로는 이러한 수순을 밟아 변하였을 가능성이 크다.

여기서 고대 일본어에 사용된 주격조사 '이'를 한번 살펴보자.

ki-mi-**i** **君伊** 군이 [만엽집 537] 그대가
**~이** [한국어] ~가

만엽집 537번 노래에 나오는 주격조사 '이'이다. '그대가'를 ki-mi(君)-i라 하고 있다. 이 노래는 고전(高田)이라는 왕실 여성이 지은 것으로서 왕실 남성에게 보낸 것이다. 원래 일본어의 주격조사는 pa이지만 이 노래에서는 특이하게도 i라는 주격조사를 쓰고 있다. 코지마(小島憲之) 교수는 이 i가 주어의 뒤에 붙어 강조의 의미를 나타낸다고 설명하고 있으나, 이는 오해이

고, 백제의 주격조사이다.

si-pi-**i**-pa 志斐**伊**波 지비이파 [만엽집 237번] si-pi가
**~이** [한국어] ~가

이 가요는 si-pi(志斐)라는 사람이 지었는데, 지통(持統)으로 추정되는 왜왕이 지은 노래에 화답하는 작품이다. 인명 si-pi 다음에 백제의 주격조사 i와 일본어의 주격조사 pa가 연이어 나오고 있다(위의 졸저 192쪽 참조).

일본어의 주격조사 pa만으로도 충분하고 그것이 정상이지만, 여기서는 굳이 백제의 주격조사 '이'를 그 앞에 붙이고 있다. 코지마(小島) 교수는 이 또한 '주격에 붙어 강조의 의미를 나타내는 조사'라 풀이하고 있으나, 백제의 주격조사인 것이 분명하다. 왜 이렇게 백제와 일본의 주격조사를 연달아 붙여 놓았을까? 같은 의미를 가진 백제어와 일본어를 이용한 언어의 유희를 시도하였을 가능성을 생각할 수 있고, 시적인 파격을 의도하였을 수도 있다. 강조의 의미도 없지는 않았을 것이다.

wa-ku-go-**i** 倭俱吾**伊** 왜구오이 [일본서기] wa-ku-go가
**~이** [한국어] ~가

일본서기 계체(繼體) 24년 10월조에는 근강모야신(近江毛野臣)이 쓰시마(對馬島)에서 병들어 죽었다 한다. 장례식에서 그의 처가 노래를 지었다는데, 여기에도 주격조사 i가 등장한다.

wa-ku-go(若子)는 젊은이라는 뜻이고, 이 말에 이어지는 i는 주격조사이다. '젊은이가'라는 의미이다. 코지마(小島) 교수는 '이 말은 격조사이기도 하고 부조사(副助詞)이기도 하다'라고 해설하였으나, 막상 번역문에서는 일본어의 주격조사 ga로 번역하고 있다. 이 또한 주격조사인 것이 명백하다.

일본의 학자들은 이렇듯 주격조사 '이'의 존재를 알지 못하고 있으나, 김사엽(金思燁) 선생은 일본에서 발간한 『古代朝鮮語と日本語(고대 조선어와 일본

어). 1998. 明石書店』에서 필자가 지적한 위의 세 i는 한국의 주격조사라고 단언하고 있다(257쪽). 김사엽선생은 경북대학교와 동국대학교의 교수를 역임하고는 일본의 오사카(大阪)외국어대학 교수로 장기간 재직한 분이다.

근강모야신은 가공인물이다. 계체 24년은 서기 530년으로서, 이 때는 이러한 만엽가 생기기도 훨씬 이전이다. 이 노래는 일본서기의 저자가 창작한 것이 분명하다.

**i** [오이타 방언] ~가
**~이** [한국어] 〃

현대에 들어서 일본의 대부분의 지방에서 '이'라는 주격조사가 사라졌으나, 규슈(九州) 북단의 오이타(大分)에서는 아직도 사용되고 있다(『都道府縣別全國方言辭典』. 佐藤亮一. 2010. 三省堂).

만엽집과 일본서기에 나오는 주격조사 '이'를 일본의 학자들은 강세의 조사, 혹은 부조사 등으로 오인하고 있다. 그래서 어찌하여 고대 일본어 체언의 뒤에 i 모음이 붙어 변화를 초래하였는지 그 이유를 전혀 모르고 있는 형편이다.

### 다. 을류의 o

고대의 일본어 o 모음에는 o와 ə 두 종류가 있었다 한다. 전자를 갑류, 후자를 을류의 o라 일컫는다. 을류의 o 즉 ə 모음은 바로 한국어의 '어' 모음이다.

고대 일본어에 존재하였던 ə 모음은 백제에서 건너간 것이 아니고, 2천3백여 년 전의 야요이 시대에 한국에서 건너간 모음, 즉 토착 왜어에도 존재하던 모음으로 보인다. 이 모음은 백제인이 도왜하기 이전부터 존재하다가, 9세기 무렵에 o 모음과 혼동되어 사라지고 말았다. 따라서 이 ə 모음에 대하여는 이 자리에서 길게 설명할 필요는 없을 것이다.

### 라. 고대 일본어의 모음체계

고대 일본어는 현대 일본어와는 달리 8 모음이 있었다는 것이 일본 언어학계의 통설이다. a, i, u, e, o의 5 모음 이외에도, 위에서 보다시피, ai, ui라는 두 이중모음, 그리고 ə 모음, 도합 8 모음이다.

그런데 두 이중모음이 과연 고대 일본어의 모음체계에서 정식으로 자리를 차지할 수 있는지는 의문이다. 앞서 보았듯이 이 이중모음의 정체는 체언에 주격조사가 붙은 것이기 때문이다. 고대에도 개음절어였던 일본어에 이중모음을 모음체계에 넣는 것이 과연 마땅한지도 의문이다. 따라서 두 이중모음을 제외하고, 고대 일본어의 모음은 a, i, u, e, o, ə의 6 모음체계로 구성하는 것이 타당할 것이다.

### 〈2〉 ku 어법

만엽집과 일본서기 등 고대 일본어에서 아주 많이 사용된 'ku 어법(語法)'이라는 조어법(造語法)이 있다. 동사를 명사로 만드는 어법으로서, 동사의 어미에 aku 라는 말을 붙여 명사로 만드는 어법이었다. 현대에 들어서는 이 어법은 완전히 사라지고, i-wa-ku(言)나 o-so-ra-ku(恐) 등 불과 몇 단어에 만 화석으로 남아있다. 이에 관하여는 『암파고어사전』에 나오는 오오노(大野晋) 선생의 설명이 자세하다(11쪽). 오오노 선생의 해설에 따라 이 어법을 알아보자.

aru(有) 있다 + aku → aruaku → araku 있음
tiru(散) 지다 + aku → tiruaku → tiraku 짐
aranu 없다 + aku → aranuaku→ aranaku 없음
kopu(戀) 사랑하다 + aku → kopuaku → kopu**raku** 사랑
oyu(老) 늙다 + aku → oyuaku → oyu**raku** 늙음

있다는 의미의 동사 aru에다 aku를 붙이고 모음충돌을 회피하는 변화과정을 거쳐 araku가 되면, '있음'이라는 의미의 명사가 된다. 위에서 보다시피 아주 규칙적으로 정연하게 변화하여, 동사를 명사로 만들어 준다. 오오노 선생은 이 aku라는 말은 원래 '것' 혹은 '곳'이라는 의미를 가진 명사였을 것이라고 추측하고 있다.

원래 일본어에서는 동사의 활용형인 연용형이 그대로 명사가 된다. 가령 동사 aru(有)의 명사형은 ari이고, tiru(散)의 명사형은 tiri이다. 일본어 고유의 방법이 훨씬 쉽고, 어감도 부드럽다. 이런 쉽고 간명한 방법을 놔두고, 왜 aku를 붙여 복잡하고 어려울뿐만 아니라, 발음도 불편하게 만들었단 말인가? 이 어법은 백제에서 건너간 것이다. 다음을 보자.

ipu(言) 말하다 + aku → ipuaku → **ipaku** 이야기
**이바구** [경상방언] 이야기
**이베기** [전라방언] 〃

말하다는 뜻인 고대 일본어 i-pu의 ku 어법은 i-pa-ku로서, 이야기라는 의미의 명사가 된다. 이 어형은 이야기의 경상방언 '**이바구**'와 발음과 의미가 완벽하게 일치한다. 이 방언은 고대에는 전국적으로 사용되던 말이었을 것이다. 이렇듯 발음과 의미가 정확하게 일치하기도 어려울 것인데, 이것은 우연의 일치일까? 그렇지 않다. ku 어법은 고대의 한국에서 널리 사용되던 어법이고, 그것이 일본으로 건너간 것이다. '이바구'는 ku 어법이 고대의 한국어에서 발생하였다는 확고부동한 증거이다.

뛰다 → 뛸**락** [제주방언] 뛰기
말 타다 → 말탈**락** [ 〃 ] 말타기 놀음질
줄 당기다 → 줄당길**락** [ 〃 ] 줄당기기
죽다, 살다 → 주그**락** 살**락** [중세 한국어] 죽기살기
ᄃᆞ외다 → 쇼 ᄃᆞ외**락** ᄆᆞᆯ ᄃᆞ외**락** [ 〃 ] 소 되기 말 되기

제주방언 '뛸락'은 뛰기라는 뜻의 명사이고, '뛰다'의 어근 '뛰'에 '락'을 붙인 형태이다. 제주방언 '말탈락'은 '말 타다'에 '락'을 붙여 명사를 만들고 있다. '줄당길락' 역시 마찬가지이다.

중세에는 현대어보다 이 어형이 훨씬 애용되었는데, '주그락 살락', '쇼 ᄃᆞ외락 ᄆᆞᆯ ᄃᆞ외락', '우희 오ᄅᆞ락 아래 ᄂᆞ리락' 등 여러 형태를 볼 수 있다. 현대어 '오락가락'이나 '오르락내리락'도 마찬가지인데, 『표준국어대사전』에는 이러한 어형을 부사로 보고 있으나, 고대에는 명사로 활용되었을 것이다.

그런데 한국어에는 '락'이니, 일본어의 aku와는 좀 다르다는 의문이 들 수도 있다. 생각해 보면 원래는 한국어에서도 '락'이 아니라 '악'이었을 가능성이 크다. 원래는 '오르악 내리악', '쥐악 펴악', '뛰악', '말타악' 등으로 발음되었겠지만, 모음이 충돌하고 있고, 발음이 아주 불편하다. 한국어는 모음이 충돌되는 것을 극히 싫어하는 언어이니, 그런 이유로 ㄹ 자음이 삽입된 것으로 추정된다.

일본어에서도 사랑하다는 의미를 가진 kopu(戀)는 kopuaku가 아니라 kopuraku로 되고, 늙다는 뜻의 oyu(老) 또한 oyuaku가 아닌 oyuraku로 된다. 이 raku는 한국어의 '락'과 완벽하게 일치하고 있다. ku어법의 고향이 한국이라는 사실이 이 현상에도 잘 드러나 있다.

**억** [한국어] 명사의 뒤에 붙어 명사를 만드는 접미사

'억'이라는 접미사는 명사의 뒤에 붙는 명사를 만들게 한다. 가령 주먹은 '줌'에다 접미사 '억'이 붙은 형태이며, 터럭은 '털'에 '억'이 첨가된 어형이다. 원래는 '악'이었을 것이고, 동사뿐만 아니고 명사의 뒤에도 붙었던 모양이다. 그리고 '이바구'라는 형태에서 추론해 보면, '악'은 원래 '아구'였을 것이다. 고대 일본어의 aku와 동일하다. 고대 일본어의 ku 어법은 백제에서 건너간 것이 분명하다.

오오노(大野晉) 선생은, 이 aku라는 말이 고대에는 '것' 혹은 '곳'이라는 의미를 가진 명사였을 것이라고 추정하였으나, 지금까지 드러난 정황으로

는 명사를 만드는 접미사인 것으로 짐작될 뿐, 그것이 독립적인 명사였다는 증거는 보이지 않는다. 그러나 그 가능성마저 부정할 수는 없다.

여기서 '**이바구**'라는 말의 원형에 대하여 잠깐 살펴보고 넘어가자.

**i-pu** 言 [고대 일본어] 말하다
**입**다 [중세 한국어] 읊다
**입**주리다 [ 〃 ] 읊조리다

중세 한국어 '**입다**'는 '**읊다**'는 뜻이었다. 이 말은 시 따위를 읽는다는 의미이지만, 고대에는 말하다는 뜻이었을 것이다.

중세어 '**입주리다**'는 '**읊조리다**'는 의미였다. '입다'와 '주리다'의 복합어로서, '**입다**'는 결국 말하다는 뜻일 것이다. 원래는 말하다는 의미를 가진 '입다'가 중세어 초기에 시를 읽다는 뜻으로 의미가 조금 바뀐 것으로 짐작된다. 고대 일본어 i-pu와 발음과 의미가 일치하고 있다. 앞서 본 '이바구'는 '입다'의 어근 '입'에 '아구'가 붙은 형태이다.

일본어 ipaku는 현대에는 iwaku로 발음이 바뀌었고, 의미도 조금 달라졌다. '孔子 曰'의 '曰'을 iwaku라 하니, '가라사대'라는 뜻이 된다. 그리고 'iwaku ga aru(有)'라는 관용구는 보통 '사연이 있다'라고 번역하지만, 결국은 '이야기가 있다'는 의미이다. 한국어 '이야기'의 원형도 결국은 고대어 '이바구'였을 것이다. '이바구→이바기→이아기→이야기'의 순으로 변하였을 것으로 보인다. '이바구'가 방언으로 남은 것은 참으로 다행스러운 일이라 하겠다.

## 〈3〉 mi 어법

ku 어법과 더불어 고대 일본어에 많이 사용되었던 mi 어법(語法)이라는 문법현상이 있다. 형용사의 어근에 mi를 붙여 명사를 만드는 어법이다. 현대에는 사라졌고, 몇 단어에만 화석처럼 남아있다.

toposi(遠) 멀다 + mi → topo**mi** 멀음
sigesi(繁) 무성하다 + mi → sige**mi** 무성함
asasi(淺) 얕다 + mi → asa**mi** 얕음
pirosi(廣) 넓다 + mi → piro**mi** 넓음

멀다는 의미의 형용사 toposi에다 접미사 mi를 붙인 toposimi는 멀음이라는 뜻의 명사가 된다. 위에서 보듯이 형용사의 어근에다 mi를 붙여 명사를 만들고 있다. 이 또한 백제인들의 어법이다.

슬프다 → 슬**픔**
기쁘다 → 기**쁨**
괴롭다 → 괴로**움**

'슬프다'라는 형용사를 명사로 만들려면 어근 '슬프'에다 자음 ㅁ을 붙이면 된다. '기쁘다'나 다른 모든 형용사가 마찬가지이다. 중세에도 전혀 차이가 없었으므로, 백제 시대에도 마찬가지였을 것이다. 형용사를 명사로 만드는 mi어법과 흡사하다. 백제인들이 이러한 문법현상을 일본으로 가져간 것을 알 수 있다. 백제 사람들도 형용사에 받침 ㅁ을 붙여 형용사로 만들었을 것으로 짐작되는데, 일본으로 건너간 후 여기에다 모음 '이'를 붙여 mi어법이라는 현상이 되었을 것이다. 김사엽 선생은 위의 『古代朝鮮語と日本語』에서 이 mi어법이 한국에서 건너간 것이라고 설명하고 있다(186쪽).

고대에 만엽집과 고사기 등의 문헌어에서 널리 사용되던 ku어법과 mi어법이 왜 명맥을 이어가지 못하고 사라지고 말았을까? 토착 왜어의 문법현상이 아니고, 백제 사람들이 가져간 백제어의 그것이기 때문이다. 지배층인 백제 사람들도 9세기 이후에는 점점 모국어인 백제어를 사용하지 않게 되었고, 토착 왜인들의 말에는 이러한 문법현상이 없었으므로 사라질 수밖에 없는 운명이었다. 지금도 사용되는 kanasimi(悲)나 kurusimi(苦), tanosimi(樂) 같은 말에 화석으로 남아있다.

百濟語

## 글을 맺으며

이 책은 무척 힘든 난산의 과정을 거쳐 세상 빛을 보게 되었다. 원래 앞서 나온 졸저 『일본 천황과 귀족의 백제어』보다 이 책의 먼저 원고가 완성되었으나, 여러 가지 사정으로 몇 년간이나 출간이 지체되었던 것이다. 그러나 그 사이 몇 년간이나 원고를 보완, 수정하는 작업을 계속하였으므로, 출간이 지연된 덕분에 내용이 충실해졌다. 오히려 전화위복이 된 셈이다.

필자는 십수년전 일본어 회화를 공부하다가, '혹시 일본어는 한국에서 건너간 언어가 아닐까?'라는 소박한 의문에서 전공과는 전혀 상관없는 이 공부를 시작하였다. 그런데 이제는 이 공부가 오히려 필자의 전공과목이라고 생각하고 있다. 이 분야의 공부는 아주 흥미진진하고 매력이 넘쳐, 시간이 갈수록 더욱 깊이 빠져 들기만 하는 형국이다.

그리고 여러 분야의 수많은 책을 읽으면서 공부를 하면 할수록, 고대 일본의 모든 문물은 한국 사람이 건너가 전파하였다는 사실을 확인할 수 있었다. 일본의 고대어, 중앙어, 방언에 무수하게 남은 고대 한국어의 잔영은, 4세기 말엽 이후 순차적으로 집단도왜하였던 가야인과 백제인들이 왜국을 통치하였던 흔적이다.

일본에서는 1980년 무렵만 하더라도 '임나일본부설'이 역사학계의 통설이었다. 현재 이 이론을 공개적으로 지지하는 학자는 없지만, 아직도 일본 학자들의 머리 속에서 의연 강한 존재감과 영향력을 과시하고 있는 것으로 보인다. 만일 이 이론이 사실이라면, 현대 한국어에도 그 무렵 왜어의 흔적이 상당수 남아 있어야 마땅하다. 당시에 왜인들이 가져온 왜어 중에서 대부분은 사라졌겠지만, 일부는 중세를 거쳐 현대 한국인들의 입에도 오르내려야 마땅하다. 그러나 그런 말은 중세나 현대를 막론하고 한국어에는 단 하나도 존재하지 않는다.

오히려 정반대이다. 일본어에는 무수한 한국어의 흔적들이 지금도 남아 있다. 이것은 임나일본부설의 정반대 현상이 벌어진 사실을 입증하여 주는 가장 강력한 증거일 것이다.

이 책에는 백제인, 가야인, 고구려인, 신라인들이 왜지로 가져간 수많은 말들이 나오지만, 지면사정으로 인하여 책에 실리지 못하고, 필자의 컴퓨터에 잠들어 있는 말들이 많은 점이 좀 아쉽다. 책이 좀 팔려서 증보판을 내게 되기를 기약할 뿐이다.

글을 맺으면서 경남대학교 국어학과 김정대 교수님의 격려와 가르침에 깊은 감사의 인사말씀을 올린다. 이 책의 앞부분 몇 개 장은 김교수님께서 초고를 검토하여 주셨다. 그 덕분으로 많은 오류를 바로 잡을 수 있었고, 교시로 인하여 새로운 각성을 얻게 된 것도 한 두가지가 아니다. 그럼에도 불구하고 이 책에 오류가 있다면, 그것은 전적으로 필자의 책임이다.

세부목차와 색인 작성의 번거로운 일을 수고하여 준 필자 사무실의 직원 김서혜양에게도 감사의 뜻을 전한다.

2017. 4. 13.

**이원희**

## 참고문헌

이 책은 졸저 『일본 천황과 귀족의 백제어』의 자매편이므로, 위의 졸저에서 소개한 참고문헌은 생략한다. 추가로 읽은 문헌 중에서 지면관계상 필자가 중요하다고 생각한 것을 간추려 소개한다.


||||| 사전류 |||||

德川宗賢, 佐藤亮一(1989)『日本方言大辭典』小學館

中田祝夫, 和田利政, 北原保雄(1983)『古語大辭典』 〃

丸山林平(1967)『上代語辭典』明治書院

大槻文彦(1935)『大言海』富山房

山中六彦(1975)『新訂 山口縣方言辭典』マツノ書店

龍川清, 佐藤忠彦(1983)『會津方言辭典』國書刊行會

大藤時彦, 大間知篤三, 直江廣治, 萩原龍夫, 井之口章次, 丸山久子(1977)『綜合日本民俗語彙』平凡社

大塚民俗學會(1971)『(縮刷版)日本民俗事典』弘文堂

이기갑, 고광모, 기세관, 정제문, 송하진(1998)『전남방언사전』태학사

이상규(2000)『경북방언사전』 〃

丁泰鎭, 金炳濟(2006)『朝鮮古語方言辭典』도서출판 민지사

||||| 방언에 관한 연구서 |||||

飯豊毅一, 日野資純, 佐藤亮一(1984)『講座 方言學(1~10)』國書刊行會

柴田武一, 加藤正信, 德川宗賢(1981)『日本の言語學(6) 方言』大修館書店

大西拓一郎(2008)『現代方言の世界』朝倉書店

김정대(2007)『경남 창원 지역의 언어와 생활』태학사

김정대(2009)『경남 창녕 지역의 언어와 생활』 〃

김정대(2011)『경남 산청 지역의 언어와 생활』 〃

이기갑(2009) 『전남 진도 지역의 언어와 생활』 〃
소강춘(2007) 『전북 남원 지역의 언어와 생활』 〃
소강춘(2009) 『전북 무주 지역의 언어와 생활』 〃
한영목(2007) 『대전 서구 지역의 언어와 생활』 〃
강영봉(2007) 『제주 한경 지역의 언어와 생활』 〃
강영봉(2009) 『제주 서귀 호근 지역의 언어와 생활』 〃
이기갑(2015) 『전라도 말 산책』 새문사
김영태(1997) 『경남방언과 지명 연구』 경남대학교출판부
金永泰(1975) 『慶尙南道方言研究(1)』 進明文化社
이진숙(2012) 『전남 진도의 언어와 문화』 도서출판 지식과 교양
최명옥, 곽충구, 배주채, 전학석(2002) 『함북북부 지역어 연구』 태학사
한진건(2003) 『륙진방언연구』 도서출판 역락
황대화(2007) 『황해도방언연구』 한국문화사
김순자(2014) 『제주도방언의 어휘 연구』 박이정
한새암, 최병두, 조희범, 박원석, 문틈(2006) 『전라도 우리탯말』 소금나무
윤명희, 이대희, 이성배, 심인자, 하루비(2006) 『경상도 우리탯말』 〃

IIIII 어원 및 어휘사 IIIII

劉昌惇(1973) 『語彙史研究』 宣明文化社
劉昌惇(1974) 『李朝國語史研究』 〃
全在昊(1987) 『國語語彙史研究』 慶北大學校出版部
李基文(1991) 『國語 語彙史 研究』 동아출판사
리득춘(1987) 『조선어 어휘사』 연변대학출판사
김인호(2001) 『조선어 어원편람』 박이정
조항범(2009) 『국어 어원론(개정판)』 충북대학교 출판부
姜憲圭(1989) 『韓國語 語源研究史』 集文堂

⑊⑊ 고대 일본어 ⑊⑊

橋本進吉(1986)『國語音韻の研究』岩波書店

馬淵和夫(1999)『古代日本語の姿』武藏野書院

白藤禮幸(1987)『奈良時代の國語』東京堂出版

森山隆(1986)『上代國語の研究』櫻楓社

福田良輔(1980)『奈良時代 東國方言の研究』風間書房

권경애(2014)『고대일본어의 음 탈락 연구』제이엔씨

山田孝雄, 香取秀眞(1968)『古京遺文』勉誠社

上代文獻を讀む會(1989)『古京遺文注釋』櫻楓社

竹內理三(1965)『寧樂遺文』東京堂出版

濟藤忠(1983)『古代朝鮮日本金石文資料集成』吉川弘文館

木崎愛吉(1921)『大日本金石文』好尙會出版部

東野治之(1994)『書の古代史』岩波書店

東野治之(1987)『古代日本木簡の研究』塙書房

東野治之(2005)『日本古代史料學』岩波書店

荊木美行(2014)『金石文と古代史料の研究』燃燒社

國立歷史民俗博物館, 平川南(2014)『古代日本と古代朝鮮の文字文化交流』大修館書店

犬飼隆(2005)『木簡による日本語書記史』笠間書院

狩野久(2010)『發掘文字が語る 古代王權と列島社會』吉川弘文館

⑊⑊ 고대, 중세한국어 ⑊⑊

李崇寧(1961)『中世國語文法』乙酉文化社

李崇寧(1978)『國語學硏究』螢雪出版社

許雄(1963)『中世國語硏究』正音社

허웅(2001)『국어음운학』샘문화사

李基文, 金鎭宇, 李相億(1987)『國語音韻論』學研社
李基文(1985)『訓蒙字會研究』서울大學校 出版部
金鎭奎(1993)『訓蒙字會 語彙研究』螢雪出版社
申景澈(1993)『國語 字釋 研究』太學社
안병호(1984)『계림류사와 고려시기조선어』민족문화사
姜信沆(1995)『朝鮮館譯語研究』成均館大學校出版部
金亨柱(1991)『國語史研究』東亞大學校出版部
千素英(1990)『古代國語의 語彙研究』高麗大學校 民族文化研究所
천소영(2000)『우리말의 속살』창해
兪昌均(1996)『鄕歌批解』螢雪出版社
류렬(2004)『향가연구』박이정
金完鎭(2008)『鄕歌解讀法研究』서울대학교출판부
李鍾徹(1983)『鄕歌와 萬葉集歌의 表記法 比較研究』集文堂

IIIII 한자음 IIIII

周法高, 張日昇, 徐芷儀, 林潔明(1982)『漢字古今音彙』香港中文大學出版社
藤堂明保(1967)『漢字語源辭典』學燈社
藤堂明保(1987)『中國語學論集』汲古書院
Bernhard Karlgren(1975)『漢字古音辭典(Analytic Dictionary of Chinese and Sino-Japanese)』亞細亞文化社
兪昌均(1991)『삼국시대의 漢字音』民音社
南光祐(1973)『朝鮮(李朝)漢字音研究』一潮閣
김무림(2015)『고대국어 한자음』한국문화사
이승재(2013)『漢字音으로 본 백제어 자음체계』태학사
이경철(2004)『한일 한자음 체계의 비교연구』보고사
이경철(2013)『日本漢字音의 理解』책사랑

## 부록 1 : 상세목차

### 1. 사람에 관한 말



### 2. 친족에 관한 말



### 3. 신체에 관한 말



### 4. 자연에 관한 말

5. 동물에 관한 말



6. 식물에 관한 말



7. 농업에 관한 말



8. 의식주에 관한 말

9. 동사

10. 형용사



11. 부사

12. 시간, 방위, 장소



13. 유아어와 어린이들의 놀이에 관한 말



14. 기타



15. 부르고 대답하는 말, 감탄사

## 부록 2 : 색인

### 1. ㄱ

2. ㄴ



3. ㄷ



4. ㄹ



5. ㅁ

6. ㅂ



7. ㅅ

## 8. ㅇ



## 9. ㅈ

10. ㅊ



11. ㅋ



12. ㅌ



13. ㅍ



14. ㅎ